周易今註今譯

南懷瑾
徐芹庭 註譯
王雲五 主編

臺灣商務印書館

《古籍今註今譯》序

中華文化精深博大，傳承頌讀，達數千年，源遠流長，影響深遠。當今之世，海內海外，莫不重新體認肯定固有傳統，中華文化歷久彌新、累積智慧的價值，更獲普世推崇。

語言的定義與運用，隨著時代的變動而轉化；古籍的價值與傳承，也須給予新的註釋與解析。商務印書館在先父王雲五先生的主持下，一九二〇年代曾經選譯註解數十種學生國學叢書，流傳至今。

臺灣商務印書館在臺成立六十餘年，繼承上海商務印書館傳統精神，以「宏揚文化、匡輔教育」為己任。六〇年代，王雲五先生自行政院副院長卸任，重新主持臺灣商務印書館，仍以「出版好書，匡輔教育」為宗旨。當時適逢國立編譯館中華叢書編審委員會編成《資治通鑑今註》（李宗侗、夏德儀等校註），委請臺灣商務印書館出版，全書十五冊，千餘萬言，一年之間，全部問世。

王雲五先生認為，「今註資治通鑑，雖較學生國學叢書已進一步，然因若干古籍，文義晦澀，今註之外，能有今譯，則相互為用，今註可明個別意義，今譯更有助於通達大體，寧非更進一步歟？」

因此，他於一九六八年決定編纂「經部今註今譯」第一集十種，包括：詩經、尚書、周易、周禮、禮記、春秋左氏傳、大學、中庸、論語、孟子，後來又加上老子、莊子，共計十二種，改稱《古籍今註今譯》，參與註譯的學者，均為一時之選。

臺灣商務印書館以純民間企業的出版社，來肩負中華文化古籍的今註今譯工作，確實相當辛苦。中華文化復興運動總會（國家文化總會前身）成立後，一向由總統擔任會長，號召推動文化復興重任，素有成效。七〇年代，王雲五先生承蒙層峰賞識，委以重任，擔任文復會副會長。他乃將古籍今註今譯列入文復會工作計畫，廣邀文史學者碩彥，參與註解經典古籍的行列。文復會與國立編譯館中華叢書編審委員會攜手合作，列出四十二種古籍，除了已出版的第一批十二種是由王雲五先生主編外，文復會與國立編譯館主編的有二十一種，另有八種雖列入出版計畫，卻因各種因素沒有完稿出版。臺灣商務印書館另外約請學者註譯了九種，加上《資治通鑑今註》，共計出版古籍今註今譯四十三種。茲將書名及註譯者姓名臚列如下，以誌其盛：

序號	書名	註譯者	主編	初版時間
1	尚書	屈萬里	王雲五（臺灣商務印書館）	五八年九月
2	詩經	馬持盈	王雲五（臺灣商務印書館）	六〇年七月
3	周易	南懷瑾	王雲五（臺灣商務印書館）	六三年十二月
4	周禮	林尹	王雲五（臺灣商務印書館）	六一年九月
5	禮記	王夢鷗	王雲五（臺灣商務印書館）	七三年一月
6	春秋左氏傳	李宗侗	王雲五（臺灣商務印書館）	六〇年一月
7	大學	宋天正	王雲五（臺灣商務印書館）	六六年二月
8	中庸	宋天正	王雲五（臺灣商務印書館）	六六年二月
9	論語	毛子水	王雲五（臺灣商務印書館）	六四年十月
10	孟子	史次耘	王雲五（臺灣商務印書館）	六二年二月
11	老子	陳鼓應	王雲五（臺灣商務印書館）	五九年五月

12	莊子	陳鼓應	王雲五（臺灣商務印書館）	六四年十二月
13	大戴禮記	高明	文復會、國立編譯館	六四年四月
14	春秋公羊傳	李宗侗	文復會、國立編譯館	六二年五月
15	春秋穀梁傳	薛安勤	文復會、國立編譯館	八三年八月
16	韓詩外傳	賴炎元	文復會、國立編譯館	六一年九月
17	孝經	黃得時	文復會、國立編譯館	六一年七月
18	列女傳	張敬	文復會、國立編譯館	八三年六月
19	新序	盧元駿	文復會、國立編譯館	六四年四月
20	說苑	盧元駿	文復會、國立編譯館	六六年二月
21	墨子	李漁叔	文復會、國立編譯館	六三年五月
22	荀子	熊公哲	文復會、國立編譯館	六四年九月
23	韓非子	邵增樺	文復會、國立編譯館	七一年九月
24	管子	李勉	文復會、國立編譯館	七七年七月
25	孫子	魏汝霖	文復會、國立編譯館	六一年八月
26	史記	馬持盈	文復會、國立編譯館	六八年七月
27	商君書	賀凌虛	文復會、國立編譯館	七六年三月
28	太公六韜	徐培根	文復會、國立編譯館	六五年二月
29	黃石公三略	魏汝霖	文復會、國立編譯館	六四年六月
30	司馬法	劉仲平	文復會、國立編譯館	六四年十一月
31	尉繚子	劉仲平	文復會、國立編譯館	六四年十一月
32	吳子	傅紹傑	文復會、國立編譯館	六五年四月
33	唐太宗李衛公問對	曾振	文復會、國立編譯館	六四年九月
34	資治通鑑今註	李宗侗等	國立編譯館	五五年十月
35	春秋繁露	賴炎元	文復會、國立編譯館	七三年五月

36	公孫龍子	陳癸淼	文復會、國立編譯館	七五年一月
37	晏子春秋	王更生	文復會、國立編譯館	七六年八月
38	呂氏春秋	林品石	文復會、國立編譯館	七四年二月
39	黃帝四經	陳鼓應	臺灣商務印書館	八四年六月
40	人物志	陳喬楚	文復會、國立編譯館	八五年十二月
41	近思錄、大學問	古清美	文復會、國立編譯館	八九年九月
42	抱朴子內篇	陳飛龍	文復會、國立編譯館	九〇年一月
43	抱朴子外篇	陳飛龍	文復會、國立編譯館	九一年一月
44	四書（合訂本）	楊亮功等	王雲五（臺灣商務印書館）	六八年四月

已列計畫而未出版：

序號	書名	譯註者	主編	
1	國語	張以仁	文復會、國立編譯館	
2	戰國策	程發軔	文復會、國立編譯館	
3	淮南子	于大成	文復會、國立編譯館	
4	論衡	阮廷焯	文復會、國立編譯館	
5	楚辭	楊向時	文復會、國立編譯館	
6	文心雕龍	余培林	文復會、國立編譯館	
7	說文解字	趙友培	國立編譯館	
8	世說新語	楊向時	國立編譯館	

臺灣商務印書館董事長 **王學哲** 謹序　二〇〇九年九月

重印古籍今註今譯序

古籍蘊藏著古代中國人智慧精華，顯示中華文化根基深厚，亦給予今日中國人以榮譽與自信。然而由於語言文字之演變，今日閱讀古籍者，每苦其晦澀難解，今註今譯為一解決可行之途徑。今註，釋其文，可明個別詞句；今譯，解其義，可通達大體。兩者相互為用，可使古籍易讀易懂，有助於國人對固有文化正確了解，增加其對固有文化之信心，進而注入新的精神，使中華文化成為世界上最受人仰慕之文化。

此一創造性工作，始於一九六七年本館王故董事長選定經部十種，編纂白話註譯，定名經部今註今譯。嗣因加入子部二種，改稱古籍今註今譯。分別約請專家執筆，由雲老親任主編。

此一工作旋獲得中華文化復興運動推行委員會之贊助，納入工作計畫，大力推行，並將註譯範圍擴大，書目逐年增加。至目前止已約定註譯之古籍四十五種，由文復會與國立編譯館共同主編，而委由本館統一發行。

古籍今註今譯自出版以來，深受社會人士愛好，不數年發行三版、四版，有若干種甚至七版、八版。出版同業亦引起共鳴，紛選古籍，或註或譯，或摘要註譯。迴應如此熱烈，不能不歸王雲老當初創意與文復會大力倡導之功。

已出版之古籍今註今譯，執筆專家雖恭敬將事，求備求全，然為時間所限，或因篇幅眾多，間或難免舛誤；排版誤置，未經校正，亦所不免。本館為對讀者表示負責，決將已出版之二十八種（本館自行約人註譯者十二種，文復會與編譯館共同主編委由本館印行者十六種）全部重新活版排印。為此與文復會商定，在重印之前由文復會請原註譯人重加校訂，原註譯人如已去世，則另約適當人選擔任。修訂完成，再由本館陸續重新印行。為期儘量減少錯誤，定稿之前再經過審閱，排印之後並加強校對。所有此等改進事項，本館將支出數百萬元費用。本館以一私人出版公司，在此出版業不景氣時期，不惜花費巨資重新排版印行者，實懍於出版者對文化事業所負責任之重大，並希望古籍今註今譯今後得以新的面貌與讀者相見。茲值古籍今註今譯修訂版問世之際，爰綴數語誌其始末。

臺灣商務印書館編審委員會謹識　一九八一年十二月二十四日

編纂古籍今註今譯序

由於語言文字習俗之演變，古代文字原為通俗者，在今日頗多不可解。以故，讀古書者，尤以在具有數千年文化之我國中，往往苦其文義之難通。余為協助現代青年對古書之閱讀，在距今四十餘年前，曾為本館創編學生國學叢書數十種，其凡例如左：

一、中學以上國文功課，重在課外閱讀，自力攻求；教師則為之指導焉耳。惟重篇巨帙，釋解紛繁，得失互見，將使學生披沙而得金，貫散以成統，殊非時力所許；是有需乎經過整理之書篇矣。本館鑒此，遂有學生國學叢書之輯。

二、本叢書所收，均重要著作，略舉大凡；經部如詩、禮、春秋；史部如史、漢、五代；子部如莊、孟、荀、韓，並皆列入；文辭則上溯漢、魏，下迄五代；詩歌則陶、謝、李、杜，均有單本；詞則多採五代、兩宋；曲則擷取元、明大家；傳奇、小說，亦選其英。

三、諸書選輯各篇，以足以表見其書，其作家之思想精神、文學技術者為準；其無關宏旨者，從刪削。所選之篇類不省節，以免割裂之病。

四、諸書均為分段落，作句讀，以便省覽。

五、諸書均有註釋；古籍異釋紛如，即採其較長者。

六、諸書較為罕見之字，均注音切，並附注音字母，以便諷誦。

七、諸書卷首，均有新序，述作者生平，本書概要。凡所以示學生研究門徑者，不厭其詳。

然而此一叢書，僅各選輯全書之若干片段，猶之嘗其一臠，而未窺全豹。及一九六四年，余謝政後重主本館，適國立編譯館有今註資治通鑑之編纂，甫出版三冊，以經費及流通兩方面，均有借助於出版家之必要，商之於余，以其係就全書詳註，足以彌補余四十年前編纂學生國學叢書之闕，遂予接受。甫歲餘，而全書十有五冊，千餘萬言，已全部問世矣。

余又以今註資治通鑑，雖較學生國學叢書已進一步，然因若干古籍，文義晦澀，今註以外，能有今譯，則相互為用，今註可明個別意義，今譯更有助於通達大體，寧非更進一步歟？

幾經考慮，乃於一九六七年秋決定編纂經部今註今譯第一集十種，其凡例如左：

一、經部今註今譯第一集，暫定十種，其書名及白文字數如左。

詩　經	三九一二四字
尚　書	二五七〇〇字
周　易	二四二〇七字
周　禮	四五八〇六字
禮　記	九九〇二〇字
春秋左氏傳	一九六八四五字

大　學　一七四七字
中　庸　三五四五字
論　語　一二七〇〇字
孟　子　三四六八五字
以上共白文四八三三七九字

二、今註仿資治通鑑今註體例，除對單字詞語詳加註釋外，地名必註今名，年份兼註公元，衣冠文物莫不詳釋，必要時並附古今比較地圖與衣冠文物圖案。

三、全書白文四十七萬餘字，今註假定佔白文百分之七十，今譯等於白文百分之一百三十，合計白文連註譯約為一百四十餘萬言。

四、各書按其分量及難易，分別定期於半年內，一年內或一年半內繳清全稿。

五、各書除付稿費外，倘銷數超過二千部者，所有超出之部數，均加送版稅百分之十。

稍後，中華文化復興運動推行委員會制定工作實施計畫，余以古籍之有待於今註今譯者，不限於經部，且此種艱巨工作，不宜由獨一出版家擔任，因即本此原則，向推行委員會建議，幸承接納，經於工作計畫中加入古籍今註今譯一項，並由其學術研究出版促進委員會決議，選定第一期應行今註今譯之古籍約三十種，除本館已先後擔任經部十種及子部二種外，徵求各出版家分別擔任。深盼羣起共鳴，一集告成，二集繼之，則於復興中華文化，定有相當貢獻。

本館所任之古籍今註今譯十有二種，經慎選專家定約從事，閱時最久者將及二年，較短者不下一年，則以屬稿諸君，無不敬恭將事，求備求詳；迄今祇有尚書及禮記二種繳稿，所有註譯字數，均超出原預算甚多，以禮記一書言，竟超過倍數以上。茲當第一種之尚書今註今譯排印完成，問世有日，謹述緣起及經過如右。

王雲五

一九六九年九月二十五日

周易今註今譯凡例

徐芹庭

㈠本文將易經，賦以新的註釋、和新的翻譯，其中有融會漢儒、宋儒，及王弼、孔穎達等歷代注易專家的解說處，也有獨排眾意，而用自己的新解說處，總在會通先儒的長處，發揮一己研究之心得。

㈡本文所用的易經版本，以十三經注疏王弼注孔穎達正義本為主，李鼎祚周易集解本為輔，再參考先儒如程子、朱子、來知德等諸家的易本。務求合於易經的本字。

㈢本文的次序，也依照十三經注疏周易正義，及李鼎祚周易集解本的次序，分周易上經、周易下經、繫辭上傳、繫辭下傳、說卦傳、序卦傳、雜卦傳等項目，分別註釋、翻譯。至於文言，則並釋於乾坤兩卦之中。

㈣在本文繫辭上傳大衍之數一章的次序，則不採用先儒之說，而用最近考證的次序。這個次序，與漢石經相同。

㈤本文在繫辭上下傳、及說卦傳的分章，多依照明儒來知德周易集注的次序。

㈥本文對六十四卦的註釋的翻譯，先標卦名、卦畫，並將各卦的錯卦（漢儒叫旁通）、綜卦（漢儒叫反卦）分別列入各卦之下。依照卦辭、彖辭、象辭（先儒謂之大象）、六爻之辭、六爻象辭（先儒謂之小象）的次序，將原文一一標出。

(七)凡易經的生難辭句，本文用「今註」註出它的意義、及聲音。對易經的翻譯，則有「今譯」一項依照次序，分別翻譯之。對義理象數，說有未盡處，一律在「今釋」以下說明。

(八)本文時引漢儒的象數之學以相印證，其下並有解說。如不易瞭解可並參徐芹庭所著易經研究、易來氏學、漢易輯述、虞氏易述解、漢易及漢易十六家注闡微。

敘言

南懷瑾

「易經」，是中國文化最古老的典籍，歷代正統派的學者，用許多不同的文字讚揚它，大致說來，推崇它為「羣經之首」，致予無上的敬意。相反的，認為僅是古代的一部卜筮之書，近於巫祝的誣詞，卑不足道，只是經過孔子的傳述「周易」以後，又加上歷代許多學者穿鑿附會，才有了後世的盲從和崇敬。甚之，近代以來，還有許多類似輕薄的譏刺。

無可否認的，「易經」原是上古卜筮的學術，但到了商、周之際，經過文王的整理和註述，把它由卜筮的範圍，進入「天人之際」的學術領域，由此「周易」一書，便成為中國人文文化的基礎。自東周以來，再經過孔子的研究和傳述，同時又散為諸子百家學術思想的源泉，這是無可否認的事實。

因此，如要研究中國文化，無論是春秋、戰國時期的儒、道、墨和諸子百家，乃至唐、宋以後的儒、佛、道等諸家之學，不從「易經」探研，便有數典忘祖之概了。

易經與三易

通常我們提到「易經」，就很自然地知道是指「周易」這本書。因為中國文化，自經孔子刪詩、書，訂禮、樂以後，冠以「周易」一書，統稱六經。經是天地的大準則，也是人生的大通道。稱「周易」等書為六經，便是說明經過孔子所整理過的這六部書，它是包括中國傳統文化「天人之際」所有學問的大原理、大法則。

自秦、漢以後，研究易學的，對於「易經」一書命名的內涵問題，就有「三易」之說的異同出現了。

第一：屬於秦、漢以後正統儒家學派的理論，根據「易緯乾鑿度」這本書的觀念，認為「易」的內涵，包括三個意義：

㈠易。就是簡易、平易的意思。因為天地自然的法則，本來就是那樣簡樸而平易的。

㈡變易。認為天地自然的萬事萬物以及人事，隨時在交互變化之中，永無休止。但是這種變化的法則，卻有其必然的準則可循，並非亂變。

㈢不易。天地自然的萬事萬物以及人事，雖然隨時隨地都在錯綜複雜、互為因果的變化之中，但所變化者是其現象。而能變化的，卻本自不易，至為簡易。

第二：屬於秦、漢以後儒、道兩家學者通用的觀念，根據「周禮大卜」篇對於三易的涵義，是指上古以來直到周代初期之間的「易經」學術思想，約分為三個系統：㈠「連山易」。（二）「歸藏易」。㈢「周易」。

據說：伏羲時代的易學，是「連山易」。首先以「艮卦」開始，象徵「山之出雲，連綿不絕」。黃帝時代的易學，是「歸藏易」。首先以「坤卦」開始，象徵「萬物莫不歸藏於其中。」意思是指人類的文化和文明，都以大地為主。萬物皆生於地，終又歸藏於地。

周代人文文化的開始，便以現在留傳的「周易」為寶典，首先從「乾」「坤」兩卦開始，表示天地之間，以及「天人之際」的學問。

但東漢的大儒鄭玄，認為夏代的易學是「連山」。殷代的易學是「歸藏」。當然，周代的易學便是「周易」了。

又另有一說：認為上古的神農氏世系名「連山氏」，又名「列山氏」。所謂「連山」，便是「列山」的音別。黃帝的世系又名「歸藏氏」。

因此兩說，又有異同的問題存在其間。如果認為夏代所宗奉的易學便是「連山易」。殷代所宗奉的易學便是「歸藏易」。到了周代，經過文王的整理，才構成為「周易」體系的易學。那麼關於這兩個分歧的意見，也就沒有太大的出入了。

但以考據學者的觀點來看「易緯乾鑿」和「周禮大卜」篇這兩種文獻資料，應該都有值得懷疑的地方。歷來考據學家們，認為「易緯乾鑿度」等書，純出漢末或魏、晉人的偽作，假託是上古的傳承。這種觀念，並非完全無理，也的確值得研究、考慮。

可是兩漢以後的學者，硬性捨棄「周禮大卜」的觀念而不採信，偏要採用更有問題的「易緯乾鑿度」之說，認為「簡易、變易、不易」為天經地義的易學內涵，這便是後世以儒理說易的根據。那是不顧考據，只取所謂三易原理的內義，用之說明易學的大要而已。

此外，關於「連山、歸藏、周易」的三易之說，在漢、魏以後道家的學術思想中，便又發生了兩種觀念。

㈡認為「連山、歸藏」這兩個系統的易學，早已失傳。

㈢認為漢、魏以後的象、數易學，便是「連山」、「歸藏」的遺留，頗為合理。而且「連山」、「歸藏」易學的精義，確已成為秦、漢以後道家學術思想的主幹。如十二辟卦之說，便是以「歸藏」的「坤」卦為主。卦氣起「中孚」之說，便是以「艮卦」的半象為用。

易名的定義

後世有人從「易經」內容所舉例的動物，如龍啊！馬啊！象啊！豸啊！鹿啊！等等著眼，並且採用「繫辭傳」所說，我們的老祖宗伏羲開始畫卦時有「遠取諸物」的說明，認為原始的「易」字，便是取其象形飛鳥的觀念。不過，此說並未引起重視。

到了近代，有人認為「易」便是蜥蜴的簡化。蜥蜴這種生物，它的本身顏色隨時隨地變化多端，當它依附在某種物體時，它的顏色，便會變成與某種物體的色相相同。「易經」是說明天地間事物的必然變化之理，所以便取蜥蜴作象徵，猶如經書中的龍、象等一樣。但總不能叫它是蜴經，因此便取名為「易」。主張此說的，以日本的學者中最為強調。這等於在第二次大戰前，說「堯」是香爐、「舜」為蠟燭臺、「禹」是爬蟲，同樣的都含有輕薄的惡意誣蔑，不值得有識者的一笑，不足道也。

那麼「易經」的「易」字，究竟是什麼意義呢？根據道家易學者的傳統，經東漢魏伯陽著「參同契」所標出，認為「日月之謂易」的定義，最為合理。「易」字，便是上日下月的象形。「易經」學術思想的內涵，也便是說明這個天地之間，日月系統以內人生與事物變化的大法則。

並且從近世甲骨文的研究的底確有象形上日下月的「易」字。因此更足以證明道家傳統和魏伯陽之說：「日月之謂易」的定義之準確性。目前「易經」的學術思想，在西方歐、美各國，逐漸大加流行，我們自己對國家民族祖先文化準確的定名和解釋，絕對不能跟著人云亦云，含糊混淆，自損文化道統的尊嚴。

易經的作者

「易更三聖。」這是秦、漢以後的作者，對於上古形成易學傳統者公認的定說。也是我們現在開始研究易學者必須先得瞭解的問題。

秦、漢以後，儒家學者的共同認定，開始畫八卦的，是我們的老祖宗伏羲氏。演繹八卦的，當然是周文王。發揚易學精義的，便是孔子。因此說「易更三聖」就是指畫卦者伏羲、演卦者文王、傳述者孔子。事實上，文王演卦而作「卦辭」，他的兒子周公又祖述文王的思想而發揚擴充之，便著了「爻辭」，為什麼三聖之中卻不提到周公呢？據漢儒的解說，根據古代宗法的觀念，父子相從，因此三聖之中便不另外提到周公了。關於這個問題，如此結案，是否公允而有理，還是很難認定。

開始畫卦的，當然是伏羲，這是毫無疑問的事。經過文王演卦、周公祖述、孔子發揚以後，硬要賴掉周公在文化學術上的功勞，恐怕孔子夢對周公時，於心難安。同時，又輕易地溜掉「更三聖」的這個更字，也不應該。古文更字又有曾經的意思，所謂「易更三聖」者，是指易學經過三位聖人學者的整理，才得發揚光大。

由伏羲畫八卦開始，到了商、周之際，再經過文王、周公、孔子三聖的研究和著述，才建立了「周易」學術思想的系統。因此可知「易更三聖」一語，嚴格的說，應該是對「周易」一書而言。如果說對所有的易學系統來說，硬拉下伏羲來湊合三聖，似乎有點牽強。連帶這個問題而來的，便是「文王演易」和重複演繹為六十四卦的問題了。

伏羲畫卦，這是古今公認的事實。由八卦演繹成六十四卦，卻有四種說法：

㈠認為六十四卦也是伏羲所排列的。

㈡有的認為六十四卦也是文王的演繹。

㈢認為由八卦重複排演成六十四卦的，是神農氏。

㈣認為重複演卦的人是夏禹。

主張第一說的，以王弼（輔嗣）等為最有力。主張第二說的是司馬遷等。主張第三說的是鄭玄等。主張第四說的是孫盛等。

要把這四種說法加以考據確定，實在不容易，而且幾乎是絕不可能的事。至於認定重複卦象的人是周文王，大概是從「文王演易」這個演字的觀念來推定。其實，這個演字，不能硬說就是演繹六十四卦的涵義，只能說是對「周易」一書六十四卦排列的次序和方式，以及「周易」書中對卦爻辭的演義而言。這是無可否認的，都是文王的傑作。至於伏羲畫出的卦象，它的原來次序程式究竟是如何排演的？為什麼「連山」易的排列以「艮卦」為首，為什麼「歸藏」易的排列以「坤卦」為首等問題，都是值得研究的。王輔嗣的主張，認為重複排演六十四卦者，仍是伏羲的創作，這是最為有理的。

十翼的作者及其他

研究易學，都須知道有漢儒鄭玄所提出的：「十翼」之說。「翼」，當然是羽翼的意思。「周易」一書的內容，有十種論著，都是輔翼易學、發揚而光大之的主要著作。這便是：

㈠上經的彖辭。㈡下經的彖辭。㈢上經的象辭。㈣下經的象辭。㈤繫辭上傳。㈥繫辭下傳。㈦文言。㈧說卦傳。㈨序卦傳。㈩雜卦傳。

這是鄭氏對於「周易」內容所作的分類範圍，凡欲研究易學者，應當先加瞭解。

至於有關「十翼」的作者問題，大致說來，又有三種異同的見解。

一般的認定，「十翼」都出於孔子的手筆。這是傳統的觀念，完全屬於尊孔的意識所出發。

其次，認為文王作卦辭，當然沒有問題。但是象辭也是周公的著作，並且根據「左傳」中「韓宣子適魯，見易象」說：「吾乃知周公之德」的話，更為有力的佐證。漢末的學者：馬融、陸績等，都同意主張此說。

事實上，象辭與彖辭對卦象的論斷，有許多地方，彼此互有出入，實在難以確認同是一人的觀點。復次，除了象辭、彖辭以外，關於「繫傳」以及「序卦」、「說卦」等篇，不但它的文詞、思想，處處有先後異同的論調，嚴格說來，絕對不能認為都是孔子的手筆。其中有許多觀念，可能都是孔子以後後人的著作。或者可以說是孔門弟子們的著作，統統歸併於夫子的名下，那也是古代著述中常有的事。

易學的傳承及其他

在中國文化的領域中，自經孔子刪「詩」「書」，訂「禮」「樂」之後，由他編著了六經，贊述「周易」以來，關於「周易」易學的傳承，在司馬遷的「史記」，班氏的「漢書」，以及范曄的「後漢書」中，都記載有孔子以下易學傳承的系統。

但自唐、宋以後，我們所讀的「周易」，關於「十翼」的排列程序，事實上，大多都是根據漢末王弼的排列的。他把「乾」「坤」兩卦的文言，拿來放在本卦下面，同時把「繫傳」的中間次序，有些地方也照他自己的意思來顛倒安排。等於我們現在讀的「大學」一書，那是經過宋儒的安排，並非原本的「大學」的次序。現在對於研究「周易」來講，這點應當注意及之。

自孔子至戰國末期的易學：孔子授商瞿，商授魯橋庇子庸，子庸授江東馯臂子弓（其人是荀卿之子），子弓授燕周醜子家，子家授東武孫虞子乘，子乘授齊田何子莊。此其一。

又：孔子歿，子夏也講易學於河西，但受到孔門同學們的駁斥，認為他對於易學的修養不夠，所以子夏以後的傳承，並無太準確的資料。唯後世留傳有「子夏易傳」一書，真偽難辨，但確具有古代「易學」思想上的價值。此其二。

西漢的易學：田何授（東武）王同子中、（雒陽）周王孫、（梁）丁寬、（齊）服生。四人皆著易傳數篇，但後世已散佚。

其次：自（東武）王同子中一系，再傳（菑川）楊何，字元敬。元敬傳京房，房傳梁丘賀，賀傳子臨。臨傳王駿。

丁寬一系，又再傳田王孫，王孫傳施讎，讎傳張禹，禹傳彭宣。

以上都是著名專長易學學者的傳承。至於陰陽、納甲、卦氣等易學，自田何到丁寬之後，又另有一系。主陰陽、卦氣之說的，由王孫傳孟喜。喜再傳焦贛，字延壽，著有「易林」一書，迴然打破「周易」的蹊徑。又另一京房，承傳焦延壽的易學，著有「京房易傳」一書，開啟象數易學的陰陽「納甲」之門。

東漢與後漢的易學：西漢的易學，到了東漢時期，其間的傳承似乎已經散失不備，因此象數之學與易理的分途，也便由此而形成了。後漢的易學，傳承的系統更不分明。此時的著名易學大家，便有馬融、鄭玄、荀爽、劉表、虞翻、陸績，以及魏末的王弼等人。

其中以荀爽的易學，曾經有後人採集當時的九家易學合成一編的論述，故在後世研究易學中，經常有提到「九家易」或「荀九家」的名詞，就是對此而言。

鄭玄的易學，開始是學京房的象數，後來才捨離京學，專學費直之說，以孔子「易傳」來解說易學。漢末的易學，大概都跟著荀爽、虞翻的腳跟而轉，愈來愈加沒落，因此才有青年才俊的王弼的起來別走一途，專從老、莊玄學的思想而說易了。最為遺憾的，後世的易學，大體上又一直跟著王輔嗣的腳跟在轉，不能上窮碧落，下極黃泉，直探羲皇之室。

兩派十宗及其他

由秦、漢以後直到現在，大致綜合易學發展的系統，我過去曾臚列它為兩派六宗。所謂兩派：

㈠即是以象數為主的漢易，經唐、宋以後，其間貫通今古的大家，應當以宋代邵康節的易學為其翹楚。又別稱為道家易學系統的，這便是道家易學的一派。

㈡宋儒崛起，間接受到王輔嗣等易註的影響，專主以儒理來說易的，這便是儒家易學的一派。

所謂六宗：

㈠占卜。㈡災祥。㈢讖緯。㈣老莊。㈤儒理。㈥史事。

「占卜」、「災祥」、「讖緯」等三宗易學，其實都是不脫象數的範圍。以「老莊」來說易的，開始於魏、晉之初，由阮籍、王弼等開其先聲。繼之而起，便有北魏以後的道教，套用東漢魏伯陽著「參同契」的觀念，彼此挹注，雜相運用「易」與「老莊」的道理。「儒理」說易，大盛於南北宋時期，如司馬光的「潛虛」、周敦頤的「太極圖說」、程頤的「易傳」，以至於朱熹的「易本義」等，大抵都屬於這一範圍。史事一系，也由宋儒開始，如楊萬里的易學，便偏重於這一觀點。

事實上，我以前所提出的六宗之說，還不能盡概兩千餘年易學關連的內容。如果加上由象數易學的發展，包括術數的雜易等，應該可歸納為十宗，除了以上所說的六宗以外，另有四宗，便是：

(七)醫藥。(八)丹道。(九)堪輿。(十)星相。

至於明末清初，佛教中的大師，如蕅益和尚所著的「周易禪解」、道盛和尚的「金剛大易衍義」等，都從唐末曹洞宗的爻象思想所開發，雖別有會心之處，但究竟不能列入易學的正宗。但上述四宗所涉及的易學，都以象數為主，比較偏向於固有的科學性質，素來不為尋章摘句、循行數墨的學者所能接受，因此在過去的學術專制時代中，便被打入江湖術士的方伎之流，無法有所增益與發明，頗為可惜。

事實上，「易經」學術思想的根源，如果離開象數，衹是偏重儒理，對於中國文化來說，未免是很大的損失。古人所謂「象外無詞」，也便是這個意思。如果潛心研究象數的易學，配合科學思想的方法，相信必有更新的發現，很可能會替中國文化的前途，開發更大的光芒。古人雖然也有這種企圖，但始終不敢脫離前人的窠臼。例如焦延壽的「易林」、京房的「易傳」、南宋以後邵康節的「皇極經世」、以及假託邵康節所著的「河洛理數」、明代術數家們所著的「太乙數統宗」等易書。雖然對於象數易學，別有心得，完全不採用「周易」的原意，大膽地創設卦爻辭例，但仍困於災祥休咎的觀念，只作人事吉凶的判斷，並未擴充到仰觀天文，俯察地理，中通萬物之情的境界。

清代的儒者，研究易學的風氣頗盛，如王船山、惠棟、江永、焦循等，都有專著，唯仍多依違於漢、宋儒易的範圍，為清代的經學生色不少，如近人杭辛齋、尚秉和頗得象數的效用，亦自成家。

唐、宋以後的易學研究，應該說：又建立了另一「三易」之說。這個新的「三易」觀念，也是說明秦、漢以後以至現代的易學內涵之範圍。換言之，唐、宋以後所謂易學的內涵，它大要包括有「理、象、數」的三個要點。如果用現代的觀念來說：

「理」，便是類似於哲學思想的範圍。它是探討宇宙人生形上、形下的能變、所變，與不變之原理。

「象」，是從現實世界萬有現象中，尋求其變化的原則。

「數」，是由現象界中形下的數理，演繹推詳它的變化過程，由此而知人事與萬物的前因與後果。反之，也可由數理的歸納方法，瞭解形而上的原始之本能。

再來綜合這三種內涵的意義。便可知「易理」之學，是屬於哲學性的。「象、數」之學，是屬於科學性的。總而言之：完整的易學，它必須要由「象、數」科學的基礎而到達哲學的最高境界。它並非屬於純粹的思想哲學，只憑心、意識的思惟觀念，便來類比推斷一切事物的。

易學的精神

宇宙萬象，變化莫測。人生際遇，動止紛紜。綜羅易學「理、象、數」的內涵，無非教人知變與適變而已。知變是「理」智的結晶。適變是「象、數」的明辨。禮記「五經解」中，提到易學的宗旨，便說「絜靜精微，易之教也。」所謂「絜靜」的意義，是指易學的精神，是具有宗教哲學性的高度理智之修養。所謂「精微」的意義。是指易學「絜靜」的內涵，同時具有科學性周密明辨的作用。但在明辨理性之間，倘使不從沉潛靜定的涵養而進入易學的境界，稍一走向偏鋒，便會流入歧途，自落魔障。故「經解」中，又說到易學的偏失，很可能會「使人也賊」。

從「理、象、數」的精華來看易學，由「乾」、「坤」兩卦開始，錯綜重疊，旁通曼衍，初從八卦而演變為六十四卦。循此再加演繹，層層推廣，便多至無數，大至無窮，盡「精微」之至。

如果歸納卦爻內在的交互作用，便可瞭解六十四卦的內容，只有「乾、坤、剝、復、睽、家人、歸妹、漸、姤、夬、解、蹇、頤、大過、未濟、既濟」等十六卦象。在六十四卦的內在交互中，這十六卦象，每卦都出現四次。

再由此十六卦而求其內在交互的作用，便只有「乾、坤、既濟、未濟」四卦，每卦各出現四次。復由此類推，就可了知在此天地之間，除了「乾、坤、坎、離」代表陰、陽的元本功能以外，凡宇宙以外的物理或人事，無論如何千變萬化，它的吉凶觀念價值的構成，唯有「既濟、未濟」兩個對待的現象而已。

由此而精思入神，便可瞭解一畫未分以前，陰、陽未動之初的至善真如之境界，可以完全體認大易「潔靜精微」的精神，就能把握到自得其圜中的妙用了。

本書譯事的經過

本書的完成，說來非常慚愧。遠在三年前，有一天，程滄波先生對我說：商務印書館要翻譯「周易」為白話，這個工作，原來是由劉百閔先生擔任。劉先生承諾以後，忽然作古，所以王雲五先生與程先生談起，想叫我來擔任這個工作，我與百閔先生也認識，當時聽了，便衝口而出擔承了此事。在我的想法，如果沒有別的打擾，每天翻譯一卦，至多半年可以完成。誰知開始著手翻譯時，才發現許多難以解決的問題。例如：

一、譯本的原文是「周易」，必須要盡量與原文原意不離譜。不可以隨便說自己的易學見解。也不能獨取某一家的易學見解為準。

二、上古的文字，一個字或兩三個字便可代表一句話或幾句話的語意。如果已經瞭解了古文的內涵，「周易」原文的本身，本來就是白話，用不著更加語譯。現在既要用現代語來譯出，既不能離經一字，又必須要加上解釋字義、考證原意等工作。有時原文只用一個字，但我們需要用好多字來表達它，而且還不能作到盡善盡美。因此便要在「今譯」以外，再加「今釋」，才能瞭解。

三、歷代學者對於五經的著述和研究，包括「四庫」以後的著述，如「皇清經解」、「續皇清經解」等書以外，要算有關「易經」的著述為最多，而且各家都別有會心，甚至，互相矛盾的也不少。我們當然也不能忽略這些資料而不顧，究竟如何取裁也是一個很大的問題。

我當時的立意，是以漢易為原則，盡量避開宋易的解釋。因為易學的內涵，雖然以「理、象、數」為主，如果真能懂得了注重「象、數」的漢易，其理自然便在其中了。「象外無詞」，原是研究易學的篤論。

有了這些問題橫梗在前，所以開始翻譯乾坤兩卦時，便費了一個半月的時間。其餘每一個卦，原意計劃用一個星期把它翻譯出來，結果還是不能如願以償。

在這一段時間，除了手邊原有收藏有關「易經」的書籍以外，還得王新衡先生的幫助，送我一套文海出版社國學集要第十種中有關「易經」這一全部的書籍，盛意可感，至今還欠上這筆情債。

跟著，我的俗事和課務紛至沓來，實在無法閒坐小窗翻「周易」了，所以一拖再拖，翻到「觀」卦時，便擱筆遲延，一直沒有繼續工作。中間曾經寫信向王岫老商量，希望另請高明完成此事，結果岫老又堅持不便改約。

去年春天，徐芹庭來看我，談到「易經」譯稿的事，他看我忙得可憐，便願意替我完成其事。我當時也想叫他試試看。因為芹庭剛進師大的那一年，便認識我。除了欣賞他誠樸的氣質以外，還有很多難能可貴的善行，不是一般人能做到的。他是一個孝子，每個星期都要趕回苗栗鄉下，赤腳耘田，幫助父母去種地。所以我就叫他先從「來註易經」入手，希望他對「易經」下番工夫，結果他的碩士論文照著這個目的來完成，博士論文則研究漢易。他目前偏重「來易」和漢易。從我研究「象、數」方面的朱文光博士，又遠在國外，不能和他互相切磋。

半年以後，芹庭送來全部譯稿，他從「噬嗑卦」以後，一氣呵成的成績。我看過以後，便對他說：「很可惜」你仍未脫離「來易」及漢易的範圍。但是，有了這樣的成就，的確很不容易。

這樣一擱又是一年。到了年底，程滄波先生又催我交卷。我也覺得實在說不過去了，再去信和岫老商量，希望能採用芹庭的譯稿，而且由芹庭負起這本書的著作責任。結果得到岫老的勉強同意，但說必須註明是我和芹庭的合著。因此才有本書的問世。

但我仍以至誠向商務印書館和王雲五先生以及讀者，致無限的歉意。才力和精力有限，未能達成想像中的任務，希望將來能夠好好地完成一部易經的研究，貢獻給大家以作補償。這是否能成為「既濟卦」或「未濟卦」的祝詞，便很難預料了。

目次

上經 一

上經

乾 ☰乾（天）下 ☰乾（天）上　錯 ☷坤　綜 ☰乾

乾㊀，元㊁、亨㊂、利㊃、貞㊄。

【今註】㊀乾（音ㄑㄧㄢˊ）：是卦名。㊁元：為萬事萬物的根本，又解作大。㊂亨：通達無礙。㊃利：祥和而無害。㊄貞：潔淨而清正。

【今譯】乾卦，具有原始的偉大的、亨通的、祥和的、貞潔的德性。

【今釋】㈠乾卦，包涵元、亨、利、貞四種德性。子夏易傳說：「元，始也。亨，通也。利，和也。貞，正也。」所以乾卦，是代表一切事物的元始根源，它是毫無阻礙，無不通達，絕對祥和有益而無害的，而且是潔淨清正的。

㈡乾，元、亨、利、貞。用這四個字來包括乾卦內涵的德性，構成兩句文言，便成為「乾，元亨，利貞。」這是周文王對於乾卦所作的卦辭，祇就乾卦本身的德性來說，並非決定性的代表事物。後來用乾卦代表為天、為陽、為龍，做為物理世界事物性能的代表；乃至用它來代表人事的為君、為父，以及代表理性的為仁、為道等觀念，那是從周公旦與孔子以後的人們，陸續增加上去的解釋，猶如說卦傳中的說乾卦。跟著歷史文化時代的發展，就有更多的事物，用它來做代表了。

初九㊀，潛龍㊁勿用。

【今註】㊀初九：是指乾卦第一爻（音ㄧㄠˊ）䷀*的爻位而言。㊁潛龍：龍是上古人類最崇敬的生物，而且相信它是具有神靈的作用，介於天、地、人之間的動物——古人因借用龍的功能，說明卦爻變化的不可捉摸而可以想像的狀態。子夏說：「龍所以象陽也。」潛龍，便是潛伏隱藏的龍。它隱藏潛伏在地下、在深淵、海底、或在天上，並沒有確定它潛藏的處所。本卦下文爻辭表示它在地下上升的情形，那是一種假設的說明，不可作為呆板的事實來看，這點需要特別注意。

【今譯】乾卦的第一爻（初九），象徵潛伏著的龍，以不用為佳。

【今釋】㈠初九。關於九與六這兩個數目字，在易經中的作用，究竟代表什麼意義？這是研究易經首先碰到的問題，也是易經在數理上最重要的前題，開始便須瞭解，纔能使讀者研究易經，不致在這個數字上受到困惑。我國上古的文化，關於易學數理的理念，發明最早，也最發達。同時也最重視從一到十，這十個基本數字。一切的數目，都開始於一。一以前便是零，零是代表未知數、無量數、和過去數的結束，未來數的尚未開始。一加一等於二，二加一等於三，由此三加一等於四，一直加到九，都是一的累進。十、百、千、萬、億、兆、京、垓，都是另一單位的開始，在理論上，可以歸納在一的範圍內。一，是單數，也叫做奇數，凡是單數，都屬於陽數。二、四、六、八、十是雙數，雙數都屬於陰數。因為有對偶的，便稱為陰。陽數從一到九是順數，所以九數是陽數的最高位，也是最終位。陰數是從十到二的逆數，所以六數是陰數的最中位。乾卦，是易經六十四卦當中的陽卦之首；坤卦，是陰卦之首。因此，講到乾卦六個爻位的變化，便用陽數最高位的九數來作表示；坤卦，便用陰數最中位的六數來作表示。初九，便是指這個乾卦六個爻位的第一爻；第二爻，便叫做九二；以後九三、九四、九五等，都是這個道理；上九，便是第六爻的最高爻位，所以叫做上九。傳統上的說法是陽爻稱九，陰爻稱六。為什麼呢？因為說卦傳說：「參天兩地而倚數。」繫辭傳說：「天一地二，天三地四，天五地六，天七地八，天九地十。」一二三四五為生數，六七八九十為成數，生數可以起數，參天，是天一、天三、天五，共為九，天是陽男，所以陽爻稱九。兩地是地二、地四，共為六，地是陰女，所以陰爻稱六。每卦的一爻一爻的畫成。由於古人一直不肯說明，所以使許多人不完全明白。實際上，六爻的畫卦，應該表明是以立體作標準，而由內向外發展畫去，纔是易經卦爻的精義所在。現在要使學者明白，講到每一爻時，便用＊符號圈點出來，以便容易了解。

㈡潛龍。我國上古文化，根據古代歷史資料的記載，崇尚庶物的時期，便有伏羲時代的用龍作標記，以龍名官，號稱龍師；神農時代的用火紀官的標記，號稱火帝；黃帝時代的用雲紀官的標記等等。自黃帝以後，纔逐漸轉進於天文星象與人事的觀念上。但這種庶物的崇尚，卻不同於其他無文化根底的野蠻民族，只用它作「圖騰」（Totom），盲目崇拜而已。所以不能和「圖騰」混為一談。而且中國上古所謂的龍，也並非就是後來發現的「恐龍」一類，更不是蛇的一類，所以也不可與「恐龍」混淆不清。而且與印度文化中龍的觀念，也不相同。上古文化觀念中的龍，究竟如何，到現在為止，還很難說。總之，由上古的傳統，對於龍的觀念，它是類似三棲的生物，它對於水、陸、空，所謂實質的天體，與抽象的天，都可以適應。「變化莫測，隱現無常」，便是龍的德性。因此，本卦——乾卦初爻的爻辭，就用潛龍來作表示。這包括三種意義：㈠周易的學術思想，是根據伏羲開始畫八卦的文化思想而來，以龍作為乾卦的表示，正是代表由上古以來，伏羲開始畫卦的精神。㈡易經的八卦與八八六十四卦，乃至三百八十四爻的變化，都是代表宇宙物理與人事變化不定的道理。龍的德性，「變化莫測，隱現無常」，正合於易經原理「變動不居」的象徵。㈢龍，已經是代表了祇可以想像，不可以捉摸的狀況，何況潛伏未動的龍，它的不可預測的情形，就更難想像了。因此，表示本卦——乾卦初爻的德性，便採用潛龍來做代表。

㈢總之，乾卦，與乾卦的六爻，它本身並非就是限定的代表了龍，實際上，祇是用龍來表示乾卦，與乾卦六爻「變動不居」的德性與作用。這點須要特別注意，不然，就會有「差之毫釐，失之千里」的謬誤了。周易經文所著乾卦初爻的原文，「初九，潛龍勿用。」這兩句文言，是專指對於乾卦初爻的象徵而言。乾卦雖然是所有六十四卦的首卦，它的初爻，又是乾卦的第一位，應該便是最好的開始才對，為什麼又說它是「勿用」呢？簡單的說，這也有內外兩重意義：㈠外在的意義，天地間萬事萬物的開始根源，當它在隱藏潛伏的時候，是無法表現出它的功用與成效的。例如一個生物，或一個人，在靜止的狀態中，毫無動向的時期；一顆植物的種子，正在開始埋向土裏的時期，誰能斷定它將來的成果和變化呢？所以「潛龍勿用」的「勿」字，是代表了「不可用」、「不必用」、「不能用」等的意義。換言之：如果用它來推測占卜人事，它便是表示「不要用」、或「不要去用」，與「不能用」、或「不能去用」等的意義。㈡內在的意義，如果對本卦或本身來說，一個潛伏未經發生動向的事物，它猶如龍的隱藏蟄伏在那裏，那麼，它的功用與效果，永遠存在於未可知、不可量的價值之中。所以「勿用」二字，含有勸勉「不可用」的意思。總之：這句文言的重心要特別注意這個四面八方不落定位的「勿」字，便可抓住研究易經的要點了。如果死死板板的來研讀易經，那就違反了易經本身的原則。

九二㈠，見龍在田㈡，利見大人㈢。

【今註】㈠九二：是指乾卦第二爻☰*的爻位而言，詳見乾卦初九的今釋。㈡田：是地面的表層，蓄有淺水，可以種植生長植物的。㈢大人：歷來有多種解說，最妥的注釋，見於本卦——乾卦原文的文言中。綜合文言的意思，有如乾鑿度所謂：「聖明德備曰大人。」事實上，在古代所謂大人的意思，多半是用於對在上位的人而言。孟喜說：「周人五號：帝，天稱。一也。王，美稱。二也。天子，爵號。三也。大君者，興盛行異。四也。大人者，聖人德備。五也。」

【今譯】乾卦的第二爻（九二），象徵出現在田地上的龍一樣，可以見到高明偉大的人物了。

【今釋】㈠「見龍在田」一句，是由以上初九爻爻辭「潛龍勿用」的觀念而來。「見」字，古代與「現」字通用，也可稱為「現龍在田」的意思。又有一說：因為九二的陽爻，一變而為陰爻，便成為離卦。離卦是象徵眼目的符號，所以便有利於見到大人的現象。由於上面所說龍的「變化莫測，隱現不定」的現象和作用；現在從本卦第二爻的卦象（畫出卦爻的現象）來看，它已由第一爻，變化上升到第二爻的爻位來了。依易經畫卦六爻的原理，下面三爻稱為內卦，也叫做下卦。上面三爻叫做外卦，也叫做上卦。所謂「因而重之」，便是綜合內外兩卦的爻位，纔叫做六爻。內卦以第二爻為中爻，外卦以第五爻為中爻。如果從象徵性的現象來講，初爻，是在底層；中爻，是在中層。所以本卦的第二爻爻位，便像在地面表層的理象。九二，是代表本卦已經發動的陽能，用龍的「變化不測」的德性，作為表示它的象徵，說它好像潛伏著的龍，到了這個時候，已經發動上升到地面上來，在蓄有淺水的地面上呈現出它的作用，大家都可以看得見了，它也可以見到大人了。所以這句爻辭，便稱它為「見龍在田」。

㈡「利見大人」一句，是從本卦九二爻的象徵性，推之於人事現象的作用而言。如果用在占卜，得到這一爻，便有潛龍上升到地面，必有所為而發的現象。但是它的動向，還未確定，所以比它為「利見大人」。還有，初九爻的情況，猶如太陽在夜裏，潛藏未出，還未發動。九二爻的情形，猶如早晨的太陽，從地面上升，出現在大地上所有人們的眼前，給予人們無比的生機與希望。用這個現象來比擬人事，因此，便有「利見大人」的爻辭了。總之，研讀乾卦六爻的爻辭，都是用龍來表示它的作用。但千萬不要為龍的這個先入為主的觀念所困惑，便自然會得到融會貫通的道理了。古來許多精通易經學術的大家，著名的如漢代的焦贛、京房，宋代的邵雍等人，他們便能深通其理，活用它的現象與作用，纔達到精詳變通的妙用。如果一定認為這是周文王囚於羑里，他占到快要出來的占辭，未免太過拘泥，祇可作為比擬的說法，並不可以確定它必是如此。

㈢九二爻的爻辭，何以比擬它是「利見大人」，不說它是利見君子，更不說它利見小人呢？這種觀念，完全根據爻象的位置而言。因此九二爻與九五爻相應，五爻是卦中的主體。本卦九五爻是陽剛之主，比擬它是有德、有才。得時、得位。又中、又正。與其才、德、時、位，完全具備，所以稱它作大人。但是二爻五爻既又相隔，何以又說它是「利見大人」呢？因為五是代表君道的位置。二是代表臣道的位置。君臣雖然不同位，卻是同德。君臣上下，同心同德，自然就得利了。所以說「利見大人」了。周易六十四卦中，有三百八十四爻，祇有乾卦二五兩爻，提到「利見大人」。其他的卦爻，並無這種比擬的辭句。訟卦、蹇卦、萃卦、巽卦，四卦卦辭中也提到「利見大人」。但並不是爻辭。還有升卦六五爻，稱「用見大人」。並不說它是「利見大人」。

九三㈠，君子終日乾乾㈡，夕惕㈢若，厲㈣无㈤咎㈥。

【今註】 ㈠九三：是指乾卦第三爻䷀*的爻位而言。詳見乾卦初九的今釋。㈡乾乾：借用重複本卦的卦名，作為形容詞用。乾卦，它又代表了至陽、至剛、至健、至中、至正等道理。把乾乾兩字重複的用作形容詞，就是表示人要效法乾卦的德性與精神，隨時隨地固守著剛健正中，如陽的德行。又：第一個乾字，象徵著天體；第二個乾字，象徵著太陽。也可以說：第一個乾字，是卦的名詞，第二個乾字是動詞。㊂惕：小心謹慎的意思。㊃厲：嚴謹而危正的德行。㊄无：就是「無」字的古文。㊅咎：有災患與過錯的雙重意思。

【今譯】　乾卦的第三爻（九三），象徵須要效法乾元九三爻如日經天的精神。一天到晚剛健中正的前進。雖然到了夜晚，還要像白天一樣的警惕自己。為學為道的君子，祇要有這種惕厲的精神，就不會有過患了。

【今釋】　乾卦九三的爻辭，完全以人事來說明本卦第三爻的卦象。祇要瞭解了本卦第一二兩爻的解釋，便可知道本卦第三爻的爻位，它在六爻中，雖然算作第三位，但是屬於內卦的最上位。如果以太陽上升的情況作比擬，它猶如日正當中的現象，又像一條升到高空的遊龍，一天到晚，循規蹈矩，不斷的前進。到了晚上，它還是像白天一樣的前進不休。所以本卦的爻詞，教人必須要效法第三爻象徵太陽或遊龍經天的精神，永恆乾乾不休的精進以完成大人君子的德業。即使到了晚上，也要像白天一樣恐懼戒慎的警惕自己。祇要這樣勵精自強，循規蹈矩，晝夜小心翼翼的做去，就不會發生過患。如果不能這樣，躊躇滿志，驕而自恃，就會有差跌悔恨的可能。

九四㊀，或躍在淵㊁，无咎。

【今註】　㊀九四：是指乾卦第四爻☰*的爻位而言。詳見乾卦初九的今釋。㊁淵：水深處。

【今譯】　乾卦的第四爻（九四），象徵潛伏在深淵裏的遊龍，也許跳躍出深淵。不會有過患的事。

【今釋】　乾卦九四爻，它的爻位，從六爻的作用來說，是外卦的初爻。等於內卦第一爻，也有本卦初九爻的現象；有作用相同，情況不同的差別。根據繫辭下傳的說法，又有「二與四，同功而異位」的現象。初九爻猶如潛伏在地底的龍，它有蟄伏休息的狀態。九四爻，像一條潛伏在深淵的龍，它已經有活動的範圍，而且也有足夠的深水，可以悠遊的潛棲下去。龍，雖然有時候，要想乘風雲而上天，但也可以保持它蟄伏不動的態度，在深淵中，悠遊自在的過下去。所以本卦這一爻的重點，在這個「或」字。「或」，是一個不定辭，它也許再向內收，再向下沈。或者，它有跳躍超出水面，問津江海的可能。因為它保有「進退有據」，「潛躍由心」，足夠的自主與自由。所以在它的意向與行動沒有確定之先，它仍然具有不可限量、不可捉摸的價值與作用。在它本身潛在的功能，還未發動作用以前，不會有什麼過錯，也不會出什麼毛病的。如果躍出深淵，乘風雲而上天，便有如二爻的「見龍在田」擴而大之的現象。

九五㊀，飛龍在天，利見大人。

【今註】　㊀九五：是指乾卦第五爻☰*的爻位而言。詳見乾卦初九爻的今釋。

【今譯】　乾卦的第五爻（九五），象徵飛上天空中的飛龍。有如本卦第二爻「利見大人」的現象。

【今釋】　乾卦，由於初爻的演進，到了九五爻便由第四爻悠遊深淵中的潛龍，躍出水面，一飛衝天，而有飛騰變化不可測的現象。它不但有了更大而無限量的空間，可以發揮它的功能。而且可以居高臨下，俯視涵蓋陸地江河與海洋的一切事物。本卦這一爻的現象，又象徵一天當中的正午時候，太陽正當高空，所謂「日麗中天」的情形。如果以六爻的作用來說，它是外卦的中爻，等於內卦第二爻的現象，同時也有內卦第二爻相似的作用，只是地位不同，所以情況也不同。在本卦第二爻言，它譬如一個人的事業，正由開始而建立起穩固基礎的階段，可以向外發展，見到有利於它的大人，呈現自己的才能。但到了本卦九五爻的階段，雖然猶如九二爻一樣，都是站在至中至正的崗位。但是，它的成就，已經由內在的成功，發展到了外面，成為大家所仰望，所以它也同樣的有可以「利見大人」的現象，然而對象與作用，卻因為地位的不同而有異了。根據繫辭下傳所說：「三與五，同功而異位」。便須有「終日乾乾。夕惕若。厲无咎。」的自愛精神纔好。如果以古代帝王政治體制的人事作譬喻，這一爻，便有位極人君，普天之下，萬民之上的狀況。至於歷史上稱皇帝為「九五之尊」，並非用這一爻的意義。那是以易經數理來取譬，九是陽數的最高位，五是陽數的最中位。九五，便是至尊中正的意思。

上九㊀，亢㊁龍有悔。

【今註】 ㊀上九：是指乾卦第六爻䷀*的爻位而言。上，就是至高無上的意思。詳見乾卦初九爻的今釋。㊁亢（音ㄎㄤˋ）：子夏易傳說：「亢，極也。」同時有高與乾的雙重意義。

【今譯】 乾卦的第六爻上九，象徵處在高亢極點的龍，必有悔悶的後果。

【今釋】　乾卦的變化，由初爻開始，一爻一爻的演進，到了九六爻，也就是最高、最後、最末的一爻。周易的規例：凡屬第一爻位的陽爻，即稱之為初九，例如乾卦的第一爻；凡屬第一爻位的陰爻，就命名為初六，例如坤卦的第一爻。而屬於最後第六爻的陰爻，使命名它為上六。本卦爻位到了上九，以六爻的爻位而言，已位至極點，再無更高的位置可佔，孤高在上，猶如一條乘雲昇高的龍，它升到了最亢、最乾淨的地方，四顧茫然，既無再上進的位置，又不能下降，所以它反而有了憂鬱悔悶了。如果占卜得了這一爻，在物理而言，便將有「物極必反」的作用。在人事而言，便將有「樂極生悲」的現象。周易有關人事吉凶禍福的現象，綜合起來祇有吉、凶、悔、吝四大論斷。悔與吝兩個現象，便是成份少，或比較輕微的凶。所以上九爻的現象，因為位居極點，悔吝必生，那是必然的趨勢。

用九㈠，見羣龍无首，吉。

【今註】　㈠用九：是指乾卦本身整體的純陽，同時又互通於乾卦本身每一陽爻而言。可參看乾卦初九爻的今釋。

【今譯】　用在乾卦整體，它有如六個一羣的龍，誰也不居其首，祇是互相平等，自由自在的共存，這是大吉的現象。

【今釋】　周易上下經六十四卦，關於爻辭的解釋，祇有陽卦之首的乾卦有用九，陰卦之首的坤卦有用六。除此以外，再也沒有用九或用六的解釋。何以叫做用九，過去很多學者，各有一種解說，有的從義理去講解，有的從象數來註釋，各自發明一得之見，自成一家之言，都有相當可貴的道理。其實，非常簡單，祇要從本卦初九爻「潛龍勿用」，開始去理解九字所代表陽爻變化的道理。便可瞭解他所謂的用九，就是不為九所用的反面辭。善於運用乾卦六爻的變化，而不被變化所拘，有超然物外，拔於塵累的情形。九數是代表陽爻的數字，在乾卦而言，因為陽極陰生，所以無論卦與爻都勢在必變。陽九勢極，必反變為陰，所以全卦或任何一爻都沒有不受其變的可能。如果不受陽九位數的拘束，用九而不被九用，超然物外，就可以很客觀的見到六位陽爻，猶如羣龍的變化，自身自然吉無不利了。倘使乾卦本身六位陽爻，也都各自善於利用陽九的潛能，誰也不爭居領導變化的首位，不作開始發動的作用，自然無以後一爻一爻有吉有凶的變化現象。那便如繫傳所謂：「原始反終」，歸真反璞，守定原始本位的道理，當然就大吉而無凶了。所以本卦象辭，便有「用九，天德不可為首也。」以及本卦文言有「乾元用九，天下治也」的釋義了。善於用九而有其位的，舉歷史人物的事例來說，便是堯、舜、文王、周公。以不在其位的來說，便如老子、孔子等人，都是善於用九的榜樣。

彖㈠曰：大哉乾元㈡，萬物資始，乃統㈢天。雲行雨施，品物流形。大明終始，六位時成，時乘六龍㈣以御天㈤。乾道㈥變化，各正性命，保合太和㈦，乃利貞。首出庶物㈧，萬國咸寧。

【今註】 ㈠彖（音ㄊㄨㄢˋ）：獸名。在周易中，假借它做為某一卦，某一爻斷語的專有名稱。㈡乾元：是指乾卦為代表天地之間，萬事萬物的本元。也便是取用乾卦卦辭的元、亨、利、貞的元字，引申為易學的專有名辭。㊂統：率領。㊃六龍：是指乾卦六爻的爻辭中，都取用龍的功能，作為六爻變化的象徵，所以又別名六爻為六龍了。㊄御天：駕御天道運行的規則。㊅乾道：是指乾卦本身功能的法則。㊆太和：均衡和合適當的狀態。㊇庶物：庶是眾多的意思。庶物是指萬物。

【今譯】 彖辭說：偉大的乾卦啊！它是一切的根元。萬物都靠它做資本，纔有原始的生命，所以它是統率原始萬物的根元。雲的運行聚散不定，雨的普遍施予萬物，乃至物理世界的一切，流變而成為萬有品類的形質，都是它的功能。它是宇宙光明的開始和終結的根原。它包含六個爻位的程序，形成宇宙時間的作用，猶如六條龍一樣，接連著駕御天體運行的規律。乾道本身，它就是能變化形成宇宙萬物的道體。萬有物類，都是由於它而得到真正的性和命，所以萬物如果能夠保持它給予性命和合功能的原始狀態，纔是真正大利而貞潔的生命。它是首先生出萬物的創世者。它給予世界萬國以平安和康寧。

【今釋】 ㈠彖辭的作者：自古相傳，認為彖辭就是孔子的手筆。然而後世也有人懷疑，認為是秦、漢以後的學者假托孔子的作品。又有人認為雖然不完全出於後人假託孔子所作，至少，有些是後人加入的意見，並非完全出於孔子，這是很難考證得確實的問題，各憑一得之見，言之成理，也都可以自成一家之說。如果從周易本經的卦辭、彖辭，以及文言的文辭、語句、章法來看。它是極力學習卦辭的體裁，文字簡潔，而含義富麗，的確是周人和魯人的風格，秦、漢以後的人，實在難以找出可以相提並論的意境。專門注重考據者的疑古議論，也都各有弊漏，而且對於考據者的理由採取保留態度，都有再加以考證的必要，所以不敢隨便苟同，寧可從古而不辯，仍然認為它是孔子的著述，較為妥當。

㈡彖辭的意義：在全部周易的文辭中，假借四個動物象形的字，用作卦爻的解釋。第一：是易字。歷來研究易經的象數家們，有人認為它是假借飛鳥的形象而成。也有認為它是假借蜥蜴的蜴字而來，但都不足為憑。第二：是龍字。是借用它的入水能游，在地能行，在空能飛，而且可以乘風雲而上天，做為表示卦爻變化多端的象徵。第三：是象字。它有假借、諧聲、轉注的含義。古代象與像相通，是屬於假借與轉注的作用。象，也是大象（大現象），是假借它作象徵性的諧聲作用。第四：是彖字。彖是獸名。相傳它的齒牙銳利，能夠咬斷鐵器和金屬品。所以周易便假借它做為斷語的名辭。

㈢彖辭的觀點與發揮：彖辭的作者與完成彖辭的年代等問題，凡屬於疑古論者的考據範圍，姑且存而不論。關於彖辭的觀點，對於易學的發揮，以及它在中國文化思想中的價值，非常重大。秦、漢以後的學者，對於易經，歸納起來，不外三類觀點。第一：通俗的觀念。認為易經是自古相傳占卜用的書籍。第二：兩漢以後儒家的觀念。認為易經是先聖學問的淵源，儒家經學的大典。第三：兩漢以後象數學家與道家的觀念。認為易經是「究天人之際，通古今之變」，溝通形上、形下神秘之學的寶藏。但無論屬於那一種觀念，祇要首先精細體會乾坤兩卦的彖辭、文言、象辭的內涵精義，便可知道周易的學問，確是由「仰觀天文，俯察地理」，貫通天地、物理、人事的大智慧的結晶，並非是迷信奧秘，不知其所以然的盲從的信仰。例如以乾卦為統率萬事萬物的道理來說，據彖辭的解釋，它既不像西洋的文化傳統，在萬事萬物之上，建立一個神主。同時又不像西洋的哲學（Philosphy）思想，在宗教信仰以外，另行建立一個形而上的本體。它祇以一個代號的乾☰卦，做為統率天地萬物的根元，故說：「大哉乾元，萬物資始，乃統天。」說明萬有物類，從它而生，故有「雲行雨施，品物流行」的頌辭。又說到因它的功能而顯現時間的作用，便有：「大明終始，六位時成，時乘六龍以御天」的贊語。其次，說到萬物生命的根元，便有「乾道變化，各正性命，保合太和，乃利貞」的說明。最後，指出世界人類的次序依歸，又有：「首出庶物，萬國咸寧」的結語。總之，周易彖辭中所指的乾卦，它是概括後世所謂：宗教、哲學、科學等三大類的總綱。這是中國傳統文化的特點，也是中國上古文化智慧之學的泉源。所以首當特別留意。

象㊀曰：天行㊁健，君子以自強不息。

【今註】 ㊀象：獸名。在周易文辭中，假借做為象徵與現象的意義。㊁行：運轉不停，猶如天體之運行。

【今譯】 象說：乾卦像天道一樣永恆的運行不休，所以君子應當效法乾道，自己堅強起來，不斷的求進步，永遠不停止不休息的去努力。

【今釋】 象辭的作者：古今研究周易的學者，根據傳統的觀念，認為象辭也是孔子所作。但也有懷疑的見解，這些「聚訟紛紜，莫衷一是」的論辯，很難確定。總之，象辭，就是研究易經卦象的心得。八卦和八八六十四卦本來都是抽象的，象徵物理人事的符號。但為了使人容易瞭解，指出現象界中，人們的耳目感官，與意識思想可以體會觀察的東西，作為卦象的解釋，所以便稱它為象辭。乾卦的象辭，首先指出最好說明乾卦的象徵，就是天體。我們所知覺、感覺到的天體，它永遠在運行不息的旋轉前進。人與萬物，都生長在這個運行不息的天地之間，所以有志的君子，要完成德業、學問、事功，應當要效法天道，永無休息的求進步。有人誤解中國文化思想，是靜態的文化，或認為頹廢、後退等觀念，應當注意。中國文化自古的傳統精神，向來以周易為羣經之首，儒道兩家的文化思想，也都淵源於易經而來，祇要深切體認周易乾卦象辭的意義，就可瞭解中華民族文化的傳統精神，並不是靜態或倒退的。

潛龍勿用，陽在下也；見龍在田，德施普也；終日乾乾，反復道也；或躍在淵，進无咎也；飛龍在天，大人造也；亢龍有悔，盈不可久也；用九，天德不可為首也。

【今譯】 潛伏未動的龍，不用它；這是說初九爻的變化現象，猶如陽能深藏地下，還沒有萌芽的頭緒。見到龍在田地上顯現，這是說九二爻的現象，猶如一個人的德業，已經普遍地施展出來了。一天到晚，必須終日之間，小心謹慎勤奮的乾乾前進；這是說九三爻的現象，它具有盛極則衰、物極必反的反復作用。這是自然存在的定律，天道必然的作用。也許從深淵裏跳躍出來，這是說九四爻的現象，它正在進可取、退可守的未定階段。如果求進步，也不會有錯過和災難的。在天上的飛龍，這是說九五爻的現象，它猶如已經有偉大的成就的大人物的造詣的情況。過於高亢的龍，就會遭遇困難而反悔的；這是說上九爻的現象，它太過於高亢，猶如太過盈滿充足的東西，就很自然的不能長久保留。使用陽九，這是說使用乾卦所有六個陽爻，或只用陽爻的純陽，自身不加入任何一個爻位，便不受它變化的影響。這是說天道能生萬物，而自不居功的德性，所以用九，它有不自處卦變或爻變開頭的意義。

【今釋】　乾卦的象辭，是對本卦與六爻爻辭所說的含義，作進一層的解釋，顯見是在爻辭以後，研究周易乾卦爻辭的心得說明，那是毫無疑問的。它與以下文言所說解釋卦、爻辭的定義，又各有不同的觀點。象辭所說，比較古樸平實，還與以上卦、爻辭的原意距離不遠。文言中解釋爻辭的意義，幾乎完全是從德業修養的人事立場來講。雖然說理愈明，但是所指的是偏向於人文的易理，是否就是古聖作易畫卦的原意不得而知。可是它是文王演易以後偏向於人文思想解釋易學的意旨，那是非常明顯的事。後世儒者研究易經，從人文世事來說理說象的比較容易，研究天文、地理、物理的象與數而窮宇宙奧秘的比較困難，這恐是勢所必然的因襲成規吧！

【文言的說明】　文言本來是孔子研究易經的十翼之一，後來晉朝的王弼特別把乾坤兩卦之文言取出，放在乾坤二卦、爻辭後面，做為乾坤兩卦的結論。後世因利就便，多採用王弼的編排而成為習慣。到了宋朝，有些學者認為應把文言歸到十翼的範圍，但是朱熹根據程氏易傳仍然採用王弼的編排，照樣把文言放在乾坤兩卦的後面，因此後世編排易經，有些人恢復漢易——王弼以前的秩序，有些人依照朱熹的編排。元明以後朱熹的解經權威，普及朝野，因此文言放在乾坤兩卦後面，已成為千年來的習慣了，現在要想恢復古來面目，反而使人覺得有不習慣的感覺，所以仍然採用把文言放在乾坤二卦後面。在此特作說明。

文言㈠曰：元者，善之長也；亨者，嘉㈡之會也；利者，義㈢之和也；貞者，事之幹㈣也。君子體㈤仁足以長人，嘉會足以合禮，利物足以合義，貞固足以幹事。君子行此四德者，故曰：乾，元、亨、利、貞。

【今註】㈠文言：是與卦辭、爻辭、彖辭、象辭不同的解釋卦、爻辭的語文。相傳是孔子所作，但也有人懷疑是後人的假託，或為後人加入自己的意見，集成為文言。㈡嘉：完美。㈢義：相宜。㈣幹：樹木中心的主幹。㈤體：有身體力行親自體會的意義。

【今譯】文言說：「元」是一切善的首長。「亨」是最完美的聚會。「利」是最均衡適宜的和合。「貞」是處世的中正堅固。所以身為君子的人，體會到惟有行仁德的至善，才可以做領導人民的首長。對人，有很完美的聚會，才可以合於禮儀；對物，做到最平衡的利他，才會有適宜的和平；處世，有中正、不拔、忠精的堅固毅力，才可以斡旋事物。君子如果實行這四種德行，才是周易乾卦卦辭所說的「元、亨、利、貞」的道理。

【今釋】文言究竟出於誰的手筆，正是考據學家最難肯定的事實。但是文言解釋乾卦卦辭「元、亨、利、貞」的四種意義與彖辭、象辭的原本涵義，已經稍有出入。很明顯的，文言的意思，都是從人事德業修養的道理來講。這便是開啟易學自兩漢以後以儒理釋易的先聲。

初九曰：潛龍勿用。何謂也？子曰：龍德而隱者也。不易㊀乎世，不成乎名。遯㊁世无悶，不見是而无悶。樂則行之，憂則違之。確乎其不可拔，潛龍也。

【今註】㊀易：變動的意思。㊁遯（音ㄉㄨㄣˋ）：隱避。

【今譯】初九爻的爻辭說：潛伏未動的龍，勿用。何以這樣說呢？夫子說：龍的德性，它本來就是隱藏不可見的。不要因為時世的變易，就為現實而變節，不要祇為成果而不擇手段。能夠做到避開世俗的一切名利，雖然默默無聞，自己也不煩悶才對。內心做到不求世俗的發現，才能真不煩悶，假使能使人世得到安樂，就出來行道。如果相反的話，會使人世發生憂患，就須違背一般的俗見，隱避起來。自己要有確定堅貞、不能移拔、不可動搖的中心意志，這樣纔是象徵潛龍的德性。

【今釋】這是孔子借用乾卦初九爻的爻辭，象徵潛龍含義的德性，發揮學者自立立人，應有的德業修養與宗旨。

九二曰：見龍在田，利見大人。何謂也？子曰：龍德而正中者也。庸㊀言之信，庸行之謹。閑㊁邪存其誠，善世而不伐，德博而化。易曰：見龍在田，利見大人，君德也。

【今註】㊀庸：有平常和中和的雙重意思。㊁閑：防止。

【今譯】九二爻的爻辭說：就像顯現在地面上的龍一樣，可以見到大人而有利了。何以這樣說呢？夫子說：龍是具有正與中的德性。對於平庸的話語，不要忽略它可以取信為參考的價值。關於平庸的行為，也不要忽略它可以作為反省的參考，必須要小心謹慎的注意。更要隨時防止邪惡情意的衝動，保存真誠的心意。雖然有所善行利益於世人，但不以此自誇自滿。以偉大廣博的德業，感化一切。所以易經九二的爻辭說：「見龍在田，利見大人。」這是指為人君長的應當具備的德行。

【今釋】這是孔子借用乾卦九二爻的爻辭，發揮為人君主與作長上的應有德行的基本修養。

九三曰：君子終日乾乾，夕惕若，厲无咎。何謂也？子曰：君子進德修業。忠信，所以進德也。修辭立其誠，所以居業也。知至至之，可與幾也；知終終之，可與存義也。是故居上位而不驕，在下位而不憂。乾乾因其時而惕，雖危无咎矣。

【今譯】九三爻的爻辭說：君子在終日之間，都要小心謹慎的乾乾從事，到了夜晚，也要加以警惕，像白天一樣的小心謹慎。要這樣的砥礪，纔可以沒有過咎。何以這樣說呢？夫子說：這是說進德修業的道理。忠和信，是進德的主要基礎。修習文辭和言行，確立至誠的心志，便是立業的根基。倘若時機到了，自己知道應該如何去做才能把握機先。應該終結的時候，自己知道立刻終止，纔能夠保存道義的立場而全始全終。所以一個人要做到處在上面的高位而不驕傲，處在下位也不憂悶。因此爻辭說：「終日乾乾。」隨時隨地警惕自己進德修業。能夠這樣，雖然遭遇危急，也就沒有什麼過錯和災患了。

【今釋】這是孔子借用九三爻的爻辭，發揮說明人人進德修業的根本，可以和大學中的「自天子以至於庶人，壹是皆以修身為本」的意義，互相發明。

九四曰：或躍在淵，无咎。何謂也？子曰：上下无常，非為邪也；進退无恆，非離羣也。君子進德修業，欲及時也，故无咎。

【今譯】九四爻的爻辭說：或者要跳出深淵，沒有過患。何以要這樣說呢？夫子說：或者會在上位，也許要在下位，並沒有一定的常規；但並不是利用機會，做為達到邪惡的手段。有時候要進取，有時候要退守，並沒有固定的恆律；但在或進或退之間，都不是為離開人羣而祇求自利。這是說明君子進德修業，都要把握時機，隨著時代的趨勢而動，所以就沒有什麼過患了。

【今釋】 這是孔子借用九四爻辭，發揮說明立身處世，進退之間，要有智慧的抉擇，隨時要及時而動，而不失其機先。

九五曰：飛龍在天，利見大人。何謂也？子曰：同聲相應，同氣相求；水流濕，火就燥，雲從龍，風從虎；聖人作而萬物覩。本乎天者親上，本乎地者親下，則各從其類也。

【今譯】 九五爻的爻辭說：升在天空中的飛龍，是有利於見到大人的象徵。何以要這樣說呢？夫子說：凡是聲音相類同的動物，自然會彼此鳴聲相應。氣機相類同的生物，自然會彼此交感；而且互相追求。水向低窪潮濕的地方流；火就乾燥的東西而燃燒；雲跟著龍而聚散；風跟著虎在動。世界上有了大智慧的聖人，他的作為，闡明萬事萬物的至理，使得人們對於天、地、人事、物理的奧秘，有了認識。本來是輕清的東西，就自然會上升。本來是重濁下墜的東西，就自然會下墜。這是說一切事物，各自依循它類同的性質而相聚的道理。

【今釋】 這是孔子借用九五爻的爻辭，發揮說明何以要把天空的飛龍，比作利見大人的象徵和意義。事實上，這一節原文的解釋，和引申的理論，仍然非常隱晦而含蓄。他祇是從乾卦爻位的立場，說明本卦九五爻的爻位，已經進到近於至高無上的地步。所以爻辭比它像「飛龍在天」，可以「利見大人」而已。但他所引申物理的自然感應作用，以及「則各從其類也」的結論，又是什麼意思呢？這也就是後來歷代的專制時代，稱帝王為「九五之尊」，以及頌稱創業的帝王為「龍飛」「龍興」等典故的來源。都是為了本文中，「聖人作而萬物覩」這一句的影響。所以在過去專制政體時代的帝王，都須要把他此作堯、舜、禹、湯一樣，便是當時的當然聖人。其實，這一節文言的真正道理，他祇是說明龍的最高能力，和最終目的，祇是志在飛騰變化，乘風雲而上天而已。所以爻辭把飛龍作五爻的象徵，那是周易用「象」的真正意義。因為九五是乾卦爻位的將近最高位。如果再進一步，就會到了物極必反的階段。整個卦的現象，也就會全面改觀。等於乘風雲而飛上天空的龍，往往是躊躇滿志，便無更高深的進步。所以文言就說：「則各從其類也。」意思是說：這是從各個爻位的德性來作類比而已。但這個類比，便含有一種非常嚴重的危機，必須懂得九三爻的「君子終日乾乾，夕惕若，厲无咎。」的道理，才可以自處。繫辭傳說：「三與五，同功而異位。」所以從進德修業的人事道理來講，在乾卦九五爻中，便有重大的意義。司馬遷作史記，在伯夷列傳上，提到文言這一節的道理，極力借題發揮，說明人生的遭遇，幸與不幸，成名與不成名的關係，都是靠著風雲際會的機遇而來，因此把他類比作「聖人作而萬物覩」這句話的引申，例如伯夷等人，經過孔子的褒揚，名垂千古，也便是「各從其類也」的同一意義。是否如此，頗足玩味。繫辭下傳又說：「三多凶。五多功。貴賤之等也。其柔危。其剛勝邪！」因此九五爻的德性，必須要具備剛健中正的四德。所謂剛，便是論語上孔子評論申棖語意的內涵，要作到「無欲則剛」才能以行健中正而勝邪了。

上九：亢龍有悔。何謂也？子曰：貴而无位，高而无民，賢人在下位而无輔，是以動而有悔也。

【今譯】上九爻的爻辭：處在過於高亢地位的龍，是有悔悶的。何以要這樣說呢？夫子曰：太貴了，而再沒有位置可以安身了。太高了，而下面難有親上的人了。這是表示賢人都處在下位，獨自高高在上，而得不到好的輔助，所以便動輒有悔了。

【今釋】這是孔子借用上九爻的爻辭，發揮說明在高位者的通病和告誡，指出地位愈高，愈有孤立的可能。做為君道的寶鑑。

總之，文言中，這一段有關爻辭的解釋，完全從人文思想出發，引用爻辭的象徵，作為立身、處世、自立、立人、進德、修業的修養。開啟儒家專講修養之學的先河。與伏羲畫卦、文王演易的意義，是否有異同之處，那就很難說了。但以儒理論易的立場來看，那當然是至高無上的箴言了。

潛龍勿用，下也。見龍在田，時舍㈠也。終日乾乾，行事也。或躍在淵，自試也。飛龍在天，上治也。亢龍有悔，窮㈡之災也。乾元用九，天下治也。

【今註】㈠舍（音ㄕㄜˇ）：安置。㈡窮：盡極。

【今譯】 初九爻在最下的一位，所以不起作用，是謂「潛龍勿用」。九二爻的「見龍在田」，是說已得其時、得其位了。九三爻的「終日乾乾」，是指對於事功行為所持的態度。九四爻的「或躍在淵」有自試的現象。九五爻的「飛龍在天」，是說在上位治道的情況。上九爻的「亢龍有悔」，已經達到爻位的最高點，難免會有物極必反的災悔。因此但用乾卦本身的全體，或善於客觀地運用陽九的變化，而自己不入於爻位的變化中，便是天下治平的象徵。

【今釋】 這一段對於乾卦六爻爻辭的解釋，是純粹從卦爻本身的變化來講，與以上從人事德業修養的道理，雖然類同，而在理論的基本觀點上，卻又稍有不同。大體上來說，是以理來說象的。

潛龍勿用，陽氣潛藏。見龍在田，天下文明。終日乾乾，與時偕行。或躍在淵，乾道乃革。飛龍在天，乃位乎天德。亢龍有悔，與時偕極。乾元用九，乃見天則。

【今譯】 潛龍之所以勿用，是初九爻的陽氣還在潛伏隱藏著的狀態，猶如沒有發動作用一般。九二爻見龍在田的現象，猶如陽氣已經上升到地面上來，天下的人，都能看到他的文明了。九三爻的現象，猶如跟著時間的運動，而終日乾乾的向前行進。九四爻的或躍在淵的現象，猶如天體與太陽互相旋轉的乾道規則，到這一階段，有革新的象徵。九五爻的飛龍在天的現象，它的爻位，已經高居極品，有接近於天德的作用。上九爻的亢龍有悔，猶如隨著時間的變遷，到了極限的現象。乾元用九，是說乾卦全體的本身，以及「用九」這個名辭的含義，這是代表「有為而無為」天道自然的法則。

【今釋】　這一段對於乾卦六爻爻辭的解釋。大都以乾卦象徵天道，用天體的運行，與在地球上看見太陽旋轉的規律，說明六爻爻辭所含的象徵意義。大體是以「象」來說「理」的。

乾元者，始而亨者也；利貞者，性情也。乾始能以美利利天下，不言所利。大矣哉！大哉乾乎！剛健中正，純粹精也。

【今譯】　乾卦為天地萬物的根元，所以稱為乾元；它是創始天地萬物亨通的起點。所謂利與貞，是指乾卦的性與情而言。由於乾卦開始生出萬物以最美最利的功能而利益天下，但它卻不自說所有利天下萬物的功績。再沒有比它更偉大的啦！偉大的乾元哪！它具有至剛、至健、至中、至正的真情，這是它純粹無瑕的精誠所在。

【今釋】　這是讚歎以乾卦來代表天地萬物出生的根元，依卦辭所說乾卦元、亨、利、貞的四德，而加以發揮與引申。這一節所說乾元的德性，就猶如希臘（Greece）哲學所說的本體論（Ontology），但是它把乾卦元、亨、利、貞的四德，歸納於人位來比類，分為性與情的兩面。性是說乾卦的體，情是說乾卦的用。它的體性本來便是天下萬物的根元，為萬有物類的創始者，所以它是無往而不亨通的。它的用情，是能使天下萬物互利生長，發揮為美麗生命的泉源。但是它並不居功，因為它是至真、至善、至美、貞正真情的寶藏。所謂剛、健、中、正，便是它能利、能貞的德性和有情有用的內涵。所以萬有原始的乾元，它的性情，是絕對純粹的精誠，至公而無私。

六爻㈠，發揮，旁通情也。時乘六龍以御天也，雲行雨施，天下平也。

【今註】㈠爻（音一ㄠˊ）：有交的意思，是指每卦六畫的序位而言。

【今譯】乾卦的六爻，發揮出它的作用，便可以旁通所有的卦和爻，這便是它由體起用的情用。所以比喻乾卦六爻的爻辭，說它像隨時乘六條變化不測的龍，有規律的駕御著天地而不休息。雲的流行，雨的施予，使得天下萬物，保持永恆均衡的持平狀態，都是它的功能。

【今釋】這一段「文言」與開始一段「文言」所說人事德業修養的道理，又是大司而小異。上一段「文言」所說的，是以「理」來講「象」；這一段所說的，是以「象」來說「理」。而且特別提出乾卦內涵性與情的功能和作用，最為精到，是兩漢講「象」「數」「理」易學的圭臬。它所說六爻發揮的作用，便是乾卦旁通萬類的功用，更為萬世易學的鎖鑰。後世所謂：變通、升降、爻辰、納甲、錯綜、交互等學說，無一而不從卦的爻之、卦變、旁通等道理來發揮的。所以乾的六爻，發揮為旁通，便可與百千萬億任何一卦，都是有情。猶如乾元散為萬物，萬物也各自通於乾元，這是自然的規律，當然的道理。例如：假定乾卦的初爻，一變而為陰，那麼，由於乾卦初爻發揮，就成為䷫姤卦，它又旁通於䷁坤卦。於是由姤之乾坤䷀、䷁開始旁通演變，到了未濟䷿為止，又可發揮自成一系列的系統，其他類比可知。至於本文中，說到「時乘六龍以御天」，那是專指乾卦的六爻而言。它的原意，是說乾卦的功能、起為六位進行的作用，用來代表天道運行的程序，形成人世時間空間的現象。但是周易爻辭，為了表示時空與人事物理演變不定的情況，便用龍來作為形容，因此便形成這句抽象的形容辭，說它像乘著六條龍一樣，駕御天道的變化。雲的流行，雨的施予，給與天下萬物舒泰而公平的生命泉源，都是它的功能。莊子所說的：「若夫乘天地之正，而御六氣之辯，以遊無窮著。」便是這個觀念的發揮與互證。同時他所說的：「乘雲氣，御飛龍」的觀念，也是從這種抽象形容辭的蛻變，而成為神話式的寓言。這一節的文言，又是祇對乾卦本卦的德性而言，跟著又有下文對乾卦六爻爻辭的意義，從人文的德業加以闡釋的述說。

君子以成德為行，日可見之行也。潛之為言也，隱而未見，行而未成，是以君子弗用也。

【今譯】 君子以德業的成就，做為行為的目的，而德行之目標，以平日可以顯見的行為做標準。乾卦初爻所說潛龍的潛字的意義，是說還在隱藏著，沒有表現可見，行事還沒有成功的情況，所以說：君子勿用。

君子學以聚之，問以辨之，寬以居之，仁以行之。易曰：見

龍在田，利見大人。君德也。

【今譯】君子的德業，要有淵博的學問以積聚才識，要有精確的辨別來解決問題，然後以寬厚的態度處事對人，以仁恕的胸懷行事接物。所以易經乾卦九二爻的爻辭說：「看見龍在地面上的形狀，是有利於見到大人的現象。」這是專指為他人君長的領導者，必須具備的德行。

九三，重剛而不中，上不在天，下不在田，故乾乾因其事而惕，雖危无咎矣。

【今譯】乾卦的九三爻，陽剛過重，不得適中，所以便有「上不在天，下不在田」的情況，因此說「乾乾」，是隨時因其事而加以警惕的形容辭，即使會有危險，也便無多大的過患了。

九四，重剛而不中，上不在天，下不在田，中不在人，故或之。或之者，疑之也，故无咎。

【今譯】乾卦的九四爻，陽剛過重而不適中，所以便有「上不在天，下不在田，中不在人」的情況，因此說「或之」。所謂或之者，便是懷疑不定的情形，可好可壞，故說還沒有過患。

夫大人者，與天地合其德，與日月合其明，與四時合其序，與鬼神合其吉凶。先天而天弗違，後天而奉天時。天且弗違，而況於人乎？況於鬼神乎！

【今譯】　乾卦九五爻的爻辭，也是「利見大人」。這是說大人的德性，要與天地的功德相契合，要與日月的光明相契合，要與春、夏、秋、冬四時的時序相契合，要與鬼神的吉凶相契合。在先天而言，它構成天道的運行變化，那是不能違背的自然功能。在後天而言，天道的變化運行，也必須奉行它的法則。無論先天或後天的天道，尚且不能違背它，何況是人呢？更何況是鬼神啊！

亢之為言也，知進而不知退，知存而不知亡，知得而不知喪。其為聖人乎，知進退存亡而不失其正者，其唯聖人乎！

【今譯】　乾卦上九爻的爻辭所說「亢龍有悔」的亢字的意義，是指只知道進取，而不知道退守；祇知道現在的存在，而不知道現在存在的必會亡失。祇知道取得，而不知道喪失的現象。祇有聖人的才德智慧，纔能知道進、退、存、亡，而自身始終不失它的正道，祇有聖人，纔能如此！

【今釋】　這一節闡釋乾卦六爻爻辭的含義，完全以人文德業修養的情況，作為標準。發揚開啟以周易講儒理的先聲，指導人生學問、德業、與立身、處世的方針。尤其它在解釋九五爻爻辭所說的大人

失朋友的可能。但必須要安於貞正，纔有吉慶。

【今釋】 坤卦也與乾卦相似，具有元、亨、利、貞四種德性。惟獨它的利與貞兩種德性，卻與乾卦有不同的情況。乾卦的利、貞，是於萬物無所不利，無所不貞。而坤卦的利與貞，便有如壯健的母馬。同時又像大地一樣，順著天道的法則奔騰前進而不休息，又能滋養蕃殖萬物。這是說明坤卦的本義，是代表地道的資生萬物，運行不息而前進無疆的意義。至於下文君子如有所求而前往，便先有迷失而後來又有所得的現象，完全屬於占卜的用意。為什麼作這樣說呢？它的要點是由下文的「西南得朋」、與「東北喪朋」兩句話而來。關於這兩句話的內涵，歷來各家研究易學的解釋，大約不出兩個觀念：㈠以周文王的後天八卦方位來說，認為是由於陰陽不同類的原因而來，因為西方是坤與兌的卦位，南方是巽與離的卦位，都是陰卦與坤卦同類，所以便說「西南得朋」。東方是艮、震的卦位，北方是乾、坎的卦位，都是陽卦，與坤卦不同類，所以便說「東北喪朋」。㈡再加以用人事來作比喻，認為坤卦有作人臣與作妻子的情形，陰與陰相同類，便是吉慶的象徵，陰與陽相反，便會不順。這些理由，都言之成理，自成一家之說。根據繫辭下傳所說伏羲畫八卦，是由於「仰則觀象於天，俯則觀法於地，觀鳥獸之文，與地之宜，近取諸身，遠取諸物，於是始作八卦」的觀念來說，坤卦是代表地道運行的象徵，如果從象數與道家的易學觀念來看，是有問題的。因為乾卦是代表天道與太陽系統運行的符號，用以說明宇宙與天體的法則。坤卦是代表地道與太陰（月亮）運行的符號，用以說明太陰與地球物理的時節關係。所謂「西南得朋」，是說每月由初三晚上開始，月亮由西南方的上空出現，

境界，便是莊子所謂「內聖外王」的準則，為後世儒家所採用為聖人境界的標榜。曾子所著「大學之道，在明明德」的大人觀念的根源，就是由上一節解釋九五爻的文言的發揮。至於「知進退存亡而不失其正者，其唯聖人乎！」便是用九爻辭所說大「吉」的贊辭。這都是從「以經注經」的治學方針中求出的答案，不必另加假借，而可瞭解周易乾卦文言意旨的方法。從文言開始，共有四段解釋乾卦六爻爻辭的論述。如果加上「彖辭」和「象辭」的解釋，便有六段的不同。有的以理來說象，有的從象來說理，雖然都是大同而小異，實在互有不同，似乎不是一人一家的意見。也許是孔子以後的門人子弟們，有所增益進去，究竟出於一人或多人的見解與手筆，都很難證實。

坤 ䷁ 坤（地）下 坤（地）上　錯 ䷀ 乾　綜 ䷁ 坤

坤㈠，元、亨，利牝㈡馬之貞。君子有攸㈢往，先迷後得，主利。西南得朋，東北喪㈣朋。安貞，吉。

【今註】㈠坤：卦名。它的大象是代表地與陰等的符號。㈡牝（音ㄆㄧㄣˋ）：雌性的獸類。㈢攸（音ㄧㄡ）：與「所」字的意義相通。㈣喪：亡失。

【今譯】坤卦，它具有根元的、亨通的，有利於像母馬的貞順的德性。如果君子有所往求，占到本卦，便有先迷失方針，後果又可以得到利益的象徵。而且往西南方可以得到朋友，向東北方向便有喪

顯露眉目的光輝。這個「朋」字，也很可能是古代把「朋」字傳寫錯誤的關係；即使沒有傳錯，原來就是「朋」字，也可以說得通，因為在周易的八卦方位而言，坤卦是屬於西南方的。所謂「東北喪朋」，是說每月廿七日的早晨，可以看到月杪的眉月，在東北方的上空，漸漸隱晦而喪失它的光明了。如果用在占卜，像月黑夜間的行動，雖然先迷失道，然暗極則明生，猶如月有盈虧圓缺的現象，只要等待時間給予機會，終會得利的。所以用空間的方位來講，便有「西南得朋」、「東北喪朋」的象徵。因此本卦以下所列六爻變化的爻辭，大體都是以太陰與年月的變化現象作比類，這與「仰則觀象於天，俯則觀法於地……遠取諸物」的道理，自然貫串暢達而明白了。可是本卦所說能夠得利的主要中心，是需要具有地道一樣，安祥而貞正地負擔起艱鉅的精神，以及像母馬一樣的努力前進，纔有吉慶的結果，並非是徼倖而得的。至於坤卦以母馬作象徵性的事物，這是什麼原因呢？因為天道左旋，地道右旋，馬的性情，喜歡逆風而行，坤卦所代表大地的功能，也是逆天體的運行而運轉不息的。所以便以馬象徵地道。但地道雖然逆天而行，即仍須順著天道的變化。猶如母馬的性情，也具有馴順的德性。

彖曰：至哉坤元！萬物資生，乃順承㊀天。坤厚載物，德合无疆㊁。含弘光大，品物咸㊂亨。牝馬地類，行地无疆，柔順利貞，君子攸行。先迷失道，後順得常。西南得朋，乃與類行，東北

喪朋，乃終有慶。安貞之吉，應地无疆。

【今註】㈠承：蒙受。㈡疆：邊界。㈢咸：有都統的意義。

【今譯】象辭說：最偉大的，做為萬物之元的坤卦啊！萬物都靠它的資元而有生命，它柔順地承受天道的法則。坤卦，它代表大地的深厚而載育著萬物的象徵。它的德性，也合於大地一樣，有無比的疆土。而且含藏有弘博、光明、遠大的功能，使萬物各種品類，都因它而亨通成長。母馬與地有類同的德性，它在地面上行走，也有無限的潛在能力，而且它溫柔、和順、利於合羣而很貞正，所以君子應當效法它的所行。縱使起先會迷失了道途的方針，但後來又可以順利的得到常規。向西南方可以得到朋友的利益，在東北方則會喪失朋友的幫助，那便是指它必須要與同類合羣共行，結果終歸會有吉慶；這是說：能夠猶如大地一樣的安詳、貞正，當然會有吉慶。因為安詳、貞正的德行，與大地一樣，具有無比遠大深厚的疆土。

【今釋】坤卦的卦辭，僅祇說明本卦元、亨、利、貞的德性，與乾卦有類同的情況。然後便引用占卜者所要求的解釋，到了象辭，就明顯舉出坤卦與地道物理的重心，而且極力贊美坤卦的內涵，也同時發揚象辭所說大地的德性對於萬物的功能與恩惠。並且引申解釋卦辭中的引喻牝馬，與「先迷後得」、以及「西南得朋」、「東北喪朋」的道理。但它的結論，特別注重安與貞的修養之重要。這一節完全用卦辭的涵義，闡揚象辭的觀念。

象曰：地勢坤，君子以厚德載物。

【今譯】象辭說：坤卦是地理形勢的象徵，君子應當效法大地的深厚而載育萬物的德性。

初六㊀，履霜，堅冰至。象曰：履霜堅冰，陰始凝也。馴㊁致其道，至堅冰也。

【今註】㊀初六：是指坤卦第一爻☷*的爻位而言，參考乾卦初九爻的今釋。㊁馴：順伏。

【今譯】坤卦第一爻（初六）的象徵，猶如行走在霜降的地面上，便可知道凝結成堅冰的時節快要到了。所以象辭說：行走在有霜的地面上，便知道堅冰快要來了。這是說：陰氣開始凝結，順序下去，自然就會到達結成堅冰的季節。

【今釋】坤卦初六爻的爻辭和象辭，用履霜堅冰的象徵，說明陰氣開始凝結的道理，是由於季節氣候的變化而來。也便是孟喜易學卦氣說的濫觴。與相傳遺佚的「歸藏」易學有關。以象數易學的卦氣而言，在十二辟卦中，坤卦是陰曆十月的卦，以中國中原氣候為標準，節氣的順序，九月建戌，包括寒露、霜降兩個節氣。在十月間，便到了立冬、小雪兩個節氣。所以說：當行走在有霜的地面上，便可知道順序而來的季節，就會到了天寒地凍、霜露結成堅冰的時候了。這是以一年季節中，月份節氣的實際現象，做為代表坤卦初爻象徵性的說明，是從原始而質樸的地道物理易象之學而說的。

六二㊀，直、方、大，不習㊁无不利。象曰：六二之動，直以方也，不習无不利，地道光也。

【今註】 ㊀六二：是指坤卦第二爻䷁*的爻位而言。㊁習：與學字通用，包括有經驗的意思。

【今譯】 坤卦第二爻（六二）的爻辭說：直的、方的、大的，不要修習它，也沒有什麼不利的。象辭說：六二爻的動向，一直走向前方，不要修習它，也沒有什麼不利，這是地道自然的光大現象。

【今釋】 六二爻的爻辭與象辭，依循一個共同的原則，而作同中有異的解釋。爻辭所說，直、方、大，完全是以坤卦代表大地的形勢現象而言。大地是以南北極的磁場為標準，一直向前延伸，有方向可循，而且又極其廣大。坤卦的第二爻，便是內卦的中爻，它的位置得中得正，恰是本卦中心的現象，它具備有直、方、大的三種德性，自然就不須修習而無所不利了。這是以象來說理，是質樸的說法。象辭解釋的意義，卻含有月與地道的關係，從觀察太陰的現象來作比類，說明爻辭直、方、大的內涵。陰曆每月初三的晚上，首先出現眉月在西南方的上空；假定以坤卦的初爻做為第一階段的象徵，再過六天，在初九的晚上，便是坤卦第二爻的階段；那時候的月亮，一半光明，平直如繩，叫做上弦的月色，對著正北方。所以從象來說理，便有「六二之動，直以方也」的現象。這個時候，地面上已經有了上弦的光明，所謂「地道光也」是自然的現象。因為自然如此，所以便說「不習无不利」，表示不必加以人為的修習，也自然而然，便無什麼不利的情況。

六三㈠，含章㈡可貞，或從王事，无成有終。象曰：含章可貞，以時發也，或從王事，知光大也。

【今註】㈠六三：是指坤卦第三爻☷*的爻位而言。㈡章：美麗的文采。

【今譯】坤卦第三爻（六三）的爻辭說：內在有美麗的文章可以貞正而自立，或者隨從君王處世而用世，雖然沒有成功，但終有結果。象辭說：所謂「含章可貞」，是說以合適的時間發揮它美麗的文采，「或從王事」，是說知道光輝遠大的現象。

【今釋】六三爻的爻辭與象辭，都從同一觀念出發，極力指出時間與人事的重要因素。但象辭所說的象徵是根據每月十五夜晚月亮正圓的現象，用以說明時間與人事的重心。因為坤卦的第三爻，從內卦卦位來說，已經到了極點，但從六爻整體來說，第三爻還正是適中的位數。繫辭下傳說：「三與五，同功而異位。」因此，由本卦第二爻的「地道光也」開始，到了第三爻的時候，正如月到十五的光明，含有章明無比的文采，恰是太陰鼎盛，貞正可以目見的時候，然而圓極必缺，那是月有盈虧圓缺的必然定律。因此爻辭便以它比擬人事來說：如果或須從事用世，它便猶如美麗的滿月一樣，本身雖然內含無比美麗的文采，可以清正自持，但用在處事，正如圓滿美麗的明月一樣，不能保有永遠不變的成果。可是它遍照大地的光景，始終給予人們無限的懷念。所以它雖然沒有成績，但有它最終的結果。象辭也從這個道理，特別指出及時而動的重要。它的「以時發也」、「知光大也」，便是據此而說的理念。

同時，坤卦的六三爻，旁通於䷎地山謙卦。一個到了月滿中天，「含弘光大」的時位，正須「知至至之，知終終之」的「持盈保泰」，把握功成名遂身退的時機，便是「無成有終」，永遠具有「有餘不盡」的意味。

六四㊀，括囊㊁，无咎无譽。象曰：括囊无咎，慎不害也。

【今註】㊀六四：是指坤卦第四爻䷁*的爻位而言。㊁囊：俗稱小口袋。

【今譯】坤卦第四爻（六四）的爻辭說：有收束囊口的象徵，它沒有過咎，也沒有名譽。象辭說：收束囊口，便無過咎，是說祇要謹慎，就不受害了。

【今釋】坤卦六四爻的爻辭與象辭，都從陰曆下半月，月亮趨向虧缺的現象，用以說明人事、物理的象徵。因為六四爻的爻位，在六爻重卦而言，是屬於外卦的初爻，正有本卦初爻「履霜堅冰」的跡象。如果用到占卜人事，便須有戒慎恐懼的必要。用象來說理，本卦六四的象徵，正如陰曆每月十六之後，月亮開始虧缺，漸由全面的光明，現出一個陰暗缺口的現象。好像一個將要收束囊口的情形。因此用它來比擬人事，便有光明鼎盛以後，開始衰退的現象。如要「持盈保泰」，必須效法它的收束囊口的情形，謹慎小心，漸求引退，既要沒有過錯，也不求有更好的名譽，那就自然不受害了。

六五㈠，黃裳㈡，元吉。象曰：黃裳元吉，文在中也。

【今註】㈠六五：是指坤卦第五爻☷*的爻位而言。㈡裳（音ㄔㄤˊ）：下身的衣服。

【今譯】坤卦第五爻（六五）的爻辭說：黃色的衣裳，元本大吉。象辭上說：「黃裳元吉」，因為文采就在其中。

【今釋】坤卦六五爻的爻辭與象辭，用黃色的下衣來作比擬，而且斷定這樣的象徵，文采便自然在其中間，本來便是大吉的。歷來許多的解釋，認為黃色是中央的正色。六五爻的爻位，在六爻重卦來說，正是外卦的第二爻。二與五，便是內外卦的中爻，正是本卦的中正之位，所以便比擬它是中央的黃色，得中得位，因此自然是「文在中也」，當然大吉。但是這種觀念，是以五色配五方的五行——水、火、木、金、土的觀念而來，與原始易經的學術思想，關係不多。由兩漢以後「納甲」易學的發達，才形成這種牽連在一起的思想。如果純從本經本卦以象明理的觀念出發，那麼六五爻的現象，恰像太陰月亮在每月二十五之間的情況，在下半夜的時間，下弦的月色將沉，受到地下陽光的反映，與上弦月色不同，它有微茫的灰黃之色。所以就用黃色的下半截的衣裳來做比擬，說它是元本的、大吉的象徵。因為以月來論月，上弦屬陽，下弦屬陰。乾卦為陽，坤卦為陰。重陰是坤的本位，黃色是坤的飾華，不離於本位而有華飾，當然是文采便在其中，自然合於元本的大吉了。

上六㈠，龍戰于野，其血玄㈡黃。象曰：龍戰于野，其道窮也。

【今註】㈠上六：是指坤卦第六爻䷁*的爻位而言。㈡玄：青蒼色的現象。

【今譯】坤卦第六爻（上六）的爻辭說：龍在曠野裏戰鬥，它流的血是青黃色的。象辭說：所謂「龍戰于野」，是說它的道路已到盡頭了。

【今釋】坤卦上六爻的爻辭與象辭，是以每月二十八之間太陰的情況，配合本卦六位陰爻窮盡的現象，純粹從象而說理的。當陰曆每月月杪的早晨，天剛見亮，仰頭看到天邊的眉月，正在東北方微茫青蒼的上空，帶著日光反映的淡黃色，漸漸沉沒在朝陽初昇的光景裏。原始的易學，以乾卦代表天道與太陽運轉的情況，而且乾卦的爻辭，以龍的飛騰變化，用作解釋的比擬。所以這上六的爻辭，便以太陰將沒在晨熹陽光中的現象，比做「龍戰于野，其血玄黃」的情形。因此象辭更進一步說明坤陰的道路，已經到了窮盡了。

用六㈠，利永貞。象曰：用六永貞，以大終也。

【今註】㈠用六：是指坤卦本身整體的純陰，與坤卦所屬每一陰爻而言。

【今譯】坤卦的爻辭說：用在全體坤卦，或是不定位的陰爻的現象，它是有利的，永恆貞正的。象辭說：所謂用六可以得到利與貞，是說它有大而化之的終結。

【今釋】坤卦用六的道理，正與乾卦用九的精神相同，善於運用坤卦六爻的變化，而不被變化所拘。但所不同的，便是乾卦的用九，是用陽剛的「乘天之正」，猶如天道一樣，祇自生育長養萬物，而不求收穫。所以它有君道、師道、父道的象徵。坤卦的用六，猶如大地承受順從天道的情形，它雖然載育萬物，但與天道，是有所對待的。是純陰柔順的，所以它有臣道、母道、順承的象徵。因此用六的利，利在要有永恆堅貞的德性，大而化之，才能得到偉大的結果。由此更可明瞭坤卦卦辭的元、亨，是「利於牝馬之貞」的意義。

文言曰：坤，至柔而動也剛，至靜而德方，後得主而有常，含萬物而化光。坤道其順乎，承天而時行。

【今譯】文言說：坤卦的性質是至柔的，但一動便變為剛，它的形態是至靜的，但有方正的德性，它的先迷失道而後有所得，是因為它有主順的常道，含育萬物而化生光明。坤道是順承天道而隨時運行不息的。

【今釋】上節文言所說坤卦的性質、形態與德性，完全從元始易學的意義，以坤卦代表地道與太陰的質樸觀念而言。以下所說，便發揮爻辭所說卦象的情形，轉入立身處世的人事之理，又開以儒理解易的精神了。

積善之家，必有餘慶。積不善之家，必有餘殃㊀。臣弒㊁其君，子弒其父，非一朝一夕之故。其所由來者漸矣，由辨之不早辨也。易曰：履霜堅冰至。蓋言順也。

【今註】㊀殃：災禍。㊁弒（音ㄕˋ）：臣下殺上叫弒。

【今譯】積善的人家，必定有多餘的吉慶。積不善的人家，必定有多餘的殃禍。為人臣而弒君犯上，為人子而犯上殺父，並非是一朝一夕偶發的緣故。它所發生的原因，必定從平時漸漸地累積而來，都由於不早加以明辨而已。所以周易坤卦初爻的爻辭說：「履霜堅冰至」。那是說它有順序而來的必然結果之現象。

直其正也，方其義㊀也。君子敬㊁以直內，義以方外，敬義立而德不孤。直、方、大，不習无不利。則不疑其所行也。

【今註】㊀義：行事正當而合宜。㊁敬：有莊肅謹慎恭敬等意思。

【今譯】坤卦六二爻爻辭所說的直，是說它的正體；方，是說它的用義。君子以恭敬調直其內心，以適義做為外用的方針，祇要建立敬與義的品德與精神，他的德業自然就不會孤立。所以說祇要有直、方、大的涵養，即使不加修習，也沒有什麼不利了。而他的所作所為，也自然沒有可疑之處了。

陰雖有美含之，以從王事，弗敢成也。地道也，妻道也，臣道也。地道无成而代有終也。

【今譯】坤卦六三爻爻辭的意義，是說太陰的現象，雖然內在含有美麗的光輝，如果從王事而用世，縱有成績，也不敢以功高而自居。因為它和地道、妻道、臣道一樣，地道順天而行，不以成功而自居，而在時序的交代觀念中，各有時節的終始。萬物開始依地而生，最後仍歸於地，所謂樹高千丈，落葉歸根，便是這個意思。

天地變化，草木蕃。天地閉，賢人隱。易曰：括囊，无咎无譽。蓋言謹也。

【今譯】由於天地的自然變化，一切草木茂盛蕃殖。如果天地閉塞了，賢人也便會隱退了。周易坤卦六四爻的爻辭說：收括囊口，自然便無過患，但也無好的名譽。這是說：應當謹慎的約束自己。

君子黃中通理，正位居體，美在其中。而暢於四支，發於事業，美之至也。

【今譯】坤卦六五爻爻辭的意義，是以黃色為中央的正色，通於六五爻得中，得正的義理，如果修養到以坤陰柔順的正位德性，充滿身心全體，自然就「美在其中」。由此而舒暢到四肢，發展在事業的作為上，便自然而然近于至美。

陰疑㊀于陽必戰。為其嫌于无陽也，故稱龍焉。猶未離其類也，故稱血焉。夫玄黃者，天地之雜也，天玄而地黃。

【今註】㊀疑（音ㄋㄧㄥˊ）：猜忌。但古人認為疑與凝相通，有積聚集結的狀況。

【今譯】坤卦上六爻的意義，是說陰氣凝結在陽氣中，必然會有嫌疑而起爭戰的情況。因為坤卦是純陰的象徵，上六爻更是陰極的象徵。重陰之極，正自嫌棄沒有一點陽能。但陰極則陽生，初陽來復猶如潛龍的起伏，用來表示陰極陽生的轉機，因此便有「龍戰于野」的現象。然而這點元陽，還是本身順承乾元的變易而來，沒有離開同類血緣的關係，所以便說：「其血玄黃。」所謂玄黃，是指天地混雜的色相；天，是青蒼的玄色；地，是暗黃色的。

【今釋】以上文言，除了說明坤卦的德性一節，是從坤卦的卦象來說理以外，其次各節，都用人事的德業修養的道理來比擬卦象。尤其以坤卦順承天道的功能，隨時而行，呈現它的現象，構成必然性的因果律，奠立中國人文文化道德規範的準繩。也便是後世儒家與道家思想的圭臬。所謂積善餘慶、積惡餘殃之說，便是說明人事物理的積因成果，都從漸變而來。大至宇宙萬象，小到秋毫之末，凡人類歷史與個人的動靜行為，都不外於此例。祇是一般人忽略漸積漸變的來由，便不畏懼由初因而演變到必然後果的可怕。一般人都以萬事萬物的結果，當作偶然的突變而恐怖。因此便以坤卦六二爻所說直、方、大的象徵，解釋為君子修德的敬與義，建立行為準則的標準。以六五爻的「黃裳元吉」，解釋為「黃中通理，正位居體，美在其中，而暢於四支，發於事業」的理論。子思著中庸的學術思想淵源，也從這個觀念出發，而闡揚「誠明」的道理。至於文言所解釋比擬的內容，是否都合於伏羲畫卦的真義，或確為周易卦爻辭的本意，那又須另當別論了。而且是否確為孔子所作，或孔門的弟子們的研究心得漸次加入，那也是很難說的事。

屯 ䷂ 震（雷）下 坎（水）上　錯 ䷱ 鼎　綜 ䷃ 蒙

屯㈠，元、亨、利、貞。勿用有攸往，利建㈡侯。

【今註】㈠屯（音ㄓㄨㄣ）：卦名。字義的象形屮，猶如屮（草的本字）開始萌芽於地上，引申為困聚頓挫的意思。㈡建：與立的意義相通。

【今譯】屯卦，具有元始的、亨通的、有利的、貞正的德性。勿用它，但是有所往進，便可以有利於建立侯王。

【今釋】關於屯卦的卦名，純粹根據兩漢以前易學的觀念，約有兩種解釋：㈠根據周易的序卦所說：「有天地，然後萬物生焉。盈天地之間者唯萬物。故受之以屯。屯者，盈也。屯者，物之始生也。」

崔憬說：「此仲尼序文王次卦之意也。」㈡根據孟喜、京房以次的傳統易學，以卦氣的「消息」、「升降」來說，屯卦是陰曆十二月的卦，主小寒的節氣。屬於公、卿、大夫、侯四等次序的侯位的卦。也便是用在歸納的統率一年四季時令上的侯卦。費長房的易學，便主張此說。東漢時代，若干學者，如荀爽、虞翻的易學，都從這個觀念的系統而來。

周易的次序，首先敍說乾、坤兩卦，跟著而來便序說屯卦，並不從根本的八個卦中任何一卦說起，其中的道理，實在頗費研究。如果依據序卦的觀念，以乾、坤兩卦代表了天地，然後便說盈天地之間者唯萬物。故受之以屯的道理，當然理由充足，非常明白易曉。可是這個觀念的成分，大體是不顧原始畫卦有震☳在下，坎☵在上的卦象而說。祇取用屯的這一個字以名卦的意義而定的。雖然不可非議，但究竟還是有問題的。況且序卦的序言，是否出於孔子的手筆，或是後人假託先聖的說法，那也是很大的問題。至於根據卦氣的理論而作解釋，似乎與本卦爻象辭等所說的原文相近，比較接近於原始而質樸的易學原意。

依據卦象來說，屯卦是從☵坎（水）☲離（火）既濟卦的九三爻變化而來。周易從☰乾☷坤開始，序說天地定位，變為☵坎☲離互用，故首先變化為䷂屯和䷃蒙的現象。天一生水，☷坤卦的中爻一變而為☵坎。地二生火，☰乾卦的中爻一變而為☲離，三變而為☳震。故屯卦是屬於☵坎☲離卦互變的卦象。坎卦所代表抽象的理念，內涵有界限與坎節的觀念。所以在陰性水氣變化的含蘊中，內在具有陽性☳震卦的功能，因此便有陰陽交錯，生機開始困眾，好像草木種子，開始將要萌芽的初期現象。在時間的季節來說，它象徵在大寒節氣的狀況。過了這個階段，便到立春、雨水的氣節，萬物便可壯茁而蕃殖了。當萬物的生命機能，正在開始萌芽的初期，它是元始的、亨通的，有利而貞正的。所以便說，屯、元、亨、利、貞。但是生機剛剛開始，過於柔弱而脆嫩，所以又象徵的說：勿用它。因為太過脆弱，根本就不能用。但是它必然又有向前邁進的情況，所以便說有所進往。如果占卜遇到這一卦，便有開始利於建立侯王基業的象徵了。

彖曰：屯，剛柔始交而難生。動乎險中，大亨貞。雷雨之動滿盈，天造㈠草㈡昧㈢，宜建侯而不寧。

【今註】㈠造：與創作的意義相通。㈡草：包含有雜亂叢生的意思。㈢昧（音ㄇㄟˋ）：晦冥昏暗的現象。

【今譯】彖辭說：屯卦，由剛而柔開始相交而艱難初生的現象。因為陽動在重陰包圍的險象之中，如要有大的亨通，必須要有貞正的德行。它象徵雷雨交加，到處充盈大水的動象，等於天地創造以後的草昧時期，適宜開始建立侯王而治，但是艱難困頓，很不安寧。

象曰：雲雷，屯。君子以經綸㈠。

【今註】㈠經綸。經：凡織絲之縱線都叫經。綸（音ㄌㄨㄣˊ）：青的絲繩。經綸，是以治絲的情形，來比喻規畫的謀略。

【今譯】 象辭說：猶如雲雷交臨的現象，這便是屯卦的象徵。君子處在這樣的情況中，善加經綸。

【今釋】 本卦的彖辭和象辭，所取卦象的意義相通，都以雷雨交臨，天地晦冥，而含有新生之機的險難現象，以此做為事物開始的比類。彖辭所說的雷雨，象辭所說的雲雷，僅有一字之差，而用意並不兩樣。但彖辭以象來說理的內容，所以把屯卦比類為天地創設以後，人文文化還在闇昧的時期，自然需要開始建立諸侯以求治，但前途大有艱難的景象。象辭所說，偏重在人文德業的象徵，比類為君子以此而經綸的現象。這兩種觀念，對於易學的研究各有差別，顯見有時代先後的不同。總之，本卦彖辭與象辭的雲雷與雷雨，究竟從何而來呢？因為從☰乾☷坤演變為後天的☵坎☲離為用，而成為☵（水）☲（火）既濟的現象。由既濟內卦九三爻再變為震，震為雷。外卦為坎，坎為水。因此本卦彖辭與象辭所說的雲雷與雷雨的卦象，即由此而來。繫傳說：「天尊地卑，乾坤定矣。卑高以陳，貴賤位矣。動靜有常，剛柔斷矣。」乾坤以動靜為常軌，坎離以剛柔為法則，故本卦彖辭有「剛柔始交而難生」之說了。

初九㈠，磐桓㈡，利居貞，利建侯。象曰：雖磐桓，志行正也，以貴下賤，大得民也。

【今註】 ㈠初九：是指屯卦第一爻䷂*的爻位而言。㈡磐桓：磐（音ㄆㄢˊ），一作盤，大石。桓

（音ㄏㄨㄢˊ），植物名，葉像柳，皮黃白色。磐桓，大石壓住了草的生長，象徵不能前進的情況。

【今譯】 屯卦的第一爻（初九）象徵進退去留而不定的磐桓現象，利於貞正自處，又象徵利於開始建立侯王的基業。象辭說：磐桓，雖然有進退去留不定的情況，但有志行中正的現象。而且有以尊貴而自居下位的德行，當然大得民心。

【今釋】 屯卦初九爻，是指水雷屯的內卦，震卦初爻的陽爻而言。本卦以☵坎為主，坎的卦象，是陰中含陽的卦。☳震卦也是重陰之下，開始有一陽初動的卦象。從震卦初爻發動變化的開始而言，雖然一陽初動，有生機方生的現象。但是仍然處在重陰之下，它的力量還未充實，所以便有進退難定的艱虞象徵。如果用來占卜而比之人事，便有磐桓難定的情況。但因為本爻的本身是秉陽剛中正的正氣，雖然處在重陰的險境，不得其位，而並無危險。比之人事，便說它須要貞正自處，纔可得利。同時又比類它是有利於開始建立侯王基業的現象，與卦辭本身的意義，都是同樣用意。本爻象辭的解釋，說它的志行中正，以及能夠以尊貴而自居下位的情形，都是從本卦初爻的一陽為貴的觀念而來。又本卦內卦的☳震，在天象而言，它是雷的象徵。在地道而言，它又象徵石頭。所以初爻的爻辭，便有用「磐桓」的比擬了。

六二㈠，屯如邅㈡如，乘馬班㈢如，匪寇婚媾，女子貞不字㈣，十年乃字。象曰：六二之難，乘剛也；十年乃字，反常也。

【今註】㈠六二：是指屯卦第二爻䷂*的爻位而言。㈡邅（音ㄓㄢ）：徘徊前進的現象。㈢班：排列的形容詞。㈣字：古稱女子許嫁為字。

【今譯】屯卦的第二爻（六二），有困頓艱難前進的象徵，雖然跨在馬上，乘騎排列，也有牽連難進的現象，而且有被匪盜侵寇的情形；如果論婚姻愛媾，便有女子守貞不嫁，過了十年纔出嫁的情形。象辭說：屯卦第二爻艱難的道理，是因是它乘初爻的陽剛演變而來的關係，所謂過了十年纔出嫁，是說它有反常的情形。

【今釋】本卦六二爻採用象徵性的事例，有三樣不同的事物，構成本卦卦爻的關係。㈠猶如一個人騎乘在馬上，前進排班，但是前途也有很多的艱難險阻，仍然有進退徘徊、困頓難行的局面。㈡它又象徵一個女子，遇到強迫式婚姻，遭遇強盜的侵襲，要求媾合的現象。㈢但是這個女子在進退兩難的情況中，總能守正不嫁，過了十年纔出嫁。

為什麼採用這三樣不同的事物來做本卦本爻的說明呢？這便是易經包含有象與數之學的關係。它所引用這些事物，都是側重在占卜人事的情形而言，絕對不能作為呆板不移的道理來看。後世如：焦贛、京房、邵雍等人的易學，便深通此理，也可以改用其他性質類似的事物作比。祇要象徵的合理，同樣合於物理、人情、數理的觀念，便可用來作為說明。所謂象與數，祇是據理而言，用它來說明當時當處的道理，以確定它的理念而已。

本卦本爻為什麼用騎馬來說明本爻的象徵呢？那是因為本爻象辭所說：「六二之難，乘剛也。」

的觀念而來。本卦以坎為主，坎卦多陰。在人事而言，便可象徵女性。而且內卦的震卦又多陰爻，陰多喜陽而又疑忌於陽。本爻的本身，雖然是陰爻，但是由初爻的陽爻漸變而來，所以便比它有乘馬而逆風嘶進的現象。可是內卦二爻的陰爻，與外卦二爻——也便是本卦第五爻的陽爻，有互相愛慕結合的要求。但在她後面，早已有一陽爻（本卦的初爻）就近而強硬的侵襲她，有要求媾合婚嫁的現象。也猶如一個女子被後面一個男性追迫的情形。但她是位居在內卦的中心，雖然不得體，還很得位。因此便比它有女子守貞不嫁的現象。為什麼又說它有十年以後纔肯出嫁的情形呢？那是因為從二爻與五爻兩個數字的推理而來，二五得十。這個理論，是以孔穎達的周易注疏等為準。如從孟喜的卦氣說而言，此理正好互合。至於荀爽、虞翻等的理論，又另當別論了。此外，關於「乘馬班如」的班字，根據焦贛易林的道理，應該作為班列的解釋。屯卦的內卦是震，互卦是坤，上是坎，都有馬的象徵，馬多似乎而前後班列，所以象徵著馬的「班如」。一般解班作馬蹎的理象，未妥。「女子貞不字」、「十年乃字」爻辭的解釋，虞翻認為這個「字」字，是作妊娠的意義。妊娠，就是懷孕的意思。確有相當道理。也許古本傳抄，「字」字乃「孕」字的筆誤。不過從漢、唐以後，都以「字」字為是，不必在此另加辨別了。

六三㈠，即鹿㈡无虞㈢，惟入于林中，君子幾㈣，不如舍㈤，往吝㈥。象曰：即鹿无虞，以從禽㈦也；君子舍之，往吝窮也。

【今註】㈠六三：是指屯卦第三爻☳☵*的爻位而言。㈡鹿：獸名。又：古代借與山麓的麓通用。㈢虞：上古官制，執掌山澤的官名。㈣幾（音ㄐ一）：與機動的機字通用。㈤舍：停置，與捨字通用。㈥吝：阻塞不通。㈦禽：與擒通用。又據白虎通的解釋：禽是鳥獸的通稱。有被人們擒捉制服的意思。

【今譯】屯卦第三爻（六三）的象徵，在附近的山麓逐鹿，可是缺乏掌管山澤的虞人的援助，於是有困頓在叢林中的現象；所以君子要見機而作，不如退捨而放棄，但求自守，如果再向前往，便有憂吝。象辭說：就近山麓去逐鹿，如果沒有虞人的輔助，徒然追逐周旋在禽獸的羣中，則毫無收穫；所謂「君子舍之」的意思，這是說：如果這種情形，再要勇往直前，就有窮途末路、困頓不堪而阻塞的憂吝了。

【今釋】本卦六二爻的爻辭中，採用騎馬、盜寇、婚媾等人事作為象徵性的比喻，構成一幅非常熱鬧而紛亂的圖案。到了本爻，卻變成行獵接近山麓，而沒有管理動物的虞人相助，惟恐入林失道，有窮途末路的悲歎，則又是另一番局面。自漢易以來，所有的解釋，都以鹿字解作山麓的麓，當然自有他的師承與根據。如果以鹿字本來的象徵性來講，鹿是純陰蘊陽的動物，頭有雙角，而支叉如林。本卦六三爻的爻象，下接☳震卦六二的陰爻，上接坎卦初六的陰爻，重陰錯落，猶如鹿角交叉的象徵。而且重陰疊障，宛然像一片陰氣凝重的森林。從象、數、理三種任何的角度看來，都很明顯而樸質。並且由這個道理而通爻辭的君子見機而作，但求自守的意義。以及象辭的「以從禽也」的涵義來看，便有豁然貫通、迎刃而解的勝處。但這些觀念，都是偏重在占卜的作用，引申作為立身處世、做人做事的儒理觀念，與象數易學的卦氣等說無關。但焦贛的易林，本於西漢前的象數之學，也以震卦作為鹿的象徵，較為合理。

六四㊀，乘馬班如，求婚媾；往吉，无不利。象曰：求而往，明也。

【今註】㊀六四：指屯卦第四爻☳☵*的爻位而言。

【今譯】屯卦的第四爻（六四），象徵騎乘著馬，排班前進，要求婚姻媾合；去了就會有吉慶，沒有什麼不利的。象辭說：如有所求，必須前去，可以得到明朗。

【今釋】本卦六四爻，是外卦坎卦的初爻，它與內卦震卦的初爻相應互通，所以仍有象徵「乘馬班如」的說辭。因為本爻接近九五的陽爻，祇須前進而接進上爻，便會有陰陽相得而媾合的可能。但必須要前往而求進，纔得明顯。本卦六二、六四兩爻，用婚媾作為象徵性的比喻，因為陽爻求耦於陰，陰多反亂，何況初九與九五兩個陽爻，都處在不正當的位置，難以發揮德性。而且還有遙相牽制的作用，所以纔有以上的種種說辭了。

九五㊀，屯其膏㊁。小，貞吉；大，貞凶。象曰：屯其膏，施

未光也。

【今註】㈠九五：指屯卦第五爻䷂*的爻位而言。㈡膏：就是脂油。用在此處，引申作為恩澤的意思。

【今譯】屯卦第五爻（九五）的象徵，猶如凝結屯積的脂膏。小少的正用，便有吉利；要作太大的用途，就會遭凶。象辭說：所謂像凝結屯積的脂膏一樣，是說它雖要施展，也不能發揮光明的意思。

【今釋】本卦九五爻所說「屯其膏」的現象。是指本爻的孤陽陷在重陰的中間，猶如一股熱能被困在陰寒的環境中。它雖有滋潤與發揮光熱的能力，但困於環境，無法發施它的光輝。如果比之於人事，等於一個正人君子，雖然處在適當的位置上，但是四周受到羣陰小人的包圍，始終不能發揮作為。這正如屯卦六二爻受牽制的情形一樣，祇能守正不阿以自處，用在小事上，稍有吉利。如果用在大事，便會受到一羣陰險小人的包圍，而必然會遭遇大凶的。

上六㈠，乘馬班如，泣血漣㈡如。象曰：泣血漣如，何可長㈢也。

【今註】㈠上六：指屯卦第六爻䷂*的爻位而言。㈡漣：落淚的樣子。㈢長：讀上聲，就是生長的長字。

【今譯】屯卦第六爻（上六）的象徵，猶如乘騎著馬羣而排班難進的現象，而且有悲泣到血和淚漣漣不絕的哀痛。象辭說：所謂「泣血漣如」的情況，是說那裏還有長進的希望呢！

【今釋】　本卦本爻「乘馬班如」的意思，它和本卦六二爻的現象相同，不必再作解釋。所謂「泣血漣如」的象徵，是從本爻窮陰已到極點，有日暮途窮、進無可取、退無可守的險絕情況。所以象辭的解釋，便認為到此為止，無法再有生長的生機了。何以要比喻它有悲泣到流血的象徵呢？據九家易的所說：「體坎為血。伏禽為目。互艮為手。掩目流血。泣之象也。」

虞翻的解釋說：「三變時，離為目。坎為血。震為出。血流出目。故泣血漣如。」這些漢易象數家的意見，各據一得之見的解釋，在此不擬多作論議，但採用保留以供參考。如果就原始質樸的爻象來說，既然用屯積的脂膏，作為九五爻的比喻。那麼到了上六，再進而以膏脂外流而形成血淚交流的現象，反而比較明顯。☵坎卦又為耳朵的象徵，☲離卦為眼目的象徵，其說本來淵源於上古的象數家的易學，無可厚非。但從本卦本爻最上位的象徵而言，它有如眉目的圖象，也可以說得通。這樣可以啟發初學的研究方法，但不必據此為不易的道理。

根據周易序卦所說：「有天地，然後萬物生焉。盈天地之間者唯萬物。故受之以屯。屯者，盈也。屯者，萬物之始生也。」完全是從屯卦卦名的字義來作解說。他認為屯卦是形而下生起萬物開始的現象。這與本卦象辭的「天造草昧」，是同一意義。周易用它來比擬人事，乃至作為解釋占卜的象徵，那也祇是周易之學用處的一端而已，不必過於拘泥。如果要深入研究，由此發掘天文、物理的奧秘，又當另作別論了。

蒙 ䷃ 坎（水）下 艮（山）上　錯 ䷰ 革　綜 ䷂ 屯

蒙㈠，亨。匪㈡我求童蒙，童蒙求我。初筮㈢告，再三瀆㈣，瀆則不告。利貞。

【今註】㈠蒙：卦名。草本萌芽初茁的現象。假借作為童蒙未開的狀態。㈡匪：古文與非字通用。㈢筮（音ㄕˋ）：古時占卜吉凶之術，是用蓍草來占卦的一種方法。㈣瀆（音ㄉㄨˊ）：褻瀆，冒犯。

【今譯】蒙卦，具有亨通的德性，而且有開始教化的象徵。不是我去要求蒙童來受教，就是蒙童來求教於我。猶如要求卜筮一樣，初來時真誠的求教，便要告知他，如果再三煩瑣，便有褻瀆的意思，就不可以再告知他了。本卦又具備有利和貞正的作用。

彖曰：蒙，山下有險，險而止，蒙。蒙，亨，以亨行時中也。匪我求童蒙，童蒙求我，志應也。初筮告，以剛中也。再三瀆，瀆則不告，瀆蒙也。蒙以養正，聖功也。

【今譯】彖辭說：蒙卦，象徵山下有險。一有危險，就要中止它的蒙萌。蒙卦卦辭中的亨通，是從行動的合時與適中而來。不是我去求蒙童，就是蒙童來求教於我，這是說：須要彼此的志趣互相感應。像卜筮一樣，開初來時真誠的求教，便要告知他，因為他的中心有陽剛的正氣。再三煩瑣，便有褻瀆的情形，就不可以再告知他，這是說：這樣便有褻瀆啟蒙的初衷。蒙卦的意思，具有教養以正道的作用，這是聖人教化的功德。

象曰：山下出泉㈠，蒙；君子以果㈡行育德。

【今註】㈠泉：從地下湧出來的水。㈡果：決斷。

【今譯】象辭說：猶如山的下面，冒出泉水，這便是蒙卦的現象；君子藉此卦象，果決自己的行為，作為養育德行的標準。

【今釋】蒙卦的卦象，與屯卦的卦象，是對待的狀況。所謂對待的情形，後世易學家們，叫它作綜卦。象數易學家們，又叫它做覆象。後世學者也有叫它做反對的卦。就是把所畫出的卦象，反復來看它不同的狀況。例如上面的外卦是☵坎，下面的內卦是☳震，聯合起來，便成為䷂水雷的屯卦。再把這個䷂屯卦的卦象，倒轉過來一看，它的現象，就相反的變成上面的外卦是☶艮，下面的內卦是☵坎，聯合起來，就成為䷃山水的蒙卦了。其他卦的綜卦也是如此。以下就不再舉例了。如果根據繫辭傳所說：「古者包犧氏之王天下也。仰則觀象於天。俯則觀法於地。觀鳥獸之文。與地之宜。近取諸身。遠取諸物。於是始作八卦。」那麼，從自然物理的現象來看屯卦，它是象徵一股雷電的陽能，在地心海底的最基層開始震動，具有萬物最初生機屯聚的現象。相反情形的蒙卦，它便有如一座屹立不動的高山，山的下面，流出泉水，滋潤養育萬物，使他萌芽而滋長起來。這是從卦象的角度觀察所得的原理，簡單明顯，而且容易明白它在說明物理生長過程的狀況。秦、漢後的象數易學家們，用這種法則，與周易所列的次序，配合天文曆法的關係，做為歸納記憶的符號。便認為屯卦，是代表每月初一早晨的符號。蒙卦是代表初一晚上的符號。這種引用易學卦象的方法，是漢易象數另一派學者的特徵。後來便歸入於道家易學的學術思想。至於上面周易所說的道理，是引用蒙卦的卦象，以山下出泉，來比擬人文教化思想的開始，成為聖人「蒙以養正」的理念，那是純粹以理說象的觀念。

初六㈠，發蒙，利用刑㈡人，用說桎梏㈢；以往吝。象曰：利用刑人，以正法也。

【今註】㈠初六：指蒙卦初爻䷃*的爻位而言。㈡刑：使人受懲罰，有糾正的意思。㈢桎梏：桎，腳鐐。梏，手梏。又作拘束的解釋。

【今譯】蒙卦初六爻，有啟發蒙昧的象徵，利用它來刑正他人是有利的，但它的用處，是利用桎梏的刑罰做為告誡；過此以往便有憂吝。象辭說：利用它來刑正他人，便是藉此以端正教法的意思。

【今釋】本卦的第一爻（初六）的象徵，據虞翻所說：「發蒙之正，初為蒙始，失其位，發蒙之正以成☱兌。兌為刑人，坤為用，故曰：利用刑人矣。坎為穿木。震足，艮手。互為坎連，故稱桎梏。初發成兌，兌為說。坎象毀壞。故曰：用說桎梏之應。歷險，故以往吝。吝，小疵也。」

于寶說：「初六戊寅平時之明，天光始照。故曰：發蒙，此成王覺始周公至誠之象也。坎為法律，寅為貞廉，以貞用刑，故利用刑人矣。此成王將正四國之象也。說，解也。正四國之罪，宣釋周公之黨。故曰：用說桎梏。既感金縢之文，追恨昭德之晚，故曰：以往吝。初二失位，吝之由也。」本爻的爻辭，是以理來說象，做為教育精神與方法的象徵。總之，本卦初爻開始發動的現象，猶如山下開始流出泉水，起初是泛濫無歸，必須加以範圍纔好。如果由它亂流，當然會不好的。所以便由它而引出教育方法上的觀念，用做啟發並防止蒙童犯過的比喻。

九二㊀，包蒙，吉；納㊁婦吉；子克家。象曰：子克家，剛柔節也。

【今註】㊀九二：是指蒙卦第二爻☵*的爻位而言。㊁納：收受。歸內。引入。

【今譯】蒙卦的第二爻（九二），包含蒙卦的中心，是吉的；尤其象徵娶妻，最吉；而且含有長子能夠成家立業的好現象。象辭說：所謂有子能夠成家立業，是說本爻的陽剛，與五、四爻的陰柔，有互相交接的關係。

六三㊀，勿用取女，見金夫，不有躬，无攸利。象曰：勿用取女，行不順也。

【今註】㊀六三：是指蒙卦第三爻☵*的爻位而言。

【今譯】 蒙卦的第三爻（六三）有不可以去娶女的現象，它有祇見金夫、自身無主的情況，是無所利的。象辭說：不可以去娶女，再向前行是不順利的。

【今釋】 本卦九二、六三兩爻的爻辭，都以納婦、娶女來做比擬。歷來各家的解釋，都以本卦第二爻的陽爻為主要的對象，用它與第三、第四、第五爻的陰爻來交接，便構成一幅陰陽求偶，男女婚嫁的圖案。九二爻與六五爻交互，便成為納婦大吉的現象。而且有剛（陽）柔（陰）相接，產生有「子克家」的結果。到了六三爻，它的本身，便是陰爻，有女子的象徵。但為鄰近九二的陽爻所乘，處在重陰之中，而且不得其位，不中不正，有自失主的現象。因此象辭引申它的意義，便有前行不順的告誡。那為什麼說它有金夫呢？據象數易學家們的理論，略如虞翻所說：「謂三誡上也。金夫，謂二初發成兌，故三稱女。兌為見。陽稱金。震為夫。三逆乘二陽，所行不順，為二所淫。」孔穎達疏說：「見金夫者，謂上九、謂其剛陽，故稱金夫。」其餘歷來諸家所說，也各有異同，自成一家之言。穿鑿曲折，都不明白易曉。另如朱熹的集注，更為有趣，如說：「金夫，蓋以金賂己而挑之，若魯秋胡之為者。」更為有趣而難以為憑。所謂金夫當然不離於象數的比喻。本卦的內卦是☵坎卦，坎卦在先天卦象的方位來說，屬於西方，西方屬金。而☵坎以中爻為主的陽爻，便與本爻有連帶關係，構成為有男性的為夫的現象。所以叫做金夫。坎卦在後天卦象的方位，屬於北方。金生水，又有重陰滛蕩的現象。因此便把它構成一幅取女不利不貞的圖案。總之，易學的道理，正如繫辭下傳所說：「為道也屢遷，變動不居。周流六虛。上下无常。剛柔相易。不可為典要。惟變所適。」但在智者的神而明之而已。

六四㊀，困蒙，吝。象曰：困蒙之吝，獨遠實也。

【今註】㊀六四：是指蒙卦第四爻䷃*的爻位而言。

【今譯】蒙卦的第四爻（六四），有受困在蒙叢中的現象，阻塞憂吝而不通。象辭說：困在蒙業中的情況，是說它孤獨無依，隔離陽爻的實際太遠了。

六五㊀，童蒙，吉。象曰：童蒙之吉，順以巽㊁也。

【今註】㊀六五是指蒙卦第五爻䷃*的爻位而言。㊁巽（音ㄒㄩㄣˋ）：順遂的意思。

【今譯】蒙卦的第五爻（六五），猶如還在蒙童中的童子現象，吉。象辭說：蒙童便吉的象徵，是說它可以順序巽變的關係。

【今釋】本卦六五爻，可以順序上接上九的陽爻，下交九二的陽爻。正在待變、將變、適變的階段。所以與卦名的道理配合，便成為蒙童的象徵。因此象辭說它「順以巽」，也就是說它順序一變為陽，便把外卦變為巽☴卦，構成為☴風☵水渙卦的現象。便有一天陰霾被風吹散的情況了。

上九㈠，擊蒙，不利為寇，利禦㈡寇。象曰：利用禦寇，上下順也。

【今註】㈠上九：指蒙卦第六爻䷃*的爻位而言。㈡禦：抵抗，防禦。

【今譯】蒙卦的上九爻，有蒙頭遭遇打擊的象徵，它不利於自己寇略他人，但有利於防禦別人侵寇的現象。象辭說：所謂可以利用做防禦寇盜的情況，是說它有上下都很順利的現象。

【今釋】本卦上九爻的象徵，只有惟一的陽剛在當頭的現象。所以便說它有受蒙頭遭遇痛擊的可能。如果用在占卜事物，它有不利於侵寇他人的象徵。相反的，如果用在防禦方面，它卻有堅強的陽剛做為外防。內在又有第二爻中心的陽剛足以自守，所以象辭便說它有上下順利的現象。

根據周易序卦的所說：「物生必蒙，故受之以蒙。蒙者，蒙也。物之稚也。」鄭元注：「蒙，幼小之貌，齊人謂萌為蒙也。」本卦所說的意義，都是根據卦名蒙字一辭的含義，引申它的道理來說象的。祇有其中九二、六三兩爻的變象，取用陰陽男女的匹配作比擬，但仍不離於蒙童觀念變象的原意。如果只從☶艮☵坎兩卦原來卦象的取義，何以把山下有水的現象，叫做蒙卦的原意來研究，應當另有一番作用了。

需 ䷄ 乾（天）下 坎（水）上　錯 ䷢ 晉　綜 ䷅ 訟

需㈠，有孚㈡，光亨，貞吉。利涉㈢大川。

【今註】㈠需：卦名，有所欲求。又可與須字互相通用。㈡孚：信用。㈢涉：徒步過河。

【今譯】需卦，有孚信可徵的現象，它又具有光明而亨通的現象，但須要堅守貞正，纔有吉慶。它有利於涉水通過大川的象徵。

彖曰：需，須也。險在前也，剛健而不陷其義，不困窮矣。需，有孚，光亨，貞吉，位乎天位，以正中也。利涉大川，往有功也。

【今譯】彖辭說：需，便是須要的意思。雖然有險阻艱難在前面，如果具有剛健中正而不失卻應有的正義，那就自然不會遭遇困窮了。所謂需卦，具有孚信，光明而亨通，貞正然後可吉的德性，這是說它內卦的乾象，處於天道相通的位置，本身具有至正至中的本分。所謂利於涉水通過大川的意思，是說再向前去，就會有成功的現象。

象曰：雲上於天，需。君子以飲食宴㈠樂。

【今註】 ㈠宴：安樂。

【今譯】 象辭說：雲在天上，是需卦的現象。君子以它做為因飲食而得安樂的象徵。

【今釋】 本卦與屯蒙皆由坎卦的演變而來。因此以下六爻的爻辭，都不離於坎為水的基本觀念。這是東漢易學家如虞翻等人的見解，因此彖辭與象辭所說的兩種觀念，卻有大同小異之處。彖辭是從水的作用而解說它的道理與現象。象辭卻從雲氣上升到天上的現象，比擬到人們生活必需的飲食與宴樂方面。此外，歷來各家注解周易的見解，從綜錯與卦變的立場來看，認為某卦從某卦變來等觀念，也都各執一辭而言之成理。例如說：需卦是從大畜變來的觀念等等，便是此類。

其實根據西漢易學如焦贛易林等的傳承，都是以坤為水，以坤為江河的象徵。需卦的外卦是☵坎，以一陽而居坤中，所以得位而利涉大川。由此可知彖辭的「位乎天位，以正中也。」象辭的「雲上於天」。都是指坤居乾位的道理而來，確為正確。

初九，需于郊，利用恆，无咎。象曰：需于郊，不犯難行也。利用恆无咎，未失常也。

【今譯】 需卦的第一爻（䷄*）的象徵，所需的現象，還在郊外，可以有利，但需要不失最初的恆軌，才能沒有災咎。象辭說：所需的，在於郊外，這是說：不可有冒險犯難的行為。所謂利用有恆而不變，這是說它並未失去常軌，便沒有災咎。

九二㈠，需于沙，小有言，終吉。象曰：需于沙，衍㈡在中也。雖小有言，以吉終也。

【今註】㈠九二：是指需卦第二爻䷄*的爻位而言。㈡衍（音一ㄢˇ）：水流通行無阻，引申為延長、推演。

【今譯】需卦第二爻（九二）的象徵，所需的現象，在於沙中，雖然小有閒言，結果是吉的。象辭說：所需的在於沙中，它具有漸漸衍變為寬大的現象，所以說它，雖然小有閒言，但是，結果還是吉的。

九三㈠，需于泥，致寇至。象曰：需于泥，災在外也。自我致寇，敬慎不敗也。

【今註】㈠九三：是指需卦第三爻䷄*的爻位而言。

【今譯】需卦第三爻（九三）的象徵，所需的現象，在於泥中，它具有招致盜寇的狀況。象辭說：所需的在於泥中，這是指它外面有災害的現象。因此說：由於自我招致外來寇盜，這是告誡人們需要有恭敬、謹慎從事的準備，纔可以立之於不敗之地。

【今釋】本卦以上三爻所說的象徵，都從「雲上於天」演變成為所需雨水的現象而立論。仍然從外卦☵坎為水的觀念，以象來說理的。例如第一爻的需於郊，第二爻的需於沙，第三爻的需於泥。都是非常質樸的推類之比擬。開始第一階段，是雨水在郊外的象徵。第二階段，是雨水在沙中的象徵。第三階段，是雨水在泥中的象徵。到了下面第四爻開始，便用坎卦本身的象徵來說理，構成另一圖案了。

六四㈠，需于血，出自穴。象曰：需于血，順以聽也。

【今註】㈠六四：是指需卦第四爻䷄*的爻位而言。

【今譯】需卦第四爻（六四），象徵著有見血的現象，它出自穴中。象辭說：需於血的象徵，是有順從以聽命的作用。

【今釋】本卦六四爻的爻辭，採用血出自穴的現象做比擬，是由於外卦是坎的觀念而來。本爻在外卦而言是坎卦的初爻，上面接近於九五的陽爻，所以有血出自穴的現象。例如王弼與九家易，各有不同的見解，但對於本爻的解釋，都相當合理。王弼曰：「穴者，陰之路也。四處坎始，居穴者也。九三剛進，四不能距，見侵則避，順以聽命也。」九家易曰：「雲欲昇天，須時當降，順以聽五，五為天也。」

九五㈠，需于酒食，貞吉。象曰：酒食貞吉，以中正也。

【今註】㈠九五：是指需卦第五爻䷄*的爻位而言。

【今譯】　需卦的第五爻（九五），有需要酒食的現象，能夠貞正便吉。象辭說：所謂酒食之中，要貞正纔吉的意義，是從本爻位居於至中至正的爻位觀念而來。

上六㈠，入于穴，有不速之客三人來，敬之，終吉。象曰：不速之客來，敬之終吉。雖不當位，未大失也。

【今註】　㈠上六：是指需卦第六爻☵☰*的爻位而言。

【今譯】　需卦的第六爻（上六），有進入穴中的象徵，而且有三個不請自來的客人要到來，但要尊敬他，才會吉利。象辭說：所謂不請自來的客人，要尊敬他，結果很吉。這是說：本爻雖然不當位，但也沒有很大的損失。

【今釋】　關於本卦上六爻的解釋，以荀爽的見解最為恰當。荀爽曰：「需道已終，雲當下入穴也。雲上昇極，則降而為雨。故詩云：朝隮於西，崇朝其雨，則還入地。故曰：入於穴。雲雨入地，則下三陽動而自至者也。」又曰：「三人謂下三陽也。須時當昇，非有召者。故曰：不速之客焉。乾昇在上，君位已定。坎降在下，當循臣職，故敬之終吉也。」

據周易序卦所說：「物穉不可不養也，故受之以需。需者，飲食之道也。」這種觀念，完全從卦名需字是需要的意義引申而來，與象辭「雲上于天」，便是需的卦象，以及☵水☰天為需的觀念，大有不同。但干寶另有一種見解而從需字的含義，牽入象數易學的觀念。如說：「需，坤之游魂也。雲昇在天而雨未降，翱翔東西，須之象也。王事未至，飲宴之日也。夫坤者，地也。婦人之職也。百穀果蓏之所生，禽獸魚鱉之所託也。而在遊魂變化之家，即烹爨腥實以為和味者也。故曰：需者，飲食之道也。」

訟 ䷅ 坎（水）下 乾（天）上　錯 ䷣ 明夷　綜 ䷄ 需

訟㈠，有孚窒㈡，惕㈢中吉，終凶。利見大人，不利涉大川。

【今註】㈠訟：卦名。㈡窒：堵塞不通。㈢惕：中心恐懼。

【今譯】訟卦的現象，有孚信被窒塞的象徵，隨時須要警惕自己，雖然中間也有小吉，結果終是凶的。它有利於見大人，不利於涉水過大川的現象。

彖曰：訟，上剛下險，險而健，訟。訟，有孚窒，惕中吉，剛來而得中也。終凶，訟不可成也。利見大人，尚中正也。不利涉大川，入于淵也。

【今譯】彖辭說：訟卦的現象，它的上面有陽剛，下面又陰險，而且陰險的現象。又很健壯，因此便把這樣的卦象叫做訟。形容它有爭訟的意思。訟卦的卦辭說：有孚信被窒塞，必須要警惕，但是其中也有小吉，這是說：秉陽剛的德性，而且得到中正之位的象徵。所謂終凶的意思，這是告誡人們不要造成爭訟的事情。所謂利於見到大人，是說它的爻象，具有崇尚中與正的精義。所謂不利於涉水過大川，是說它再下去便有入於深淵的現象。

象曰：天與水違行，訟；君子以作事謀始。

【今譯】象辭說：天在上與水在下的象徵，有互相違背而行的現象，具有爭訟的情形，所以便叫它做訟卦。君子從訟卦的含義，便可懂得作事的成敗，重在開始的謀略。

初六㈠，不永所事，小有言，終吉。象曰：不永所事，訟不可長㈡也。雖小有言，其辯明也。

【今註】㈠初六：是指訟卦第一爻䷅*的爻位而言。㈡長：讀上聲。長大的意思。

【今譯】訟卦的第一爻（初六），象徵著所做的事，永無成果，雖然小有繁言，結果終是吉的。象辭說：所作的事，永無成果。這是說：爭訟的事，是不可以使它成長的。雖然小有繁言，但一經辯說，就可以明辨是非了。

【今釋】本卦初六爻爻辭所說的道理，是從卦名訟字的觀念出發，由理來說象的。本爻是內卦☵坎卦的初爻。以陰爻而居坤陰的地位，雖然想要變動而與第四爻的陽剛相呼應，但其中間阻隔未通。如果把它比擬於人事，就構成一種雖然有所作為，但有不能永久的現象。小有言，是指初爻欲動而將變為陽。便有☱兌卦的現象。兌為口，故有小有言的比擬。所謂小，是指初爻欲動的力量，還很微薄的關係。終吉，是指外卦第四爻始終有下應於初爻的趨向。而且「陰卦多陽」，它本身的陽剛，必定可以變易陰爻而轉為陽能。象辭所說初爻的意義，只從爭訟的觀念而來。著重在「訟不可長也」的精神。而對人情事故的紛爭予以告誡。

九二㊀，不克㊁訟，歸而逋㊂，其邑人㊃三百戶，无眚㊄。象曰：不克訟，歸逋竄也。自下訟上，患至掇㊅也。

【今註】㊀九二：是指訟卦第二爻䷅*的爻位而言。㊁克：勝。㊂逋（音ㄅㄨ）：逃逸。㊃邑人：邑，是古代居住所在地的通稱。邑人，同邑里的人。㊄眚（音ㄕㄥˇ）：過失，災難。㊅掇（音ㄉㄨㄛˊ）：拾取。

【今譯】訟卦第二爻（九二）的象徵，有不能克勝訟事，而且還有回竄而歸的現象，如果退守本分，和它同邑的人三百戶相處，便沒有災難。象辭說：不能克勝訟事，而且要逃歸。這是說它有竄伏的情況。因為在下位而與上相爭，它遭遇到的患難，都是自己掇拾得來。

【今釋】本卦九二爻爻辭與象辭的所說，有三個很難解釋的比擬。㈠所謂：「邑人三百戶」。是根據什麼而來？㈡為什麼稱為「无眚」？㈢為什麼要說「歸逋竄也」。關於第一個三百戶的問題，歷來各家解釋，也都一得之見，自成一家之言。但象數易學家，與主張人事之理的易學家，見解各有分歧。如果從繫辭傳所說：「易簡而天下之理得矣」的觀念去瞭解，那就比較簡單而明白。因為九二爻，雖然是坎卦的中爻，與外卦的第五爻，也就是乾卦的中爻相對應。而乾卦三爻皆陽，在易學的數理上，它又是壹百的代表數。陽爻與陽爻同一性能。所以便有「邑人三百戶」的比擬了。並且從物理的代表符號來說，乾是門，坤是戶，所以稱為三百戶。第二個「眚」字的問題，「眚」，是有病的眼睛，看見外界虛幻光圈的現象。也有借用作為太陽外暈的「日眚」。同時還有災晦的意義。子夏易傳說：「妖祥日眚」。九二是坎卦的中爻，坎卦的上下兩爻都是陰爻，是與離卦的中爻錯變而來。離為目，所以便以「无眚」比擬，如果安於本位而不自亂動，便不會因有病目之災而觀察錯誤。第三個逃歸而逋竄的問題。因為坎為穴，九二爻是坎的中爻。如果不進反退而歸守本分，就有逃歸竄伏穴中的現象。總之，這一爻的爻辭與象辭，都是由象數而說理的。

六三㈠，食舊德，貞厲㈡，終吉。或從王事，無成。象曰：食舊德，從上吉也。

【今註】 ㈠六三：是指訟卦第三爻䷅*的爻位而言。㈡厲：勉厲。

【今譯】 訟卦第三爻（六三）的現象，有保食故舊的德業，需要貞正不苟，才能度過艱危，只要這樣自厲，結果終歸是吉的象徵。或者也有從事王事的可能，但並無所成。象辭說：所謂保食故舊的德業，是說它有順從上位的吉兆。

【今釋】 本卦本爻爻辭所說的現象，是從坤卦☷的六三爻「或從王事，无成有終」。以及「含章可貞」的相同意義演變而來。所謂「食舊德」的意思，應該是指本卦六三爻是位置於坤卦六三爻的同一原理。所謂食，是指訟卦的六三爻，就是坎卦半象的兌象。兌為口。仰食於乾德，所以便構成為「食舊德」的形容了。但虞翻說：「乾為舊德。食，謂初、四、二、已變之正。三動得位，體噬嗑，食四，變食乾，故食舊德。三變在坎，正危貞厲，得位，故終吉也。」又說：「乾為王，二變否時，坤為事，故或從王事。道无成而德有終，故曰：无成。坤三同義也。」這種理由，又是一番道理，可以並存而不相悖。

九四㊀，不克訟，復即命，渝㊁，安貞，吉。象曰：復即命，渝，安貞，不失也。

【今註】 ㊀九四：是指訟卦第四爻☰☵*的爻位而言。㊁渝：變易。

【今譯】 訟卦的第四爻（九四），有不能克勝訟事的象徵，要恢復固有的正命，變更初衷與動機，安於貞正，便會是吉。象辭說：所謂恢復正命，便是須要改變反求固有的安貞，便不致於有失了。

九五㊀，訟，元吉。象曰：訟，元吉，以中正也。

【今註】㊀九五：是指訟卦第五爻䷅*的爻位而言。

【今譯】訟卦第五爻（九五）的現象，是本卦所謂訟的正位，也便是乾元吉慶的中心。象辭說：所謂訟，元吉，是因為它的立場有不偏不倚而中正的現象。

上九㊀，或錫㊁之鞶帶㊂，終朝三褫㊃之。象曰：以訟受服，亦不足敬也。

【今註】㊀上九：是指訟卦第六爻䷅*的爻位而言。㊁錫：與賜通用。㊂鞶帶：大帶。古時用作束衣的素絲帶子。㊃褫：奪衣叫褫。引申會意，凡是剝奪的都叫褫。

【今譯】訟卦第六爻（上九）的現象，或者得到賜贈服飾上鞶帶的誥賞，但在一天之間，又有遭受到三次褫奪的象徵。象辭說：因為以訟而爭取到誥命的服飾，也沒有什麼值得尊敬的。

【今釋】根據周易序卦所說：「飲食必有訟，故受之以訟。」的觀念，顯見完全以訟卦卦名字義本身的含義來說理，並且以人生生活上最基本，而且需要掙扎的飲食來作比喻。它是從需卦九五爻「需於酒食」的觀念呼應而出。所以鄭玄的解釋，便有「訟，猶爭也。言飲食之會，恆多爭也」的見解。這與天☰水☵為訟的卦象來說，應當別有出入。本卦的爻辭，也都從爭訟之訟的觀念發揮，與本卦象辭的「天與水違行，訟。」作一綜合比較的研究，又是類比不同的。

其實，訟卦是從需卦的覆象而來。但從需訟兩卦的反復綜錯來研究，便可得其象數的大義了。

師 ䷆ 坎(水)下 坤(地)上 錯 ䷌ 同人 綜 ䷇ 比

師㊀，貞，丈人㊁吉，无咎。

【今註】㊀師：卦名。又：古稱軍旅叫做師。㊁丈人：陸績說：「丈人者，聖人也。」又：子夏易傳作大人，並非丈人。王弼說：「丈人，嚴莊之稱。有軍正者也。」崔憬以及李鼎祚都以子夏易傳為準。認為改大人作丈人，是王弼的曲解。批評他是臆測妄改。李鼎祚認為「嚴莊之稱，學不師古。匪說攸聞。既違於經旨，輒改正作大人明矣。」其實這幾種所說的，出入並不太大，也可以兩說並存而不悖。

【今譯】師卦，有貞正的德性，纔具有大丈夫的大人現象，真正「貞正」的丈人，便吉，當然沒有災咎。

彖曰：師，眾也。貞，正也。能以眾正，可以王㊀矣。剛中而應，行險而順，以此毒㊁天下，而民從之，吉又何咎矣。

【今註】㊀王：古代又與用字的意義通用。㊁毒：治理。

【今譯】彖辭說：具有聚集羣眾的意義。貞，具有公正的意義。能夠以正道率領羣眾，便可以王天下了。內在相應以至剛中正的德業，雖然是行於險道，也是順合於天理與人情的，因此以治天下的凶殘邪惡，民眾自然都會服從他，當然便是吉的，那還有什麼災咎呢？

象曰：地中有水，師；君子以容民畜眾。

【今譯】象辭說：地中有水，便是師卦的現象；君子效法它的象徵，用來容納人民而畜養羣眾。

【今釋】師卦的錯卦是天（乾）☰火（離）☲同人。它的綜卦是水（坎）☵地（坤）☷比卦。它的爻之，是由坤的內卦中爻變動而來。象辭說它「地中有水。」換言之：便是「水在地中」叫做師。它與彖辭的含義，各有不同的見地。但是本卦的卦辭爻辭所說，都從古代叫軍旅為師的觀念而來，並非純從地水師的地中有水的現象而作解釋。

如果以西漢的象數易學來講，師卦是從比卦的覆象而來。先天的坤與後天的坎，都居於北方的水位。坤坎合居故成比。綜覆比卦便是師。

初六㈠，師出以律，否臧㈡，凶。象曰：師出以律，失律凶也。

【今註】㈠初六：是指師卦第一爻䷆*的爻位而言。㈡否臧：否（音ㄆㄧˇ）即惡。臧（音ㄗㄤ）即善。否臧即包括了善惡得失。

【今譯】師卦的第一爻（初六），象徵出師必須嚴守紀律，賞善罰惡，否則，便不會成功，結果是凶的。象辭說：所謂出師必須嚴守紀律，這是出師首要的條件，如果失掉紀律，當然是凶的。

九二㈠，在師中，吉，无咎，王三錫命。象曰：在師中吉，承天寵也。王三錫命，懷萬邦也。

【今註】㈠九二：是指師卦第二爻䷆*的爻位而言。

【今譯】師卦的二爻（九二），正在師旅中心的現象，是吉的，沒有災咎，而且還要得到王者三次賜予榮命的好事。象辭說：所謂正在師旅的中心，是吉的，那是說它有承受天意榮寵的象徵。有王者三次賜予榮命，那是說它有懷服萬國的象徵。

六三㈠，師或輿㈡尸，凶。象曰：師或輿尸，大无功也。

【今註】㈠六三：是指師卦第三爻䷆*的爻位而言。㈡輿（音ㄩˊ）：車子。

【今譯】師卦第三爻（六三）的象徵，在出師的中途，或者有用輿車裝載尸體的現象，是凶的。象辭說：所謂出師或者以輿車裝載尸體的現象，那是說它大無功績可言。

六四㈠，師左次㈡，无咎。象曰：左次无咎，未失常也。

【今註】㈠六四：是指師卦第四爻䷆*的爻位而言。㈡次：去處。

【今譯】師卦第四爻（六四），有偏師左處的現象，沒有災咎。象辭說：所謂偏師左處而無災咎，那是說它還沒有失去常道。

六五㈠，田有禽，利執言，无咎。長子帥師，弟子輿尸，貞凶。象曰：長子帥師，以中行也。弟子輿尸，使不當也。

【今註】㈠六五：是指師卦第五爻䷆*的爻位而言。

【今譯】師卦第五爻（六五）的象徵，是田中有禽的現象，利於仗義執言，沒有災咎。又有長子作統帥率領師旅的象徵，其他的弟子們，便有輿尸而歸的現象，雖然貞正，還是有危險。象辭說：所謂長子可以統帥師旅，因為它有位在正中而行的情況。至於弟子們，卻有輿尸而歸的現象，因為有指揮不當的現象。

上六㈠，大君㈡有命，開國承家，小人勿用。象曰：大君有命，以正功也。小人勿用，必亂邦也。

【今註】㈠上六：是指師卦第六爻䷆*的爻位而言。㈡大君：參閱乾卦九二爻注（孟喜說）。

【今譯】師卦第六爻（上六）的象徵，有大君賜與榮命，可以開國承家的現象，但勿用小人。象辭說：所謂大君有榮命，那是說它的功勳可以得到正位。勿用小人，因為他們必定會擾亂邦家。

【今釋】本卦除了象辭以外，無論卦辭與爻辭，都從卦名師字的觀念而說師旅的意義。而且除了九二爻師中是吉以外，其餘五爻，都是凶多吉少。由此而見周易的學術思想中，諄諄告誡慎用師旅的精神。

至於本卦六爻爻辭所說的各種內義，都從陰陽爻變的變易而立論。例如：初六爻所說：「師出以律。否臧凶。」據九家易所說：「坎為法律也。」李鼎祚解說：「初六以陰居陽，履失其位。位既匪正，雖令不從。以斯行師，失律者也。凡首率師出，必以律。若不以律，雖臧亦凶。」故曰：「師出以律，失律凶也。」九二爻的象辭說：「王三錫命，懷萬邦也。」李鼎祚解說：「二互體震，震木數三，王三錫命之象。」周禮云：「一命受職。再命受服。三命受位。是其義也。」六三爻的「師或輿尸，凶。」虞翻說：「坤為尸。坎為車。多眚。同人（師的錯卦）離為戈。兵為折。首失位，乘剛無應，尸在車上。故輿尸凶矣。」六四爻的「師左次，无咎。」荀爽說：「左謂二也。陽稱左。次，舍也。二與四同功。四承五，五無陽，故呼二。舍於五，四得承之，故无咎。」六五爻的「田有禽。利執言。无咎。」虞翻說：「田謂二，陽稱禽。震為言，五失位變之正。艮為執，故利執言，无咎。」荀爽說：「田獵也。謂二帥師禽五，五利度二之命，執行其言，故无咎也。」至於「長子帥師。」「弟子輿尸，貞凶。」據虞翻說：「長子謂二，震為長子，在師中，故帥師也。」又說：「弟子謂三，三體坎。坎震之弟，而乾之子，失位乘陽，逆故貞凶。」荀爽說：「長子謂九二也。五處中應二，二受任帥師。當上昇五。故曰：長子帥師，以中行也。」宋衷說：「弟子謂六三也。失位乘陽，處非所據，眾不聽從。師入分北，須敗績死亡，輿尸而還。故曰：弟子輿尸，謂使不當其職也。」上六爻的「大君有命」「開國承家。」虞翻說：「同人乾為大君。巽為有命。」又說：「承，受也。坤為國。二稱家。謂變乾為坤，欲令二上居五為比，故開國承家。」荀爽說：「大君為二，師旅已息，既上居五，當卦賞有功，立國命家也。開國封諸侯，承家立大夫也。」至於「小人勿用，必亂邦也。」據虞翻說：「坤反君道，故亂邦也。」這些關於本卦六爻演變的說辭，屬於象數易理的見解雖然差強人意，當然也不盡然。另外還有許多理由，太過繁細，但例舉以上幾條以供參考而已。

根據周易序卦所說：「訟必有眾起，故受之以師。師者，眾也。」崔憬說：「因爭必起眾相攻，故受之以師也。」這是承接訟卦的次序而來，仍然以軍旅為師的觀念而論，與坤在上、坎在下的地水師的卦象，似乎很有出入異同之處。學者應當注意。

比 ䷇ 坤（地）下 坎（水）上　錯 ䷍ 大有　綜 ䷆ 師

比㈠，吉。原筮㈡，元永貞，无咎。不寧㈢方來，後夫凶。

【今註】 ㈠比：卦名。㈡原筮：原，是卜的一種古法。周禮三卜，一曰原兆。筮，也是卜的一種，通常稱作卜筮。㈢寧：安祥。

【今譯】 比卦，吉。以卜筮和原兆互相比較，都具有元始、堅貞、永固的德性，根本沒有災咎。但對自心不寧，然後纔來到的士夫們而說，便是凶的。

彖曰：比，吉也。比，輔也，下順從也。原筮元永貞，无咎，以剛中也。不寧方來，上下應也。後夫凶，其道窮也。

【今譯】 彖辭曰：比卦，本來是吉的。比，是輔助互比的意義，是由下位而順從於上位的現象。所謂原筮元永貞，因本卦具有陽剛處在中正的上位之故。所謂自心不寧而纔來的，這是說：本卦具有上下互相交應的象徵。可是後來纔到的士夫們是凶的，這是說它已到了窮途末路纔來比附的現象。

象曰：地上有水，比。先王以建萬國，親諸侯。

【今譯】 象辭說：地上有水，便是比卦的象徵。先輩的聖王們，以比卦的精神而建立萬國，親臨諸侯。

【今釋】 本卦的卦辭、彖辭、象辭所說比卦的意義，也都從卦名互相類比底比字引申而來。並非完全依據原始的卦象而立論。因此，歷來關於比卦的解釋無論象數易學或專以儒理而講人事的易理，也都向這方面去貫通。惟有子夏易傳所說，比較古樸。子夏說「地得水而柔。水得地而流。比之象也。夫凶者，生乎乖爭。今既親比，故云比吉。」主張卦氣之說的象數家們，認為比卦是四月小滿節氣的卿卦，其他如虞翻說：「師，二上之五，得位。眾陰順從，比而輔之，故吉。與大有旁通。」干寶說：「比者，坤之歸魂也。亦世於七月，而息來在己，去陰居陽，承乾之命，義與師同也。」這都是象數易學的意見，但仍然從比輔於師卦的觀念而言。

其餘關於象辭重點的解釋，例如對於「原筮元永貞，无咎。以剛中也。」的注解，便有蜀才說：「比本師卦。案六五降二，九二升五，剛往得中，為比之主，故能原究筮道，以求長正而无咎矣。」雖然所說的易象之理，更為精細，但還不如看本卦的圖象，便知九五爻的陽爻居中，而有剛正當位的象徵，反而來得簡潔而明瞭。又如象辭的「後夫凶。其道窮也。」的注解。虞翻說：「後謂上，夫謂五也。坎為後。艮為背。上位在背，後無應。乘陽。故後夫凶也。」荀爽說：「後夫謂上六，逆理乘陽，不比聖王，其義當誅。故其道窮，凶也。」這都是根據卦象來作比擬的象數易學的理論根據。

初六㈠，有孚比之，无咎。有孚盈缶㈡，終來有他吉。象曰：比之初六，有他吉也。

【今註】㈠初六：是指比卦第一爻☷☵*的爻位而言。㈡缶（音ㄈㄡˇ）：小口大腹盛飲料的瓦器。

【今譯】比卦的第一爻（初六），象徵開始有孚信為比輔的現象，沒有災咎。開始就有了孚信，再加積累，就如雨水充滿了瓦缶，後來的結果，還有其他的吉慶。象辭說：比卦的初六爻，是說會有其他的吉慶。

【今釋】本卦初六爻的爻辭，完全由於☷地☵水師卦，與☵水☷地比卦的對待流行，因此而形成為輔助於師卦，構成以類比名卦的觀念而來。初六爻是內卦坤卦初爻的動象。外卦為坎，構成上有雨水降臨於大地的象徵。因此初六爻的爻辭說：「有孚比之。」是採用雨水初降的現象作為象徵。故說：「无咎。」跟著又說：如果「有孚盈缶。」那是說猶如季春時節的雨水，由小滿而充盈到瓦缶大滿的徵候。這種比例，是以古代農業社會靠天吃飯的情形而言。所以本爻的現象，雖然有「盈缶」的吉，還是小吉。再由這個消息、推而廣之，自然可以獲得後來其他的吉慶，纔是大吉的收穫。

六二㊀，比之自內，貞吉。象曰：比之自內，不自失也。

【今註】 ㊀六二：是指比卦第二爻䷇*的爻位而言。

【今譯】 比卦的第二爻（六二）的象徵，有比在自己的內心，要貞正自守，便可得到吉慶。象辭說：所謂比在自己的內心。這是說：不要失掉本位，自己妄動過失的意思。

六三㊀，比之匪人。象曰：比之匪人，不亦傷乎！

【今註】 ㊀六三：是指比卦第三爻䷇*的爻位而言。

【今譯】 比卦的第三爻（六三）的象徵，有與匪人互作朋比的現象。象辭說：與匪人朋比為奸，不是很悲傷的事嘛！

【今釋】 本卦六二、六三兩爻的爻辭，完全從內卦坤卦的本身爻象立論。是以象來說理的。

六四㈠，外比之，貞吉。象曰：外比於賢，以從上也。

【今註】㈠六四：是指比卦第四爻䷇*的爻位而言。

【今譯】比卦的第四爻（六四）的象徵，比之在外，有貞正而吉慶的現象。象辭說：外與賢者相齊比，這是說它有從上爻而互比上進的情況。

九五㈠，顯比，王用三驅，失前禽，邑人不誡，吉。象曰：顯比之吉，位正中也。舍逆取順，失前禽也。邑人不誡，上使中也。

【今註】㈠九五：是指比卦第五爻䷇*的爻位而言。

【今譯】比卦的第五爻（九五），是比卦功用顯著的象徵，有象徵王者好獵的現象，祇用三面的前驅，有意失去前面擒制前禽的機會，但對比順於本邑的人，用不著警誡，所以是吉慶的。象辭說：本爻顯著比卦的吉慶之象徵，是說它的爻位有得中的現象。但有捨棄背逆而祇取順從的象徵，所以說它有失去擒制前禽的現象。所謂比順於本邑的人，不須要用警誡。那是說：在上所指使的目標，得其中肯之道。

【今釋】本卦九五爻的爻辭，完全以九五爻的一陽為主的象徵而說理的。繫辭傳說：「陽卦多陰，陰卦多陽。」所以本卦是屬於陽卦。本爻又是陽爻，而且位居九五，恰好得中得正，便有比輔於君臨天下的現象。比卦與師卦相綜。繫辭傳說：「五多功。」因此便取用王者行獵的現象來做比。所謂「王用三驅。」是以下的三個陰爻來做比喻。「失前禽」。是以前面有一個陰爻作象徵。「邑人不誡。」是以前後都是重陰的爻象，所以便用雖然設防而故示開放的象徵來作比。「驅」，又本有作「敺」字。「誡」，又本有作「戒」字，意義相通。

本爻何以是吉慶的象徵。綜合各家的解釋，大體都以古代王者行獵的禮制，必須網開一面，以表示有不忍輕加征誅討伐的仁德。討逆取順，其所以虛其一面，以待順從者的來歸。至於本卦本爻的現象，雖有取順的象徵，但仍然有放捨背逆的現象。所以雖然說它有「失前禽」的現象，然而仁至義盡，是聖德明王的德行。故說它是有大吉的象徵。

上六㈠，比之无首，凶。象曰：比之无首，无所終也。

【今註】㈠上六：是指比卦第六爻☷☵*的爻位而言。

【今譯】比卦的第六爻（上六），象徵比卦的無頭，大凶。象辭說：所謂比的無頭，便是終歸沒有好結果的現象。

【今釋】根據周易序卦所說：「眾必有所比，故受之以比。比者，比也。」崔憬的解釋說：「方以類聚。物以羣分。人眾則羣類必有所比矣。上比相阿黨。下比相和親也。相黨則相親，故言比者，比也。」這種觀念的傳統，都從比卦卦名的字義，認為與師卦相互對待的比輔作用而立論。至於「地上有水」而構劃成比卦的本義，是否便是這樣？那便另當別論了。

小畜 ䷈ 乾（天）下 巽（風）上　錯 ䷏ 豫　綜 ䷉ 履

小畜㊀，亨，密雲不雨，自我西郊。

【今註】㊀小畜：卦名。畜（音ㄒㄩˋ），濟養的意思。

【今譯】小畜卦，有亨通的德性，但它有祇見密雲滿布而不下雨，從我西面的郊外開始的現象。

彖曰：小畜，柔得位而上下應之，曰小畜。健而巽，剛中而志行，乃亨。密雲不雨，尚往也。自我西郊，施未行也。

【今譯】彖辭說：小畜卦的現象，有陰柔得位而上下互相響應的象徵，因此便叫作小畜。它有強健如順風而行的現象，但必須中心具有陽剛的志氣去行動，纔得亨通。所謂「密雲不雨」的情況，是說可以重視前往的現象，「自我西郊」，是說：雖然有所措施，但是還有行不通的象徵。

象曰：風行天上，小畜。君子以懿㊀文德。

【今註】㊀懿：美而善的意思。

【今譯】象辭說：風在天上行動，便是小畜卦的現象。君子取用它的精神，作為美化人文德業的象徵。

【今釋】本卦的原始卦象，是風在天上行動的一幅圖案。卦辭所謂的「密雲不雨，自我西郊。」都是從這個卦象出發。☴巽卦代表風的符號。但在先天卦圖的方位來說，它的位置在西南方，接近正西方方位的☵坎卦。因此便有「西郊」的表象。兩漢以後的象數易學。與陰陽家的思想結合，便認為乾☰屬金，金主西方，所以有「自我西郊」的象徵。這又是另一觀念。坎卦象徵雨水。本卦對象的錯卦是豫卦，豫卦的中爻半象，上下都是坎，所以便構成為雨水的象徵。但坎的下面又有艮山坤土太過高燥的現象，所以便構成為「密雲不雨」的圖案。這個觀念，以來知德與焦循的見解較為合理。但在這裏祇作介紹，不必詳細論辯。周易述說本卦與本卦六爻爻辭的現象，大體的主要宗旨，都同彖辭與象辭的觀念一樣，是以小畜卦名的名辭，作為推衍人事道理的根據。所謂：「君子以懿文德」。便是本卦六爻所有內含意義的重心。如果僅從原文卦象的「風行天上」的觀念來說，那又是另一道理了。

初九㈠，復自道，何其咎？吉。象曰：復自道，其義吉也。

【今註】㈠初九：是指小畜卦第一爻䷈*的爻位而言。

【今譯】小畜卦的第一爻（初九），是☰乾卦本身自反其初爻的現象，那裏會有災咎？當然是吉的。象辭說：復反乾道初爻的現象，它的意義當然是吉的。

九二㊀，牽復，吉。象曰：牽復在中，亦不自失也。

【今註】㊀九二：是指小畜卦第二爻䷈*的爻位而言。

【今譯】小畜的第二爻（九二）的現象，雖然有所牽連，但結果還是吉的。象辭說：所謂反復牽連而不離其中，這是說：還不致於喪失自己本分的意思。

九三㊀，輿說輹㊁，夫妻反目。象曰：夫妻反目，不能正室也。

【今註】㊀九三：是指小畜卦第三爻䷈*的爻位而言。㊁輹（音ㄈㄨˋ）：子夏易傳說：「輹，車屐也。」左傳僖十五年，「車脫其輹。」

【今譯】小畜卦的第三爻（九三），有車輪互相爭吵而鬧脫離的現象，猶如夫妻反目相背的象徵。象辭說：所謂夫妻互相反目，是說彼此不和、不能安居正室的現象。

【今釋】本卦初九、九二兩爻，都從☴巽☰乾卦象所代表風天小畜的乾卦本身立論。所以便有反復於天道而稱它為吉慶的說辭。到了九三爻，上與六四的陰爻毗連，比擬為陰陽互結為夫妻的象徵。但在本卦的現象而言，六四爻以獨陰而位置在五陽之中。當它爻象次序將要交到六四的時候，它便有駕臨陽爻的趨勢。構成乘夫而出，主動向外眩耀的現象。可是本卦陽剛之氣，特別旺盛，因此便有陰陽爭執，而構畫成為夫妻反目、不能正室的比擬了。「說」字，自古的學者，有作為「脫」字相通的意義來解釋。但在五經中，「說」與「悅」通用，是常事。「說」與「脫」字通用，卻不常見。所以應該還從「說」字本義來講，比較妥貼。況且六四爻的陰爻，雖然在九三爻當位的作用上，有駕臨陽爻的趨勢，但畢竟還在陽剛之中，不能獨立而脫離關係，因此，也不能作為「脫」字的意義來解釋。除非古代傳經錯誤，把「脫」字寫作了「說」字。

虞翻說：「豫（指小畜卦的錯卦，是☳雷☷地豫卦）。震為夫。為反。巽為妻。離為目。今夫妻共在四，離火動上，目象不正，多白眼，夫妻反目。妻當在內。夫當在外。今妻乘夫而出在外，象曰：不能正室。三體離需飲食之道，飲食必有訟，故爭而反目也。」

此說也未盡妥貼。如據焦贛易林的象數來說，本卦中爻有互離的現象，離為目。對錯豫卦，二三爻為半象的離卦。三四爻也自為半象的離卦。兩個半象的離相反，所以便構成反目的現象。反目不能當作白眼來解。

六四㊀，有孚，血去惕出，无咎。象曰：有孚惕出，上合志也。

【今註】㊀六四：是指小畜卦第四爻☴☰*的爻位而言。

【今譯】小畜卦的第四爻（六四）的象徵，雖有孚信，但會流一些血，祇要警惕的出去，還沒有大的災害。象辭說：雖然有孚信，但須要警惕而出，那是說：上面還有志同道合的關係。

【今釋】本卦六四爻的爻象，所謂「有孚。血去。惕出。」的取義，荀爽、虞翻各有大同小異的解釋。虞翻說：「孚。謂五豫（指與本卦相錯的豫卦第五爻而言。）坎為血。為惕。惕，憂也。震為出。變成小畜，坎象不見，故血去。惕出。得位承五。故無咎也。」荀爽說：「血以喻陰四。陰，臣象。有信，順五。惕，疾也。四當去初，疾出從五，故曰：上合志也。」如果以卦象的道理而說爻象，荀爽、虞翻兩者的解釋，大致都相當有理，所以不另加解說，錄為研究者的參考。

九五㊀，有孚攣㊁如，富以其鄰。象曰：有孚攣如，不獨富也。

【今註】㊀九五：是指小畜卦第五爻䷈*的爻位而言。㊁攣（音ㄌㄩㄢˊ）：牽繫。

【今譯】小畜卦的第五爻（九五）的象徵，有牽連關係的孚信，猶如攣生的互相連帶一樣，不但它本身會有致富的可能，而且也連帶地使鄰居們也會富有。象辭說：有孚信而相互連帶猶如攣生一樣的情形，這是說它並非只自獨富的現象。

【今釋】本卦九五爻爻辭的解釋，仍然採用九家易與虞翻的見解，作為參考。虞翻說：「孚五，謂二也。攣，引也。巽為繩。艮為手。二失位，五欲其變，故曰：攣如以及也。五貴稱富。鄰謂三。兌西震東，稱鄰。二變成三。故富以其鄰。象曰：不獨富。二變為既濟。與東西鄰同義。」九家易曰：「有信，下三爻也。體巽，故攣如。如，謂連接其鄰。鄰，謂四也。五以四陰作財，與下三陽共之。故曰：不獨富也。」

上九㈠，既㈡雨既處，尚德載；婦貞厲，月幾望㈢；君子征凶。

象曰：既雨既處。德積載也；君子征凶，有所疑也。

【今註】 ㈠上九：是指小畜卦第六爻☰☴*的爻位而言。㈡既：已經。㈢望：陰曆每月十五月圓的時節叫做望。中國古代的道家思想，認為月的本身無光，因得太陽的反照而生光。照見半明的叫做弦。照見全明的叫做望。

【今譯】 小畜的第六爻（上九）的象徵，需要的雨水已經恰到好處的現象，應當重視積德載物。但又有婦女在危厲的環境中而守貞的情況。在時間上說：又有到了中旬月圓的時候，有人如果再要前往而有所爭取，便有凶險。象辭說：需要的雨水既已恰到好處，猶如積累功德而到達乎以載物的現象。所謂「君子征凶」，是說還不滿足而再要向前進取，便會遭遇疑忌了。

【今釋】 本卦上九爻爻辭所說的象徵，仍從「風行天上」叫做小畜的卦象而來。所謂「既雨既處。」是從本卦外卦的☴巽卦為風的觀念立論。因為巽卦既然代表了風的符號，在本卦全體卦象「密雲不雨」的情況中，當它到了第六爻最高峰的上九爻的時候，風在天上已經形成為雨，而且下及應得的處所。所以以人事來比擬它，便有積德深厚的現象。但因本爻已經處在本卦的最高位，而且陽極必反為陰。如果比擬於人事，倘或不知退止而更求進取，也必有陰陽交戰，征伐相殘的凶險結果。所謂「婦貞厲」、「月幾望」，兩句的比喻取象。因為上九爻以陽極的爻象，可能會變為陰。而且與本卦的九三爻呼應，便構成一幅婦女在陰陽交戰的艱危環境中，應當有守身如玉貞正自處的精神。又因巽卦的上爻陽極必變便成為☵坎。坎卦又是月的代表符節。從☴巽卦的轉變為月的關係，所以巽卦又為月窟的象徵。反復先天的卦位而構成後天方位的圖案，巽卦位在東南，將近☳震卦的序位，便有月將幾乎近於明月東升的現象。用它來假定時間，便有「月幾望」的推理了。此外，也有用納甲的象數來解釋本卦所屬的時間的，暫且不錄。

根據周易序卦所說：「比必有所畜，故受之以小畜。」的觀念，本卦所有的精神，都從畜養的範圍而立論。與卦辭本義的「密雲不雨，自我西郊。」與象辭的「風行天上」的觀點，顯見大有異同。學者須當注意。

履 ䷉ 兌（澤）下 乾（天）上　錯 ䷎ 謙　綜 ䷈ 小畜

履㈠虎尾，不咥㈡人，亨。

【今註】㈠履：卦名。轉注作行履的禮儀的意義。㈡咥（音ㄉㄧㄝˊ）：嚙（音ㄋㄧㄝˋ）咬。

【今譯】追隨在虎尾後面，人不會被咬傷，有亨通的。

彖曰：履，柔履剛也。說而應乎乾，是以履虎尾，不咥人，

亨。剛正中，履帝位而不疚㈠，光明也。

【今註】㈠疚：體內久病。

【今譯】彖辭說：履卦的現象，有以柔順的履踐，追隨於剛正之後的象徵。雖然處在下位，但為上位的乾剛所喜，悅而互相感應。所以便說：履踐在虎尾後面，人不致於被咬傷，所謂亨通的現象。這是說以至剛至中自處，即使踐履帝位，也不致於內疚自心，自然具有光明正大的象徵。

象曰：上天下澤，履。君子以辯上下，定民志。

【今譯】象辭說：上面是天，下面是澤，這是履卦的現象。君子們效法它的精神，以辯正上下履踐的本分，並且安定民心。

【今釋】履卦的卦辭、彖辭、與象辭，都從卦名履字的意義，引申作為行為履踐的立身之道。尤其注重臣道與君道的德業行履。都是以理來說象的，與卦象的☰天下有☱澤的天澤履的本義，又自別有一番道理。惟有卦辭的劈頭一句，就用「履虎尾」開始，直截了當便把本卦的現象，比擬為一個虎頭的象徵。

據虞翻的解釋說：「謂變訟初為兌也。與謙旁通。以坤履乾。以柔履剛。謙、坤為虎。艮為尾。乾為人。乾兌乘謙。震足蹈艮。故履虎尾。兌悅而應虎口，與上絕，故不咥人。剛當位。故通。俗儒皆以兌為虎。乾履兌。非也。兌剛鹵，非柔也。」但西漢焦贛易林的象數，獨以艮為虎。本卦對象為☷地☶山謙卦。故初爻便有履虎尾之象。

其實，但從純粹的卦象來看，本卦外卦三爻是純陽的乾卦，赫赫剛強，所以擬議它的形容，「象其物宜。」便比擬它如虎頭一樣。內卦☱兌卦的上爻是陰爻。內外兩個卦象相合，構成本卦上下的一幅卦象。便猶如一個小心謹慎的人物，追隨在老虎尾後的一幅圖案了。據說：老虎行走，習慣低頭而向後看。所以在虎尾行走，隨時都有危險，如果在虎尾行走而不遭遇殺身的危險，必須要嚴於上下的辨別，以至剛至正自處，安於臣道的本位去履踐。而且要與君道的乾剛互相感應而喜悅，纔能作到上悅下行，安定民志的德業，這是完全從臣道的精神而立言。推而衍之，從一個人的一生立身處事的履踐來講，也同樣的有此情形。所以履卦與謙卦旁通（相錯），與小畜相綜，實在是人生德業行履修養的一大學問。後世道家、儒家指導人生的修養，可以說都是這一卦象的精神發揮。至於以下六爻爻辭的變化，完全是基於人生德業行履的道理而出發，與卦辭、彖辭、象辭，又各稍有出入。

此外，從卦氣觀念而來的象數易學，認為履卦是六月間的公位的卦，屬於☰天☶山遯卦的變通範圍而來。步履夏至一陰生的卦氣以後，而與山天大畜、風天小畜、風水渙、雷火豊等卦，歸納統率小暑、大暑兩個節氣。這又是另有所宗的一種易學觀念。對於卦象的解釋，純從中國古代的天文星象學的立場而立論，又當別論。

初九㈠，素履，往無咎。象曰：素履之往，獨行願也。

【今註】㈠初九：是指履卦第一爻䷉*的爻位而言。

【今譯】履卦的第一爻（初九），它象徵素位而行，所以往向前途而沒有災咎的。象辭說：所謂素位而行以前往，那是說它有獨立不倚、自行其願的精神。

九二㈠，履道坦坦，幽㈡人貞吉。象曰：幽人貞吉，中不自亂也。

【今註】㈠九二：是指履卦第二爻䷉*的爻位而言。㈡幽：隱、闇、深遠等意思。

【今譯】履卦的第二爻（九二），有行走在平坦道路上的象徵。猶如幽居不出的人，能夠操守貞正，自然大吉。象辭說：所謂幽人的貞正自守，自然大吉，這是說：是具有中正而不自亂的精神。

六三㈠，眇㈡能視，跛㈢能履，履虎尾，咥人，凶。武人為于大君。象曰：眇能視，不足以有明也。跛能履，不足以與行也。咥人之凶，位不當也。武人為于大君，志剛也。

【今註】㈠六三：是指履卦的第三爻䷉*的爻位而言。㈡眇（音ㄇㄧㄠˇ）：偏盲，小視。㈢跛：足偏廢。

【今譯】　履卦第三爻（六三）的象徵，有一隻眼睛偏盲的人，他能夠看見另一面的微渺之處。有一隻腳跛廢的人，他能夠側重另一面的行履。它象徵追隨行走在虎尾的後面隨時會有被回頭咬傷，具有大凶的現象。並且有武人作為大君的象徵。象辭說：所謂偏盲的人，雖然也能夠看到一面，這是說它看到的不夠明白。所謂跛廢的也能夠行走。這是說它的行動不夠嚴整。所謂會遭遇到凶險而人被咬傷。這是說它的位置不恰當。所謂武人作為大君，這是說它的志行過於剛強。

【今釋】　本卦初九、九二兩爻爻辭的意義，都從一個正人君子立身出發的履踐而立論。初九爻所謂的「素履」。「履道坦坦。幽人貞吉。」等意義，都從它的錯卦的謙卦精神出發。而且相同於乾卦初九、九二兩爻的「潛龍勿用。」「利見大人。」等善於「用九」的精神相通。自然是「吉无不利。」但一到了本卦六三爻，它以獨一無二的陰爻，處在上下都是陽剛的局面當中，祇要貞正自守它的行履，上合九五，下和初九，乃至無論與上下任何一爻和合，都是和順的現象。正如象辭所說：「君子以辯上下，定民志。」的功效。然而本爻的爻辭，卻相反的以「武人為于大君」來作比，反成大凶的象徵，這是什麼道理呢？如據象數易學家們的解釋，如虞翻說：「乾象在上，為武人。三失位，變而得正，成乾。故曰：武人為于大君。志剛也。」侯果說：「六三兌也。互有離巽。離為目。巽為股。體俱非正。雖能視，眇目者也。雖能履，跛足者也。故曰：眇能視，不足以有明。跛能履，不足以與行。是其義也。」李鼎祚說：「六三，為履卦之主體，說應乾。下柔上剛，尊卑合道，是以履虎尾，不咥（ㄉㄧㄝˊ）人。亨。今於當爻，以陰處陽，履非其位，互體離兌，水火相刑，故獨惟三被咥，凶矣。」

以上這些的解釋例子，讀後可能仍有茫然不解之感。其實，凡是卦與爻的種種理論與象徵，都是指它的變化而言。如果卦與爻寂然不動，就無變化可言。既無變化，就沒有吉凶的可說了。所謂旁通、綜錯、互體，都是以變動的情形而說。本卦的六三爻，本來以陰柔順適而處在乾陽以下，便有大臣追隨君上，通順上下、安定民志的現象。假定它不守本分，昧卻自身安分的重要，一變成為陽剛之氣，便有自動的要想履踐乾卦之位的現象。所以周易的爻辭，就把它比擬於「武人為于大君」的象徵。好像一個擁兵自重的權臣，要有篡位的跡象。可是它本身所見不明，所行不當，猶如老虎的要想咥人，它的結果，反會被上位的乾剛所吞沒，當然便是大凶之象。這是極力告誡身處權要者必須篤守臣道的名訓。可以證之於歷史上很多的事例，作為寶鑑。而且「眇能視。跛能履。」兩句，不但是指「武人為于大君」的偏差而說。同時，也對乾卦的本身而言。它與兌卦的初九、九二兩爻，雖然中間被六三所阻，有眇與跛的情況。然而偏盲者，仍能見到另一面的渺小之處。偏廢者，仍能行它履踐的本能。由於這些道理的內義，歷來都以履卦作為臣道的圭臬，告誡為人臣的以「素位而行」，為謙虛自處的德業為要旨，意義便是如此。「神而明之，運用之妙，在乎一心。」都在於學者的自悟自省。

九四㊀，履虎尾，愬愬㊁，終吉。象曰：愬愬終吉，志行也。

【今註】㊀九四：是指履卦第四爻䷉*的爻位而言。㊁愬（音ㄙㄨˋ）驚懼。

【今譯】履卦的第四爻（九四），猶如追隨履行在虎尾後面的象徵，祇要小心驚懼，結果還是吉慶的。象辭說：所謂小心驚懼，結果吉慶，這是說它的志向，可得施行的現象。

九五㊀，夬㊁履，貞厲。象曰：夬履貞厲，位正當也。

【今註】㊀九五：是指履卦第五爻☰☱*的爻位而言。㊁夬（音ㄍㄨㄞˋ）：與決字的意義相通。

【今譯】履卦的第五爻（九五），有決定履踐行止的象徵，須要貞正自守，以度危厲。象辭說：所謂有決定履踐行止，需要貞正而可度危厲，這是說它的爻位，有正當九五重心的現象。

上九㊀，視履考㊁祥，其旋元吉。象曰：元吉在上，大有慶也。

【今註】㊀上九：是指履卦第六爻☰☱*的爻位而言。㊁考：考、老相通用。

【今譯】履卦的第六爻（上九），迴環顧視全體履卦，有壽考吉祥、還其元始吉慶的象徵。象辭說：所謂還如元始吉慶的象徵，而位居在上，當然是大有慶喜。

【今釋】根據周易序卦的所說：「物畜然後有禮，故受之以履」的觀念，完全從本卦卦名的履字出發，認定履踐有禮以立身處世的儀範而立論。與原始畫卦天下有澤的卦象本義，自有出入，另當別論。

本卦的爻辭，自九四爻開始，都從外卦乾卦的本義而作爻象的比擬，逐步說明承上啟下，位居領導地位者的自處處事的道理。可以參考謙卦的道理互相呼應。至於上九的「視履考祥」，關於視字的解釋，大多數的所說，都認為這個反顧的「視」字，是與三爻相應而言。所以六三爻本身的「眇能視，不足以有明也。」便是上九爻「視履考祥」的反應。六三爻的半象為離，離為目，故能視。但在六三只能有視的象徵，到了上九爻，對象錯坤，迴旋反復，便有反顧全局而變為位居上九而壽考禎祥，同時又具有以仁慈愷悌之心，顧視羣下而使其剛柔和順，自然就上下安定、普天同慶了。

泰 ䷊ 乾（天）下 坤（地）上　錯 ䷋ 否　綜 ䷋ 否

泰㊀，小往大來，吉，亨。

【今註】㊀泰：卦名。字義的本意，包括通、寬、安等意思。

【今譯】泰卦，它有小往而大來的象徵，是吉的，具有亨通的德性。

彖曰：泰，小往大來，吉，亨。則是天地交而萬物通也，上下交而其志同也。內陽而外陰，內健而外順，內君子而外小人。君子道長，小人道消也。

【今譯】彖辭說：泰卦，它有小往而大來，是吉的，具有亨通的德性。那是說它有象徵天地之氣，互相交感，而萬物得到亨通，上下交相感應而心志互相合同的關係。泰卦的現象，內卦陽剛而外卦陰柔，內裏強健而外面柔順，內是君子而外為小人。它象徵君子之道漸長、小人之道漸消的現象。

象曰：天地交，泰。后㈠以財成天地之道，輔相天地之宜，以左右民。

【今註】㈠后：上古稱發號施令的君主叫作后。又：女主稱后。《爾雅》：「林、蒸、后、辟、公、侯、君也。」

【今譯】象辭說：天地互相交合，是泰卦的現象。它象徵君后以資財來裁成天地的功用，適宜輔助天地的安排，中和左右的民情。

初九㈠，拔茅㈡茹㈢，以其彙㈣，征吉。象曰：拔茅征吉，志在外也。

【今註】㈠初九：是指泰卦第一爻䷊*的爻位而言。㈡茅：菅草。㈢茹：柔輭的根相連叫茹。又：草名。㈣彙：集類的意思。

【今譯】泰卦的第一爻（初九），象徵拔起茅草，便互相牽連到連根的同類，如果占卜出征，大吉。象辭說：像拔茅草一樣，出征大吉，這是說它志在向外發展。

九二㈠，包荒㈡，用馮㈢河。不遐㈣遺，朋亡，得尚于中行。象

曰：包荒，得尚于中行，以光大也。

【今註】㈠九二：是指泰卦第二爻䷊*的爻位而言。㈡荒：遠大。㈢馮（音ㄆㄧㄥˊ）：依靠。與憑通用。㈣遐（音ㄒㄧㄚˊ）：遙遠。

【今譯】泰卦的第二爻（九二），有如天體包容八荒的象徵，如果利用大河作憑藉，而一直上去，不會因遙遠而遺失方向。但會亡失了朋友，須得中正而行。象辭說：所謂包容荒遠，須得中正而行，這便是說：可以光大的意思。

九三㈠，无平不陂㈡，無往不復。艱貞，无咎。勿恤㈢其孚，于食有福。象曰：无往不復，天地際也。

【今註】㈠九三：是指泰卦第三爻䷊*的爻位而言。㈡陂（音ㄆㄛ）：不正的丘陵地。㈢恤：含有心憂與憐憫他人的意思。

【今譯】泰卦第三爻（九三）的象徵，好像平坦的道路，沒有絕對不起陂坎的。過往的事物，沒有不反復回來的，祇要在艱難中，能夠貞正自守，當然可以沒有災咎。不要憂傷體恤自己，必須建立誠信，自然會有食福。象辭說：所謂過往的事物，沒有不反復回來的，這是天地之間自然的規律。

六四㈠，翩翩㈡不富以其鄰，不戒以孚。象曰：翩翩不富，皆失實也。不戒以孚，中心願也。

【今註】㈠六四：是指泰卦第四爻䷊*的爻位而言。㈡翩翩：輕快的飛翔。

【今譯】泰卦的第四爻（六四），象徵翩翩然輕舉，不能保有財富，但與鄰里互相感應而得信賴，所以不必加以警戒，也有他人孚信的徵象。象辭說：所謂翩翩然輕舉妄動而不能保有財富，這是說它失去原來誠實的現象。所謂不必警戒而受他人的孚信，這是說：內外的中心一致，甘願如此。

【今釋】本爻爻辭，自兩漢以來，句讀與解釋，都以「不富以其鄰」作一體來看。實在大背易數之理。忘掉象辭所說「坤虛失實」的道理。同時不重視四五兩爻相應的作用，因有此失。現在特為反正。

六五㈠，帝乙㈡歸妹，以祉㈢元吉。象曰：以祉元吉，中以行願也。

【今註】㈠六五：是指泰卦第五爻䷊*的爻位而言。㈡帝乙：殷紂王的父名。左傳文公二年：宋祖帝乙。注：帝乙，微子父。㈢祉（音ㄓˇ）：與福通用。

【今譯】泰卦第五爻（六五）的象徵，猶如帝乙的嫁妹，有足夠的福分，元來便具有大吉的現象。象辭說：所謂足夠的福分，元來便是大吉的，這是說它中道而行，便能如願以償了。

上六㈠，城復于隍㈡，勿用師，自邑告命，貞吝。象曰：城復于隍，其命亂也。

【今註】㈠上六：是指泰卦第六爻䷊*的爻位而言。㈡隍：城下無水的溝坑。

【今譯】泰卦的第六爻（上六），猶如一座兵城池，復變為乾涸溝坑的象徵，不可以用兵，而且在本邑中，便自有上命反復宣告的現象，須要堅貞自守，可能還有憂吝。象辭說：所謂城池復變為溝坑，這是說它自有反復變亂其成命的象徵。

【今釋】根據周易序卦的所說：「履而泰，然後安。故受之以泰。泰者，通也。」這完全從本卦卦名泰字的含義，而以理來說象的，並非原始畫卦以☷地在☰天中而稱為泰卦的原意。至於本卦六爻爻辭所說的解釋，又是從象來說理，每一爻的現象，又別自成為一連串的觀念。

例如本卦初九爻所說：「拔茅茹。以其彙。征吉。」那是以本卦內卦的三爻都是陽爻，構成整體，便叫做乾卦。分別來看，它象徵一叢根柢相連的茅草，牽一根而動全叢，所以便用拔茅根而牽連地拉起柔輭的茹類，作為比擬。所謂「征吉」那是以本卦初九的陽爻，動而變為向外發展的象徵，所以會意它為出征是吉的按語。九二爻的「包荒。用馮河。不遐遺。朋亡。得尚於中行。」這因為本卦內卦的第二爻，以乾元陽剛的德性，處在中正的爻位，而且上與第五爻坤卦六五爻相應，象徵乾元的天體，包容無邊無際荒遠的坤土。如果會意它在應用上，何以又說它有「用馮河，不遐遺。」乃至又說：「朋亡。得尚于中行。」呢？根據荀爽與虞翻兩家的見解，各有不同的觀點，荀爽說：「河出於乾，行於地中。陽性欲升，陰性欲承。馮河而上，不用舟航。自地升天，道雖遼遠，三體俱上，不能止之，故曰：不遐遺。」他又說：「中謂五。坤為朋。朋亡而下，則二上居五而行中和矣。」虞翻說：「在中稱包荒，大川也。馮河，涉河。遐，遠。遺，亡也。失位，變得正體坎。坎為大川，為河。震為足。故用馮河。乾為遠，故不遐遺。兌為朋。坤虛無君。欲使二上，故朋亡。二與五易位，故得上于中行。震為行，故光大也。」其實，古人畫卦，乃至根據爻象而作說辭，並非必定像漢、唐以後人們所畫的八卦，都以中文文字一樣的橫寫。最初的原始，甚至周文王、乃至孔子的時代，很可能猶如篆籀一樣的演變，橫寫直寫，已有多種形象的變遷不同。如果完全不採用漢、唐以後學者的成見，祇要把本卦內卦的乾象，直豎立體的畫出，猶如現在文字的川字一樣，那麼，它所謂「包荒。」「馮河。」「中行。」等等觀念，可以據象而尋辭，便很容易會通它的辭意了。如果據西漢象數易學來講，坤卦代表了河流，二升五正，正當坤水的中爻，用以涉河，便有所謂「得尚於中行」的原象了。本卦內卦到了第三爻的爻辭，完全不像以上初九、九二兩爻的意義。它以陽極必反、盛極必衰、陰陽對待流行的必然內義，而以地理形勢、與物理法則作比擬。如說：「无平不陂。无往不復。」的道理。但可以又說：「勿恤其孚。于食有福。」呢？根據虞翻所說：「艱，險。貞，正。恤，憂。孚，信也。二之五，得正，在坎中，故艱貞。坎為憂，故勿恤。陽在五，孚險。坎為孚，故有孚。體噬嗑，食也。二上之五，據四則三乘二。故于食有福也。」其實，這種解說，正是東漢易象數學家的特色，另有一番道理，不可輕易厚非。如果以第三爻為世主的爻位，上應第六爻的上六，所謂「勿恤其孚。」便是陰陽相得，自然孚信的現象。又因第三爻逼近第四爻的六四陰爻，卦身陰陽的相得相薄，猶如食物的逼近在嘴邊，便比擬它為「于食有福。」倒使初學研究爻象變化的觀點，可以容易得到啟發的思路。

如果根據西漢易學來講，九三的半象為兌，兌為口，所以便有口福自到嘴邊的現象。凡此種種，不可自困於東漢多數的諸儒之說，便會更深一層認識原始易學象數的原理。

本卦到了外卦的坤位，所有爻辭象徵性的解釋，大多是從錯卦的天地否的觀念出發。例如第四爻六四所謂的：「翩翩不富以其鄰。」便是以坤陰爻象為主體而立論。它猶如脫離陽爻的輕薄少女，好像落茵飛絮一樣翩翩翔舞、流蕩。所以便有象辭的：「翩翩不富，皆失實也。不戒以孚，中心願也。」的釋義了。他說：「二五變時，四體離飛，故翩翩。坤虛无陽，故不富。兌西。震東。故稱其鄰。三陰乘陽，不得之應。」象曰：「皆失實也。」他又說：「以坤邑人不戒，故使二升五，信來孚邑，故不戒以孚。二上體坎，中正。象曰：中心願也。與比邑人不戒，同義也。」九家易說：「乾升坤降，各得其正。陰得乘陽，皆陰心之所願也。」其實，六四的卦身為震，震為飛象。本為象數原始的道理，多解反增多疑。至於第五爻六五的「帝乙歸妹」等爻辭與象辭，都以坤體中爻得位的觀念而來，但參考乾、坤兩卦二五爻的道理，便可瞭然。第六爻上六的解釋，完全從反復傾否的道理而來，可以與本卦第三爻的理念參合研究，便可得到要領。

否 ䷋ 坤（地）下 乾（天）上　錯 ䷊ 泰　綜 ䷊ 泰

否㊀，之㊁匪人，不利君子，貞，大往小來。

【今註】㊀否（音ㄆㄧˇ）：卦名。閉塞不通。㊁之：卦爻變為另一現象叫作卦之或爻之。

【今譯】否卦，象徵由泰變否，而形成匪人的現象，並非完全由於人為，也有天命運會的關係的卦象，不利於君子，所以須要貞正自守，但其中還有大往而小來的現象。

彖曰：否，之匪人，不利君子，貞，大往小來。則是天地不交而萬物不通也，上下不交而天下无邦也。內陰而外陽，內柔而外剛，內小人而外君子。小人道長。君子道消也。

【今譯】彖辭說：否卦，它象徵變為匪人的卦象，而不利於君子。所謂要貞正自守，還有大往而小來的現象。這是說：天地不相交感，萬物便不能互相溝通，上下不相交感，天下便沒有泰平的邦國。它有陰柔在內，剛強在外，小人在內，君子在外。象徵小人道長、君子道消的情況。

象曰：天地不交，否。君子以儉德辟難，不可榮以祿。

【今譯】象辭說：天地不相交感，是否卦的象徵。處在這種現象中，君子要以德行約守自己以避免災難，不可以妄自要求榮耀的祿位。

初六㊀，拔茅茹以其彙，貞，吉，亨。象曰：拔茅貞吉，志在君也。

【今註】㊀初六：是指否卦第一爻☷☰*的爻位而言。

【今譯】否卦的第一爻（初六），象徵拔起茅草，便互相牽連到同類的連根，猶如泰卦初九爻一樣的現象，有貞正、吉的、亨通的徵兆。象辭說：所謂拔起茅草，有貞正、吉的象徵，這是說：它有志存君上、上應天心的現象。

六二㊀，包承。小人吉，大人否，亨。象曰：大人否亨，不亂羣也。

【今註】㊀六二：是指否卦第二爻☷☰*的爻位而言。

【今譯】否卦的第二爻（六二），有如大地承受天心而包容閉阻的象徵。對於小人來說是吉的，對於大人來說是否塞的，須要逆來順受以自守，便可漸漸變為亨通。象辭說：所謂大人否塞而後亨通，那是說：不要雜亂在小人的羣中。

六三㊀，包羞。象曰：包羞，位不當也。

【今註】㊀六三：是指否卦第三爻☷*的爻位而言。

【今譯】否卦的第三爻（六三），有包含羞辱的象徵。象辭說：所謂包含羞辱，因為它所處的位置不適當。

九四㊀，有命，无咎，疇㊁離祉。象曰：有命，无咎，志行也。

【今註】㊀九四：是指否卦第四爻☷*的爻位而言。㊁疇（音ㄔㄡˊ）：田疇。引申為同類。

【今譯】否卦的第四爻（九四），象徵有命自天而降，沒有災咎，而且它的同疇比類，也會分別獲得福祉。象辭說：所謂有命自天而申，沒有災咎，這是說：有可以施行其志的象徵。

九五㊀，休否，大人吉。其亡、其亡，繫于苞㊁桑。象曰：大人之吉，位正當也。

【今註】㊀九五：是指否卦第五爻☷*的爻位而言。㊁苞：桑木的根本。

【今譯】否卦的第五爻（九五），象徵否運將要休止，對於位在中正之位的大人是吉的。但有幾乎被滅亡的危險，好在又有繫結在桑木根本上一樣的堅牢。象辭說：所謂對於大人來說，纔是吉的，因為它位置的正當。

上九㊀，傾否，先否後喜。象曰：否終則傾，何可長也。

【今註】㊀上九：是指否卦第六爻☰☷*的爻位而言。

【今譯】否卦的第六爻（上九），有到了否極，先有壞否而後來得喜的象徵。象辭說：所謂否到了果，就會傾倒，這是說：天地間沒有長久不變的道理。

【今釋】根據周易序卦的所說：「物不可以終通，故受之以否。」這是完全根據陰陽互相反復、物極必反的原則，而說泰極否來、否極泰來的觀念。也是說明天地事物的盈虛消長、相反相成的必然性之規律。然後用以說明人事吉凶互變的理念，作為立身處世的準則。所以泰否兩卦的爻辭，都從兩卦的六爻變化，而錯綜交互的爻象來屬辭比事。泰卦未必都吉。否卦未必都凶。大要不離貞正以自守，善於固守德業，再求適時適位的道理。

同人☰☲ 離（火）下 乾（天）上　錯☷☵師　綜☲☰大有

同人㊀于野，亨，利涉大川，利君子貞。

【今註】㊀同人：卦名。意義見本卦最後今釋引述周易序卦說。

【今譯】同人的卦象，有如太陽的光熱自地平線上升，照到普天之下的曠野，當然是亨通的。它的象徵，利於度涉大川，而且有利於貞正的君子。

彖曰：同人，柔得位得中而應乎乾，曰：同人。同人曰：同人于野，亨，利涉大川，乾行也。文明以健，中正而應，君子正也。唯君子為能通天下之志。

【今譯】彖辭說：同人的卦象，是因內卦六二爻的坤柔，得處適當而中正的位置，而且上與外卦的乾卦相應，所以叫做同人。同人的卦辭說：所謂同人，它象徵同眾人公平相處在無遮障的牧野裏，當然是亨通的。而且又說：利於涉過大川。這都因上有天象的乾卦與之相應，所以陽剛中正的乾道，得以施行。在上位的乾道文明得到健行，下有坤柔得居中正的位置與它相應，這是正人君子可以施行其道的象徵。也祇有正人君子，纔能真正的溝通天下人的心志。

象曰：天與火，同人；君子以類族辨物。

【今譯】象辭說：天與離火的麗日光明相合，就形成同人的卦象。君子們效法它以族類大同的精神，而辨明萬物同根的理性。

初九㈠，同人于門，無咎。象曰：出門同人，又誰咎也。

【今註】㈠初九：是指同人卦第一爻☰☲*的爻位而言。

【今譯】同人的第一爻（初九），象徵同志的人們，開始出門行動，沒有災咎。象辭說：同志的人，開始出門同行，誰也沒有咎怨。

六二㈠，同人于宗，吝。象曰：同人于宗，吝道也。

【今註】㈠六二：是指同人卦第二爻☰☲*的爻位而言。

【今譯】同人的第二爻（六二），象徵同志的人們，有只顧宗親的現象，便有蹇吝。象辭說：所謂祇顧自己宗親便會有蹇吝的後果，這是必然的道理。

【今釋】本卦本爻的觀念，是從內卦六二爻的立場而論。它上與九五相應。以陰陽的相得而愛戀，自然便受私心的障礙，所以比擬它雖然在同人之中，卻有私心祇顧其宗親的象徵。

九三㈠，伏戎于莽，升其高陵，三歲不興。象曰：伏戎于莽，敵剛也，三歲不興，安行也。

【今註】㈠九三：是指同人卦第三爻☰☲*的爻位而言。

【今譯】 同人的第三爻（九三），有在草莽裏隱伏兵戎的象徵，祇能升到高陵上去，三年也不會發興的。象辭說：所謂在草莽裏隱伏的兵戎，因為對敵的過於剛強，三年也不會再興，這是說：祇能安於本位的行動。

【今釋】 本卦本爻的象徵，是從內卦乾三爻的現象而立論。它在全體的卦象中，雖然旁通相錯師卦的觀念而來。但是它有不得其時、不得其位的現象。所以便把它比擬為隱伏在草莽裏的同人一樣，充其量，祇能像私有占山為寇之師。所謂三歲不興，這是從外卦純乾的卦象觀念而來。虞翻解釋以伏震為陵，震為反艮，亦有所本。但與三歲不興的象數來看，並不妥當。

九四㊀，乘其墉㊁，弗克攻，吉。象曰：乘其墉，義弗克也。其吉，則困而反，則也。

【今註】 ㊀九四：是指同人卦第四爻☰☲*的爻位而言。㊁墉：築土作壁壘的小城。

【今譯】 同人的第四爻（九四），象徵登上他的壁壘，但是進攻也不克勝，是吉的。象辭說：雖然已經登上他的壁壘，然而在道義上，是不能勝的。所謂是吉的，那是因受困以後反，自反而不縮，可是要把握善與人同的原則。

【今釋】 本卦旁通相錯於師卦。但在九四爻，有動而通於☴風☲火家人的卦象。以同人用師的精神而言，所謂仁義之師，志在弔民伐罪。雖然攻而不克，但要自反不縮，須有善與人同，視天下為一家的精神守則。所以便有如以上爻辭的所說云云。這也便是中國傳統文化王道用兵的精義所在。

九五㈠，同人，先號咷㈡而後笑，大師克相遇。象曰：同人之先，以中直也。大師相遇，言相克也。

【今註】㈠九五：是指同人卦第五爻☰☲*的爻位而言。㈡號咷（音ㄊㄠˊ）：哭泣。

【今譯】同人的第五爻（九五），先有叫喚哭泣而後來歡笑的象徵，它又象徵著大軍的師旅，克勝而相遇。象辭說：所謂同人先有哭叫，那是說它有直無私，感歎近鄰的喪失道義，未獲同心。所謂大軍師旅的相遇，那是說內外上下互相克勝而致於和同的象徵。

上九㈠，同人于郊，无悔。象曰：同人于郊，志未得也。

【今註】㈠上九：是指同人卦第六爻☰☲*的爻位而言。

【今譯】同人的第六爻，象徵同人們在郊外，但沒有什麼憂悔。象辭說：所謂同人到了郊外，這是還沒有得志的象徵。

【今釋】根據周易序卦的所說：「物不可以終否，故受之以同人。」因此構成本卦同人的觀念，是從陰陽反復、否極泰來的規律，由☰乾卦的中爻演變而形成☰天☲火同人的卦象。而且旁通相錯☷坤卦的中爻演變而成的☷地☵水師卦。師是集大眾而成軍旅的象徵。凡是率師為眾，必與同人相通。同人眾集，也必與師卦相錯。因此，本卦六爻的爻辭，處處旁通以師為軍旅的現象而作解釋。在義理方面來講，本卦同人的內義，含有日出天下，世界大同，文明普麗的現象。中國傳統文化中的王道，與西方文化思想中的民主，恰是同人的精神。它以善與人同，推己及人的仁恕之道作為中心的觀念，所以本卦六二爻的爻辭說：「同人于宗。吝。」便是說明有私心的便不吉利。九四爻的爻辭說：「乘其墉，弗克攻。吉。」便是說明在德不在力的大同精神。

然而本卦卦辭所說的「同人于野。亨。」以及本卦上九爻爻辭所說的「同人于郊。无悔。」但為進入大同的初階，是昇平的基礎。必待同人的反正，而合於大有，纔是太平的現象。

大有 ䷍ 乾（天）下 離（火）上　錯 ䷆ 比　綜 ䷌ 同人

大有㈠，元、亨。

【今註】㈠大有：卦名。意義見本卦最後的今釋所引序卦說。

【今譯】大有卦，具有根元的、亨通的德性。

彖曰：大有，柔得尊位，大中，而上下應之，曰：大有。其德剛健而文明，應乎天而時行，是以元、亨。

【今譯】大有卦的現象，是陰柔的厚德，得居高尊的位置，博大而中正，而且上下都與它相應，所以叫作大有。它的德性，具有剛健而文明，相應天時而行動，所以說它有根元的、亨通的德性。

象曰：火在天上，大有。君子以遏㈠惡揚善，順天休㈡命。

【今註】㈠遏：止絕。㈡休：美善的吉慶。

【今譯】象辭說：麗日如火光在天上的卦象，叫作大有。君子們效法它的光明普照天下，阻止惡的一面，而發揚善的一面，順承天道美善的德性，完成吉慶的生命。

初九㈠，无交（又作郊）害，匪咎，艱則无咎。象曰：大有初九，无交害也。

【今註】㈠初九：是指大有卦第一爻☲☰*的爻位而言。

【今譯】大有的第一爻（初九），沒有交感的對象，雖然有害，但不能形成為災咎。換言之，有艱難，便沒有災咎。象辭說：大有的初九爻，因為沒有交感，所以祇是有害而已。

【今釋】關於本卦本爻的解釋注重象數的漢易學家，與注重儒理的宋易學家，雖然各有不同的解釋，但大體都有相通之處。例舉象數易學家的理論，如虞翻說：「害謂四。四，離火，為惡人，故无交害。初動震為交，比坤為害。匪，非也。艱難，謂陽動比初成屯。屯，難也。變得位，艱則无咎。」

然而古本易經，「交」字又作「郊」。如果不以虞翻等的觀念為是，但以大有的卦象，從同人的相綜反復而來，那麼，無論「无郊害。」或「无交害。」就比較容易明白。因為同人上九爻的爻辭，「同人于郊。无悔。」以及象辭「同人于郊，志未得也。」所以反綜而成大有的初九，便有「无郊（交）害。无咎。艱則无咎。」豈不是明白簡易而可通。又因本卦初九爻的動向，誠然是與九四爻相交感，兩陽相遇，同性相排，所以形成自相為害，它的前途艱難，當然會致於如此。因此，本卦九四爻的爻辭，也便有「匪其彭。无咎。」的辭句，在義理上，正可以互相說明，不必另求解釋。

九二㊀，大車以載，有攸往，无咎。象曰：大車以載，積中不敗也。

【今註】㊀九二：是指大有卦第二爻䷍*的爻位而言。

【今譯】大有的第二爻（九二），象徵用大車來裝載，前途所往而大有，沒有災咎。象辭說：所謂用車來裝載，是說它屯積在中間，當然不會失敗的。

九三㊀，公用亨㊁于天子，小人弗克。象曰：公用亨于天子，小人害也。

【今註】㊀九三：是指大有卦第三爻䷍*的爻位而言。㊁亨：古與享、烹通用。

【今譯】 大有的第三爻（九三），象徵中國上古在公位官爵的人，可以用天子的飲食來享受，這在小人們，是不敢當的。象辭說：所謂在公位而用享天子的飲食，這是象徵相對於小人們來講，便是有害的事。

【今釋】 本爻的解釋，如虞翻說：「天子謂五。三，公位也。小人謂四。二變得位，體鼎象。故公用亨于天子。四折鼎足，覆公餗。故小人不克也。」其實，三爻象徵公位是對的。本卦三爻的變動，便成為兌。兌為口，所以比擬它為動用飲食的享受。本卦三爻與五同功，五是象徵天子的爻位，也沒有錯。但以本卦而論，六五為陰爻而居中極，位雖正而柔不得體，而且三五同功，也成為兌象，所以又足為比擬它為飲食享受的象徵。由此而知，所謂「小人害也」的觀念，恰如論語所載孔子謂季氏：「八佾舞於庭，是可忍也，孰不可忍也。」的道理一樣的。上柔下剛，致使小人得志，禮義大亂，其為害便可知了。

九四㈠，匪其彭㈡（又作尪），无咎。象曰：匪其彭，无咎，明辨晢㈢也。

【今註】 ㈠九四：是指大有卦第四爻䷍*的爻位而言。㈡彭：與旁字意義相通。在旁排敵禦攻叫彭排。（附：尪（音ㄨㄤ），廢疾、病曲脛的人。子夏易傳作旁，虞翻作尪，今從子夏易傳說。）㈢晢（音ㄓㄜˊ）：明辨。

【今譯】大有的第四爻（九四），象徵旁排。比排列的，並不是所需要的同伴。象辭說：這是說處在不相當的同伴中，雖然也沒有什麼災咎。但總要明辨得清楚才對。

【今釋】本卦本爻的道理，是從同人九四爻的反復爻象而立論。

六五㈠，厥孚交如，威如，吉。象曰：厥孚交如，信以發志也。威如之吉，易㈡而无備也。

【今註】㈠六五：是指大有卦第五爻䷍*的爻位而言。㈡易：容易。

【今譯】大有的第五爻（六五），它的信用交孚眾望猶如九五，它的威德也猶如九五。象辭說：所謂它的信用交孚眾望，猶如九五的意義，這是說足以發揮它的志向。威德也如九五的吉慶，因為它具有平易而不戒備的柔順之德。

上九㈠，自天祐之，吉无不利。象曰：大有上吉，自天祐也。

【今註】㈠上九：是指大有卦第六爻䷍*的爻位而言。

【今譯】大有第六爻（上九）的象徵，有獲得自上天的護祐，當然大吉，沒有什麼不利的。象辭說：所謂大有的上九爻是吉的，因為它自獲得上天的護祐。

【今釋】根據同易序卦的所說：「與人同者，物必歸焉。故受之以大有。」這所謂大有的觀念，完全從同人卦互相反綜的觀點演變而來。祇有善與人同，纔能得到大有的現象。如果從人事來說，大有，是領導同人完成大業的卦象。它的重心，在於六五爻的發自至誠的威信，以柔順之德溝通上下，含容眾類而上接上九爻的「承天之休」，纔是上上吉慶的現象。其餘如初九、九二、九三、九四的爻辭，反復說明自能有善與人同亨者，自然都無災咎。因此九三的發揮，說明自志無私，公忠天下，小人便無所為而自受其害了。因此而知，小而至於立身處世與齊家，大而至於忠誠謀國，進求世界大同者，欲求事功德業的成就，必須深切體會同人與大有的精神，履踐其道而見之於行事之間，纔是大丈夫功成名遂的真正德業。

謙 ䷎ 艮（山）下 坤（地）上　錯 ䷉ 履　綜 ䷏ 豫

謙㈠，亨，君子有終。

【今註】㈠謙：卦名。具有恭敬合禮，屈己下人，退讓而不自滿等意義。

【今譯】謙卦，具有亨通的德性，它象徵君子謙讓以自處的德性，必有善終。

彖曰：謙，亨。天道下濟而光明，地道卑而上行，天道虧盈而益謙，地道變盈而流謙，鬼神害盈而福謙，人道惡盈而好謙。

謙尊而光，卑而不可踰㊀，君子之終也。

【今註】㊀踰：超越。

【今譯】彖辭說：所謂謙卦是亨通的道理，因為它象徵天道的德性，光明普照下方，毫無私欲而周濟萬物。同時又像地道一樣的卑厚容物，隨時以生機上升，長養萬物而運行不息。而且天道的規律，必然要虧損過於盈滿的，而增益謙虛的；地道的規律，必然變動滿盈的，而流入謙下的；鬼與神的道理，是損害滿盈的，而福祐謙讓的；人的心理是厭惡滿盈的，而愛好謙退的。所以謙的德性，尊貴而有光輝，雖然卑退，但不可以超越規矩，這便是君子學問、德業、修養善始善終的結果。

象曰：地中有山，謙。君子以裒㊀多益寡，稱㊁物平施。

【今註】㊀裒：減少。㊁稱：量度的平均。

【今譯】象辭說：地中有山，這是謙卦的現象。君子們效法他的精神，以減損多餘的而增益缺少的，稱量事物的均衡而作平等的施予。

初六㊀，謙謙君子，用涉大川，吉。象曰：謙謙君子，卑以自牧也。

【今註】㊀初六：是指本卦第一爻☷☶*的爻位而言。

【今譯】謙卦的第一爻（初六），象徵謙謙有禮的君子，他用謙德而度過巨大的川流，是吉的。象辭說：所謂謙謙的君子，這是說他能夠以謙卑的德行約束自己。

【今釋】本卦既取謙抑和退讓的德行作為卦名，而本爻又旁通相錯☰天☱澤履卦的初爻，履，古人又解釋為禮，也就是人生行誼的儀軌。所以本爻以謙卑自牧，作為君子履踐的基礎。這是與乾卦初九的「潛龍勿用」互同，同為謙德的精神所在。可以參考乾卦初九、九四的內涵意義，便可互相發現它的精要所在了。至於又說可以「用涉大川。」那是因本卦內卦是☶。外卦是☷。坤為大川，是西漢易象數學的精義，本爻以艮初而涉過坤水，所以便說是「謙謙君子」德行的開始。如果發揮它的功效，便有可以度過大川的功用。綜合起來，本爻所謂的「謙謙」，以及象辭所說的「卑以自牧。」都是為了達成君子履踐的效用。故對於本爻爻辭重心所在的「用」字，切勿忽略過去。否則，謙卑變成無用，或起用而不謙卑，都有偏失。如果明白了這個原則，那本爻爻辭所說的「謙謙君子，用涉大川。」便是要它在出處行履的開始，須有「卑以自牧」的德行，作為中流砥柱的精神。至於東漢象數易學家們的解釋，又是另有觀點，例如荀爽說：「初，最在下，為謙。二陰承陽，亦為謙。故曰：謙謙也。二陰一陽相與成體，故曰：君子也。九三體坎，故用涉大川吉也。」九家易曰：「承陽卑謙，以陽自牧，養也。」

六二㊀，鳴謙，貞吉。象曰：鳴謙，貞吉，中心得也。

【今註】㊀六二：是指謙卦的第二爻䷎*的爻位而言。

【今譯】謙卦第二爻（六二）的象徵，有因謙而得到同聲相應而共鳴的現象，能夠貞正自守，便是吉的。象辭說：所謂因謙而得到同聲相應的鳴聲，能夠貞正自守，便是吉的，這是說：中心自有得意的現象。

【今釋】周易引用卦象的象徵，都以自然界知識感官所及的物理人事作比擬。並不造作虛玄，使人難懂。本卦本爻所用的象徵，用鳴聲作比擬，頗為費解。歷來大多數的學者，都把它作為鳴聲可以聽到的現象，解為所聞見聲音的聞字意義。其實，祇要明白本卦反對的綜卦為☳雷☷地豫卦。豫的內卦是☳震，震為雷。震當二月春分，驚蟄節氣的卦。有雷天大壯的鳴雷初發自地中的現象。豫卦屬於三月清明的卦，羽蟲鳴聲正發，所以都有鳴聲的現象。本卦本爻六二動而成☴巽，巽為風，風在地上，又有「雷風相薄」而交織成為鳴聲的現象。因此以謙卦內卦的中爻變動，比擬作為鳴謙，與本卦上六的「鳴謙」，以及以下豫卦初六的鳴豫，都是從震雷的雷鳴之聲而立言。但本爻的和鳴，尚在艮卦中爻的時位，上與六五的坤卦中爻相應，位雖得其中正，但還未達成外用，所以便有「鳴謙貞吉，中心得也。」的象辭，這是極其明顯的事。換言之，六二爻謙德的效用，可以做到貞正自守，中心自有所得的吉兆而已。但必定要到六五的謙象，纔能可以有為了。

九三㊀，勞謙君子，有終吉。象曰：勞謙君子，萬民服也。

【今註】㊀九三：是指謙卦第三爻䷎*的爻位而言。

【今譯】謙卦的第三爻（九三），象徵勤勞辛苦而又謙虛的君子，它的結果終歸是吉的。象辭說：勤勞辛苦而謙虛的君子，那當然會使萬民拱服的。

【今釋】本爻爻辭象辭的所說：如大禹治水，九年勞績的情形，便是本卦本爻的效用。

又本爻三五相互而成為☵坎卦。坎為勞卦，故稱勞謙。自王弼解易不用互體，鍾會更附會王弼之說。因此自宋以後，就薄互體而不用，賢如朱熹，也不能免俗，在此特為說明。

六四㊀，无不利，撝㊁謙。象曰：无不利，撝謙，不違則也。

【今註】㊀六四：是指謙卦第四爻䷎*的爻位而言。㊁撝（音ㄏㄨㄟ）：揮舉。

【今譯】謙卦的第四爻（六四），象徵無所不利，因為它自身謙退，但有揮揚上舉的現象。象辭說：所謂無所不利的撝謙，因為它並不違背守則。

【今釋】本卦本爻的解釋，據荀爽說：「四得位，處正家。性為謙。故无不利。陰欲撝三，使上居五，故曰撝謙。撝猶舉也。」九家易：「陰撝上陽。不違法則。」其他如王弼、程、朱，各有別解。如果以本卦的旁通相錯☰天☱澤履的九四。反復相綜☳雷☷地豫的九四，便可知道本爻的自身性本為謙，但有發揮舉揚陽德的功用在於其中，所以便擬議它為「撝謙」。象辭說它「不違則」，即須與乾卦九四爻的「或躍在淵」綜合研究，體會「子曰：上下無常，非為邪也。進退无恆，非離羣也。」的道理，便可瞭解本爻所示立身處世「撝謙」的精義了。

六五㊀，不富，以其鄰，利用侵伐，无不利。象曰：利用侵伐，征不服也。

【今註】㊀六五：是指謙卦第五爻䷎*的爻位而言。

【今譯】謙卦的第五爻（六五），象徵並不富有，但受鄰居的影響，可以利於用兵侵伐，也並沒有什麼不利的。象辭說：所謂利於用兵侵伐，這是說：可以對不服者作征討的意思。

【今釋】本卦本爻所謂「不富。以其鄰。利用侵伐。」等觀念，據東漢象數易學家的觀念，如荀爽所說：「鄰，謂四與上也。自四以上，乘陽。乘陽失實，故皆不富。五居中，有體。故總言之。」又說：「謂陽利侵伐來上。无敢不利之者。」又說：「不服謂五也。」李鼎祚說：「六五，離爻。離為戈兵，侵伐之象也。」如果從本卦反復相綜的䷏雷地豫卦的六五來說，便知本爻就是豫卦六五的反對現象。因為豫卦的本身，是「利於建侯行師。」而豫卦六五爻的爻辭，便有「貞疾。恆不死。」等辭句。何以它有這種不好的現象呢？即據豫卦六五的象辭說：「六五貞疾，乘剛也。」因為行師用兵，本身就多剛氣，如果以剛而乘剛，那麼，過剛必折，這是當然的道理。倘使以謙卦六五的精神，具有懷柔的謙德，但以征討不服，不得已而用兵侵伐，那就「无不利」了。所以本卦上六的「鳴謙。利用行師，征邑國。」也都從豫卦上六反成的爻辭，依義可以類推。本爻爻辭的「不富」一句，與泰卦的六四爻的爻辭相同。不可與「不富以其鄰」合為一句來讀。

上六㈠，鳴謙，利用行師，征邑國。象曰：鳴謙，志未得也。可用行師，征邑國也。

【今註】㈠上六：是指謙卦第六爻䷎*的爻位而言。

【今譯】謙卦的第六爻（上六），象徵謙和的共鳴，利於用兵行師，征討不服的邑國。象辭說：所謂謙和的共鳴，但並未得志。所謂可以行師用兵，這是說：可以征討不服的邑國。

【今釋】本卦本爻「鳴謙」的「鳴」字意義，是從本卦的綜卦䷏雷地豫的外卦震為雷的象徵而來，已如六二爻的所釋。所謂利用行師征討，已如六五爻的所釋，可以如類而旁通，不必複述。

根據周易序卦的所說：「有大者，不可以盈，故受之以謙。」完全從卦名「謙」字所含「謙讓」、「謙退」、「謙虛」等觀念而立論，指示人生立身處世基本的守則，須具有謙德的精神，方能立功立業。因此本卦的卦辭、爻辭等，大多是從人事的道理以解釋爻象。周易所述六十四卦，吉凶都互有消長，從無全吉全凶的卦象。比較起來，惟有謙卦，纔是六爻皆吉的卦。由此可見古聖先賢們強調謙德的重要，同時亦可瞭解謙的為用，的確无所不利。根據象辭所說：「地中有山，謙。君子以裒多益寡。稱物平施。」便可知道周易所說謙卦的中心精神。無論個人或天下，都是需要求得真正平等的和平，纔可相安無事。高山之所以為高，它是從地平面上作起點，而山的頂巔，無非又是一粒一粒沙土累積而成的地平。故要體會「地中有山」之平，纔是謙卦「稱物平施」的精義所在。孔、孟的仁義，便是謙卦的求其「稱物平施」的平治。佛家的慈悲布施以度眾生，也無非是謙卦的「裒多益寡，稱物平施。」的發揚。老子的「天之道，其猶張弓與？高者抑之，下者舉之，有餘者損之，不足者補之。天之道，損有餘而補不足。人之道，則不然。」也便是擴展謙卦精神而立論。但必須瞭解本卦謙德持平的道理，知道六四爻「撝謙。不違則。」的重心，纔是謙德的規範，過此以往，便又不能持平而又有所偏差了。如果研究中國文化人文道理的精神，以及中華民族的特性，對此不得不再三留意。但切勿執著謙的偏道而論。最為重要。

豫 ䷏ 坤（地）下 震（雷）上　錯 ䷈ 小畜　綜 ䷎ 謙

豫㈠，利建侯行師。

【今註】㈠豫：卦名。豫字的本義，具有悅逸安樂的意義。

【今譯】豫卦。它的現象，有利於建立侯王，與聚眾行師的象徵。

彖曰：豫，剛應而志行，順以動，豫。豫順以動，故天地如之，而況建侯行師乎！天地以順動，故日月不過而四時不忒㈠。聖人以順動，則刑罰清而民服。豫之時義大矣哉！

【今註】㈠忒：變差。

【今譯】彖辭說：豫卦的現象，是得陽剛的感應而得行其志，它有順時以動的作用，所以叫作豫。因為豫卦是有順時以動的作用，所以天地的運動，也正如它順時而動，何況建立侯王與行師的事呢！天地運動的規律，也要順時而動，所以日月的運行，不超過規則，纔使四時（春、夏、秋、冬）不致於偏差。聖人的德業，應天順人而取行動，那麼！刑罰清簡而民心悅服。所以豫卦所包含順時的意義，是最重大的。

象曰：雷出地奮㈠，豫。先王以作樂崇德，殷㈡薦㈢之上帝，以配祖考㈣。

【今註】㈠奮：震動飛揚。㈡殷：豐盛。㈢薦：進獻。又：祭禮。未食未飲叫薦。既食既飲叫羞。

㈣考：古禮：稱父死叫考。

【今譯】象辭說：迅奮的雷，出自地上，這是豫卦的現象。先代的聖王們，效法它喜動悠揚的精神，制作典雅的音樂以尊崇德業，以豐盛的祭禮，進獻於上帝，同時配享歷代的祖考。

初六㈠，鳴豫，凶。象曰：初六鳴豫，志窮，凶也。

【今註】㈠初六：是指豫卦第一爻䷏*的爻位而言。

【今譯】豫卦的第一爻（初六），有鳴叫的象徵，是凶的。象辭說：所謂初六鳴豫的象徵，是說其志已到窮極，所以有凶的象徵。

六二㈠，介㈡于石，不終日，貞吉。象曰：不終日，貞吉，以中正也。

【今註】㈠六二：是指豫卦第二爻䷏*的爻位而言。㈡介：堅確不拔。

【今譯】豫卦的第二爻（六二），有耿介確立於堅石之間的象徵，所以不終日之間，隨時都要貞正自守便吉。象辭說：所謂不終日之間，貞正便吉，這是說：必須要中正以自處。

六三㈠，盱㈡豫悔，遲有悔。象曰：盱豫有悔，位不當也。

【今註】㈠六三：是指豫卦第三爻䷏*的爻位而言。㈡盱：張目上視。

【今譯】豫卦的第三爻（六三），有瞪目無所措而後悔的象徵，遲疑不決而有悔吝。象辭說：所謂瞪目無所措的「盱豫有悔」，這是說：它所處的位置不當。

【今釋】 本卦的大象，是從「雷出地上」而立名。彖辭說它是「剛應而志行，順以動，豫。」這對於卦的立名為豫的原理，已經解釋得很清楚。構成本卦初六、六二、六三的三爻，都從內卦☷坤為地的立場而比擬它的表象。所以初六爻動變而為☳震，從雷動於九地之下，而比擬它為初有鳴雷在地極的現象。如果引用自然界的大現象作比擬，正有地震的現象，所以象辭便說它為「志窮，凶也。」六二爻動變為☵坎，坎，又具有陷的意義。雷動於地中，有☶艮為山石的現象，所以爻辭便說它有「介于石。」以及象辭說：「不終日，貞、吉。以中正也。」的象徵。六三爻動變為☶艮，艮為山，所以便有瞪目無所措而「盱豫。遲有悔。」的現象。因為六三爻是從六二爻的漸變而來，六二變而為☵坎。坎又有為眼目的象徵，所以比擬它為瞪目而望的「盱豫。」所謂「遲有悔。」便是艮卦本身的卦辭所說：「艮其背，不獲其身。行其庭，不見其人。」的本象。但在艮的本卦。便「无咎。」而在豫的六三，便有悔。這正如本卦本爻象辭所說的：「位不當也。」本卦過此以往，便是外卦☳震為雷的外象，又是一番景況，另作比擬了。

九四㈠，由豫，大有得。勿疑，朋盍㈡簪㈢。（鄭玄作簪，京房作攢，荀爽作宗，周易集解作戠。）象曰：由豫，大有得，志大行也。

【今註】㈠九四：是指豫卦第四爻☳☷*的爻位而言。㈡盍（音ㄏㄜˊ）：聚合。㈢簪：古代頭髮上的飾物。又：作快速的疾字意義，或諧音轉借作攢字。

【今譯】豫卦的第四爻（九四），象徵豫卦的自有由來，大有所得。不必懷疑，有朋友聚合，簪髮並頭而交歡的現象。象辭說：所謂自有由來，大有所得，這是說：其志可以大行。

【今釋】本卦本爻的象徵，著重祇在這個由字。由字的引申，象徵物的開始出於地面。本卦以上☳震、下☷坤而成象。以一陽居於五陰之間，所以到了得時得位的九四爻，便有震雷奮出地而的景況。上下與羣陰交互。都構成陰陽相得而成為友朋的現象，到處可以大行其志。「朋盍簪」的比擬，象徵古代男女朋友聚頭交歡的情形，是很恰當的形容。後人改作攢、宗、戠的意義，都是為了維持禮儀風教的關係，用心良苦。等於原始的姤卦，本來便是媾字，也是為了避免風教上的誤會，便改作姤字是同樣的情形。

至於象數易學家們對於本爻的解釋，例如侯果說：「為豫之主，眾陰所宗，莫不由之，以得其豫。體剛心直，志不懷疑，故得羣物依歸，朋從大合，若以簪篸之固括也。」虞翻說：「由：自從也。豫有五陰，坤以眾順，故大有得。得羣陰也。坎為疑，故勿疑。小畜，兌為朋。盍，合也。坤為盍。戠聚會也。坎為聚。坤為眾陰並應，故朋盍戠。戠，舊讀作攢，作宗也。」崔憬說：「以一陽而眾陰從己，合簪交歡，故其志大行也。」

六五㊀，貞，疾，恆不死。象曰：六五貞，疾，乘剛也。恆不死，中未亡也。

【今註】㊀六五：是指豫卦第五爻☷☳*的爻位而言。

【今譯】豫卦的第五爻（六五），象徵要貞正自守，有疾病，但常在病中而不會死亡。象辭說：六五爻所謂的要貞正自守，但有疾病，這是說它下乘九四爻陽剛的關係。所謂常在病中而不死亡，這是說它位置得中，所以不會死亡。

【今釋】象數易學家們對於本卦本爻的解釋，例如虞翻說：「恆，常也。坎為疾，應在坤，坤為死。震為反生。位在震中，與坤體絕，故貞疾，恆不死也。」侯果說：「六五居尊而乘於四，四以剛動，非己所乘。乘剛為政，終亦病。若恆不死者，以其中也。」

上六㊀，冥㊁豫，成有渝，无咎。象曰：冥豫在上，何可長也？

【今註】㊀上六：是指豫卦第六爻☷☳*的爻位而言。㊁冥：幽晦。

【今譯】豫卦的第六爻（上六），有幽冥晦暗的象徵，即使成功也會變了，但沒有災咎。象辭說：所謂幽冥晦暗處在豫卦的最上位，那裏可以長久的成長呢？

【今釋】本卦本爻所說的「冥豫」的意義，是從最上的陰爻，屬於☷坤體的關係而立論。坤為土。

窮極在上，必反復至於最下。故本爻以純陰位居上位，便構成反居於九地之下的景況。所謂「成有渝。」這便是說物極必反、爻極必變的道理。荀爽說：「陰性冥昧，居尊在上而猶豫悅，故不可長。」

根據周易序卦的所說：「有大而能謙必豫，故受之以豫。」這是完全根據卦名名辭而立論，依理而說人事的現象。因從大有卦而到謙卦，再從謙卦而到豫卦。認為人能大有而謙虛，當然就會有豫悅的景況。然而根據本卦卦爻辭、與彖辭、象辭的種種所說，大體都從「雷出地。奮。豫。」的現象，是以象來說理的。除了六二爻的「介于石。不終日。貞吉。」九四爻真正以及屬於雷出地上的「由豫。无咎。」算是合乎順時而動以外，幾乎每一爻都是有病象的。由此可知，如果把豫卦作為豫悅的解釋，那就有問題了。須知豫逸便可亡身，應當隨時貞正自守，纔能免凶。換言之，過謙成豫，豫逸便成災咎。故豫卦是上接謙卦的反象，下啟隨卦的機用。綜合來說，謙虛雖然為美德，但必須要知道隨時之義，纔有豫悅。如果不深切體會豫卦本身的「順時而動」而合於隨時的道理，便處處有它的偏差。

隨 ䷐ 震（雷）下 兌（澤）上　錯 ䷑ 蠱　綜 ䷑ 蠱

隨㊀，元、亨、利、貞，无咎。

【今註】㊀隨：卦名。

【今譯】隨卦，具有根元的、亨通的、利益的、貞正的四種德性，沒有災咎。

彖曰：隨，剛來而下柔，動而說㈠，隨。大、亨、貞，无咎。而天下隨時，隨時之義大矣哉㈡！

【今註】㈠說（音ㄩㄝˋ）：古文與悅相通用。㈡本亦作隨之時義大矣哉。

【今譯】彖辭說：隨卦，有秉陽剛而謙下於陰柔的象徵，動中含有愉悅的景況，這便是隨卦的現象。它有寬大、亨通、貞正的德性，所以沒有災咎。而且天下的人事物理，都要隨時而動，隨時的意義是非常廣大的啊！

象曰：澤中有雷，隨。君子以嚮㈠晦㈡入宴㈢息。

【今註】㈠嚮：面對叫嚮。與向通用。㈡晦：昏暗。又：入夜叫晦。又：月盡叫晦。㈢宴：安息。

【今譯】象辭說：澤中有雷，便是隨卦的現象。君子們效法它的精神，到了黃昏嚮晦的時候，便要隨時安息。

【今釋】本卦以三陰三陽的交錯作用，陽包陰中，而構成「澤中有雷」的大象。☳震為雷，以一陽初發，自下而上，作為位居東方的象徵，也代表了每天早晨太陽出自東方的現象。如果用它代表一年的季節，它又是春分節序的象徵。☱兌為澤，以二陽潛藏在一陰之下，位居西方的象徵，而又代表了每天太陽西下於地平面的現象。用它代表一年的季節，它又是秋分節序的象徵。所以說卦傳說：「帝出乎震。齊乎巽。相見乎離。致役乎坤。說言乎兌。戰乎乾。勞乎坎。成言乎艮。萬物出乎震。震，東方也……」隨卦是震（雷）在兌（澤）中的大象。以一天的現象來講，便有陽入陰中，萬物隨時而進入昏晦安息的情況。以一年的現象來講，便有秋氣蕭森，萬物隨時而漸次進入安息歸藏的景象。因此本卦彖辭與象辭，都特別強調「動而說。」「天下隨時。隨時之義大矣哉！」以及「君子以嚮晦入宴息。」這便是繼豫卦之後，隨之而來的由消到息的重要關鍵。天地萬物，都由大休大息中而成長生命無盡的泉源。但生是消的開始，息是生的轉機。所以隨卦的彖辭，指出「剛來下柔。」形成隨時宴息的功用，便具有乾坤的元、亨、利、貞的德性。天地是一大空間。和空間相互而形成萬物活動的現象世界，那便是與空間互相對立、互相消長的時間作用。人們要把握生命的消息作用，便需要瞭解隨卦的隨時作用的重要了。至於下文本卦六爻變化的現象，那是根據隨卦本身以內六爻變動的時與位的交互作用而立論，又是另一層意思。

初九㊀，官有渝，貞吉。出門交有功。象曰：官有渝，從正吉也。出門交有功，不失也。

【今註】㊀初九：是指隨卦第一爻䷐*的爻位而言。

【今譯】隨卦的第一爻（初九），象徵主管職事的官位有了變化，須要貞正自守，纔是吉的。如果出門交接的對象，會有功利。象辭說：所謂官事雖然有了變化，祇要像開始一樣，以貞正自守，便是吉的。所謂出門交接的，會有功利，這是說：還不失其正的關係。

六二㈠，係㈡小子，失丈夫。象曰：係小子，弗兼與也。

【今註】㈠六二：是指隨卦第二爻☱☳*的爻位而言。㈡係（音ㄒㄧˋ）：有繫與繼的意義。

【今譯】隨卦的第二爻（六二），有聯係小子失去丈夫的象徵。象辭說：所謂聯係小子，這是說：有不能兼顧相與的現象。

【今釋】本卦本爻爻辭的解釋，是從它旁通相錯的☶艮（山）☴巽（風）蠱卦，交互綜錯的現象而立論。而且易象的本義，往往錯綜互用而不分。自蒙卦建立以艮為童蒙。隨卦的初爻到四爻正反都是震象。震為夫，故稱「係小子，失丈夫。」但東漢象數易學家們的見解，便從本爻的爻象而作說明。同異互見，姑錄入以供參考。例如虞翻說：「應在巽。巽為繩。故稱係小子。謂五兌為少，故曰小子。丈夫謂四，體大過老夫，故稱丈夫。承四隔三，故失丈夫。三至上，有大過象，故與老婦士夫同義。體咸，象夫死。大過，故每有欲嫁之義也。」又說：「已綜於五，不兼與四也。」

六三㈠，係丈夫，失小子。隨有求得，利居貞。象曰：係丈夫，志舍下也。

【今註】㊀六三：是指隨卦第三爻䷐*的爻位而言。

【今譯】隨卦的第三爻（六三），有聯繫丈夫、失去小子的象徵。雖然有隨所求而得的現象，但自處貞正的更為有利。象辭說：所謂聯繫丈夫，這是說：它的心志已經捨棄其下而不顧了。

【今釋】本卦本爻爻辭的意義，與六二相反，雖然情形相似，但爻位不同，所以觀念與現象便有差異。虞翻說：「隨，眾陰隨陽。三之上，无應。係於四，失初小子。故係丈夫，失小子。艮為居、為求。謂求之正，得位遠應。利上乘四，故利居貞矣。」

九四㊀，隨有獲，貞，凶。有孚在道以明，何咎。象曰：隨有獲，其義凶也。有孚在道，明功也。

【今註】㊀九四：是指隨卦第四爻䷐*的爻位而言。

【今譯】隨卦的第四爻（九四），隨之而來，是有所收獲的象徵，雖然堅貞，但也有凶。然而還有孚信而守道，足可以申明其事，何嘗會有災咎。象辭說：所謂隨之而來，有所收獲，這是說：在義理上是有凶的。可是有孚信在道，還可以表明它的功績的。

【今釋】關於本卦本爻的現象，以象數為主，與以儒理為主的易學家們，所說的見解，大體是相通的。例如虞翻說：「謂獲三也。失位相據在大過，死象。故貞凶。象曰：其義凶也。孚謂五。初震為道，三已之正。四變應初，得位為離，故有孚在道以明，何咎。象曰：明功也。」孔穎達說：

「隨有獲者：處說之初，下據二陰，三求係已，不距則獲，故曰隨有獲也。貞凶者：居於臣地，履非其位以擅其民，失其臣道，違其正理，故貞凶也。有孚在道以明，何咎者：體剛居說而得民心，雖違常義，志在濟物。心存公誠，著信在於正道，有功以明，更有何咎哉！故云：有孚在道以明，何咎也。」

九五㈠，孚于嘉，吉。象曰：孚于嘉，吉，位正中也。

【今註】㈠九五：是指隨卦第五爻䷐*的爻位而言。

【今譯】隨卦第五爻（九五）的象徵，有信孚於嘉慶，吉。象辭說：所謂信孚於嘉慶的吉兆，這是說：它的爻位處在正中的關係。

上六㈠，拘係之，乃從維之。王用亨于西山。象曰：拘係之，上窮也。

【今註】㈠上六：是指隨卦第六爻䷐*的爻位而言。

【今譯】隨卦第六爻（上六）的象徵，有須要拘束來繫係它，纔能隨從而維持聯繫。同時而有王者祭祀於西山之神的作用。象辭說：所謂須要拘束來繫係它，這是說：上爻已到盡頭了。

【今釋】本卦本爻的象徵，以陰爻位居上六的地位，欲變而上無所應，而且必須俯就九五陽爻的拘束，故有「拘係之，乃從維之。」的比擬。但上六陰窮而必變，變就九四、九五，便成為乾象，故有「王用亨」的比擬。但舉本爻在本卦的外象而言，仍為☱兌卦。兌卦位居西方，因此而構成一幅「王用亨於西山」的圖案了。又震為王。艮為山。為道。亦通。

根據周易序卦的所說：「豫必有隨也，故受之以隨。」韓康伯解說為：「順以動者，象之所隨。」這完全從隨卦卦名的這個隨字而立論。所謂隨，便是追隨、隨眾、隨順、隨和等意義的總和。因此便引申它是人臣之道，有隨時而動，動須順從豫說的象徵。但從本卦卦象的「澤中有雷。」以及象辭所謂「隨。君子以嚮晦入宴息。」的觀念來說，那就又有不同了。如果根據象辭的觀念來講，那麼所謂隨卦的重心，在於教人明白順時而動的道理，但更須要明白順時而止的作用。乾卦文言所謂：「知進退存亡而不失其正者，其唯聖人乎！」故知動而動，知止而止，動便得元、亨、利、貞而无咎的妙用。止便得大、亨、貞而无咎的宴息。所謂激流勇退，猶如雷隱於澤中，陽在下也的沉潛韜晦的機用，纔可或知「隨時之義大矣哉！」的精義所在！不然，祇知以隨順、隨和等意義，便為隨的道理。隨之太過，便會成為本卦旁通相錯卦的蠱卦現象而蠱惑上下左右了。

蠱 ䷑ 巽（風）下 艮（山）上　錯 ䷐ 隨　綜 ䷐ 隨

蠱㈠，元、亨，利涉大川。先甲㈡三日，後甲三日。

【今註】㈠蠱（音ㄍㄨˇ）：卦名。毒蟲名，引申為惑亂、多事。㈡甲：十天干首位的名稱。（十天干即：甲乙丙丁戊己庚辛壬癸）。

【今譯】蠱卦，具有根元的、亨通的德性，它的現象有利於涉渡大川。在時間上，最適宜於甲日干的前三天，與甲日干的後三天。

【今釋】本卦的卦象，從「山下有風」而構成的大象。也可以說：風在山的下面，它產生了許多擾亂而有害的蟲類，便總名叫它作蠱。同時因為「山下有風」，此風便漸漸地而隨時形成足以惑亂萬物的作用。因此周易序卦便引申它的意義為事實。如說：「以喜隨人者必有事，故受之以蠱。蠱者，事也。」伏曼容說：「蠱。惑亂也。萬事從惑而起，故以蠱為事也。案：尚書大傳云：乃命五史，以書五帝之蠱事。然為訓者，正以太古之時，无為无事也。今言蠱者，是卦之惑亂也。時既漸澆，物情惑亂，故事業因之而起，惑矣。故左傳云：女惑男，風落山，謂之蠱。是其義也。」綜合序卦與各家引申的解釋，都是以蠱卦代表了人類社會的歷史，由太平而步入亂世的現象。但據卦爻的本象來說：它又是具有元、亨、利的三德，這是什麼道理呢？虞翻說：「泰（卦）初之上，與隨旁通。剛上柔下，乾坤交，故元亨也。」荀爽說：「蠱者，巽也。巽歸合震，故元亨也。」所謂「利涉大川」是什麼道理呢？虞翻說：「謂二失位，動而之坎，故利涉大川也。」九家易說：「陽往據陰，陰來承陽，故有事也。此卦本泰，乾天有河，坤地有水，二爻升降，出入乾坤，利涉大川也。」關於「先甲三日」，及「後甲三日」的含義。據子夏傳說：「先甲三日者，辛、壬、癸也。後甲三日者，乙、丙、丁也。」

馬融說：「甲在東方。艮在東北，故云先甲。巽在東南，故云後甲。所以十日之中，唯稱甲者，甲為十日之首。蠱為造事之端，故舉初而明事始也。言所以三日者，不令而誅謂之暴。故令先後各三日，欲使百姓遍習，行而不犯也。」馬氏所說的先甲後甲，還是象數易學家的本色。至於「三日」的解釋，便又走入儒理與為政的觀念，不能說他不對，但各人都有牽強附會的一套觀點，例如王弼等的注解，便把先甲的辛干的辛字，解釋為對頒布政令時的申誡情形。後甲的丁干的丁字，解釋為頒布政令以後的叮嚀訓誡。這等於後世測字先生們的講解，實在不足以為訓。其實，本卦所謂先甲後甲的問題，與巽卦九五爻的「先庚三日。後庚三日。」都包括古代氣象學與地區、時令、風向的記載，頗有價值，學者應當深思研究，暫時不必在此多佔篇幅。

彖曰：蠱，剛上而柔下，巽而止，蠱。蠱，元、亨，而天下治也。利涉大川，往有事也。先甲三日，後甲三日，終則有始，天行也。

【今譯】 彖辭說：蠱卦的現象，陽剛在上而陰柔在下，而且在下的內卦是巽卦，巽有順而止的意義，這便是蠱卦的大象。所謂蠱卦具有根元的、亨通的德性，這是說它有順天道的演變，而成為有事治天下的天下。所謂利於涉渡大川。這是說它有往前去而有事的象徵。所謂「先甲三日。後甲三日」，這是說一事的終結，便是另一事的開始的定理，這是天道運行必然的規律。

【今釋】彖辭對於先甲後甲的問題，卻提出「終則有始，天行也。」的觀念，這是什麼道理呢？在傳統文化中的象數易學，把易經的卦象，應用到天文氣象學上，以五天為一候。三候是一氣。六候作一節。一年十二個月，分為二十四個氣節。以☵坎、☳震、☲離、☱兌為四伯的卦，象徵主持二十四氣。其餘六十卦，以每卦象徵主持六日七分。六十卦共三百六十五日四分日之一，以合周天三百六十五度四分度之一。因此☷地☳雷復卦的卦辭中，便有「七日來復」之說。與西洋文化中，後起天文氣象學上的日月火水木金土而形成為一星期的道理，互相吻合。本卦彖辭中所謂的「終則有始，天行也。」與復卦「七日來復」的道理，早在秦、漢以前，已經提出，作為天體運行的法則，是與人事物理互有攸關的不易定律。學者應當注意。

象曰：山下有風，蠱。君子以振民育德。

【今譯】象辭說：山下有風，便是蠱卦的現象。君子們效法它的精神，開風氣之先，用以振興民生，培育德業。

初六㈠，幹㈡父之蠱㈢，有子，考无咎，厲，終吉。象曰：幹父之蠱，意承考㈣也。

【今註】㈠初六：是指蠱卦第一爻䷑*的爻位而言。㈡幹：能於事。㈢蠱：事也。㈣考：老父稱考。

【今譯】蠱卦的第一爻（初六），象徵能幹父親的事業，有好的兒子，能幹老父的事業，沒有災咎，但要勉勵勤奮，纔能得到終結的吉慶。象辭說：所謂能夠幹於老父的事業，這是說：他的意志便可以承繼祖考了。

九二㊀，幹母之蠱，不可貞。象曰：幹母之蠱，得中道也。

【今註】㊀九二：是指蠱卦第二爻䷑*的爻位而言。

【今譯】蠱卦的第二爻（九二），象徵能幹母親的事業。但不可以堅貞不變。象辭說：所謂能幹母親的事業，這是說：它以陽爻而得處內卦中爻的爻位。所以便須有得於從容中道而應變的象徵。

【今釋】何以本卦獨以本爻而稱母，當以象數易學家們的見解，較為確恰。例如虞翻所說：「應在五。泰、坤為母。故幹母之蠱。失位。故不可貞。變而得正，故貞而得中道也。」李鼎祚說：「位陰。居內。母之象也。」

九三㊀，幹父之蠱，小有悔，无大咎。象曰：幹父之蠱，終无咎也。

【今註】㊀九三：是指蠱卦第三爻䷑*的爻位而言。

【今譯】蠱卦的第三爻（九三），象徵能幹父親的事業，雖然小有懊悔，但沒有大的災咎。象辭說：能幹承老父的事業，終歸沒有災咎的。

【今釋】本卦本爻的解釋，如王弼與李鼎祚的見解，都有可取。王弼說：「以剛幹事而無應，故有悔也。履得其位，以正幹父，雖小有悔，終无大咎矣。」李鼎祚說：「爻位俱陽，父之事。」

六四㈠，裕㈡父之蠱，往見吝。象曰：裕父之蠱，往未得也。

【今註】㈠六四：是指蠱卦第四爻䷑*的爻位而言。㈡裕：寬厚優容。

【今譯】蠱卦的第四爻（六四），有須以寬容優裕以處理父親事情的象徵，如果再往前去，面前便會見到蹇吝的現象。象辭說：所謂須以寬容優裕以處理老父的事情，這是說：如果再往前去，還是沒有所得的。

六五㈠，幹父之蠱，用譽。象曰：幹父用譽，承以德也。

【今註】㈠六五：是指蠱卦第五爻䷑*的爻位而言。

【今譯】蠱卦第五爻（六五）的象徵，幹承老父的事業，須用養成聲譽。象辭說：所謂能幹老父的事業，須用養成聲譽，這是說：必須要有功德來繼承其事。

【今釋】本卦本爻所謂「幹父之蠱，用譽。」以及象辭所說「承以德也。」的道理，如歷史上李世民勸諫他的父親李淵在太原起義的一幕，便是本爻爻辭所比擬的最恰當的象徵。另如象數易學家的解釋，如荀爽說：「體和應中，承陽有實，用斯幹事，榮譽之道也。」虞翻說：「譽謂二也。二五失位，變而得正，故用譽。變二使承五，故承以德。二乾爻，故稱德也。」

上九㊀，不事王侯，高尚其事。象曰：不事王侯，志可則也。

【今註】㊀上九：是指蠱卦第六爻䷑*的爻位而言。

【今譯】蠱卦第六爻（上九）的象徵。不去從事王侯的事業，但高尚其志，作自己本分的事。象辭說：所謂不去從事王侯的事業，這是說：他的志向自有可以守則之道。

【今釋】本卦本爻的爻辭，比擬它的象徵，指為「不事王侯，高尚其事。」這是因為本卦上九爻居於☶山☴風蠱的最上位，巽風昇騰，上居艮山的頂巔，所以便比擬它為淩空獨步，不以從事王侯的用世為事的象徵。象辭指為「志可則也。」這是因為本卦從☷地☰天泰卦的演變交互而來。乾坤兩卦又是泰否的父母卦。所以到了上九爻的再次演變，便有效法乾卦的用九，與坤卦的用六具體而微的精神，作為它的守則。

本卦所有六爻的爻辭，除了九二的「幹母之蠱」。以及上九的「高尚其事」以外，其他的爻象，都以「幹父之蠱」來作比擬，這是什麼道理？因為本卦是從地天泰的初爻與上爻的交互演變而來，泰卦內卦的☰乾，有作為天與父等陽性代表的象徵。蠱卦的初爻從乾泰而來，上爻本自為陽爻，所以便比擬它為「父之蠱。」九二爻雖然也是乾天的陽爻，但位局內卦的中爻，與本卦外卦的六四陰爻交互而成巽，所以便比擬它為「母之蠱。」根據周易序卦的所說：「以喜隨人者必有事，故受之以蠱。蠱者，事也。」這都從卦辭爻辭中所說「往有事也。」以及幹蠱等意義的取象而來，以人事之理來說象，與象辭所謂：「山下有風蠱」的原意，以及彖辭的「先甲」、「後甲」、「終則有始，天行也。」的道理，又別是一番道理。

臨 ䷒ 兌（澤）下 坤（地）上　錯 ䷠ 遯　綜 ䷓ 觀

臨㈠，元、亨、利、貞，至于八月有凶。

【今註】㈠臨：卦名。有迫近的意義。又有「以尊蒞卑」「以上撫下」之意。

【今譯】臨卦，具有根元的、亨通的、利益的、貞正的四種德性，但到了八月則有凶。

【今釋】根據漢代象數易學學家的觀念，以本卦屬於代表一年十二個月份的十二辟卦之中，象辭冬季十二月二陽昇騰於四陰之下的現象。但本卦的卦辭，卻以「至于八月有凶」而言，這是什麼道理呢？因為十二辟卦中代表八月的觀卦，恰與臨卦互反相綜，變成二陽息退於四陰之上的現象。根據陰陽互相消息而形成勝負的道理，所以便說「八月有凶。」此外，如虞翻舉例的所說：「與遯旁通，臨消于遯，六月卦也。於周為八月，遯弒君父，故至於八月有凶。荀公以兌為八月。兌於周為十月，言八月，失之甚矣。」由於虞翻的舉例，以及他自己的意見，也都有不妥，但附錄作為研究者的參考。

彖曰：臨，剛浸而長，說㊀而順，剛中而應。大亨以正，天之道也。至于八月有凶，消不久也。

【今註】㊀說：注見前隨卦的彖辭。

【今譯】彖辭說：臨卦的現象，有陽剛浸潤而漸長，而且有喜悅而順適的象徵，因為陽剛處於陰柔之中而有互相感應的情況。這是大亨通而中正的現象，合于天道順施的原則。所謂到了八月有凶，這是說：陽剛雖然消長，但消到不久必會退息，這是陰陽吉凶互為勝負的必然道理。

象曰：澤上有地，臨。君子以教思无窮，容㊀保民无疆。

【今註】㊀容：包容。

【今譯】象辭說：澤上有地，便是臨卦的現象。君子們效法它的精神，教化正思惟而啟示於無窮，而且以寬厚優容的德性，保護萬民而至於無疆之休。

初九㊀，咸㊁臨，貞吉。象曰：咸臨貞吉，志行正也。

【今註】㊀初九：是指臨卦第一爻䷒*的爻位而言。㊁咸：具有皆與同的意義。又：卦名。彖辭作為上下感應的感字解。

【今譯】臨卦的第一爻（初九），有都受感召而來臨的象徵，具有貞正而吉慶的現象。象辭說：所謂都受感召而來臨的貞正吉慶，這是說：它其中含有志行純正的現象。

九二㊀，咸臨，吉，无不利。象曰：咸臨，吉，无不利，未順命也。

【今註】㊀九二：是指臨卦第二爻䷒*的爻位而言。

【今譯】臨卦的第二爻（九二），也有都受感召而來臨的象徵，是吉的，沒有什麼不利。象辭說：所謂都受感召而來臨，是吉的，雖然沒有什麼不利的現象，但是還有未能完全順命的象徵。

六三㊀，甘臨，无攸利。既憂之，无咎。象曰：甘臨，位不當也。既憂之，咎不長也。

【今註】㊀六三：是指臨卦第三爻䷒*的爻位而言。

【今譯】臨卦的第三爻，有甘願來臨的象徵，但無所利。既能處之以憂患的心情，便沒有災咎。象辭說：雖然由於甘願而來臨，可是又有不當位的現象。既能處之如在憂患，具有「臨事而懼」的小心謹慎，雖有災咎，也當然不會太長久的。

【今釋】　本卦初九、九二、六三，這三爻的爻辭與象徵，都以本卦卦名的臨字一辭作基本的觀念。再以內卦的☱兌卦現象而立論。但初九、九二兩爻所謂的「咸臨。」完全以☱兌卦初二兩爻的陽剛消長，漸臨三陽開泰、一元轉運的天地大象，引申之而言人事的現象。這都是以象數而言理的觀念。到了六三爻，便以「甘臨。」來說象，這是從☱兌卦象徵為澤的觀念而來。因為六三的現象，有甘泉湧出於地的象徵，所以比擬它為「甘臨。」但甘泉上湧，如不當位，仍然會形成為憂患，所以便需有憂其成咎的謹慎小心了。虞翻解釋它為稼穡的甘，似乎未能採信。如說：「兌為口。坤為土。土爰稼穡作甘。兌口銜坤，故曰甘臨。失位乘陽，故無攸利。言三失位无應，故憂之。動而成泰，故咎不長也。」其他對於初九的解釋，如荀爽說：「陽始咸升，以剛臨柔，得其正位而居，是吉。故曰：志行正也。」虞翻說：「得中多譽，兼有四陰。陰陽後初，元吉。故无不利。」對於九二爻的解釋，如荀爽說：「陽感至二，當升居五，羣陰相承，故无不利也。陽當居五，陰當順從，今尚在二，故曰：未順命也。」

六四㊀，至臨，无咎。象曰：至臨，无咎，位當也。

【今註】　㊀六四：是指臨卦第四爻䷒*的爻位而言。

【今譯】　臨卦的第四爻（六四），象徵臨到，沒有災咎。象辭說：所謂臨到，沒有災咎。這是說：本爻恰當本卦的乾位，而成為泰卦的來臨。

六五㊀，知臨，大君之宜，吉。象曰：大君之宜，行中之謂也。

【今註】㊀六五：是指臨卦第五爻䷒*的爻位而言。

【今譯】臨卦的第五爻（六五），象徵以睿知的蒞臨，這是適宜於大君的爻象，是吉的。象辭說：所謂適宜於大君的爻象，這是說：它的情況有行為中正的象徵。

上六㊀，敦臨，吉，无咎。象曰：敦臨之吉，志在內也。

【今註】㊀上六：是指臨卦第六爻䷒*的爻位而言。

【今譯】臨卦的第六爻（上六），象徵以敦厚而臨下，是吉的，沒有災咎。象辭說：所謂以敦厚臨下的吉兆，這是說：它有志存內卦的現象。

【今釋】本卦自六四開始，以及六五、上六三爻，都以外卦☷坤卦的爻變而立論，是以象來說理的。例如六四爻的「至臨。」是以六四的動變為☳震，陰就陽轉，恰當其位，便有☳雷☱澤歸妹的現象。六五爻的「知臨。」因為動變為☵坎，既含有坤卦六五「黃裳元吉」的本象，又具有坎卦九五「坎不盈，祇既平」的精神。所以恰合於大君行於中道的現象，因此便稱它為「大君之宜。」上六爻的動變成☶艮。構成☶山☱澤損的現象。「損下益上，其道上行。」而且損卦上九的爻辭說：「弗損，益之，无咎。貞吉。利有攸往。得臣无家。」象辭所謂：「弗損益之，大得志也。」但艮卦有「兼山」

之象，所以象辭便有：「君子以思不出其位」的解義。因此本卦上六爻便有取象於如山的厚覆蘊藏的比擬，而說為「敦臨」的象徵。

根據周易序卦的所說：「有事而後可大，故受之以臨。臨者，大也。」這是從蠱卦作為有事的解釋以後，便跟著以臨卦作為臨事的觀念而立論。因此本卦六爻爻辭的解釋，便完全從人事之理以言象數。但與卦辭所說：「至於八月有凶。」以及彖辭的：「浸剛而長。」「大亨以正，天之道也。」以及象辭的「澤上有地，臨。」的原始卦象的意思，又須另當別論了。

觀 ䷓ 坤（地）下 巽（風）上　錯 ䷡ 大壯　綜 ䷒ 臨

觀㈠，盥㈡而不薦㈢，有孚顒㈣若㈤。

【今註】㈠觀：卦名。朱熹說：「觀者有以中正示人而為人所仰也。」㈡盥（音ㄍㄨㄢˋ）：古人在將祭祀之時必先洗手，以示尊敬。㈢薦：祭祀時奉獻祭品。㈣顒（音ㄩㄥˊ）：嚴正狀。㈤若：與如字通義。

【今譯】觀卦的現象，象徵齋戒或參與祭祀時的盥洗，但不親加薦祭，猶如已有孚信於人心，不必另行作為，祇須齊莊中正以臨觀天下，如此便可以了。

彖曰：大觀在上，順而巽，中正以觀天下。觀，盥而不薦，有孚顒若，下觀而化也。觀天之神道而四時不忒，聖人以（古本無以字）神道設教，而天下服矣。

【今譯】　彖辭說：位居上位的大觀，猶如和順的巽風，吹遍了大地，須要以中正而臨觀天下。觀卦的卦辭說：「觀盥而不薦。有孚顒若。」這是說：下觀其上，順其風氣的自然而大化流行。且看天地神聖而偉大的作用，四時（春、夏、秋、冬）自然而不致於差失其道的法則。所以聖人便效法它的精神，利用神聖的道德而設立教化，便可使天下人心自然信服歸向。

象曰：風行地上，觀。先王以省㊀方觀民設教。

【今註】㊀省：審視。

【今譯】　象辭說：風行地上，這是觀卦的現象。古聖先王們效法它的精神，省視各方，觀察民情而設立教化的規範。

【今釋】　本卦卦辭、彖辭、象辭的立論，都以卦名觀字一辭的涵義來綜合臨卦的意義，構成一幅臨觀上古文化最重視的祭祀大典的圖案。古禮的祭祀，包括天地山川鬼神的各種祀典，須以齊莊中正的誠敬，溝通人神之間的精神。不但是上古文化的重心，而且還概括政治教化不二的大業。但本卦的卦辭，從臨卦的觀念而立論，著重在觀的一面，所以便比擬它為沐手觀禮而不親加薦祭的象徵。彖辭與象辭，更作進一步的說明，便以「聖人以神道設教而天下服矣。」「先王以省方觀民設教。」等意義，解釋上古傳統文化中祭祀神祇的思想背景。總之，無論卦辭與彖辭象辭的立論宗旨，都以「風行地上」的觀卦卦象，比擬如風氣吹遍大地的景況。這是以人事的道理來解釋象數的觀念。從象數易學家的觀點來說，觀卦代表象徵八月之卦。陰消陽息，秋風起兮，而大地萬物漸至肅肅退藏的現象。它與陰消陽息，代表春陽二月，和風普及大地的大壯卦相錯。便構成了春秋二季之際，可以普觀生物化生不已的生命過程中，體會到盈虛消息的圖象。因此便把古代禮制中注重春秋二祭的大禮精神，與它配合比擬，便形成本卦以祭祀與神道設教等觀念，作為它的說明了。

初六㈠，童觀，小人无咎，君子吝。象曰：初六童觀，小人道也。

【今註】 ㈠初六：是指觀卦第一爻䷓*的爻位而言。

【今譯】 觀卦的第一爻（初六），象徵童子的觀察，對於小人來說，沒有什麼災咎的，如果對君子來講，便有塞吝了。象辭說：所謂初六爻的「童觀」，這是說它具有小人之道而言。

六二㈠，闚㈡觀，利女貞。象曰：闚觀，女貞，亦可醜也。

【今註】㊀六二：是指觀卦第二爻䷓*的爻位而言。㊁闚（音ㄎㄨㄟ）：與窺通用。在門中傾頭而視，所見太狹的意思。

【今譯】觀卦的第二爻（六二），象徵偏狹的觀察，利於女子的貞正。象辭說：所謂偏狹觀察的「闚觀」，形容它在門縫中偷看女子的貞節，這是一幅很醜惡的圖案。

六三㊀，觀我生，進退。象曰：觀我生進退，未失道也。

【今註】㊀六三：是指觀卦第三爻䷓*的爻位而言。

【今譯】觀卦的第三爻（六三），象徵觀察我自己生存的進退。象辭說：觀察我自己生存的進退，這是說它能反觀而誠，總算還沒有失去常道。

六四㊀，觀國之光，利用賓于王。象曰：觀國之光，尚賓也。

【今註】㊀六四：是指觀卦第四爻䷓*的爻位而言。

【今譯】觀卦第四爻（六四）的象徵，可以觀光於上國，有利於進用賢賓於王者的現象。象辭說：所謂可以觀光於上國，這是說：它有尊重客卿的賢者的象徵。

九五㊀，觀我生，君子无咎。象曰：觀我生，觀民也。

【今註】㈠九五：是指觀卦第五爻䷓*的爻位而言。

【今譯】觀卦的第五爻（九五），有觀顧民生和我自己一樣的象徵，具有君子的現象，沒有災咎。象辭說：所謂觀顧民生如我自己，這是說：具有觀顧民生大計的大我精神。

上九㈠，觀其生，君子无咎。象辭說：觀其生，志未平也。

【今註】㈠上九：是指觀卦第六爻䷓*的爻位而言。

【今譯】觀卦的第六爻（上九），有反觀它的民生的象徵，具有君子的現象，沒有災咎。象辭說：所謂反觀民生，這是說：其志遠大覺得還未能得其平的意義。

【今釋】本卦本爻的爻辭與象辭，都從卦名觀字的重心出發，然後以爻變的現象而解說它的象徵。例如初六的「童觀」。是以本卦內卦初爻動變為震，交錯於☳雷☰天大壯的初爻。反綜於☷地☱澤臨的初爻。綜合起來，便比擬它為「童觀」。是小人之道。這是說：初六爻的現象，有以小概大的謬誤。虞翻說：「艮為童，陰為小人。陽為君子。初位賤，以小人承君子，故无咎。陽優陰下，故君子吝矣。」虞說可能是他有感於當時世事的言論，雖然也很有理，但也不敢完全苟同。六二爻的「闚觀。利女貞。」虞翻與李鼎祚的解釋，各有所長。如虞翻說：「臨兌為女。竊觀稱闚。兌女反成巽。巽四五得正，故利女貞。艮為宮室。坤為闔戶。小人而應五，故闚觀。女貞，利。不淫視也。」李鼎祚說：「六二，離爻。離為目，又為中女。外互體艮。艮為門闕。女目近門，闚觀之象也。」六四爻的「觀國之光。」是以本卦內卦的陰柔，將進而近於九五的陽剛，所以便以「觀國之光。利用賓於王。」作比擬。虞翻認為「坤為國，臨陽至二，天下文明。反上成觀，進顯天位，故觀國之光。王謂五陽。陽尊賓坤。坤為用，為臣。四在王庭，賓事於五，故利用賓于王矣。」此外，六三爻的「觀我生。進退。」九五爻的「觀我生。君子無咎。」上九爻的「觀其生。君子无咎。」可見本卦的六爻之中，而以「觀生」作象徵的比擬，占去一半。內卦的六三爻，與外卦的九五爻，都以「觀我生」為主。但象辭解釋六三爻的「觀我生。」就從自我的反觀，屬於個人自我的現象，所以稱它為「未失道也。」九五爻的「觀我生。」是觀顧國計民生的大我，纔是君臨天下，臨觀無私的大義。這是君子修身、齊家、治國、平天下之道的樞機。也便是本卦的重心所在。但「博施濟眾，堯舜猶病。」所以象辭對於上九爻的「觀其生。」便有「志未平也」的比擬。這所以周易下經起咸、恆二卦。而以未濟為其終結，便是顯示人事的始終不能得其平也的道理。

綜合本卦的卦象，以「風行地上」而成觀，以及卦辭的「盥而不薦。有孚顒若。」彖辭的「聖人神道設教而天下服矣。」完全是以觀風教的臨漸而化民成俗，然後至於有「君子之德風。小人之德草。草上之風必偃。」的德風，而形成六四的「觀國之光」九五的「觀我生」的德風為極致。所以從卦象的大義而論，周易的觀卦與大壯，就是尼山憂世而著春秋的精神所根據，豈但祇以代表十二、八兩月的月節象徵而已。如果根據周易序卦的所說：「物大而後可觀也。故受之以觀。」似乎仍有未盡的意思。

噬嗑 ䷔ 震（雷）下 離（火）上　錯 ䷯ 井　綜 ䷕ 賁

噬嗑㈠，亨，利用獄。

【今註】㈠噬嗑：卦名。噬（音ㄕˋ）是齧（音ㄋㄧㄝˋ）食的意思，嗑（音ㄏㄜˊ）是合攏的意思。序卦曰：「可觀而後有所合，故受之以噬嗑。」

【今譯】噬嗑卦，具有亨通的德性，同時也有利用於決斷訟獄的象徵。

【今釋】本卦是由☲火☳雷兩個卦象組合而成。如純從六爻畫卦的圖象來說。上九初九是本卦最上和最下的兩個爻，都是陽爻，有實質實物的象徵，其中六五、六三、六二都是陰爻，有空虛的現象，上下皆實，中間空虛，很像我們的頤，（頤是鼻以下的部分，包括嘴、和下頦。）第四爻九四是陽爻，就像頤中（嘴）有實物隔於其中的樣子，嘴中有物，勢必吃（齧）而食之，吞食食物，嘴必合攏，所以本卦就命名為噬嗑，即是吃而合之的意思，既吃而吞之，則口和食物，就能亨通無阻了。所以本卦有亨通的現象。大凡天下事，不能亨通暢達，都因為其中有阻礙間隔的緣故，如果能夠噬斷間隔的物體，就能亨通暢達了。這就是噬嗑卦的比擬。人世間的訟獄，也是因人與人間的情意有了間隔不通，所以引起爭端，如果能夠噬斷而和合之，就可使爭論止息，訟獄澄清而亨通暢達了，所以本卦可引申於利用判斷獄情，決斷訟案。根據漢代易學象數理論的觀念，利用獄，是因本卦互坎，外卦離錯（旁通）坎。荀九家易說：「坎為律，為桎梏。」法律用以斷決獄情，桎梏用以除暴安民，所以本卦有「利用獄的象徵。」

彖曰：頤㊀中有物曰噬嗑，噬嗑而亨。剛柔分㊁，動而明㊂，雷電合而章㊃。柔得中而上行，雖不當位，利用獄也。

【今註】㊀頤：從鼻以下到下頦的位置叫頤，它包括了整個的嘴巴（上唇和下唇整個部分），又是卦名☲☳，在解做卦名的時候，解做養，因口用以養人。㊁剛柔分：本卦下卦震為陽卦，為剛，上卦離為陰卦，為柔。㊂動而明：震為動，離為明。㊃震為雷，離為火為電。

【今譯】彖辭說：口中含有東西便是噬嗑的象徵，口中有物，噬而合之，當然得到暢達而亨通了。本卦的組成，是由陽剛和陰柔，互相分佈排列。本卦的卦象，是下動上明，就是說須要動作而光明，好像雷電的相合發揮，才能光明彰著的意思。本卦的六五陰爻，居上卦的中位，雖然不合陰、陽爻的正位。（一三五為陽位，二四上為陰位）但是以柔順得中，而處上位，就能用中道以臨民，寬容祥和以處世，所以便於決斷訟獄。

象曰：雷電噬嗑，先王以明罰勑㊀法。

【今註】㊀勑（音彳丶）：端正的意思。

【今譯】象辭上說：以雷電的相合，而象徵著噬嗑的卦象，古聖先王們便由於體察這種現象，引而申之，用以申明刑罰，端正法律，而達到政治的亨通。

初九㈠，屨㈡校㈢滅趾㈣，无咎。象曰：屨校滅趾，不行也。

【今註】㈠初九：是指噬嗑卦自下而上第一爻☲☳*的爻位而言。㈡屨（音ㄐㄩˋ）：是穿著履踐的意思。㈢校（音ㄐㄧㄠˋ）：是足械的意思，就是「腳鐐手梏」，施於腳的刑具。屨校，就是刑具加於腳，像穿鞋子一樣。㈣趾：即腳趾，古文作「止」。

【今譯】噬嗑卦的第一爻（初九），象徵著一個最初犯有輕微的刑法的人，被加上腳鐐的刑具，將他的足趾完全納入腳鐐之中。這種初犯，在他所犯不重，罪過不大時，即加以申戒，使他能有所警惕，不敢再犯法，這於他自己日後的為人，於國家的法律而論，都是沒有災咎的。象辭上說：屨校滅趾的意思，是使他現在暫時加以刑具日後不再行犯法的事。

【今釋】根據象數易學家的理論，本卦互卦為坎，坎為桎梏，所以有「校」——刑具的象徵，又本卦震為足，所以有趾的象徵，初九變陰，則內卦成坤，震足不見，所以有滅趾的象徵。凡是錯誤或罪過的開始，必始於微小之時，累積不已，終於到罪大惡極的地步。如在他初犯小刑，過小罪輕之時，即能加以腳鐐的刑具，使他能有所警惕，不再犯過，罰其小過，誡其大惡，使他過而能改，這是他的福氣呀！所以繫辭上說：「小懲而大戒，此小人之福也。」就是這個意思。

六二㊀，噬膚滅鼻，无咎。象曰：噬膚滅鼻，乘剛也。

【今註】㊀六二：是指噬嗑卦第二爻☲☳*的爻位而言。

【今譯】本卦的第二爻有噬啃了皮膚和斷滅了鼻子的象徵，象徵著決斷獄情的人，他的決斷獄情很容易，就像食輕柔的皮膚，斷滅了鼻子的樣子，這是沒有咎吝的。象辭上說：治獄有噬膚滅鼻之易的象徵，是由於本卦陰爻乘於初九陽剛的上面，以柔順中正之德，治理剛直的部下，所以很容易呀。

【今釋】本爻為什麼有噬膚滅鼻的象徵呢？根據易學象數家的看法，是因為本爻變陽，成兌。兌為口，有噬之象。互卦艮為鼻，本爻變艮成離，不見鼻，故有噬膚滅鼻之象。

六三㊀，噬腊肉㊁，遇毒㊂，小吝，无咎。象曰：遇毒，位不當也。

【今註】㊀六三：是指本卦第三爻☲☳*的爻位而言。㊁腊肉：腊音昔（音ㄒㄧˊ），堅剛之肉叫昔。明來知德云：「以鹽火乾之肉也。」與今臘肉相似，皆堅硬之肉。㊂毒：說文：「厚也。」顏師古曰：「味厚者為毒久。」

【今譯】本卦的第三爻（六三），有噬堅硬的腊肉，而遇陳久味厚，很難下口的象徵，這是小有不如意，而沒有大的災咎的。就像治獄之人，遇陳久難斷的案件，一時難斷理，而略感棘手的樣子。象辭上說：「遇毒」是因為位不適當的關係。

【今釋】本爻變成離，離為火，故有腊肉之象。為什麼說位不當呢？因為六三為陰爻，處陽位，故有「位不當」之稱，即言治獄之人，其位不當，所以遇到這種案件。

九四㊀，噬乾胏㊁，得金矢㊂，利艱貞，吉。象曰：利艱貞，吉，未光也。

【今註】㊀九四：指本卦噬嗑第四爻䷔*的爻位而言。㊁乾胏：胏（音ㄗˇ），子夏易傳作脯；孔穎達言：「臠肉之乾者。」來知德云：「乾肉之有骨者。」都是說堅硬之乾肉的意思。㊂金：剛也。矢有直的象徵。

【今譯】本卦的第四爻（九四），位於二陰之間，他的治獄，有噬堅硬之乾胏的象徵。在這種情形之下，須像金一樣的剛，如箭一樣的直，去處理，雖治獄艱難，然而尤須在艱難之中，保守正道，不可徇私，方能吉利。象辭上說：「利艱貞」是因為他本身夾在二陰之間，未能光明正大呀。

【今釋】九四這一爻，正是頤中有物之象。根據象數學家的解說：因本爻為陽爻，故有乾胏與金，剛硬之象，互卦坎，有矢象。因此本爻稱「噬乾胏，得金矢。」就是這個緣故。

六五㊀，噬乾肉，得黃金㊁，貞厲，无咎。象曰：貞厲无咎，

得當也。

【今註】㊀六五：是指本卦第五爻☲☳*的爻位而言。㊁得黃金：黃是中央之色，有「中」的象徵。金是剛強之意。

【今譯】本爻以柔處尊位，斷決獄案，有噬乾肉不太容易的象徵，須以中道，再輔之以剛強，再守著正道，而不偏私，如此似乎很艱厲了，但是並無災咎。象辭上說：守著正道，似乎很艱難，但無災咎，這是因為得其適當的意思。

【今釋】象辭所說得當，是因在本卦六五的位置，須以中道，輔以剛強，守以正道，始得其所當。至於本爻，何以說得黃金呢？是因本爻為陰爻，陰屬坤土，坤土有「黃」的象徵。本爻變陽，則外卦成乾，乾為金。所以有「得黃金」的象徵。

上九㊀，何㊁校滅耳，凶。象曰：何校滅耳，聰不明也。

【今註】㊀上九：指本卦第六爻☲☳*的爻位而言。㊁何：擔荷、負荷的意思。

【今譯】本爻有擔荷著刑具，遮滅了耳朵的象徵，這是非常凶害，而不吉的。象辭上說：「何校滅耳」是由於不聰明，不能小懲而大戒，終於到了罪大惡極、不可赦免的地步。

【今釋】本爻在處罰的極點，象徵著犯過而屢次不改的人。刑具已加在頭上，遮滅了耳朵，凶災死亡就要到臨了。根據象數學家的解說：「互卦為坎，坎為加憂，為桎梏，為耳痛，故有何校滅耳的現象。」

賁 ䷕ 離（火）下 艮（山）上　錯 ䷮ 困　綜 ䷔ 噬嗑

賁㈠，亨，小利，有攸往。

【今註】㈠賁（音ㄅㄧˋ）：卦名。是飾的意思。

【今譯】賁卦的卦象，是亨通的，它象徵著可以有小利，並且可以有所往。

【今釋】賁，有修飾之意，根據象數學家的理論，山是草木百獸所聚之處，山下有火，則萬物皆被其光采，故有賁飾的象徵。序卦傳說：「嗑者合也，物不可苟合而已，故受之以賁。賁者飾也。……」所以噬嗑卦後，接著賁卦。

彖曰：賁，亨，柔來而文剛，故亨。分剛上而文柔㈠，故小利有攸往。剛柔交錯，天文也；文明以止㈡，人文也；觀乎天文，以察時變；觀乎人文，以化成天下。

【今註】㈠分剛上而文柔：本卦外卦是艮，屬陽卦，內卦是離，屬陰卦，陽剛陰柔，故云分剛上而文柔。文，是文飾的意思。㈡文明：指離卦，離為明，止，艮為止。

【今譯】 彖辭上說：賁卦有亨通暢達的現象，為什麼呢？因為以柔順之德，來文飾剛強，剛柔適中，所以有亨通暢達的象徵。但是剛強在上，（艮止於上）而文飾剛強的柔順之德，卻居於下，（離明在下）所以僅有「小利有所往」的象徵。像這種剛柔交錯，日月星辰運轉不息，是天上的文飾；到了文明之境界，而立即止於此，這是人類的文明；觀察天上的文飾，剛柔交錯，日月星辰運行的情形，就能察知四時的變化；觀察人類文明的進展，就能化成天下，使至於文明而止。

【今釋】 郭京的易舉正這本書，認為在「天文也」上應加「剛柔交錯」四字，並說：「剛柔交錯而成文焉，天之文也。今本脫剛柔交錯一句。」實則「柔來文剛，分剛上而文柔」即含剛柔交錯之意。不必另加四字。

「柔來文剛」，象學家以綜卦的道理說明它，以為賁卦與噬嗑相綜，噬嗑上卦的離柔，來而文飾賁卦的艮剛。「分剛上而文柔」則謂：分噬嗑下卦的震剛，上而為賁卦的艮，以與離柔相文飾，所以說「柔來文剛」，「分剛上而文柔」這都是以綜卦的道理解說。近人屈萬里氏不信象，而獨信綜卦，因綜卦確有它的根據，故為可信。

為什麼說天文呢？根據象學家的觀念，因為下卦為離，互卦為震、坎，離為日，坎為月，震為動，日月動於上，四時運轉不息，所以說「天文也」，又說「觀乎天文以察時變」，至於「文明以止」則因「離為明，艮為止」的關係。

象曰：山下有火，賁。君子以明庶政，无敢折獄。

【今譯】象辭上說：山下有火，火上照山，有光明文飾的象徵。君子體此德，內含文明，以治明所有政事，使通達章明，不敢直用果敢的心意，以折斷訟獄。

【今釋】王廙（音ㄧˋ）說：「山下有火，文明照也。夫山之為體，層峰峻嶺，峭嶮參差，直置其形，已如彫飾，復加火照，彌見文章，賁之象也。」他的話，實在很有道理；虞翻說：「君子謂乾，離為明，坤為庶政，故明庶政。坎為獄，☵在獄，得正，故无敢折獄。」這是象數學家的說法。又无敢，是因艮止的關係。

初九㈠，賁其趾，舍車而徒㈡。象曰：舍車而徒，義弗乘也。

【今註】㈠初九：是指本卦第一爻☶☲*的爻位而言。㈡舍車而徒：舍是捨的古字，徒是徒步走的意思。

【今譯】賁卦的初九，有修飾它的足趾，捨棄不義的車子，而寧肯徒行的象徵。象辭上說：捨棄車子不乘，而徒步走，是因道義的關係，所以不乘其車。

【今釋】崔憬說：「剛柔相交以成飾，義者也，今近四，棄於二比，故曰舍車。車，士大夫所乘。謂二也。四乘於剛，艮止其應，初全其義，故曰而徒。徒，塵賤之事也。自飾其行，故曰賁其趾，趾，謂初也。」虞翻說：「應在震，震為足，故賁其趾也。應在艮，艮為舍，坎為車。徒，步行也。位在下，故舍車而徒。」他說的話，純以象數、及道理，以解說，都頗有道理。

六二㊀，賁其須㊁。象曰：賁其須，與上興㊂也。

【今註】㊀六二：是指本卦第二爻☲☶*的爻位而言。㊁須：就是鬚的古字。毛在口邊叫髭（音ㄗ），在頰叫髯（音ㄖㄢˊ），在頤叫鬚。㊂興：興起。

【今譯】賁卦的第二爻，有修飾它的鬚的象徵。象辭上說：賁其須，是因要和上面的人一起興起之故。

【今釋】侯果說：「自三至上，有頤之象也。二在頤下，須之象也。上无其應，三亦无應，若能上承於三，與之同德，雖俱無應，可相與而興起也。」按二應五，三應六，如九三陽上六陰之類，陰與陽相應，叫應。

九三㊀，賁如㊁濡㊂如，永貞吉。象曰：永貞之吉，終莫之陵㊃也。

【今註】㊀九三：是指本卦第三爻☲☶*的爻位而言。㊁如：是語助詞，等於「狀態」或「樣子」的意思。㊂濡（音ㄖㄨˊ）：是沾濕的樣子。㊃陵：是陵辱（通凌辱）的意思。

【今譯】九三有文飾、潤澤的樣子，如永遠守著正道，就吉利。象辭上說：永守正道的吉利，就是說經久都沒有人敢侮辱他的意思。

【今釋】　盧氏曰：「有離之文（文明）以自飾，故曰賁如也。有坎之水以自潤，故曰濡如也。體剛履正，故永貞吉，與三同德，故終莫之陵也。」按三為陽位，九三為陽剛，得陰陽之正位，故曰體剛履正，履者行也。六二上承九三，故與三同德。

六四㊀，賁如皤如㊁，白馬翰如㊂，匪寇婚媾。象曰：六四，當位疑也，匪寇婚媾，終无尤也。

【今註】　㊀六四：是指本卦第四爻䷕*的爻位而言。㊁皤如：是白的樣子。㊂翰如：是馬飛得如飛翰一樣快的樣子。

【今譯】　六四與初九為正應，故有賁如的象徵，但為九三所阻隔，故不能馬上相從，因有皤如的象徵，但他想往的心裏如白馬飛翰一樣的急切，像白馬一樣的快速，這並不是想做寇盜，以侵略他人，而是求婚媾的關係。象辭上說：六四所以有賁如皤如翰如的象徵，是因為正當多疑的位子，如不是寇盜的侵略，而是求婚媾，則終於不會有災尤的。

【今釋】　陸績說：「震為馬，為白，故曰白馬翰如。」繫辭傳說「四多疑」是指第四爻處多疑之位而言。李鼎祚說：「皤亦白素之貌也，坎為盜，故疑；當位乘三，悖禮難飾，應初遠陽，故曰『當位疑』也。」六四與初九相應，中隔九三、六二，故曰應初遠陽。

六五㊀，賁于丘園㊁，束帛戔戔㊂。吝，終吉。象曰：六五之吉，有喜也。

【今註】㊀六五：是指本卦第五爻☶☲*的爻位而言。㊁丘園：山丘林園。㊂戔戔（音ㄐㄧㄢ）：子夏傳作殘殘。戔，傷也。

【今譯】本卦的六五爻，有修飾于丘園，整束著純樸的布帛，有些殘傷不整的樣子，它是有吝咎的，但居亂世能如此，終能吉利。象辭上說：六五爻的吉利，是有喜悅的。

【今釋】本爻為什麼有這賁于丘園、束帛戔戔的現象呢？荀爽說：「艮、山；震、林；失其正位，在山林之間，賁飾丘陵，以為園圃，隱士之象也。五為王位，體中履和，勤賢之主，尊道之君也。故曰：賁于丘園，束帛戔戔，君臣失正，故吝，能以中和飾上成功，故終吉而有喜也。」虞翻說：「五變之陽，故有喜。」他們的說，純以象數立說，但亦兼有義理的成份在內，可作為本爻的補充說明。五為陽立，六五以陰柔居之，故失其正位，變陽，則得陰陽之正位，故有喜。

上九㊀，白賁，无咎。象曰：白賁无咎，上得志也。

【今註】㊀上九：是指本卦第六爻☶☲*的爻位而言。

【今譯】上九有以純白太素質樸，以修飾自身的象徵，它是沒有災咎的。象辭上說：「白賁无咎」

是因上得志的關係。

【今釋】　上九爻處賁卦修飾的極點，極則反樸歸于質素，不勞文飾，所以說「白賁无咎」。干寶說：「白，素也。延山林之人，采素士之言，以飾其政，故上得志也。」這話是純以君道而言的，也有他理論的根據。虞翻說：「在巽上，故曰白賁，乘五陰，變而得位，故无咎矣。」又說：「上之正得位，體成既濟，故曰得志，坎為志也。」六五失位，變陽，則外卦，巽為白，上九在上，故曰：在巽上，然上為陰位，上九以陽居之，失位，變陰則得陰陽之正位。五既變陽，上既變陰，則本卦成既濟（䷾）既濟是既已成就的意思，故曰得志。

剝 ䷖ 坤（地）下 艮（山）上　錯 ䷪ 夬　綜 ䷗ 復

剝㈠，不利有攸往。

【今註】㈠剝：卦名。有剝落的意思。五陰在下，一陽在上，陰長變剛，剛陽剝落，所以稱為剝。又高山附地，有剝落之象。它是代表九月的卦。

【今譯】　剝卦，剝奪剝落的時候，是不利於有所前往。

【今釋】　在剝落的時候，有所往，則無所得，且可能有凶，故不能有所往，且君子道消，小人道長，有所往，必見害於小人，故不利有所往。虞翻說：「陰消乾也，與夬旁通，以柔變剛，小人道長，子弒其父，臣弒其君，故不利有攸往也。」剝卦，陰剝陽，由乾之純陽，而姤䷫，而遯䷠，而否䷋，而觀䷓，至剝而極矣，故曰陰消乾，陰代表小人，陽代表君子。

彖曰：剝，剝也，柔變剛也。不利有攸往，小人長也。順而止之㈠，觀象也。君子尚消息盈虛㈡，天行也。

【今註】㈠下卦坤為順，上卦艮為止。㈡消去，增加，盈滿，空虛。

【今譯】剝，就是剝落的意思，即陰柔剝消陽剛的意思。不利有所往，是因小人道長，往必有災，所以不能有所往。君子順而停止，不敢有所往，是因能觀察此種現象。君子崇尚消息盈虛之理，是因天行原有此種現象，故君子效法它，在陽道將消盡之時，小人道長之日，不敢有所前往。

【今釋】鄭玄說：「陰氣侵陽，上至於五，萬物零落，故謂之剝也。五陰一陽，小人極盛，君子不可有所之，故不利有攸往也。」鄭玄的解剝卦，及不利有攸往的意思，可以說很明白了。虞翻說：「坤、順，艮、止。謂五消觀成剝，故觀象也。乾為君子，乾息為盈，坤消為虛。故君子尚消息盈虛，天行也。則出入無疾，反復其道，易虧巽消艮。出震、息兌；盈乾虛坤。故於是見之耳。」案虞翻所講的是月體的納甲，月盈于十五，為陽盛之時，故以乾卦象之，故盈乾；在廿九時月體不見，象徵著坤卦的陰虛，故虛坤；陰極陽生，月在初三時，一陽初生，有一彎鉤也似的明月，這是震卦的象徵，故出震；息兌，息是增加的意思，在初八、初九，月將至於圓，故息兌；這是以農曆而言。

象曰：山附於地，剝，上以厚下安宅。

【今譯】象辭上說山附於地面，有剝落的象徵，為人君上的人，見此現象，即以豐厚自己的下民，安定所居的地位，以防止剝落。

【今釋】陸績說：「艮為山，坤為地，山附於地，謂高附於卑，貴附於賤，君不能制臣也。」盧氏曰：「上，君也。宅，居也。山高絕於地，今附地者，明被剝矣。屬地時也。君當厚賜於下，賢當卑降於愚，然後得安其居。」山高，地下，故曰山附於地。高附於卑。

初六㊀，剝牀以足，蔑㊁，貞凶。象曰：剝牀以足，以滅下也。

【今註】㊀初六：是指本卦第一爻䷖*的爻位而言。㊁蔑（音ㄇㄧˋㄝ）：即滅的意思。王弼解作「削」，亦略通。虞翻解作無，較佳。

【今譯】初六有剝落牀之足的象徵，如果沒有（無）守著正道，則必遭凶災。象辭上說：「剝牀以足」，是說盡滅於下，將漸及於上呀。

【今釋】來氏以為剝自下起，故先足。本卦一陽在上，五陰列下，有牀象、宅象、廬象。案牀在人下，足在牀下，剝牀以足，是剝落從下級開始。以漸次及於上。所以盧氏說：「蔑，滅也。坤所以載物，牀所以安人，在下故稱足。先從下剝，漸及於上，則君政崩滅，故曰以滅下也。」至於其象學之根據，則須看漢代象學家的解說。虞翻言：「此卦坤變乾也。動初成巽，巽木為牀，復震在下為足，故剝牀以足。蔑，無；貞，正也。失位無應，故蔑貞凶。震在陰下，象曰：以滅下也。」他說象學的陳述，可謂很詳盡的了。

六二㈠，剝牀以辨㈡，蔑，貞凶。象曰：剝牀以辨，未有與㈢也。

【今註】㈠六二：是指本卦第二爻䷖*的爻位而言。㈡辨：牀之下，足之上，分辨之處。來為牀之幹。鄭玄、王弼都認為足上叫辨。㈢與：就是應與，六二當與九五為應，但此卦五為陰爻，故稱未有與也。

【今譯】六二有剝落牀之幹的象徵，不守正道，則凶。象辭上說：「剝牀以辨」，是因沒有應與之人，可以互相扶助的關係。

【今釋】崔憬說：「今以牀言之，則辨當在第足之間，是牀梐也。未有與者，言至三則應，故二未有與也。」此說，可作參考。

六三㈠，剝之，无咎。象曰：剝之无咎，失上下也。

【今註】㈠六三：是指本卦第三爻䷖*的爻位而言。

【今譯】六三是有剝落它，亦沒有災咎的象徵。象辭上說：「剝之无咎」，是因為失其上下之陰的關係。

【今釋】本爻與上九相應，處上下之陰剝落陽時，而已獨應陽，雖失去了上下羣陰小人之朋，卻能獨應於陽剛的君子，是沒有災咎的了。所以荀爽說：「眾皆剝陽，三獨應上，無剝害意，是以无咎。」其言頗有道理。

六四㊀，剝牀以膚，凶。象曰：剝牀以膚，切近災也。

【今註】㊀六四：是指本卦第四爻䷖*的爻位而言。

【今譯】六四有剝落牀，而至危害到牀上人之肌膚的象徵，它是凶的。象辭上說：「剝牀以膚」，是說已經確切的迫近了災害了。

【今釋】虞翻說：辨上稱膚，艮為膚，以陰變陽，至四乾毀，故剝牀以膚，臣弒君，子弒父，故凶矣。王肅曰：「在下而安人者牀也。在上而處牀者人也。坤以象牀，艮以象人，牀剝盡以及人身，為害滋深，害莫甚焉。故曰剝牀以膚，凶也。」此二人之說，於象、於理，皆極有道理，學者所當深思。

六五㊀，貫魚㊁以宮人㊂寵，无不利。象曰：以宮人寵，終无尤也。

【今註】㊀六五：是指本卦第五爻䷖*的爻位而言。㊁貫魚：何妥曰：「夫剝之為卦，下比五陰，駢頭相次，似貫魚也，魚為陰物，以喻眾陰也。」㊂宮人：嬪妾。

【今譯】六五處尊位，為剝之主，在剝落的時候，小人齊頭並進，像魚貫然相連一樣，君子如能以寵愛宮人嬪妾的態度，去寵愛他們，使不害正事，則沒有不利的了。象辭上說：「以宮人寵」，是說終於沒有過尤的。

【今釋】崔憬說：「魚與宮人，皆陰類，以比小人焉。魚大小一貫，若后夫人嬪婦御女，小大雖殊，寵御則一，故終无尤也。」可相互參證。

虞翻說：「剝消觀五，巽為魚為繩，艮手持繩，貫巽；故貫魚也。艮為宮室，人謂乾五，以陰代陽，五貫乾為寵人，陰得麗之，故以宮人寵，動得正，成觀故无不利也。」按：觀䷓，九五變陰，即成剝，觀外卦巽，互卦艮，剝外卦亦艮。

上九㊀，碩果不食，君子得輿㊁，小人剝廬㊂。象曰：君子得輿，民所載也。小人剝廬，終不可用也。

【今註】㊀上九：是指本卦第六爻䷖*的爻位而言。㊁輿：就是車的意思。㊂廬：就是房子的意思。

【今譯】上九有碩大之果不食（不被剝落）的象徵。若大德的君子，則有得到車乘的象徵，若小人則有被剝去屋舍的象徵。象辭上說：「君子得輿」，是因為人民所仰載的關係。「小人剝廬」，是終於不可被任用的關係呀。

【今釋】侯果說：「艮為果、為廬，坤為輿，處剝之上，有剛直之德，羣小人不能傷害也。故果至碩大，不被剝食也。君子居此，萬姓賴安，若得乘其車輿也。小人處之，則庶方無控，被剝其廬舍，故曰剝廬，終不可用矣」可與本文相互發明，至於虞翻、王弼的說法，皆有參考的價值。

復 ䷗ 震（雷）下 坤（地）上　錯 ䷫ 姤　綜 ䷖ 剝

復㊀，亨。出入无疾㊁，朋來无咎。反復其道，七日來復㊂。利有攸往。

【今註】㊀復：卦名。有來復、回復之意。以十二月卦而言，從五月䷫姤，一陰生後，陽一向在外，至十月變坤䷁，今十一月，冬至一陽生，復返于內，所以稱為復，它是十一月的卦。序卦曰：「剝者，剝也，物不可以終盡，剝窮上反下，故受之以復。」㊁疾：是快速遽迫的意思。又疾病之意。㊂七日來復：自古及今，對此解說有四種。1.王弼認為陽氣始於剝盡之後，至陽氣來復，凡經七日，猶今一星期有七天。2.象數學家，又以五月䷫姤，一陰生，至十一月䷗復，一陽生，凡經七月，歷七個變化，故稱七日來復。3.易緯稽覽圖，認為一年十二月三百六十五日四分日之一，以坎震離兌四方正卦，卦別六爻，爻主一氣，其餘六十卦，卦有六爻，爻主一日，而六日七分之理，說明七日來復。4.李鼎祚以為十月末，純坤用事，坤卦將盡，則復陽來，隔坤之一卦，六爻為六日，復來成震，一陽爻生為七日，故言反復其道，七日來復，是其義也。以上四說，皆有其理，今並存之。

【今譯】復卦是亨通的，有「出入不遽迫，朋（指陽，剛正之君子）來沒有災咎」的象徵。陽剛還回其道，七日即來復於此。有「利有所往」的現象。

【今釋】虞翻說：「出震成乾，入巽成坤，坎為疾，十二消息不見坎象，故出入无疾，兌為朋，在內稱來，五陰從初，初陽正息而成兌，故朋來无咎矣，陽息臨成乾，小人道消，君子道長，故利有攸往矣。」出震指月體納甲，初三，見於震，十五盈于乾，十七成巽，廿九成坤。十二消息，即十一月復卦䷗一陽在初，故曰初陽，十二月臨䷒，陽增至二，成兌。至三成泰䷊，內卦乾，故息臨成乾，息者，增也。

彖曰：復，亨，剛反，動而以順行㊀，是以出入无疾㊁，朋來无咎。反復其道，七日來復，天行也。利有攸㊂往，剛長也。復，其見天地之心乎。

【今註】㊀下卦震為動為行，上卦坤為順。㊁疾：快。㊂攸：所。

【今譯】彖辭上說：復卦的亨通，是由於陽剛返回，（君子之道始著）的關係，陽剛之返回，既動，而又行之以順，所以出入不遽迫，陽剛之朋，同德復來，亦沒有災咎。「反復其道，七日來復」是天道運行的法則。利有攸往，是因陽剛之道漸漸增長的關係，由此看來，復卦可以見到天地生生不息，君子道長的心。

【今釋】　虞翻說：「剛從艮入坤，從反震，故以反動，坤順震行，故而以順行。乾成坤，反出於震，而來復為道，故復其道，剛為晝日，消乾六爻為六日，剛來反初，故七日來復，天行也。坤為復，謂三復位時，離為見，坎為心，陽息臨成泰，乾天坤地，故見天地之心。」侯果說：「陽上出，君子道長也，陰下入，小人道消也，動而以行，故出入无疾，朋來无咎。」荀爽曰：「復者冬至之卦，陽起初九，為天地心，萬物所始，吉凶之先，故曰，見天地之心。」剝卦上九變則成坤，剝卦外卦艮，反震（綜），震為動，復六三失位，變陽得正，內卦為離，離為明，故為見。六三變陽，互卦為坎。

象曰：雷在地中，復，先王以至日㊀，閉關，商旅不行。后㊁不省方㊂。

【今註】　㊀至日：指冬至之日。冬至在十一月，本卦是十一月的卦。故知是冬至。㊁后：是國君的意思。爾雅釋話：「林、蒸、后、辟、公、侯、君也。」㊂方：指四方之事。

【今譯】　象辭上說：雷在地中，有復卦的象徵，先王在冬至的那一天，關閉關口，讓全國休息，連商人旅客皆在國內休息，沒有出行遠方。國君也休息，不朝見羣臣，不省察四方的事情。

【今釋】　為什麼本卦有這種現象呢？虞翻說：「先王謂乾初，至日，冬至之日；坤闔為閉關，巽為商旅，為近利市三倍，姤巽伏初，故商旅不行。姤象曰：后以施命誥四方，今隱復下，故后不省方。」

這是對本卦卦象的說明。復旁通（錯）姤，姤內卦為巽。

這是另一解。

初九㈠，不遠復，无祇㈡悔，元吉。象曰：不遠之復，以脩身也。

【今註】㈠初九：是指本卦第一爻䷗*的爻位而言。㈡祇：是至的意思。侯果曰：「祇，大也。」

【今譯】初九有失之不遠，即立即恢復善道的象徵，它是不至於有悔恨的，它有大吉利的象徵。象辭上說：失之不遠，而能復回善道，這是用以修身遷善改過的法則呀。

【今釋】本爻為何有此現象呢？崔憬說：「從坤反震，而變此爻，不遠復也。復而有應，故獲元吉矣。」十二消息，十月為坤，十一月為復，復內卦震，故曰從坤反震。初爻應六四，故曰有應。

六二㈠，休復，吉。象曰：休復之吉，以下仁也。

【今註】㈠六二：是指本卦第二爻䷗*的爻位而言。

【今譯】六二有休止既往之非，而回復善道的象徵，它是吉利的。象辭上說：休復的吉利，是因能下順仁德的君子。

【今釋】王弼說：「得位居中，比初之上，而附順之，下仁之謂也。既處中位，親仁善鄰，復之體也。」他的說法，是純以爻位的關係而言，所謂比，是六二鄰近於初九，與陽相並列之意。

六三㊀，頻㊁復厲，无咎。象曰：頻復之厲，義无咎也。

【今註】㊀六三：是指本卦第三爻䷗*的爻位而言。㊁頻：就是數次的意思。

【今譯】本卦六三有數次失誤，而數次復於善道的象徵，雖很危厲，但它是沒有災咎的。象辭上說：「頻復之厲」，在道義而言，它是沒有災咎的。

六四㊀，中行獨復。象曰：中行獨復，以從道也。

【今註】㊀六四：是指本卦第四爻䷗*的爻位而言。

【今譯】六四有處於中行，而獨自回復於善道的象徵。象辭上說：「中行獨復」是因要跟從道義而行之故。

【今釋】六四處於五陰之中，上下各有二陰，故稱中行。

六五㊀，敦復，无悔。象曰：敦復无悔，中以自考也。

【今註】㊀六五：是指本卦第五爻䷗*的爻位而言。

【今譯】六五有敦厚以復回善道的象徵，它是沒有悔誤的。象辭上說：「敦復无悔」，是因能以中道自己來考察自己的關係。

【今釋】 為何本卦有此現象?侯果說:「坤為厚載,故曰敦復。體柔居剛,無應失位,所以有悔,能自考省,動不失中,故曰无悔矣。」按:六五陰爻,故曰體柔,五為陽位,故曰居剛。以陰居陽位,故失位,六二為陰,故無應。

上六㈠,迷復凶,有災眚,用行師,終有大敗,以其國君凶。至於十年,不克征。象曰:迷復之凶,反君道也。

【今註】 ㈠上六:是指本卦第六爻䷗*的爻位而言。

【今譯】 上六有以迷妄而求復的象徵,它是凶的,同時也有災害,如用以行兵作戰,終必有大敗,而且凶害連及他的國君。雖至於十年之久,還不能恢復國勢,不能征討他人。象辭上說:「迷復之凶」,是因為違反國君之道的關係。

【今釋】 何妥說:「理國之道,須進善納諫,迷而不復,安可牧民,以此行師,必敗績矣。敗乃思復,失道已遠,雖復十年,乃征,无所克矣。」他的說法,很有道理。虞翻說:「坤冥為迷,高而无應故凶。五變正時,坎為災眚。三復位時,而體師象,故用行師,陰逆不順,坤為死喪,坎流血,故有大敗。姤,乾為君,滅藏于坤,坤為異邦,故國君凶矣。坤為至,為十,陰逆坎臨。故不克征。」這是純以象學理論立說的。六五失位,變陽則外卦為坎,六三失位,變陽時則䷆,從二爻至五爻,互師卦,故用行師。

无妄 ䷘ 震（雷）下 乾（天）上　錯 ䷭ 升　綜 ䷙ 大畜

无妄㈠，元、亨、利、貞，其匪㈡正有眚㈢，不利有攸往。

【今註】㈠无妄：卦名，是無虛妄的意思。史記作「無所期望」。序卦曰：「復則不妄矣，故受之以无妄。」㈡匪：非。㈢眚（音ㄕㄥˇ）：災害。

【今譯】无妄卦，有元始的、亨通的象徵，必須利於守正不二，如果不正的話，則有災眚，不利有所往。

【今釋】无妄，為什麼說無虛妄呢？何妥說：「乾上震下，天威下行，物皆絜齊，不敢虛妄也。」為什麼說元亨利貞呢？虞翻說：「剛來交初，體乾故元亨。三四失位，故利貞。」為什麼匪正有眚，不利有攸往呢？虞翻說：「非正，謂上也，四已之正，上動成坎，故有眚，變而逆乘，天命不祐，故不利有攸往矣。」按：初九為陽，故剛來交初，外卦乾，六三，九四皆失位不正，四變陰，上變陰則外卦為坎，坎為災眚，故有眚。

彖曰：无妄，剛自外來，而為主於內，動而健㈠剛中而應㈡，大亨以正，天之命也。其匪正有眚，不利有攸往，无妄之往，何之矣？天命不右㈢，行矣哉？

【今註】㈠內卦震為動，外卦乾為健。㈡九五剛中而應六二。㈢右：即祐的古字，保祐的意思。

【今譯】彖辭上說：无妄卦，剛從外而來，而為主於內，胸中剛正，動而愈能剛健，大通而守以正道，這是上天的教命呀。如果不守以正道，則有災害，不利有所往，居無虛妄之時而想要以不正而往，如何能行呢？這種不正的態度，是得不到上天的護祐的，怎麼可以行呢？

【今釋】根據明朝來知德先生的說法，剛自外來而為主於內，是因為本卦與大畜☶☰卦相綜，大畜的艮☶剛從外而來，到无妄成震，震在本卦，為內卦，所以說，剛自外來，而為主於內。

至於其他詞句，有否象學的根據，則要看虞翻的說法了。虞翻說：「動，震也。健，大亨，謂乾。剛中謂五而應二，大亨以正，變四承五，乾為天，巽為命，故曰大亨以正，天之命也。四已變，上動體屯，坎為泣血漣如，故何之矣？四已變成坤，天道助順，上動逆乘巽命，故天命不右，行矣哉？言不可行也。」按：九四失位，變陰，上承于九五，外卦乾為天，互卦巽為命，九四、上九皆變則成屯卦。二爻至四爻成坤。

象曰：天下雷行，物與无妄，先王以茂對時，育萬物。

【今譯】象辭上說：天下有雷行，萬物皆不可有虛妄，先王觀察此種現象，即順時而行，使百姓萬物皆茂盛、生育。

【今釋】荀九家易說：「天下雷行，陽氣普遍，無物不與，故曰物與也。物受之以生，故曰：物與无妄也。」王弼云：「與，辭也，猶皆也。」虞翻說：「先王謂乾，乾盈為茂，艮為對時，體頤養象，萬物出震，故與茂對時，育萬物。」按：從初至四有頤卦䷚的象徵。

初九㊀，无妄，往吉。象曰：无妄之往，得志也。

【今註】㊀初九：是指本卦第一爻䷘*的爻位而言。

【今譯】初九無虛妄，前往則有吉利的象徵。象辭上說：「无妄之往」，是說可以得其志。

【今釋】本爻體剛正之德，行不虛妄，所以往則吉而得志。虞翻說：「應四，四失位，故命變之正，四變得位，承五應初，故往吉，在外稱往也。」

六二㊀，不耕獲，不菑㊁畬㊂，則利有攸往。象曰：不耕獲，未富也。

【今註】㊀六二：是指本卦第二爻䷘*的爻位而言。㊁菑（音ㄗ）：是剛開墾一年的新田。㊂畬（音ㄩˊ）：是已開墾好二年的熟田。

【今譯】六二大夫，須由勞而獲，世上如果有不耕田，就有收穫，不方在開墾新田時，就有豐收正常的熟田，就可以利於前往了。象辭上說：不耕田，而有收穫，是辦不到的，是未能富貴的。

【今釋】本爻為什麼有此象呢？虞翻說：「有益耕象，無坤田，故不耨，震為禾稼，艮為手，禾在手中，故稱獲，初爻非坤，故不菑而畬，得位應五，利四變之益則坤體成，有耒耨之利，故利有攸往，往應五也。四動坤虛，故未富也。」這是純以卦象而言。按：從初爻至五爻有益卦䷩的象徵，无妄無坤的現象，故無田，四變正，則益卦，二爻至四爻為坤。

六三㊀，无妄之災，或繫之牛，行人之得，邑人之災。象曰：行人得牛，邑人災也。

【今註】㊀六三：是指本卦第三爻䷘*的爻位而言。

【今譯】六三有無虛妄而得災害的象徵，比如說：或有人繫牛於此，卻被過路之人所牽走，而繫牛於此的鄉邑之民，則有失牛的災害。象辭上說：行人得牛，邑人就有失牛的災害了。

【今釋】虞翻說：「上動體坎，故稱災也。四動之正，坤為牛，艮為鼻為止，巽為桑為繩，繫牛鼻而止桑下，故或繫之牛，乾為行人，坤為邑人，乾四振三，故行人之得，三係於四，故邑人之災。」這是本爻爻象的說明。按：上九變陰則三爻至上爻有坎卦䷐的象徵。坎為災害。四變則成益卦䷩，二爻至四爻為坤，三爻至五爻為艮。外卦為巽。不變時亦互巽艮。

九四㊀，可貞无咎。象曰：可貞无咎，固有之也。

【今註】㊀九四：是指本卦第四爻䷘*的爻位而言。

【今譯】九四有可以守著正道，而沒有災咎的象徵。象辭上說：可貞无咎，是因本身固有之關係。

【今釋】虞翻說：「動得正，故可貞。承五應初，故無咎也。動陰承陽，故固有之也。」此就爻象而論，他所謂「動」就是爻變。即陽爻變陰爻，陰爻變陽爻的意思。四為陰位，九四失位不正，變陰則得正，而能與九五上下相承。

九五㊀，无妄之疾，勿藥有喜。象曰：无妄之藥，不可試也。

【今註】㊀九五：是指本卦第五爻☰☳*的爻位而言。

【今譯】九五有本身無虛妄，而得疾痛的象徵，因本身沒有虛妄，所以他的疾患，不必藥即自止，而後必有喜。象辭上說：无妄的藥，是不可輕易嘗試的。

【今釋】本爻居尊位，是无妄之主，害不應該至，如取藥，則疾患必生，无妄之災，不必治它，自然會回復，如妄自取藥，則必凶，因為藥是治有妄的，處在无妄的位置，故不必藥而自能癒。虞翻說：「四已之正，上動體坎，坎為疾，故曰无妄之疾也，巽為木，艮為石，故稱藥，坎為多眚，藥不可試，故勿藥有喜。」他所謂「之」也是爻變的意思。

上九㊀，无妄，行有眚，无攸利。象曰：无妄之行，窮之災也。

【今註】㊀上九：是指本卦第六爻☰☳*的爻位而言。

【今譯】上九沒有虛妄，但不可有行，行則有災，沒有利益。象辭上說：「无妄之行」，是因窮極而受到災害的。

【今釋】上九處於无妄的極點，應該靜守，以保其身，如果動而有行，必有災咎，無所利的，因位處窮極，動必致災，所以不能有行。虞翻說：「動而成坎，故行有眚，乘剛逆命，故无攸利。」按：九四已變陰，上九又變陰，則外卦成坎，坎為災眚，故有眚，而上九變陰後，下乘九五，故無所利。

大畜 ☶☰ 乾（天）下 艮（山）上 錯 ䷬萃 綜 ䷘无妄

大畜㊀，利貞，不家食吉，利涉大川。

【今註】㊀大畜：卦名。有蘊畜、蓄止的意思。序卦曰：「有无妄，然後可畜，故受之以大畜。」

【今譯】大畜卦居畜積很多之地，須利於守正，以保其多。它有不求食於家，而食祿於朝廷的象徵，它是吉利的，並且利於勇往前進的，雖過大川也可以。

【今釋】大畜，因乾健上進，艮止在上，止而畜積之，能止剛健的乾，所以稱大畜。

彖曰：大畜，剛健篤實㊀輝光，日新其德。剛上而尚賢，能止健㊁，大正也。不家食吉，養賢也。利涉大川，應乎天也。

【今註】㊀乾為剛健，艮為山，有篤實之像。㊁艮為止，乾為健。

【今譯】彖辭上說：大畜有剛健、篤實，和光輝宣耀、日使其德自新的象徵。陽剛在上，而能崇尚賢能的人，又能畜止剛健之賢，這是天下至大之正理。利於渡過大川，以濟天下的險難，這是應天而行的關係呀。

【今釋】虞翻說：「剛健謂乾，篤實謂艮，二已之五，利涉大川，互體離坎，離為日，故輝光日新。健、乾、止、艮也。二五易位，故大正。二五易位成家人，今體頤養象，故不家食吉，養賢也。」這是他對本卦卦象的說明。按：三至五，互離，坎。九二六五失正，易位則成☲☴家人，九五六二，各得其正。

象曰：天在山中，大畜。君子以多識前言往行，以畜其德。

【今譯】象辭上說：天在山中，有大畜的現象，君子見有此現象，即效法它的精神，以多記前代的嘉言善行，以畜積其德行。

【今釋】向秀說：止莫若山，大莫若天，天在山中，大畜之象，天為大器，山則極止，能止大器，故名大畜也。」虞翻說：「君子謂乾，乾為言，震為行，坎為志（識也，記也），乾知大始，震在乾前，故志前言往行，有頤養象，故以畜其德。」這是本卦象辭，從象學的觀點解說。

初九㊀，有厲利已㊁。象曰：有厲利已，不犯災也。

【今註】㊀初九：是指本卦第一爻☰☶*的爻位而言。㊁已：即止的意思。

【今譯】初九有危厲的象徵，利於停止而不前。象辭上說：「有厲利已」，是因為停止而不行，不犯災難的關係。

【今釋】本爻當大畜時，為六四陰柔所畜，如不冒險，止而不行，則不為所畜。虞翻說：「二變正，四體坎，故稱災也。」

九二㊀，輿說㊁輹㊂。象曰：輿說輹，中无尤也。

【今註】㊀九二：是指本卦第二爻☰☶*的爻位而言。㊁說（音ㄊㄨㄛ）：就是脫的意思。㊂輹（音ㄈㄨˋ）：就是車軒。

【今譯】九二有車子脫去車輹，不能行走的象徵。象辭上說：「輿說輹」，是因中無過尤的關係。

【今釋】九二居大畜之時，本當為六五的陰柔所畜止，但以剛中之德，能止而不前，如車子脫去車輹一樣，不能為陰柔所畜，這是中無過尤的。虞翻說：「萃，坤為車，為腹。坤消乾成，故車說腹，腹或作輹。」李鼎祚說：「輹，車之鉤心夾軸之物，處失其正，上應於五，五居畜盛，止不我升，故說輹，停留待時而進退得正，故无尤也。」按：本卦旁通（錯）萃☱☷，萃內卦為坤，大畜內卦為乾。九二以陽居陰位，故處失其正。上應於六五，六五體艮止，故止我不升。退而不應五，不為所畜，故無尤。

九三㈠，良馬逐，利艱貞，日閑輿衛㈡，利有攸往。象曰：利有攸往，上合志也。

【今註】㈠九三：是指本卦第三爻䷙*的爻位而言。㈡閑：習。衛：防衛。

【今譯】九三有良馬馳逐的象徵，雖遇艱難，猶利於守正，天天閑習於車輿防衛之事，如此，就可以利有所往了。象辭上說：利有所往，是與上級志意相合，可以有所作為了。

【今釋】本爻為什麼有這個爻象呢？虞翻說：「乾為良馬，震為驚走，故稱逐也。謂二已變，三在坎中，故利艱貞吉，離為日，二至五體師象，坎為閑習，坤為車輿，乾人在上，震為警衛，講武閑兵，故曰日閑輿衛也。上合志，謂上應也。五已變正，上動成坎，坎為志，故利有攸往，與上合志也。」按：三至五互震，為走，二變陰，則二至四互坎。二至五有師卦的現象。六五變陽則得正。

六四㈠，童牛之牿㈡，元吉。象曰：六四元吉，有喜也。

【今註】㈠六四：是指本卦第四爻䷙*的爻位而言。㈡牿（音ㄍㄨˋ）：李鼎祚周易集解作告，所以施橫木於牛角，以防止它觸人的器具。

【今譯】六四有施牿於幼牛角上，非常容易的象徵，它是元有吉利的。象辭上說：「六四元吉」，是有喜慶的事。

【今釋】六四居艮的初爻，又得其正位，能止剛健，與初相應，所以有加牿於幼牛身上，很容易的象徵，物在最初微小之時，即畜止它，很容易，到最後終必漸至于大，所以有喜。所以侯果說：「坤為輿，故有牛矣，牿，楅也，以木為之，橫施於角，止其觝之威也。初欲上進，而四牿之，角既被牿，則不能觸四，是四牿之角也。四能牿初，與无角同，所以元吉而有喜矣。童牛，無角之牛也。」

六五㊀，豶豕之牙㊁，吉。象曰：六五之吉，有慶也。

【今註】㊀六五：是指本卦第五爻䷙*的爻位而言。㊁豶豕（音ㄈㄣˊ ㄕˇ）：明來知德先生以為走豕。豶，騰也。豶豕，騰躍走著的豬。牙，以杙繫豕的意思。

【今譯】六五有以繩繫走豕於杙牙的象徵，它是吉利的。象辭上說：「六五之吉」，是有慶喜的意思。

【今釋】根據來知德先生的說法，本爻變，則互卦為離，錯坎為豕象。互卦震為動，是豶豕的象徵。爻變巽，巽為繩，為木，豶豕之牙的象徵。

六五在大畜之時，以陰柔之德，居尊貴之位，畜止九二的剛中，很容易，所以有吉慶的象徵。

上九㈠，何㈡天之衢㈢，亨。象曰：何天之衢，道大行也。

【今註】㈠上九：是指本卦最上一爻䷙*而言。㈡何：負荷的意思，擔當的意思。㈢衢（音くㄩˊ）：四達的道路，叫衢。等於現在的十字路平交道。

【今譯】上九有擔當天衢的象徵，它是可以亨通暢達的。象辭上說：「何天之衢」，是因為道大行的關係。

【今釋】本卦是大畜，上九位於大畜的最高峰，是最能畜積萬物的。所以他有擔當天衢的象徵。其道必能大行於天下。虞翻說：「何，當也。衢，四交道，乾為天，震艮為道，以震交艮，故何天之衢，亨，上變坎為亨也。上據二陰，乾為天道，震為行，故道大行矣。」這是解說它爻象的根源。按：本卦三至五互震，外卦為艮，上九下據六四六五二陰，如二五易位，上九變陰，則外卦成坎，坎為水為通。

頤 ䷚ 震（雷）下 艮（山）上　錯 ䷛ 大過　綜 ䷚ 頤

頤㈠，貞吉。觀頤，自求口食。

【今註】㈠頤（音一ˊ）：卦名。本口旁之稱，引申為「養」的意思。本卦上下二陽，內含四陰，外實內虛，上止而下動，有頤的象徵。序卦曰：「物畜然後可養，故受之以頤。」

【今譯】 頤卦有養正就吉利的象徵。觀所以養物的道理，並自求他口中自養的道理，這是頤養之道。

【今釋】 來氏說：「陽實陰虛，實者養人，虛者求人之養，自求口食，就是自求養于陽之實的意思。」虞翻說：「晉四之初，與大過旁通（錯）養正則吉，謂三爻之正，五上易位，故頤貞吉，反復不衰。與乾、坤、坎、離、大過、小過、中孚同義，故不從臨觀四陰二陽之例，或以臨二之上，兌為口，故有口實也。離為目，故觀頤，觀其所養也。或以大過兌為口，或以臨兌為口，坤為目，艮為求口實，頤中物，謂其自養。」按：晉䷢九四與初六易位，即成䷚頤卦，三陽位，而六三以陰居之，失位變陽則得正，六五上九亦失位不正，易位則成上六九五，而成既濟䷾各爻皆正矣。臨䷒卦九二與上六易位，即成頤卦，大過䷛與頤旁通（錯）。鄭玄說：「頤，中口車輔之名也，震動於下，艮止於上，口車動而上，因輔嚼物以養人，故謂之頤，養也。能行養，則其幹事，故吉矣。……觀頤，觀其養賢與不肖也。頤中有物曰口實，自二至五有二坤，坤載養萬物，而人所食之物，皆存焉，觀其求可食之物，則貪廉之情可別也。」這種說法，都可以作我們的補充。按：二爻至五爻互坤䷚，二至四互坤，三至五亦互坤，故有二坤。

彖曰：頤，貞吉，養正則吉也；觀頤，觀其所養也；自求口實，觀其自養也！天地養萬物，聖人養賢以及萬民，頤之時義

大矣哉。

【今譯】彖辭上說：頤，貞吉，是因養正就吉利的關係；觀頤，是觀察它所養之道呀；自求口實，是觀察它自養之道呀！天地養萬物，使萬物各得暢茂生長，聖人養賢能的人，使他為人民謀福利，將福澤推及萬民的身上，頤卦的時宜，是很大的呀。

【今釋】什麼是養正呢？宋衷說：「頤者所由飲食自養也，君子割不正，不食，況非其食乎？是故所養必得賢明，自求口實，必得體宜，是謂養正也。」為什麼養正則正呢？姚信說：「以陽養陰，動於下，止於上，各得其正，則吉也。」什麼是觀其所養呢？侯果以為王者所養，養賢就吉利了。

為什麼「頤之時義大矣」呢？李鼎祚說：「天地養萬物，聖人養賢，以及萬民，人非頤不生，故大矣。」

象曰：山下有雷，頤；君子以慎言語，節飲食。

【今譯】象辭上說：山下有雷，有頤卦的象徵；君子觀察此現象，即應謹慎於言語，節制於飲食。

【今釋】劉表說：「山止於上，雷動於下，頤之象也。」荀爽說：「雷為號令，今在山中閉藏，故慎言語；雷動於上，以陽食陰，艮以止之，故節飲食。言出乎身，加乎民，故慎言語，所以養人也。

飲食不節，殘賊羣生，故節飲食以養物。」這兩種說法，皆說得頗有道理。按：本卦下震動，上艮止，有頤（口輔，自鼻以下至下頰）之象。言出乎身，加乎民，繫辭傳之句。

初九㈠，舍爾靈龜，觀我朵頤㈡，凶。象曰：觀我朵頤，亦不足貴也。

【今註】㈠初九：是指本卦第一爻䷚*的爻位而言。㈡朵頤：垂下其頤以垂涎，欲食之狀。

【今譯】初九有捨棄它（爾：你，指初九）靈龜的明兆，而觀我朵頤的象徵，這是凶的。象辭上說：「觀我朵頤」，也不足珍貴呀。

【今釋】靈龜是指神靈明鑒的龜兆，表示自己的明德。朵頤是朵動之頤，以咀嚼垂涎外物，以喻貪慾以求食。侯果說：「初本五也，五互體艮，為山龜，自五降初，則為頤矣，是舍爾靈龜之德，來觀朵頤之饌，貪祿致，故不足貴。」按：觀卦䷓九五與初六易位，即成頤卦，故曰：初本五也。

六二㈠，顛頤㈡，拂㈢經㈣于丘頤㈤，征凶。象曰：六二征凶，行失類也。

【今註】㈠六二：是指本卦第二爻䷚*的爻位而言。㈡顛頤：養下叫顛頤。㈢拂（音ㄈㄨˊ）：違。㈣經：常。㈤丘：指高的山丘。丘頤，養於上的意思。

【今譯】六二有養于下，顛倒頤養的法則，違背養道奉養於上的常理，所以征，便會遭到凶災。象辭上說：六二行而有凶，是因它的行為失去了常類。

【今釋】王肅說：「養下曰顛，拂，違也，經，常也，丘，小山，謂六五也。二宜應五，反下養初，豈非顛頤，違常於五也。故曰：拂經于丘頤，拂丘雖阻常理，養下故謂養賢，上既无應，征必凶矣。故曰征凶。」其說頗有可取，可與本文互相參證。按：二與五皆陰，故無應。

六三㊀，拂頤，貞凶，十年勿用，无攸利。象曰：十年勿用，道大悖也。

【今註】㊀六三：是指本卦第三爻䷚*的爻位而言。

【今譯】六三有違背頤養之常理的象徵，雖正，亦凶，至於十年之久，還是被捨棄而無可任用，這是無所利的。象辭上說：「十年勿用」，是因大為違反常道的關係。

【今釋】虞翻說：「三失位，體剝，不正，相應弒父弒君，故貞凶，坤為十年，動無所應，故十年勿用，无攸利也。弒父弒君，故大悖也。」這是本爻，在象學的根據。按：六三以陰居陽故失位不正，二爻至上爻有剝卦䷖的象徵，故云體剝，與上九相應，然上九以陽居陰位，亦失位不正，故道大悖也。

六四㈠，顛頤吉，虎視眈眈㈡，其欲逐逐，无咎。象曰：顛頤之吉，上施光也。

【今註】㈠六四：是指本卦第四爻䷚*的爻位而言。㈡眈眈（音ㄉㄢ）：視近而志遠的樣子。

【今譯】六四有頤養於下（指初）的象徵，它是吉利的，如老虎眈眈而視，它的欲望逐逐而敦厚，這是沒有災咎的。象辭上說：「顛頤之吉」，是因上之所施，有光明的福澤呀。

【今釋】虞翻說：「晉四之初，謂三已變，故顛頤，與屯四乘坎馬同義，坤為虎，離為目，眈眈下視，……坤為吝嗇，坎為水，故其欲逐逐。得位應初，故无咎，謂上已反三成離，故上施光也。」可作本爻象數義理的說明。按：晉九四與初六相換，則成頤卦，六三失位，變正，則頤之內卦成離，不成震動，故顛頤。頤六三上九皆失位，相換則成明夷䷣，二至四互坎。六四應初九，故无咎。

六五㈠，拂經，居貞吉，不可涉大川。象曰：居貞之吉，順以從上也。

【今註】㈠六五：是指本卦第五爻䷚*的爻位而言。

【今譯】六五有違背頤養的常道，不養下，而自己保守留居不養下的象徵，它是正而且吉的，不過不可渡過大川（意即不能行大事也）。象辭上說：「居貞之吉」，是因順以從上的關係。

【今釋】六五以陰柔居尊位，故不能有大作為，施其惠於下，只能自保以從上。虞翻說：「失位故拂經，无應順上，故居貞吉，艮為居也。涉上成坎，乘陽无應，故不可涉大川矣。」其說亦頗有參考研究的價值。按：六五以陰居陽位，故失位，六二為陰故無應，上承上九，故順上。頤上與四易位，則三至五互坎，五在坎上，故涉坎，六四已變陽，六五在其上，故乘陽。

上九㊀，由頤，厲吉，利涉大川。象曰：由頤厲吉，大有慶也。

【今註】㊀上九：指本卦最上一爻䷚*而言。

【今譯】上九有羣下皆由他而養的象徵，雖然很艱難，但以陽剛而能博施濟眾，這是吉利的，並且利於涉大川，做大事。象辭上說：「由頤厲吉」，是大有吉慶的事呀。

【今釋】虞翻說：「由，自從也。體剝居上，眾陰順承，故由頤；失位，故厲，以坤艮自輔，故吉也。之五得正，成坎，故利涉大川，變陽得位，故大有慶也。」這是從象學的眼光，而加以義理的解釋的。按：頤二至上互剝。眾陰順從上九，故由頤。上九以陽居陰位，故失位，外卦艮，二至五互坤，故以艮坤自輔。六五上九易位，則外卦成坎。六五變陽，上九變陰，皆各得其正位，故大有慶。

大過 ䷛ 巽(風)下 兌(澤)上　錯 ䷚ 頤　綜 ䷛ 大過

大過㈠，棟橈㈡，利有攸往，亨。

【今註】㈠大過：卦名。陽大陰小，本卦四陽二陰，四陽居中過盛，陽過于陰，故稱大過。㈡棟：梁上屋脊木，就是棟梁的意思。橈（音ㄋㄠˊ）：樹木撓曲叫橈。序卦曰：「頤者養也，不養則不可動，故受之以大過。」

【今譯】大過有棟梁撓曲的象徵，利有所往，則可以亨通了，

【今釋】居大有所過，陽盛的時候，是可以有所行動的，故利有攸往。虞翻說：「大壯五之初，或兌三之初，棟橈謂三，巽為長木，稱棟，初上陰柔，本末弱，故棟橈也。」按：大壯䷡六五與初九易位，則成大過。兌䷹六三與初九位置相換（易位）亦成大過。大過初六與上六皆陰虛故本末皆弱，初為本，上為末，本末皆弱，故棟橈。

彖曰：大過，大者過也，棟橈，本末弱也。剛過而中，巽而說行，利有攸往，乃亨。大過之時，大矣哉。

【今譯】大過，是因四陽積於中，而大有所過的關係，棟橈，是因上下兩陰，皆柔，本末衰弱，不足以承起的關係。剛大有所過，而居於中間四爻的位置，巽順而喜悅於行事，利有所往，乃能亨通。

大過的時宜，是很大的呀。

【今釋】向秀說：「棟橈則屋壞，主弱則國荒，所以橈由於初上兩爻也。初為善始，末是令終，始終皆弱，所以棟橈。」王弼說：「初為本，而上為末。」

象曰：澤滅木㊀，大過，君子以獨立不懼，遯世无悶。

【今註】㊀兌為澤，巽為木，兌在巽上，故說澤滅木。

【今譯】象辭上說：澤滅木，有大過的象徵，君子見此象，則以勇毅獨立，而不懼於一切，雖至逃離世間，亦無悶。

【今釋】虞翻說：「君子謂乾初，陽伏巽中，體復一爻潛龍之德，故獨立不懼，憂則違之，乾初同義，所以遯世無悶也。」按：大過自大壯以來，大壯內卦為乾，變大過則內卦為巽，故陽伏陰中。乾初九為潛龍，故即以乾初九文言解之。

初六㊀，藉用白茅，无咎。象曰：藉用白茅，柔在下也。

【今註】㊀初六：是指本卦第一爻☱☴*的爻位而言。

【今譯】初六有薦藉於物，用純潔的白茅的象徵，它是無咎的。象辭上說：「藉用白茅」，是因柔在下的關係。

【今釋】虞翻說：「位在下，稱藉，巽柔白，故藉用白茅，失位，咎也。承二過四，應五士夫，故无咎矣。」侯果說：「以柔處下，履非其正，咎也。苟能絜誠肅恭不怠，雖置羞（薦以祭祀，或物品）於地，可以薦奉，況藉用白茅，重慎之至，何咎之有矣。」此二則，可供吾人參研。按：巽為白，為陰卦，故稱柔白。初六上承九二，本當應六四，而在大過之時，竟過九四而上與九五相應，九五得正，故無咎。

九二㊀，枯楊生稊㊁，老夫得其女妻，无不利。象曰：老夫女妻，過以相與也。

【今註】㊀九二：是指本卦第二爻䷛*的爻位而言。㊁稊（音ㄊㄧˊ）：即稺。下之根。

【今譯】九二有枯萎的楊，再重生稊的象徵，老夫得少女為妻，也沒有不利。象辭上說：「老夫女妻」，是大過而相從的。

【今釋】根據象數學家的觀念，巽為陽，從二爻至五爻互乾為老夫，外卦兌為少女，故有此象。

九三㊀，棟橈，凶。象曰：棟橈之凶，不可以有輔也。

【今註】㊀九三：是指本卦第三爻䷛*的爻位而言。

【今譯】九三有棟梁橈曲的象徵，它是凶的。象辭上說：「棟橈之凶」，是不可以有輔助也。

【今釋】虞翻說：「本末弱，故棟，輔之益橈，故不可以有輔。陽以陰為輔也。」其言，足供參研。

九四㈠，棟隆，吉，有他吝。象曰：棟隆之吉，不橈乎下也。

【今註】㈠九四：是指本卦第四爻䷛*的爻位而言。

【今譯】九四有棟隆起的象徵，它是吉利的，但有其他的災咎。象辭上說：「棟隆之吉」，是因下面也不撓曲（如下面撓曲，則有他吝）。

【今釋】虞翻說：「隆，上也。應在於初，已與五，意在於上，故棟隆吉，失位，動入險，而陷於井，故有它吝。乾為動直，遠初近上，故不橈下也。」這是本爻的象數解說。按：九四本應初，然在大過之世，初與四皆不得正位，故初超過九四與九五相應，而九四超過九五而與上六相應，故棟隆吉。九四失位不正，變陰則外卦成坎，坎為險，故動入險，外卦坎，內卦巽，即為井卦，故陷于井。

九五㈠，枯楊生華㈡，老婦得其士夫，无咎无譽。象曰：枯楊生華，何可久也？老婦士夫，亦可醜也。

【今註】㈠九五：是指本卦第五爻䷛*的爻位而言。㈡華：就是花。

【今譯】九五有枯萎的楊樹，生花的現象，有老婦得其少男為夫的象徵，它是沒有災咎，也沒有榮譽的。象辭上說：「枯楊生華」，怎麼可以長久呢？老婦得少男為夫，也是可醜的事呀。

【今釋】 為什麼有此現象呢？虞翻說：「陽在五也，夬三月時，周之五月，枯楊得澤，故生華矣。老婦謂初，巽為婦，乾為老，故稱老婦也。夫謂五，大壯震為夫，兌為少，故稱士。……乾為久，枯而生華，故不可久也。婦體姤，淫，故可醜也。」按：十二消息夬卦䷪為夏曆三月，於周為五月。上卦兌為澤，華花也。大壯外卦震，震為長男，故為士夫。大過卦從初爻至五爻有姤卦䷫的象徵，姤一陰遇五陽，故淫，淫故可醜也。

上六㊀，過涉滅頂，凶，无咎。象曰：過涉之凶，不可咎也。

【今註】 ㊀上六：是指本卦第六爻䷛*的爻位而言。

【今譯】 上六有過於涉河，而遇滅頂死亡的象徵，它是凶的，但勇於冒險，於義，無所怨咎。象辭上說：「過涉之凶」，是不可怨咎的。

【今釋】 虞氏說：「大壯震為足，兌為水澤，震足沒水，故過涉也。頂，首也。乾為頂，頂沒兌水中，故滅頂凶，乘剛咎也。得位故无咎。」這是以象數而論的。按：大壯䷡外卦為震，三至五互兌為澤，而震之四五，陷兌之上，故震足沒水。上六失位，居於九五陽剛之上，故曰乘剛。然以陰居陰位，故得位。

坎 ䷜ 坎(水)下 坎(水)上　錯 ䷝ 離　綜 ䷜ 坎

習坎㈠，有孚，維心亨，行有尚。

【今註】㈠習坎：是卦名，習，閑習；坎，險陷，一陽陷二陰之中，故稱陷。險難之事，非經閑習，不可以行，故稱習坎。序卦曰：「物不可以終過，故受之以坎。」

【今譯】習坎練習突破險陷，需要有孚信，堅定可以成功的信心，再付出實際的行動，就有希望了。

【今釋】虞翻說：「乾二五之坤，與離旁通（相錯），……孚信，謂二五，水行往來朝中于海，不失其時，如月行天，故習坎為孚也。坎為心，乾二五旁流，流坤，陰陽會合，故亨也，……二體震為行，動得正應五，故行有尚，往有功也。」這也是以象數解說其義理之故。按：乾九二、九五入坤卦，即成坎卦。坎九二、九五皆在坎中，皆為陽，故孚信。二至四爻互震，震為足為動故為行，九二失位，變正應九五，故行有尚。

彖曰：習坎，重險也，水流而不盈，行險而不失其信，維心亨，乃以剛中也；行有尚往有功也。天險，不可升也；地險，山川丘陵也。王公設險以守其國，險之時用大矣哉。

【今譯】彖辭說：習坎是習行雙重的險難呀，險陷既已到了極點，坑陷特深，水雖流注，但不能盈滿，（不能用，船濟）當行此危險的時候，不失去他的孚信，不屈不撓，心得亨通，乃是因為有剛中的德性呀；在此時閑習於坎陷的事情，能崇尚其行，前往必能度過重險而成功。天險，如日月天空不可得而升，所以能常保他的尊嚴；地險，有山川丘陵，所以物得以保全。王公法象天地，設置城池關隘等重險之物，以保護他的國家，險的時用，實在很大呀。

【今釋】 為什麼說重險呢？虞翻說：「兩象也，天險地險，故曰重險也。」為什麼說水流而不盈滿呢？荀爽說：「陽動陰中，故流。陽陷陰中，故不盈也。」陸績說：「水性趨下，不盈溢崖岸也。」按：坎為險，上卦坎，故重險也。上為天險，下為地險，二五之陽，皆動於陰中。

為什麼說「行隨而不失其信」呢？荀爽說：「陽來為險而不失中，中稱信也。」為什麼說「維心亨，乃以剛中也」？侯果說：「二五剛而居中，則心亨也。」

為什麼說「往有功」呢？虞翻說：「功謂五，二動應五故往有功也。」為什麼「天險不可升？」虞翻說：「五從乾來體屯難，故天險不可升也。」為什麼地險山川丘陵？虞翻說：「坤為地，乾二之坤，故曰地險，艮為山，坎為川，半山稱丘，丘下稱陵，故曰地險，山川丘陵。」

為什麼說王公設險以守其邦呢？虞翻說：「王公大人謂乾五，坤為邦，乾二之坤，成坎險，震為守，有屯難象，故王公設險以守其邦。」為什麼說險之時用大呢？王肅說：「守險以德，據險以時，成功大矣。」按：九二變陰則與九五相應。坎卦二爻至五爻有屯卦䷂的現象，故體屯。坤為地，坎為險，故曰地險。

象曰：水洊㈠至，習坎，君子以常德行，習教事。

【今註】㈠洊（音ㄐㄧㄢˋ）：說文：「水至也。」即瀳字的古字。

【今譯】象辭上說：水再至，有習於險陷的象徵，君子體水之常至，恆久不已，則效法它，常其德行，以進德修業，習其教事，教民不倦。

【今釋】陸績說：「洊，再重習也。水再至而溢通流，不舍晝夜，重重習，相隨以為常，有似於習，故君子象之，以常習教事，如水不息也。」虞翻說：「君子謂乾，五在乾稱大人，在坎為君子，坎為習，為常，乾為德，震為行，巽為教令，坤為事，故以常德行，習教事也。」可與本文，互相印證。

初六㈠，習坎，入于坎窞㈡，凶。象曰：習坎入坎，失道凶也。

【今註】㈠初六：是指本卦第一爻䷜*的爻位而言。㈡窞（音ㄉㄢˋ）：坎陷中的小坎。

【今譯】初六有習於坎險，而入於坎陷之深穴中的象徵，它是凶的。象辭上說：「習坎入坎」，是習失道而遭遇凶災的關係。

【今釋】虞翻說：「習，積也，位下，故習坎，坎為入，坎中小穴稱窞，上無其應，初二失正，故曰失道凶矣。」按：初六、六四皆陰故無應，初六、九二失位相承，故失道凶也。

九二㊀，坎有險，求小得。象曰：求小得，未出中也。

【今註】㊀九二：是指本卦第二爻☵☵*的爻位而言。

【今譯】九二有坎中有險難的象徵，僅能求小得，不能出險。象辭上說：「求小得」，是因未能離開危險的當中。

【今釋】為什麼九二有此現象呢？虞翻說：「陽陷陰中，故有險，據險有實，故求小得也。」荀爽說：「處中而比初，三未足為援，雖求小得，未出於險中。」按：坎為險，九二在初六與六三之間，故陽陷陰中，陽為實，九二為陽，故有實。與初六相鄰，故比初。此二種解說，可與吾人的解說，相印證。

六三㊀，來之坎坎，險且枕，入于坎窞，勿用。象曰：來之坎坎，終无功也。

【今註】㊀六三：是指本卦第三爻☵☵*的爻位而言。

【今譯】六三有來往都入坎的象徵，前有險難，後又枕於險難，它是進入了坎窞中的深穴了，是無有可用了。象辭上說：來往都遇坎險，是說終於沒有出險之功了。

【今釋】虞翻說：「坎在內稱來，來坎終坎，故來之坎坎。枕，止也。艮為止，三失位，乘二則險，承五隔四，故險且枕，入于坎窞，體師三輿，故勿用。」這可作為本爻象學的說明。按：上下皆坎，故來之坎坎。三至五互艮，六三以陰居陽位故失位。下乘九二之陽，故險，與上承於五，而為四所隔，故止。初爻至四爻有師卦䷆的現象，師卦六三師或輿尸凶，而三在其中，故曰體師三輿。

六四㈠，尊酒簋㈡貳用缶㈢，內㈣約自牖，終无咎。象曰：尊酒簋貳，剛柔際也。

【今註】 ㈠六四：是指本卦第四爻䷜*的爻位而言。㈡簋（音ㄍㄨㄟˇ）：竹器，用以裝食品。㈢缶（音ㄈㄡˇ）：瓦器，可以裝酒。㈣內：就是納的古字。

【今譯】 六四有用一尊的酒，用簋裝著食品，又副用缶裝得儉約的物品，從戶牖上進納於王公的象徵，是終於沒有災咎的。象辭上說：「尊酒簋貳」，是因在剛柔交際險難相遇的時候。

【今釋】 虞翻說：「震主祭器，故有尊簋，坎為酒簋黍稷器，二至五有頤口象，震獻在中，故為簋，震為足，坎酒在上，尊酒之象，坤為缶，禮有副尊，故貳用缶耳。坎為內也。四陰小，故約，艮為牖，坤為戶，艮小光照戶牖之象。貳用缶，故內約自牖，得位承五，故无咎。」按：震卦云不喪匕鬯，故主祭器，坎二至四互震，坎二爻至五爻有頤卦䷚的現象，故曰有頤口象。三至五互艮，六四以陰居陰位，故得位，上承九五，故得位承五。

崔憬說：「於重險之時，居多懼之地，近三而得位，比五而承陽，脩其絜誠，進其忠信，則雖祭祀省，明德惟馨，故曰尊酒簋貳用缶。內約，文王於紂時，行此道，從羑里內約，卒免於難，故曰自牖終无咎也。」按：繫辭傳曰：「四多懼。」故居多懼之地。六四得位近三，與九五相鄰，故比五承陽。此二人的解說，可作吾人的補充說明。

九五㊀，坎不盈，祇㊁既平，无咎。象曰：坎不盈，中未大也。

【今註】㊀九五：是指本卦第五爻䷜*的爻位而言。㊁祇：李鼎祚作禔。虞翻解作安，王弼以為語助之辭。

【今譯】九五有坎險不盈滿的象徵，安定而險平，就可以沒有災咎了。象辭上說：坎不盈，是說居險中，而未能光大的意思。

【今釋】虞翻說：「盈，溢也，艮為止，謂水流而不盈，坎為平，禔，安也。艮止坤安，故禔既平，得位正中，故无咎，體屯五中，故未光大也。」這是本爻從象學的觀點的解說。按：三至五互艮，九五以陽居陽位，居外卦之中，故得位正中。二至五爻有屯卦䷂的現象，故體屯，屯九五象曰施未光也，故未光大也。

上六㊀，係用徽纆㊁，寘㊂于叢棘㊃，三歲不得，凶。象曰：上六失道，凶三歲也。

【今註】㈠上六：是指本卦最上一爻*䷜而言。㈡徽纆（纆，音ㄇㄛˋ）：就是黑索。㈢寘（音ㄓˋ）：置。㈣叢棘：就是獄，古時在監獄外，種九棘，所以稱叢棘。

【今譯】上六有用黑索捆縛，又被置于監獄中，三年不得出的象徵，它是凶的。象辭上說：「上六失道」，是說受了三年的凶災的意思。

【今釋】虞翻說：「觀，巽為繩，艮為手，上變入坎，故係用徽纆，坎多心，故叢棘。二變則五體剝，剝傷坤殺，故寘于叢棘也。」九家易說：「坎為叢棘，又為法律。」這是本爻象學的探究。按：觀卦䷓上九與九二位置相換，則成坎卦。觀外卦巽為繩，三至五互艮，上九變，則外卦為坎，坎卦九二變陰，則坎初至五，有剝卦䷖的現象，故體剝。剝落故傷，坤初六文言云子弒父，臣弒君，故殺。

離䷝ 離（火）下　離（火）上　錯䷜坎　綜䷝離

離㈠，利貞亨，畜牝牛㈡，吉。

【今註】㈠離：卦名。有附麗、光明的意思。一陰附于上下二陽之間，故有附麗的意思，離中虛，離為火，為日，故有光明的意思。序卦曰：陷必有所麗，故受之以離，離者麗也。㈡牝（音ㄆㄧㄣˋ）牛：雌的牛。

【今譯】離卦有利于正，得亨通的象徵，又因它是陰卦，陰有柔順之意，所以又有養牝牛得吉利的象徵。

【今釋】虞翻說：「坤二五之乾，與坎旁通。於爻，遯初之五，柔麗中正，故利貞亨。坤為牝牛，乾二五之坤，成坎，體頤養象，故畜牝牛吉。」按：坤卦六二六五，入乾卦，即成離卦。又遯䷠初六與九五相換，亦成離卦。旁通坎，坎二至五有頤卦䷚的現象，故有頤養象。

彖曰：離，麗也，日月麗乎天，百穀草木麗乎土，重明以麗乎正，乃化成天下，柔麗乎中正，故亨，是以畜牝牛吉也。

【今譯】離有附著附麗的意思，日月附麗于天空之中，百穀和草木，附麗於土地之上，上下都是離的光明，以重離的光明，附麗於正道，才可以化成天下，柔順麗于中正，所以能亨通，因此養牝牛，可以有吉利的象徵。

【今釋】荀爽說：「陰麗於陽，相附麗也。」所以說：「離，麗也」。虞翻說：「乾五之坤成坎為月，離為日，日月麗天也。震為百穀，巽為草木，坤為土，乾二五之坤，成坎震，體屯，屯者盈也，盈天地之間者唯萬物，萬物出震，故百穀草木麗乎土。柔謂五陰，中正謂五，伏陽，出在坤中，畜牝牛，故中正而亨也。」按：離二至四互巽，坎二至四互震，二至上有屯卦䷂的現象。六五以陰爻居陽位，不正，將變陽，故伏陽。

象曰：明兩作離，大人以繼明照于四方。

【今譯】象辭上說：上下都是離明，這是離明兩作的象徵，大人法象此德，即繼此光明，將他的福澤德惠，廣照于四方之內。

【今釋】虞翻說：「兩謂日與月也，乾五之坤成坎，坤二之乾成離，離坎，日月之象，故明兩作離，作，成也，日月在天，動成萬物，故稱作矣，或以日與火為明兩作也。」可為此卦象的說明。

初九㈠，履㈡錯然，敬之，无咎。象曰：履錯之敬，以避咎也。

【今註】㈠初九：指本卦第一爻䷝*的爻位而言。㈡履：行也。

【今譯】初九有行事錯雜的樣子，以敬行之，是沒有災咎的。象辭上說：「履錯之敬」，是為了避免災咎呀。

【今釋】荀爽說：「火性炎上，故初欲履錯於二，二為三所據，故敬之則无咎。」這是從另外的觀點解說的。按：初九比鄰於六二，故欲上履於六二，然六二與九三相比鄰，九三之陽又下據六二，故履錯於二。

六二㈠，黃離㈡，元吉。象曰：黃離元吉，得中道也。

【今註】㊀六二：是指本卦第二爻䷝*的爻位而言。㊁黃：是中色，離是文明的象徵。

【今譯】六二有得其中道，而有文明的象徵，它是大吉的。象辭上說：「黃離元吉」，是因得中道的關係。

【今釋】侯果說：「此本坤爻，故云黃離，來得中道，所以元吉」此是從象的觀點，去說明的。按：坤六五曰黃裳，坤為土為黃，六二為陰爻，故云黃離，在內卦之中，故得中道。

九三㊀，日昃㊁之離，不鼓缶㊂而歌，則大耋㊃之嗟，凶。象曰：日昃之離，何可久也。

【今註】㊀九三：是指本卦第三爻䷝*的爻位而言。㊁日昃（音ㄗㄜˋ）：日斜的意思。㊂缶：瓦器，可以作樂器用。㊃耋（音ㄉㄧㄝˊ）：八十叫耋。

【今譯】九三有日傾斜的現象，日有傾斜的時候，人有衰老的時期，人如不以豪放曠達的態度，取缶鼓之而唱歌，愉快的過日子，則到老時空自嗟嘆，就有凶災了。象辭上說：「日昃之離」，怎麼可以長久照著呢。

【今釋】九三處於下離的終點，在前明將盡，後明（外離）未生之時，所以有日已傾斜的象徵。荀爽說：「初為日出，二為日中，三為日昃，以喻君道衰也。」九家易說：「鼓缶者，以目下視，離為大腹，瓦缶之象，謂不取二也。歌者口仰向上，謂兌為口而向上，取五也。昃者向下也。今不取二，而上取五，則上九耋之陽稱大也。……日昃當降，何可久長。」這可供吾人參考。按：離三爻至五爻互兌，兌為口，九三適在其間，兌口向上，故三入欲取五。

九四㊀，突如㊁其來如，焚如，死如，棄如。象曰：突如其來如，無所容也。

【今註】㊀九四：是指本卦第四爻☲☲*的爻位而言。㊁如：有「樣子」「狀態」的意思。

【今譯】九四有離日突然間而來到，又異常的盛熱，最後盛極又衰，而死絕，而捨棄的樣子。象辭上說：「突如其來如」，是因無所容的關係。

【今釋】九四處前明已盡（內卦離火已完），後明始生之時，所以有離日「突如其來如」突然出現的樣子，離日一升，至中午時分，則熱度達於極點，有焚燒萬物之狀。盛極而衰，又有死絕，被拋案的樣子，一切行事，都不能長久，所以有無所容的樣子。

荀爽說：「陽升居五，光炎宣揚，故突如也；陰退居四，灰炭降墜，故其來如也。陰以不正居尊乘陽，歷盡數終，天命所誅，位喪民叛，下離所害，故焚如也。以離入坎，故死如也。火息灰損，故棄如也。」這是另一種說法，今錄之，以供參研。按：六五以陰居陽，處於尊位，故不正居尊，位喪民叛。九四之陽不正，與六五易位，則得正，故陽欲升五，而陰來退四。

六五㊀，出涕沱若㊁，戚嗟若，吉。象曰：六五之吉，離王公也。

【今註】㊀六五：是指本卦第五爻☲*而言。㊁沱若：滂沱的樣子，喻涕泗橫流的樣子。

【今譯】六五雖有流涕滂沱，憂戚嗟傷的樣子，但是它是吉利的。象辭上說：六五的吉利，是因附麗於王公的關係。

【今釋】荀爽說：「六五陰柔，退居於四，出離為坎，故出涕滂若，而下以順陰陽也。」虞翻說：「坎為心，震為聲，兌為口，故戚嗟若，動而得正，尊麗陽，故吉也。」這是從象學的觀點去解說的。

上九㊀，王用出征，有嘉折首，獲匪其醜㊁，无咎。象曰：王用出征，以正邦也。

【今註】㊀上九：是指本卦最後一爻☲*而言。㊁醜：類也。

【今譯】上九有王用出征，嘉獎能折取羣盜的頭，捕獲不與人民同類的惡黨的象徵，這是無咎的。象辭上說：「王用出征」，是為了除去民害，以正邦國的關係。

【今釋】虞翻說：「王謂乾，乾二五之坤，成坎，體師象，震為出，故王用出征，首謂坤二五來折乾，故有嘉折首：醜，類也，乾征得坤陰類，乾，陽物，故獲非其醜，无咎矣。乾五出征坤，故正邦也。」這是站在象學的觀點立說的，可供吾人參考。按：坎卦☵初至四有師卦☷的現象。二至四互震，震為行，故曰出。

下　經

咸 ䷞ 艮（山）下 兌（澤）上　錯 ䷨ 損　綜 ䷟ 恆

咸㊀，亨利貞，取㊁女吉。

【今註】㊀咸：卦名，即感的意思。艮為少男，兌為少女，男女相感最深的，沒有比少年更深的了，所以取此象。㊁取：就是娶的古字。

【今譯】咸卦是亨通暢達的，但利於守正道，它有娶女（妻）吉利的象徵。

【今釋】鄭玄說：「咸，感也。艮為山，兌為澤；山氣下，澤氣上，二氣通而相應，以生萬物，故曰感也。其於人也，嘉會禮通、和順于義、幹事能正，三十之男有此三德，以下二十之女，正而相親悅，取女吉之道也。」咸卦下艮為山，上兌為澤，山氣猶今所言大陸性氣候，澤氣猶今所言海洋性氣候，二氣互相交通，就造成冬天和夏天的季風氣候，而使萬物滋生。

彖曰：咸，感也，柔上而剛下㊀，二氣感應以相與㊁，止而說㊂，男下女，是以亨利貞，取女吉也。天地感而萬物化生，聖人感人心，而天下和平，觀其所感而天地萬物之情可見矣。

【今註】㊀柔上而剛下：是指兌為少女，為陰柔之卦，居於上卦；艮為少男，為陽剛之卦，位於下卦。㊁參見上面鄭玄的解說。二氣就是陰陽二氣的意思，陰陽相感相應，猶男女的互相感應，相反相求一樣。㊂止而說（音ㄩㄝˋ）：咸卦下艮上兌；艮為止，兌為悅；故曰止而說。

【今譯】彖辭上說：咸就是感的意思，兌為柔，居於上，艮為剛，位於下，剛柔二氣互相感應，以相通，又止於此而歡悅，男（剛）的以禮下於女（柔）；所以能亨通；而利於正，有娶女吉利的象徵。天地互相的感應，就使得萬物化生，聖人感動所有國人的心理，所以使得天下和平，災害不生。我們只要觀察他所感應的詳情，就能知道天地萬物的情態了。

【今釋】王肅說：「山澤以氣通，男女以禮感，男而下禮，初婚之所以為禮也，通義正、取女之所以為吉也。」這是解說「二氣感應以相與，……取女吉也。」

為什麼說「天地感而萬物化生」呢？荀爽說：「乾下感坤，故萬物化生於山澤。」陸績說：「天地因山澤孔竅，以通其氣，化生萬物也。」此二說，皆頗切中事理。

為什麼說「聖人感人心而天下和平」呢？虞翻認為「乾為聖人，初四易位，成既濟，坎為心，為平，故聖人感人心而天下和平，此保合太和、品物流形也。」這是純以象學的觀念，去解說的。咸初六九四不得其正，易位則成既濟䷾六爻各得其正。

象曰：山上有澤，咸。君子以虛受人。

【今譯】象辭上說：山上有澤，是「咸卦」的象徵，咸卦下艮為山，上兌為澤，所以稱山上有澤。君子體察這種現象，即以虛懷若谷的精神，去接待他人。

【今釋】孔穎達說：「君子法此咸卦，下山上澤，故能空虛其懷，不自有實，受納於物，無所棄遺，以此感人，莫不皆應。」這是從義理的觀念解說的。

初六㊀，咸其拇㊁。象曰：咸其拇，志在外也。

【今註】㊀初六：是指本卦第一爻䷞*的爻位而言。㊁拇：足大指。

【今譯】咸卦初六，因它處咸卦感應的開始，所感在末，故有感其足大指的象徵。象辭上說：「咸其拇」，是因為它的心志在外的關係呀。

【今釋】本爻為什麼說「咸其拇，志在外」呢？因本爻居於內卦之下，所感微末，故有咸其拇的象徵，與外卦九四相應，所以說：「志在外也。」虞翻說：「艮為指、坤為母，故咸其拇，失位遠應，之四得正，故志在外，謂四也。」其理亦通，母，即拇的意思。按：初六以陰居陽故失位，九四亦不得其正，故不易相感，初四易位，則各得其正矣。

六二㊀，咸其腓㊁，凶，居吉。象曰：雖凶居吉，順不害也。

【今註】㊀六二：指本卦第二爻䷞*的爻位而言。㊁腓（音ㄈㄟˊ）：足肚也。崔憬說：「腓，腳腨，次於拇上，二之象也。」孔穎達說：「腓，足之腓腸也。」

【今譯】 咸卦六二有咸其腳肚的象徵，這是凶的，唯有居而不進，則吉。象辭上說：「雖凶，居則吉」，是因為順著柔順的本性，則不會遭害的關係。

【今釋】 六二是柔而處中道的，柔順則不應該主動的去有行動，如感其足腓，而終於前往的話，一定遇到凶的，如處而不進，順守陰道，則能得吉。六二應九五，如躁進而相感，則凶。必順守以待上之求，乃吉。崔憬說：「得位居中，於五有應，若感應相與，失艮止之禮，故凶；居而承比於三，順止而隨於當禮，故吉也。」他的解說是根據爻位動靜的原則而立說的。

九三㊀，咸其股㊁，執其隨，往吝。象曰：咸其股，亦不處也，志在隨人，所執下也。

【今註】 ㊀九三：是指本卦第三爻䷞*的爻位而言。㊁股：在足上，腰也，就是髀（大腿）的意思。

【今譯】 九三有感動他的股、執守著他所隨之人的象徵，如前往，則必見災凶。象辭上說：感動它的股，是說也不願意靜守不進，志在隨人，是說所執守之道非常卑下的意思。

【今釋】 為什麼九三有這種現象呢？崔憬說：「股胜而次於腓上，三之象也。剛而得位，雖欲感上，以居艮極，止而不前，二隨於己，志在所隨，故執其隨，下比二也。而遂感上，則失其正應，故往吝窮也。」這是以爻位的原則去解說的。虞翻說：「巽為股，謂二也。巽為隨，艮為手，故稱執，三應於上、初四已變，歷險故往吝，巽為處女也，男已下女，以艮陽入兌陰……志在於二，故所執下也。」這是純從象學及爻位的應比，而立說的。按：二至四互巽，巽為風故為隨。初四易位成既濟䷾，坎為險，故歷險。艮陽卦，兌陰卦。初在艮，四在兌，故以艮陽入兌陰。

九四㈠，貞吉，悔亡，憧憧㈡往來，朋從爾思。象曰：貞吉悔亡，未感害也；憧憧往來，未光大也。

【今註】㈠九四：是指本卦第四爻䷞*的爻位而言。㈡憧憧：心意不定往來不停的樣子。

【今譯】九四有守正則吉，沒有後悔的象徵，又有往來不停，想有所行動，以朋友相應於他本身的現象。象辭上說：「貞吉悔亡」，是因還沒感應到災害的關係；憧憧往來，是因為不光明正大的關係。

【今釋】九四為什麼有這種現象呢？虞翻說：「失位，悔也。應初，動得正，故貞吉而悔亡矣。憧憧、懷思慮也。之內為來，之外為往，欲感上隔五，感初，隔三，故憧憧往來矣。兌為朋，少女也。艮初變之四，坎心為思，故曰朋從爾思。」又說：「坤為害也，今未感坤，初體遯弒父，故曰未感害也。未動之離，故未光大也。」這是本爻所以繫如此之辭的關係。也是本爻象學的根據。按：九四以陽居陰失位不正，下應初六，易位則得正。九五陽承上六，九三陽據初六，四往來無定，故憧憧往來。初至五有遯卦䷠的現象。遯初六本坤初六，坤文言初六弒父，未至坤，故未感害也，離為明，未變離，故未光大也。

九五㈠，咸其脢㈡，无悔。象曰：咸其脢，志末也。

【今註】㈠九五：是本卦䷞*的第五爻。㈡脢（音ㄇㄟˊ）：是夾脊肉的意思。說文云：「背肉也。」

【今譯】九五有感動它的夾脊肉的象徵，這是無悔的。象辭上說：「咸其脢」，是因志於淺末，未能光大的關係。

【今釋】九五為什麼有這種現象呢？虞翻說：「謂四已變，坎為脊，故咸其脢，得正而无悔。」李鼎祚說：「末猶上也，四感於初，三隨其二，五比於上，故咸其脢，志末者，謂五志感於上也。」按：九四變則外卦成坎，而得正，故無悔。

上六㈠，咸其輔頰舌㈡。象曰：咸其輔頰舌，滕㈢口說也。

【今註】㈠上六：是本卦䷞*的第六爻。㈡輔頰舌：來氏曰：「輔者口輔，頰者面旁。舌動則輔應而頰從之。三者相須用事，皆所以言者也。」王弼說：「輔頰舌者，所以為語之具也。」㈢滕（音ㄊㄥˊ）：張口騁辭的樣子，見說文解字。鄭玄、虞翻皆云：送也。

【今譯】上六有感其輔頰舌的樣子。象辭上說：「感其輔頰舌」，是說專門騁口辭去說服人家的意思。

【今釋】為什麼上六有此現象呢？虞翻說：「耳目之間稱輔頰，四變為目，坎為耳，兌為口舌，故曰：咸其輔頰舌。滕，送也，不得之三，山澤通氣，故滕口說也。」這是從象學的觀念解說的。按：四變則外卦坎為耳，而三至五互離為目。

恆䷟巽（風）下 震（雷）上　錯䷩益　綜䷞咸

恆㈠，亨，无咎，利貞，利有攸往。

【今註】㈠恆：卦名。有恆久之義。序卦曰「夫婦之道不可以不久也，故受之以恆。」

【今譯】恆卦，是亨通的，沒有災咎的，但利於奉守正道，能奉守正道，就可以利有所往了。

【今釋】為什麼恆卦有亨通無咎而利於正呢？這可從象數上去觀察，古人對此卦的解說，以虞翻與鄭玄較為有理。虞翻說：「恆，久也。與益旁通（錯卦也叫旁通），乾初之坤四，剛柔皆應，故通。无咎利貞矣。」鄭玄曰：「恆，久也。巽為風、震為雷。雷風相須而養物，猶長女承長男，夫婦同心，而成家，久長之道也。夫婦以嘉會禮通，故无咎。其能和順幹事，所行善矣。」他們兩家的解說，無論在象數或人事上，都解得通，都值得我們參考。按：泰卦䷊內卦乾初九與外卦坤六四易位，則成恆，故曰乾初之坤四，恆六爻皆各得其應，故曰剛柔皆應。

彖曰：恆，久也。剛上而柔下㈠，雷風相與，巽而動㈡，剛柔

皆應㊂，恆。恆，亨，无咎，利貞，久於其道也。天地之道，恆久而不已也。利有攸往，終則有始也。日月得天而能久照，四時變化而能久成，聖人久於其道而天下化成。觀其所恆，而天地萬物之情可見矣。

【今註】㊀剛上而柔下：謂震剛在上而巽柔在下也。㊁巽而動：謂其卦德，震則動、巽則巽遜也。李鼎祚曰：「此本泰卦也，六四降初，初九升四，是剛上而柔下也，分乾與坤雷也，分坤與乾風也，是雷風相與，巽而動也。」按泰䷊，內乾外坤，六四降初，初九升四即成恆。下巽上震，震為雷、巽為風，故雷風相與。㊂剛柔皆應：謂初應四，二應五，三應上，皆陽以應陰，陰以應陽也。九家易曰：「初、四、二、五，雖不正，而剛柔皆應，故通无咎矣。」

【今譯】彖辭上說：恆就是恆久不已的意思，陽剛的震卦在上，陰柔的巽卦在下，雷風互相助益，巽遜而動，剛柔都能相應，這是恆卦的象徵。恆卦有亨通、无咎，而利於正道的現象，是因長久守住正道呀！我們觀察天地的道理，也是恆久而永不停止的。所以我們效法它，在恆久守正之後，即可利有所往，因為恆久不已，循環不止。在終結時，復又開始，像那日月得天，日夜不停的長久照耀，春夏秋冬四時的變化，而能長久運行，以構成萬古的宇宙，聖人恆久於正道，而天下也就可以教化成功了。我們只要觀察它所行恆久的道理，那麼天地萬物的情態，也就可以知道了。

象曰：雷風，恆；君子以立不易方。

【今譯】象辭上說雷風恆久不已的交相為用，這是恆卦的象徵；君子效法它的精神，則以樹立自己，使不變易其道。

【今釋】方是道的意思；易是變易、改易、變更的意思；立就是自立立人的立。宋衷說：「雷以動之，風以散之，二者常相薄，而為萬物用。故君子象之，以立身守節，而不易道也。」這是從象數義理去說明的，頗有可取。

初六㊀，浚恆㊁，貞凶，无攸利。象曰：浚恆之凶，始求深也。

【今註】㊀初六：是本卦䷟*的第一爻。㊁浚恆：浚，是深的意思。浚恆是深切的求恆道。

【今譯】恆卦初六，因不合陰陽正位，又處恆卦的開始，（一三五為陽位，二四六為陰位，初是陽位，而以陰居之）故有深求恆道的象徵，它是貞凶，而無利的。象辭上說：浚恆的凶害，是因開始時，即求得過深的關係。

【今釋】恆卦初六為什麼有此現象呢？侯果曰：「浚、深，恆、久也；初本六四、自四居初，始求深厚之位也；位既非正，求乃涉邪，以此得正，凶之道也。故曰浚恆貞凶，无攸利矣。」按：恆之初六，本泰之六四，故自四居初，初六以陰居陽，故其位非正。初下稱浚。故曰浚恆，乾初為淵，故深矣。失位，變之正。乾為始，故曰始求深也。按：乾初九潛龍勿用，在淵也，故為淵。

九二㊀，悔亡㊁。象曰：九二悔亡，能久中也。

【今註】㊀九二：是指恆卦第二爻䷟*的爻位而言。㊁亡，即無的意思，古書此二字往往通用。

【今譯】九二有「無悔」的象徵。象辭上說：九二沒有後悔，是因為能夠長久守著中道呀。

【今釋】虞翻說：「失位，悔也。動而得正，處中多譽，故悔亡也。」荀爽說：「乾為久也。能久行中和，以陽據陰，故曰能久中也。」按：九二以陽居陰，故失位；變陰得正，處內卦之中，繫辭曰：「二多譽」故悔亡。九二下據初六，故曰以陽據陰。

九三㊀，不恆其德，或承之羞，貞吝。象曰：不恆其德，无所容也。

【今註】㊀九三：是指本卦第三爻䷟*的爻位而言。

【今譯】恆卦九三有不守著它恆常的德性，而被人羞辱的象徵，它是雖正，也是鄙吝的，何況不正呢？象辭上說：「不恆其德」，是因無人可容納的關係。

【今釋】本爻為什麼有此現象呢？荀爽曰：「與初同象，欲據初隔二，與五為兌、欲說之，隔四意无所定，故不恆其德，與上相應，故往承之，為陰所乘，故或承之羞也。貞吝者，謂正居其所，不與陰通也。无居自容，故貞吝也。」按：三與初皆在內卦，故與初同象。然二已下據初，故三不得往初。三至五互兌，兌為悅，然四近五，三不得近，故不恆其德，乃上應上六，故或承之羞。

九四㈠，田无禽㈡。象曰：久非其位，安㈢得禽也？

【今註】㈠九四：是指本卦第四爻䷟*的爻位而言。㈡田无禽：是說打獵捉不到禽獸的象徵。㈢安：是何的意思。

【今譯】九四有獵捕不到禽獸的象徵。象辭上說：常久不處於它的正位上，何能得禽呢？

【今釋】虞翻說：「田為二也，地上稱田，无禽謂五也。九四失位，利二上之五，已變承之，故曰田无禽；言二五皆非其位，故象曰：久非其位，安得禽也。」按六爻，初與二為地之道，二在初上，故田謂二。九四以陽居陰故失位。九二與六五易位，九四變陰，則四得承陽，而得位。然二五皆未易位也，故田无禽。

六五㈠，恆其德，貞，婦人吉，夫子凶。象曰：婦人貞吉，從一而終也。夫子制義，從婦凶也。

【今註】㈠六五：是指本卦第五爻䷟*的爻位而言。

【今譯】六五有恆久的守著永不變的貞德的象徵，這在婦人是吉利的，先生是凶的。象辭上說：婦人守著永不變的貞德，是因永久從一而終的關係。先生須要裁度事理，如永久的聽從婦人，是凶的。

【今釋】 為什麼本爻有此現象呢？欲知其故，須研究象學。虞翻曰：「動正成乾，故恆其德。婦人謂初，巽為婦。終變成益，震四復初，婦得歸陽，從一而終故貞婦人吉也。震乾之子。而為巽夫，故曰夫子。終變成益，震四從巽，死於坤中，故夫子之凶也。」這是它的象數根據。按：六五失位，變正則二至五體乾。

上六㈠，震恆㈡凶。象曰：震恆在上，大无功也。

【今註】 ㈠上六：是指本卦第六爻䷟*的爻位而言。㈡震恆：是震動其恆，變更恆久之道的意思。

【今譯】 上六有震動它恆久之道的象徵，這是有凶災的。象辭上說：「震恆在上」（事將成之時，而變動常理），是沒有大成的意思。

【今釋】 本爻如從象學去研究，可參考虞翻的解說。虞翻說：「在震上，故震恆。五動乘陽，故凶。終在益上五遠應，故无功也。」按：六五失位，變陽得正，而上六在其上，故乘陽，而凶。恆益旁通，故終在益上。

遯䷠艮（山）下 乾（天）上 錯䷒臨 綜䷡大壯

遯㈠，亨，小利貞。

【今註】㈠遯（音ㄉㄨㄣˋ）：卦名；退避的意思。天高于上，山止於地，有遯止不進的象徵。又二陰爻生于下，陰漸長，有小人漸盛、君子退而避之的現象。六月之卦。序卦曰：「物不可以久居其所，故受之以遯。」

【今譯】遯卦是亨通的，在小人當道的時候，君子身退亨通，在小人則利於守正。

【今釋】君子處當遯之時，身退則道亨。小，指二陰。小利貞，是小者利於正，以不害君子而自己保全。虞翻說：「陰消姤二也。艮為山，巽為入（互卦），乾為遠，遠山入藏，故遯。以陰消陽，子弒其父，小人道長，避之乃通，故遯而通，則當位而應，與時行也。小，陰。謂二得位，（六二居內卦之中，合於陰陽之正位）浸長，以柔變剛。故小利貞。」按：陰消初陽即為姤䷫，至二即成遯䷠，上卦乾，下卦艮，至四互巽。陽為大，陰為小。陰消陽至二，有浸長之勢，陽為剛，陰為柔。以柔變剛，而柔利貞矣。

彖曰：遯，亨，遯而亨也。剛，當位而應㈠，與時行也。小利貞，浸而長也㈡。遯之時義大矣哉！

【今註】㈠剛當位而應：是指九五得陰陽之正位，和六二相應。㈡浸（音ㄐㄧㄣˋ）而長：是漸漸成長；漸漸繁盛的意思。

【今譯】 彖辭上說：遯，亨通，是說因為在當退避（遯）的時候，即退避，所以亨通。九五以陽剛，當中正之位，而遙與六二的陰柔相應，能夠順時而行，不為所害。小利貞，是因為陰爻積漸而長的關係，積漸而長，勢必至於極盛，物極則反，故小者利於守正。遯卦的時義是很深遠的呀！

【今釋】 陸績說：「謂陽氣退，陰氣將害，隨時遯避，其義大矣哉。」宋衷說：「太公遯殷（商），四皓遯秦之時也。」此二人之言，一以氣解，一以人證，可作本文之補充說明。

象曰：天下有山，遯，君子以遠小人，不惡而嚴。

【今譯】 象辭上說：天下有山，有遯的現象，君子體察此現象，即以疏遠小人，不過度的厭惡它，卻很嚴肅的凜然不可侵犯的對待他。

【今釋】 不惡而嚴，是疏遠小人的態度與方法。不惡是說厭惡小人，不要做得太過分。因為「人而不仁，疾之已甚，亂也」。做得過分，就會對自己不利。孟子說：「仲尼不為已甚者也。」即是說孔子不會做得過分的意思。雖然厭惡不能至於過分，但卻要以禮自守，做到「望之嚴然」，凜然不可侵犯的儀表。它為什麼有這種現象呢？崔憬說：「天喻君子，山比小人，小人浸害，若山之侵天，君子遯避，若天之遠山。故言天下有山遯也。」虞翻說：「君子謂乾，乾為遠，小人謂陰，坤為惡，為小人。故以遠小人，不惡而嚴。」

初六㊀，遯尾㊁厲，勿用有攸往。象曰：遯尾之厲，不往何災也。

【今註】㊀初六：是指本卦第一爻☰☷*的爻位而言。㊁尾：後的意思。

【今譯】本卦第一爻，有退避在後，將有危厲的象徵，處此時，是不可以有所往的。象辭上說：最後遯去的危厲，如不前往，則何災之有？

【今釋】本爻為什麼有此現象呢？陸績說：「陰氣已至于二，而初在其後，故曰遯尾也。避難當在前，而在後，故厲，往則與災難會，故勿用有攸往。」虞翻說：「艮為尾也，初失位（初當為陽位，而初六為陰）動而得正，（變成陽爻），故遯尾厲。之應成坎（謂初六與九四易位，則二至四互坎）為災，在艮宜靜，若不往於四，則無災矣。」這是對本爻的最好解說。

六二㊀，執之用黃牛之革㊁，莫之勝說㊂。象曰：執用黃牛，固志也。

【今註】㊀六二：是指本卦第二爻☰☷*的爻位而言。㊁執：縛的意思。革：即皮。㊂莫之勝說：就是沒有人能解開的意思。說，就是脫的意思。

【今譯】本爻有用黃牛的皮執縛它，沒有人能解開的象徵。象辭上說：「執用黃牛」，是說意志非常堅固的象徵。

【今釋】 虞翻說：「艮為手，稱執；否、坤為黃牛，艮為皮，四變之初，則坎水濡皮，離日乾之，故執之用黃牛之革。莫，无也；勝，能；說，解也。乾為堅剛，巽為繩，艮為手。持革、縛三在坎中，故莫之勝說也。」這是本爻象學的根據，及注釋。侯果說：「六二離爻，離為黃牛，體艮履正，上應貴主，志在輔時，不隨物遯，獨守中直，堅如革束，執此之志，莫之勝說，殷之父師，當此爻矣。」這是解說「固志」的道理。按：陰消陽至三則成否☰☷，下坤上乾。遯內卦為艮，二至四互巽，初六與九四易位，則二至四互坎，而內卦成離。六二爻體為離，居中得正，上應九五，五為君位，故曰貴主。殷之父師，指比干等人。

九三㈠，係遯㈡有疾厲，畜臣妾吉。象曰：係遯之厲，有疾憊也。畜臣妾吉，不可大事也。

【今註】 ㈠九三：是指本卦第三爻☰☶*的爻位而言。㈡係：繫的意思。係遯：維繫著遯避，即急欲遯去的意思。

【今譯】 九三有繫於遯去的象徵，因為有疾病之事，很危厲，所以須遯去，處此時，畜養臣僕婢妾，是可以獲吉的。象辭上說：係遯的危厲，是因有疾病疲憊不堪，急欲遯去的意思。畜臣妾吉，是說不可以做大事，只能畜養臣妾，以扶持我而已。

【今釋】 虞翻說：「厲，危也。巽（互卦）繩為係，四變三體坎，坎為疾，故有疾厲，遯、陰剝陽，三消成坤，與上易位，坤為臣，兌為妾，上來之三，據坤應兌，故畜臣妾吉也。」這是本爻的象學根據。按：陰消陽至三成否卦，䷋內卦為坤，九三上六皆失位不正，易位則成䷞，而得陰陽正應。

九四㊀，好遯，君子吉，小人否。象曰：君子好遯，小人否也。

【今註】 ㊀九四：是指本卦第四爻䷠*的爻位而言。

【今譯】 九四有好遯的象徵，君子處當遯的時候，即能遯開以保身遠害，所以吉利，小人則徇私戀祿，不知遯去，所以未有吉利可言。象辭上說：「君子好遯」，小人就不然了。

【今釋】 侯果說：「不處其位，而遯於外，好遯者也。然有應在初，情未能棄，君子剛斷，故能舍之，小人係戀，必不能矣。故君子吉，小人凶矣。」其言，頗能深入此爻之理，可為吾人參考。按：陽為君子，陰為小人。九四應於初六，二爻皆失位，不正而應，不好，若君子則知遯藏，小人則不知遯藏矣。

九五㊀，嘉㊁遯，貞吉。象曰：嘉遯貞吉，以正志也。

【今註】 ㊀九五：是指本卦第五爻䷠*的爻位而言。㊁嘉：美的意思。

【今譯】 本爻有嘉美遯去的象徵，它是正而且吉利的。象辭上說：「嘉遯貞吉」，是因能端正其志之故。

【今釋】本爻為何有此現象呢？根據象學家的解說，侯果說：「時否德剛，雖遯中正，嘉遯者也。故曰貞吉。遯而得正，則羣小應命。」按：五為尊貴之位，九五以陽處陽，得正居中，在遯之時，乃遯之嘉者也。

上九㊀，肥㊁遯，无不利。象曰：肥遯无不利，无所疑也。

【今註】㊀上九：是指本卦最上一爻䷠*而言。㊁肥：是有餘裕的意思。

【今譯】上九有肥遯的象徵，它是無不利的。象辭上說：「肥遯无不利」，是應處遯之極，肥然遠遯，毫無所餘的意思。

【今釋】虞翻說：「乾盈為肥，二不及上，故肥遯无不利。象曰：无所疑也。」侯果曰：「最處外極，无應於內，心无疑戀，超世高舉，果行育德，安行无悶，遯之肥也。故曰肥遯无不利，則潁濱巢許，當此爻矣。」這是從象學義理的觀點而言。按：乾六爻皆盈滿，故為肥。上九在遯之最上一爻，故最處上極，九三為陽，下無所應，故無應于內，在遯之時，而能超世高舉。如潁水之濱之巢父許由，世不能害，故無不利。

大壯䷡ 乾（天）下 震（雷）上　錯䷓觀　綜䷠遯

大壯㊀，利貞。

【今註】㊀大壯：卦名，大者，盛壯的意思。大指陽，四陽盛長，故名大壯。二月之卦。序卦曰：「物不可以終遯，故受之以大壯。」

【今譯】大壯，在陽道盛壯之時，利於守正。以獲盛壯之利。

【今釋】虞翻曰：「陽息泰也，壯，傷也。大謂四，失位為陰所乘，兌為毀折傷；與五易位，乃得正。故利貞也。」按：息，增也，泰卦☷☰增一陽，即成大壯。九四失位，六五乘之，六五以陰居陽，亦失位，九四六五易位，則各得其正，故利貞。

彖曰：大壯，大者壯也。剛以動，故壯。大壯利貞，大者正也，正大而天地之情可見矣。

【今譯】彖辭上說：大壯，是說陽大而盛壯的意思。剛健而動，所以盛壯。大壯利貞，是說大者須剛正的意思，人能正大觀萬物，則天地的一切情狀，皆可看見明達了。

【今釋】剛以動故壯，是說，乾為剛健（內卦），震為動（外卦），剛健而動，所以能得盛壯之利。荀爽說：「乾剛震動陽從下升，陽氣大動故壯也。」虞翻曰：「謂四進之五，乃得正，故大者正也。正大謂四之五成需，以離日見天，坎月見地。故天地之情可見也矣。」這是從象學的理論而言。按：

九四六五易位則成需䷄外卦坎，三至五互離。內卦為乾，故天地之情可見。

象曰：雷在天上，大壯，君子以非禮弗履㊀。

【今註】㊀弗履：即不行之意。

【今譯】象辭上說：雷在天上，有大壯的現象，君子觀察大壯的現象，以之處世，非禮不行。

【今釋】非禮弗履，即不合禮儀的，不做；亦即論語「非禮勿視、非禮勿聽、非禮勿言、非禮勿動」的意思。崔憬曰：「乾下震上故曰雷在天上，一曰雷陽氣也，陽至於上卦，能助于天威，大壯之象也。」陸績曰：「天尊雷卑，君子見卑乘尊，終必消除，故象以為戒，非禮不履。」這是從象學的觀點立說的。

初九㊀，壯于趾，征㊁凶，有孚。象曰：壯于趾，其孚窮也。

【今註】㊀初九：指本卦第一爻䷡*的爻位而言。㊁征：行、往的意思。

【今譯】本卦初九，它的壯是在下，故有壯於足趾的現象，壯於下，以之而一味的前往，必有凶，而有孚信（於凶）的。象辭上說：「壯于趾」，是因它孚信於困窮凶吝呀，一說惟有孚信可以避凶。

【今釋】王弼說：「其下者，在下而壯，故曰壯于趾也。居下而用剛壯，以斯而進，窮凶可必也。故曰征凶有孚。」虞翻曰：「趾謂四，征，行也，震足為趾，為正，初得位，四不征之五故凶，坎為孚，應在乾終，故其孚窮也。」這兩家的說法，或以理解，或以象說，都有道理的。按：大壯外卦震為足，初九以陽居陽得位，九四失位，無應故凶，四之五，五之四，則成需䷄，初九得應之，故有孚，大壯初至四互乾，故應在乾終。

九二㊀，貞吉。象曰：九二貞吉，以中也。

【今註】㊀九二：是指本卦第二爻䷡*的爻位而言。

【今譯】本卦九二在大壯之時，居內卦之中，不過于壯，故有正而且吉利的象徵。象辭上說：「九二貞吉」，是因為居在中位，能守著中道，不過于盛壯的關係。

【今釋】虞翻說：「變得位（變六二）故貞吉；動體離，故以中也。」來知德謂「九二以陽剛當大壯之時，居中而不過于壯，正而且吉者也。」此兩家的說法，皆足供吾人參考。按：九二不正，變陰，則得正，而內卦為離。

九三㊀，小人用壯，君子用罔㊁，貞厲，羝羊㊂觸藩，羸㊃其角。
象曰：小人用壯，君子罔也。

【今註】㊀九三：指本卦第三爻䷡*的爻位而言。㊁罔：有二解，一解作無，一解作網。㊂羝（音ㄉㄧ）羊：即壯羊。㊃羸（音ㄌㄟˊ）：即瘦而傷病之意。

【今譯】 九三以陽剛處內卦之上，有小人過于盛壯凌暴於人，而為君子所網羅的現象；有如強壯的羊，去抵觸藩籬，而使牠的角，受損傷的現象。象辭上說：「小人用壯」，會因凌暴於人而為君子所捉獲的象徵。

【今釋】 王弼解罔為網，其意可通。本爻即從之。侯果曰：「藩謂四也，九四體震為竹葦，故稱藩也。三互乾兌，乾、壯，兌、羊，故曰羝羊。四藩未決，三宜勿往，用壯觸藩，求應於上，故角被拘羸。」這是從象去解說的。按：外卦震，二至四互乾，三至五互兌。

九四㈠，貞吉悔亡，藩決不羸，壯于大輿之輹㈡。象曰：藩決不羸，尚往也。

【今註】 ㈠九四：指本卦第四爻䷡*的爻位而言。㈡輿：即車。輹（音ㄈㄨˋ）：即輻的意思。車輻大而且壯，則載運多而且順利。

【今譯】 九四居二陰爻之下，可以用壯了，所以它是正而且吉利，沒有悔吝的。就如藩籬已經決破，前進不會受阻，不會受傷損，它有居於內卦之上，二陰爻之下，而在大壯之時，可以用壯，有壯於大車的車輻的現象。象辭上說：藩籬決開，不會受阻而受傷損，意思就是說可以前往。

【今釋】 以上是純從義理去解說，茲再引象數學的解說以證，虞翻曰：「失位悔也。之正得中，故貞吉而悔亡矣，體夬象，故藩決。震四上處五，則藩毀壞，故藩決不羸，坤為大轝為腹，四之五，折坤故壯于大輿之腹。而象曰：尚往者謂上之五。」按：九四失位，與五易位，則各得其正，而不成震矣，震為藩籬，不成震，故藩決，六五爻體坤，四五易位，不成坤，故壯于大輿之輹。

六五㈠，喪羊于易㈡，无悔。象曰：喪羊于易，位不當㈢也。

【今註】㈠六五：是指本卦第五爻䷡*的爻位而言。㈡易：即埸，是田畔之地。㈢位不當：是指五本陽位，而六五以陰居之，故其位不當。

【今譯】六五以陰爻處尊位，而在大壯之時，它有喪失羊在田畔之上的象徵，沒有悔吝的。象辭上說：「喪羊于易」，是因它的位子不當的關係。

【今釋】虞翻認為：「四動成泰，坤為喪也。乾為易，四上之五，兌還屬乾，故喪羊于易，動各得正，而處中和。故無悔矣。」這是從象學的觀點立說的。按：大壯九四變陰，則成泰卦䷊，上坤下乾。大壯三至五互兌，二至四互乾，故兌還屬乾。四五不正失位，變正則各得其正，而五處外卦之中，故處中和。

上六㈠，羝羊觸藩，不能退，不能遂㈡，无攸利，艱則吉。象曰：不能退，不能遂，不詳也㈢。艱則吉，咎不長也。

【今註】㈠上六：是指本卦最後一爻䷡*而言。㈡遂（音ㄙㄨㄟˋ）：達到前進的目的。㈢詳：就是祥的意思，祥：有吉祥善美之意。

【今譯】上六居大壯之極，有壯羊接觸藩離，既不能退，又不能進的象徵，它是無所利的，如以處理艱難的心情去處理，終能得吉利的。象辭上說：「不能退，不能遂」，是因不吉祥之故。「艱則吉」，是說只有去克服困難，則災咎不會長久的。

【今釋】我們再看象學家，如何解說此種現象。虞翻說：「應在三，故羝羊觸藩。遂，進也；謂四已之五，體坎，上能變之巽，巽為進退；故不能遂，退則失位，上則乘剛，故无攸利。坎為艱，得位應三，利上，故艱，乾善為詳不得三應故不詳也。」按：上六應九三，外卦震為藩，故觸藩。四五易位成需䷄，外卦為坎。上變則外卦成巽。而失位，五已變，上不變則成剛。

晉䷢ 坤（地）下 離（火）上　錯䷄需　綜䷣明夷

晉㈠，康侯㈡用錫㈢馬蕃庶㈣，晝日三接。

【今註】㈠晉：卦名；有進的意思。有日出地上，前進而光明的象徵。序卦曰：「物不可以終壯故受之以晉。」㈡康侯：安定國家的侯爵。㈢錫：即賜的意思。㈣蕃庶：盛多的意思。

【今譯】晉卦，光明前進，像「安定國家的侯爵，受天子賜給很多好馬，並且在白天之內，一連接見三次」。

【今釋】　虞翻曰：「觀四之五，晉，進也。坤為康，康，安也。初動體屯，震為侯，故曰康侯。震為馬，坤為用，故用錫馬。艮為多，坤為眾，故繁庶。離日在上故晝日，三陰在下，故三接矣。」按：觀卦☶☷，四五易位，則成晉。晉初失位，變正則初至五，互體屯☵☳下震坤，晉二至四互艮，外卦離。內卦坤有三爻。

彖曰：晉，進也。明出地上，順而麗乎大明㈠，柔進而上行㈡，是以康侯用錫馬蕃庶，晝日三接也。

【今註】　㈠明指離，離為日，故明；地指坤，坤為地，順指內卦坤，大明指外卦離，離為日，故大明。本卦由坤和離構成，所以說順而附麗大明。㈡柔進而上行：指六五，以柔居尊位。

【今譯】　彖辭上說：晉，就是進的意思。就如太陽的光明出于地上，漸漸上升前進的意思，它有柔順而且附麗於大明之君，柔順以上進的象徵，所以有康侯用錫馬蕃庶，晝日三接的現象。

【今釋】　荀爽曰：「陰進居五，處用事之位，陽中之陰，侯之象也，陰性安靜故曰康侯。馬謂四也。五以下羣陰錫四也。坤為象。故曰蕃庶矣。」按：六五以陰居陽位，故曰陽中之陰，五位尊貴之位，故曰用事之位，康安也，故曰康侯四五震象半見故馬謂四，四為震爻故也，五為王位，故以內卦坤之羣陰賜四。

象曰：明出地上，晉，君子以自昭明德。

【今譯】象辭上說：光明出于地上，有晉卦的象徵，君子體查此現象，即自己顯明其清靜光明的德性。

【今釋】鄭玄曰：「地雖生萬物，日出于上。其功乃著。故君子法之，而以明自照其德。」虞翻曰：「君子謂觀，乾為德。坤為自，離為明，乾五動，以離日自照。故以自昭明德也。」此二家的解說，多是純用卦象立說的。按：觀五上半體乾，四五易位，成晉，外卦為離。

初六㊀，晉如摧如㊁，貞吉。罔孚㊂，裕无咎。象曰：晉如摧如，獨行正也。裕无咎，未受命也。

【今註】㊀初六：是指本卦第一爻䷢*的爻位而言。㊁摧：有折退之意。如，是樣子，句末語氣詞。㊂罔孚：未信之意。

【今釋】初六，以柔居晉卦的開始，它有既前進、又折退的樣子，守正就能得吉。居進的開始，所以未能取信於人，惟有以寬裕的態度自處，才能无咎。象辭上說：「晉如摧如」，是表示獨行而守正，以處晉卦的開始。「裕无咎」，是說尚未接受天子錫馬接見之命，故應該寬裕而不憂。

【今釋】虞翻曰：「晉，進。摧，憂愁也。應在四，故晉如。失位故摧如。動得位，故貞吉。應離為罔。四坎稱孚。坤弱為裕。欲四之五成巽，初受其命，故无咎也。」又說：「初動震為行，初一稱獨也。」又說：「五未之巽故未受命也。」這是從卦象立說的，他解摧如為憂愁的樣子，是根據卦象而來，這是另外一個說法。明來氏知德，解摧如，為崖峨高大之狀，又是另一解說，皆可供吾人參考。初六以陰居陽故失位，上應九四，失位而上應，故晉如摧如，變陽得正，內卦成震，故貞吉，晉卦三至五互坎，九四、六五皆失位不正，四之五，五之四，二爻易位則得正，而外卦為巽，巽為命。

六二㊀，晉如愁如，貞吉，受茲介福㊁，于其王母。象曰：受茲介福，以中正也㊂。

【今註】㊀六二：是指本卦第二爻䷢*的爻位而言。㊁受茲介福：即受此大福之意。㊂以中正也：六二以柔居陰位，又位於內卦之中，故曰中正。

【今譯】本爻有既前進、又有憂愁的樣子。能守正，就能吉利，並能接受宏大的福氣，從他王母那裏。象辭上說：受此大福，是因為能守中而且行正的關係。

【今釋】本爻的象數根據，據虞翻之意，謂：「二應在坎上，故愁如。得位處中，故貞吉也。乾為介福，艮為手，坤為虛，故稱受。介，大也，謂五已正中，乾為王，坤為母，故受茲介福，于其王母。」按：三至五體坎，坎為險，而在二之上，故愁如。六二以陰居陰，在內卦之中，故得位處中。二至四體艮。觀乾象半見。

六三㊀，眾允㊁悔亡。象曰：眾允之志，上行也。

【今註】㊀六三：是指本卦第三爻☷☲*的爻位而言。㊁允：信的意思。

【今譯】六三有大家都相信他能上升的象徵，他是沒有後悔的。象辭上說：眾允的心志，是說能上行而升進的意思。

【今釋】為什麼六三有這個象徵呢？根據虞翻的說法，他認為「坤為眾。允，信也。土性信。故眾允。三失正，與上易位。則悔亡。故曰上行也。此則成小過。小過故有飛鳥之象焉。臼杵之利，見碩鼠出入坎穴。蓋取諸此也。」按：六三上九皆失正，易位則成小過☳☶。小過曰：「飛鳥遺之音」故有飛鳥之象焉，故上行也。繫辭「臼杵之利，取諸小過。」

九四㊀，晉如鼫鼠㊁，貞厲。象曰：鼫鼠貞厲，位不當也㊂。

【今註】㊀九四：是指本卦第四爻☷☲*的爻位而言。㊁鼫（音ㄕˊ）鼠：就是碩鼠，或謂即梧鼠，有五種才能、而不能成技的鼠，能飛而不能上屋，能緣而不能窮木，能游不能度谷，能穴不能掩身，能走不能先人。㊂位不當：四當陰位，而九四為陽，故位不當。

【今譯】九四以陽居陰，而居升晉之時，有進如碩鼠、不能洽意的象徵，雖正，亦危厲。象辭上說：「晉如碩鼠」，是由於位不當的關係。

【今釋】　此爻以不當位之故，所以有此象徵，九家易曰：「碩鼠喻貪，謂四也。體離欲升，體坎欲隆，游不度瀆不出坎也。飛不上屋不至上也。緣不極木，不出離也。穴不掩身，五坤薄也，走不先足，外震在下也，五技皆劣，四爻當之，故晉如碩鼠。」按：外卦離，三至五互坎，六五爻體坤，不成坤體，故五坤薄也。初爻變，內卦為震。

六五㈠，悔亡，失得勿恤㈡，往吉，无不利。象曰：失得勿恤，往有慶也。

【今註】　㈠六五：是指本卦第五爻䷢*的爻位而言。㈡恤：憂的意思。

【今譯】　本爻以柔處尊位，沒有悔吝的，得失皆不要憂恤，前往必吉利，沒有不利的。象辭上說：「失得勿恤」，是說前往定有吉慶之事。

【今釋】　荀爽、虞翻，失得之失，都作「矢」解，矢是誓的意思，矢得勿恤，就是說：誓必有得，勿須憂恤的意思。此解似較王弼、孔穎達的解說為佳，今並存之。

上九㈠，晉其角，惟用伐邑，厲吉，无咎，貞吝。象曰：惟用伐邑，道未光也。

【今註】　㈠上九：是指本卦最上一爻䷢*而言。

【今譯】 本爻處晉之極點，有前進其角，而無所可容的樣子，惟能用以討不服的城邑，這是先危厲，而後吉而無咎的，但其道未光，故雖不正亦鄙吝不堪。象辭上說：「惟用伐邑」，是因其道未能光明正大之故。

【今釋】 虞翻曰：「五已變之乾，為首位。在首上稱角。故晉其角也。坤為邑，動成震，而體師象，坎為心，故維用伐邑。得位乘五。故厲吉无咎，而貞吝矣。」這是從象學的觀點去解說的。按：五失位，變正，則外卦成乾，初爻動而四五易位則成益䷩，初至四體師，上六失位，與五易位，則得位乘陽矣，乘陽故厲，得位故吉无咎。

明夷䷣ 離（火）下 坤（地）上 錯䷅訟 綜䷢晉

明夷㈠，利艱貞。

【今註】 ㈠明夷：卦名。夷：是傷的意思，離日為明，坤為地。本卦明入地中，明見其傷，所以稱明夷。序卦曰：「晉而不已，必有所傷，故受之以明夷。」

【今譯】 明夷，在光明被傷之時，是利於在艱難中守著正道的。

【今釋】 虞翻曰：「夷，傷也，臨二之三，而反晉也。明入地中，故傷矣。」又說：「五失位，變出成坎，為艱，故利艱貞矣。」這是從象學的觀點立說的。按：臨䷒九二、六三皆失位不正，易位則成明夷。明夷與晉卦相反（綜），明夷六五失位不正，變正則外卦成坎，坎為險，故為艱。

彖曰：明入地中，明夷。內文明而外柔順㈠以蒙大難，文王以之㈡。利艱貞，晦其明也，內難而能正其志，箕子以之㈢。

【今註】㈠內文明：指內卦離，離為明。外柔順：指外卦坤，坤為柔順。㈡文王以之：文王在紂之時，為紂所囚禁。即用此德。㈢箕子以之：箕子為紂之叔。見紂之殘暴，比干諫而死，知諫無用，即晦藏其光明的德性，佯狂以避禍，而守著正道。

【今譯】彖辭上說：光明入于地中，有明夷（傷）的現象。內守著文明，而外表現出柔順，以蒙受大難，這是文王被紂所囚禁時，所用的態度。利艱貞，是說藏著他的光明，蒙難於內，而能守著正大的志節，這是箕子蒙難時的態度。

象曰：明入地中，明夷。君子以蒞眾，用晦而明。

【今譯】象辭上說：光明入于地中，這是明夷的現象。君子體察此現象，以蒞臨政事治理大眾時，用平易近人的易知易行之法，晦藏其聰明睿智於內，而收治功的成就，光明於外。

【今釋】虞翻說：「而，如也。君子謂三，體師象，以坎蒞坤。坎如象為晦，離為明，故用晦如明也。」這是另一解說，也有其理，今並存之，以備參考。按：明夷二至上有師卦䷆的現象，師卦內坎外坤，故以坎蒞坤。

初九㊀，明夷于飛，垂其翼，君子于行，三日不食，有攸往，主人有言。象曰：君子于行，義不食也。

【今註】㊀初九：是指本卦第一爻䷣*的爻位而言。

【今譯】初九有飛時，翼被傷而下垂的象徵，君子居明傷之初，如有行的話，會有三日無物可食之災，以此而有所往，必遭主人之閒言。象辭上說：君子前行，是因不合義理之正，故不接受他人之食。

【今釋】荀爽說：「火性炎上，離為飛鳥，故曰于飛。為坤所抑，故曰垂其翼。陽為君子，三者陽德成也。日以喻君，不食者，不得食君祿也。陽未居五，陰暗在上，初有明德，恥食其祿。故曰君子于行，三日不食也。」按：六五為陰，故陽未居五。此爻前人以為指伯夷不食周粟。

六二㊀，明夷于左股，用拯㊁馬壯，吉。象曰：六二之吉，順以則也。

【今註】㊀六二：是指本卦第二爻䷣*的爻位而言。㊁拯：救之意。

【今譯】六二以柔居內卦之中，當明夷之時，有傷于左股的象徵，能用強壯之馬、有力的後援，去拯救，則吉。象辭上說：「六二之吉」，是能順而合于法則。

【今釋】九家易曰：「左股謂初，為二所夷也。離為飛鳥，蓋取小過之義，鳥飛舒翼而行，夷者傷也。今初傷垂翼在下，故曰明夷于左股矣。九三體坎，坎為馬也。二應於五，三與五同功，二以中和應天。應天合眾，欲升上，三以壯於五，故曰用拯馬壯吉。」這是象數的說明。此爻前人以為指文王。

九三㊀，明夷于南狩㊁，得其大首，不可疾貞。象曰：南狩之志，乃大得也。

【今註】㊀九三：指本卦第三爻䷣*的爻位而言。㊁狩：獵。

【今譯】九三居明夷之時，在內卦之上，陽剛當位，有南狩獵而獲其大首的象徵。以人事言之，即武王的革命，滅除紂王，居此時，不可急切的就匡復正道，當漸漸的改革。象辭上說：「南狩之志」，是說大有所得的意思。

六四㊀，入于左腹，獲明夷之心，于出門庭。象曰：入于左腹，獲心意也。

【今註】㊀六四：指本卦第四爻䷣*的爻位而言。

【今譯】六四以陰爻居陰位，在明夷之時，有進入左腹，深知將傷害明德之心意，即離開門庭，以避免災難。象辭上說：「入于左腹」，是說已獲知其將害明之心意。

【今釋】此爻前人以為指微子當紂之時，紂之殘暴傷明，微子知其心志，而知避難之方。離開宮庭，而到周朝。以避難而保存商湯的裔胄。

六五㊀，箕子之明夷，利貞。象曰：箕子之貞，明不可息也。

【今註】㊀六五：指本卦第五爻䷣*的爻位而言。

【今譯】六五有如箕子處紂傷明之時，藏著他的明德而不露的象徵，這利于守正道。象辭上說：箕子的守正道，是說其明德不可息滅的。

上六㊀，不明晦，初登于天，後入于地。象曰：初登于天，照四國也。後入于地，失則也。

【今註】㊀上六：是指明夷的最上一爻䷣*而言。

【今譯】上六居明傷的極點，不明白在此時當含藏收斂，因此初則鋒芒露，如登于天之得意，後則失敗，如入于地之不幸。象辭上說：「初登于天」，是指其名望照耀于四國之上。「後入于地」，是指失去法則，終至失敗之意。

【今釋】此爻前賢認為指紂，紂之暴政，初則驚動四國，如日之登天，後身毀國亡，則入于地中。

家人䷤離(火)下巽(風)上　錯䷦解　綜䷥睽

家人㊀，利女貞。

【今註】㊀家人：卦名。指一家之人。孔穎達說：「明家內之道，正一家之人，故謂之家人。」序卦曰：「傷于外者必返于家，故受之以家人。」

【今譯】家人，是利於女守著正道的。

【今釋】虞翻曰：「遯初之四也，女謂離巽，二四得正。故利女貞也。」他所說遯初之四，是指遯卦䷠初六九四皆失位不正，易位則成家人。「女謂離巽」，是因離為中女，巽為長女，而此卦是由巽和離所構成之故。「二四得正」是指本卦第二爻、第四爻，皆以陰爻居陰位。故馬融說：「家人以女為奧主，長女中女各得其正，故特曰利女貞矣。」

彖曰：家人，女正位乎內，男正位乎外，男女正，天地之大義也。家人有嚴君焉，父母之謂也，父父子子，兄兄弟弟，夫夫婦婦，而家道正，正家而天下定矣。

【今譯】彖辭上說：家人，女守著正道，居於家內處理家務，男守著正道處理外務，男女各守著正道，皆各得其正，這是天地間的大道理。家人之中有全家之主，如一國之嚴君，就是父母呀，父母子女，兄弟夫婦，各盡其本份，各守著正道，則家道就正了，所有的家都正，則天下也就安定了。

【今釋】 王肅曰：「凡男女所以能各得其正者，由家人有嚴君也。家人有嚴君，故父子夫婦各得其正。家家咸正，而天下之治大定矣。」李鼎祚說：「二五相應，為卦之主，五陽在外，二陰在內，父母之謂也。」虞翻曰：「遯，乾為父，艮為子，三五位正。故父父子子。三動時，震為兄，艮為弟，初位正，故兄兄弟弟。三動時，震為夫，巽四為婦，初四位正，故夫夫婦婦也。」這是本卦象學及義理的根據。按：家人卦九五六二皆得正相應，五、陽位，二陰位，故有父母之象。家人卦自遯變成時，家人九三變，則內卦為震，震為長男，故為兄，三至五互艮，艮為少男，故為弟。家人外卦為巽，六四正位，巽為長女，故為婦。

象曰：風自火出㊀，家人，君子以言有物，而行有恆。

【今註】 ㊀風自火出：是家人的卦象，風是指巽，火是指離，火熱盛則炎上，造成氣壓的變化，而風生。吾人知風自火出之象，即知風化之本，由家而出，而家之本，又由生出。則應修身以正家定國了。

【今譯】 象辭上說：風自火出，有家人這一卦的象徵，君子體察此象，則言語有一定的內容，行為有一定的法則。

【今釋】 荀爽曰：「風火相與，必附於物，物大火大，物小火小，君子之言必因其位，位大言大，位小言小，不在其位，不謀其政。故言有物也。大暑爍金，火不增其烈，大寒凝冰，火不損其熱，故曰行有恆矣。」此解可為吾人參考。

初九㈠，閑㈡有㈢家，悔亡。象曰：閑有家，志未變也。

【今註】㈠初九：是本卦第一爻☲☴*的爻位而言。㈡閑：有二解。1.防。2.習。㈢有：助詞。閑有家：即閑其家之意。

【今譯】初九以陽爻居陽位，在家人之初，它有以正道，防閑其家的象徵。能這樣做，是沒有悔吝的。

【今釋】荀爽曰：「初在潛位，未干國政，閑習家事而已，未得治官，故悔。居家理治，可移於官，守之以正，故悔亡，而未變從國之事，故曰志未變也。」這是另一解，他解閑為習，也很對。初九得位居正。乾初九有潛龍之象，初又在下，故在潛位。

六二㈠，无攸遂，在中饋㈡，貞吉。象曰：六二之吉，順以巽也。

【今註】㈠六二：是指本卦第二爻☲☴*的爻位而言。㈡饋（音ㄎㄨㄟˋ）：是餉的意思，即將所做的飲食，給人吃。

【今譯】六二以陰爻居內卦之中，它象徵著在外沒有事情可以完成，惟有可以主持家中饋食的事務，這是正而且吉利的。象辭上說：六二的獲得吉利，是因能柔順而謙遜的關係。

【今釋】荀爽曰：「六二處和得正，得正有應，有應有實，陰道之至美者也。坤道順從，故无所得遂，供肴中饋酒食是議，故曰中饋。居中守正，永貞其志，則吉，故曰貞吉也。」九家易曰：「謂二居貞，巽順於五，則吉矣。」皆講得很有道理，可供本爻之象學說明。按：六二應於九五，皆得陰陽爻之正位，陽爻為實，故有應有實。外卦為巽，故曰巽順。

九三㈠，家人嗃嗃㈡，悔厲吉，婦子嘻嘻㈢，終吝。象曰：家人嗃嗃，未失也。婦子嘻嘻，失家節也。

【今註】㈠九三：是指本卦第三爻☲☴*而言。㈡嗃嗃（音ㄏㄜˋ）：嚴大之聲。㈢嘻嘻：喜笑之聲。

【今譯】九三以陽爻居陽位，有剛強之風，故治家嚴酷，使家人不免嗃嗃恐懼，這是有悔且厲，然而能剛能正，所以雖厲也吉利，如果違背這個原則，婦人子女，不莊雅，乃有喜笑不正之風，是終於有鄙吝的。象辭上說：「家人嗃嗃」，雖嚴正些但並未失道。「婦子嘻嘻」，是說失去家中之節度。

【今釋】王弼說：「以陽居陽，剛嚴者也，處下體之極，為一家之長，行與其漫也寧過乎恭，家與其瀆也寧過乎嚴，是以家雖嗃嗃悔厲，猶得吉也。婦子嘻嘻，失家節也。」此係從義理發揮，可供吾人參考。

六四㈠，富家大吉。象曰：富家大吉，順在位也。

【今註】㈠六四：是指本卦第四爻☲☴*的爻位而言。

【今譯】六四居陰陽的正位，在家人的時節，它有「富厚美滿的家」的象徵，它是大吉的。象辭上說：「富家大吉」，是說能「順著本份、盡其在我」的守著其位。

【今釋】本爻如從象學的觀念去解說，則吾人可參考虞翻的說法，他說：「三變體艮，艮為篤實，坤為大業。得位應初，順五乘三，此據三陽，故曰富家大吉。順在位也，謂順於五矣。」按：三變則三至五互體為艮。二至四互體為坤，六四初九皆得位相應。陽為富，應及上下，皆陽故富。

九五㊀，王假㊁有家，勿恤吉。象曰：王假有家，交相愛也。

【今註】㊀九五：是指本卦第五爻䷤*的爻位而言。㊁假：大的意思。

【今譯】九五居中得正，處家人的尊位，它有「王大有其家，平定天下，海內一家」的象徵，這是不要憂恤即得吉利的。象辭上說：「王大有家」，是說海內為一能使天下之人都互相的敬愛。

【今釋】陸績曰：「假，大也。五得尊位。據四應二。以天下為家。故曰王大有家，天下正之，故无所憂則吉。」其言甚為有理。按：據者在其上也，九五下據六四之陰爻，又應六二，故曰據四應二。

上九㊀，有孚威如㊁，終吉。象曰：威如之吉，反身之謂也。

【今註】㊀上九：是指本卦最上一爻䷤*而言。㊁威如：有威儀的樣子。

【今譯】上九以陽爻居家人之上，它有「孚信於威嚴肅穆」的象徵，其終必是吉利的。象辭上說：

「威如之吉」，是說能反身自省的關係。

【今釋】虞翻說：「謂三已變，與上易位，成坎。坎為孚。故為孚。乾為威如，自上之坤，故威如。易則得位。故終吉也。」又說：「三動，坤為身，上之三成既濟定，故反身之謂。此家道正，正家而天下定矣。」這是象數義理的高度發揮，可供吾人參考。按：九三變陰，而與上九易位，則成既濟☵☲，上卦為坎，家人自遯來，遯，外卦為乾，家人九三變則二爻至四爻互坤，三爻與上爻易位，則坤體不成，故曰自上之坤。

睽䷥兌（澤）下 離（火）上　錯䷦蹇　綜䷤家人

睽㈠，小事吉。

【今註】㈠睽（音ㄎㄨㄟˊ）：卦名。有睽違乖異之義。上卦為火，火災於上。下卦為澤，澤潤于下。所以名為睽。離為中女，兌為少女。二女同居，其志不同。故名為睽。序卦曰：「家道窮必乖，故受之以睽。」

【今譯】睽卦，在天下睽違之時，有「做小事是吉利」的象徵。

【今釋】鄭玄曰：「睽，乖也。火欲上，澤欲下，猶人同居，而異志也。故謂睽。二五相應，君陰臣陽，君而應臣，故小事吉。」荀爽曰：「小事者臣事也。百官異體，四民殊業。故睽而不同，剛者君也。柔得其中，而應於君，故小事吉也。」此二家的解說，於象數義理發揮得很完滿，可供吾人參考。按：四民者，士農工商也。

彖曰：睽，火動而上㈠，澤動而下㈡，二女同居㈢，其志不同行。說而麗乎明㈣，柔進而上行，得中而應乎剛㈤，是以小事吉。天地睽而其事同也，男女睽而其志通也，萬物睽而其事類也。睽之時用大矣哉！

【今註】㈠火動而上：指外卦離炎上。㈡澤動而下：指內卦兌澤潤下。㈢二女同居：指離為中女，兌為少女。㈣說而麗乎明：指兌、悅；離、明。㈤得中而應乎剛：指六五柔居尊位，下應九二。

【今譯】彖辭上說：睽卦，外卦離火動而炎上，內卦兌澤動而潤下，這是睽卦的卦象。又離為中女，兌為少女，共同合成睽卦，象徵著二女同居，而她們的心志行為都有不同，這是睽卦的象徵。內卦兌悅，附麗於外卦的離明，六五柔順進而居五之尊位，居外卦之中，而下與九二之陽剛相應，所以做小事是吉利的，我們看天地是上下互相睽違的，但其生成萬物的事功，卻是相同的。男女在外形上是互相睽異的，但他們的心志，卻是相通的。萬物的形態也是互相睽異的，但它們的事類，卻是相似的。睽卦的時用，是很大的呀！

【今釋】為什麼說睽卦有此現象呢？王肅曰：「高卑雖異，同育萬物。」是也。虞翻說：「四動，艮為男，兌為女，故男女睽。坎為志、為通，故其志通也。四動萬物出乎震區以別矣故萬物睽：坤為事為類，故其事類也。」九家易曰：「乖離之卦，於義不大，而天地事同，共生萬物，故曰用大。」這些解說有助於我們瞭解卦象。按：九四失位，變陰則外卦成艮，二爻至四爻互體震，而三爻至五爻互體坤。睽卦三爻至五爻互體坎。

象曰：上火下澤，睽，君子以同而異。

【今譯】象辭上說：上卦為離火，下卦為兌澤，火炎於上，澤潤於下，這是睽卦的象徵，君子體察此現象，以治天下，則求同一事理，而分工分職，異其職責。

【今釋】荀爽說：「大歸雖同，小事當異。百家殊職，四民異業。文武並用，威德相反。共歸於治，故曰君子以同而異也。」此言可供吾人參考。

初九㊀，悔亡，喪馬勿逐自復，見惡人无咎。象曰：見惡人，以避咎也。

【今註】㊀初九：是指本卦初爻䷥*的爻位而言。

【今譯】初九以陽剛居睽違之初，它是沒有悔吝的，它有「喪失了馬，雖不追及，亦自能回來」的象徵，在睽乖之時，惡人當道，雖見他，也沒災咎。象辭上說：「見惡人」，是為避免災咎呀。

【今釋】初九為什麼有此象呢？這須參考虞翻的說法，他說：「无應，悔也。四動得位，故悔亡。應在于坎，坎為馬。四而失位之正，入坤，坤為喪，坎象不見，故喪馬，震為逐，艮為止，故勿逐，坤為自，二至五體復象，故自復；四動，震馬來，故勿逐自復也。離為見；惡人謂四，動入坤，初四復正；故見惡人以避咎矣。」按：九四為陽，故初九無應，九四變陰，則得位相應。三爻至五爻互體為坎。四爻變則三爻至五爻互體坤，而二爻至五爻有復卦☷☳*的現象。九四失位不正，故為惡人。

九二㊀，遇主于巷，无咎。象曰：遇主于巷，未失道也。

【今註】㊀九二：指本卦第二爻☲☱*的爻位而言。

【今譯】九二居內卦之中，當睽離之時，應於六五，所以有「遇主人于街巷之中」的象徵，它是沒有災咎的。象辭上說：「遇主于巷」，在睽違的時候，尚不失道。

【今釋】虞翻說：「二動，體、震，震為主、為大塗。艮為徑路，大道而有徑路，故稱巷。變而得正，故无咎。而未失道也。」這是本爻象學之說明。按：九二失位不正，變陽則得正，而內卦成震。

六三㊀，見輿曳㊁，其牛掣㊂，其人天且劓㊃，无初有終。象曰：見輿曳，位不當也。无初有終，遇剛也。

【今註】㊀六三：是指本卦第三爻☲☱*的爻位而言。㊁輿：車；曳是引的意思，也就是拖著走的拖。㊂掣（音ㄔㄜˋ）：是挽的意思。㊃劓（音ㄧˋ）：割鼻。天：黥額。

【今譯】六三當睽違之時，應於上九，但乘九二陽剛之上，又承於九四陽剛之下，乘承皆不正，所以遇到九二後拖其車，九四前挽其牛；於是憤怒，如被人刻面割鼻一樣的痛憤不已，雖然開始時即遇到如此的患難，但卻可以得其善終的。象辭上說：「見輿曳」，是由於其位（三本為陽位，而六三為陰）不當的關係。无初有終，是因遇到陽剛之故。

【今釋】六三為何有此現象呢？這須從象去解說、去觀察。掣，漢虞翻作㸷，他說：「離上坎下，故其牛㸷也。離為見，坎為車，為曳。故見輿曳，四動坤為牛，為類，牛角一低一仰。故稱㸷。其人謂四惡人也；黥額為天。割鼻為劓。无妄乾為天，震二之乾五以陰墨其天，乾五之震二，毀艮割其鼻，兌為刑人，故其人天且劓。失位，動得正成乾，故无初有終。象曰：遇剛，是其義也。」這是他的說法，亦頗有道理，本爻的解說，根據來氏知德。按：本卦外卦為離，三爻至五爻互坎，在外卦之下，故曰離上坎下。睽卦自无妄䷘來，無妄六二與九五易位，即成睽。六三失位，變陽，則內卦為乾。

九四㊀，睽孤，遇元夫㊁；交孚，厲无咎。象曰：交孚无咎，志行也。

【今註】㊀九四：是指本卦第四爻䷥*的爻位而言。㊁元夫：大人。指陽。

【今譯】九四據睽乖之時，前後皆陰，孤立無援，故有睽乖之象。但最後能遇到陽剛的大人，互相的孚信，雖危厲於初，但無咎。象辭上說：「交孚无咎」，是因為其志得行之故。

【今釋】虞翻曰：「孤，顧也。在兩陰間、睽五顧三，故曰睽孤。震為元夫，謂二已變，動而應震，故遇元夫也。震為交，坎，為孚，動而得正，故交孚厲无咎矣。」這是從象學立論的。按：九四在六三與六五之間，故睽五顧三。九二變陰，則內卦成震。

六五㊀，悔亡，厥㊁宗噬膚㊂，往何咎。象曰：厥宗噬膚，往有慶也。

【今註】㊀六五：是指本卦第五爻䷥*的爻位而言。㊁厥（音ㄐㄩㄝˊ）：其。㊂噬膚：參見噬嗑卦。

【今譯】六五在睽之時，以柔處尊位，應於九二故沒有後悔之災，其遇陽剛九二，如噬（喫也）膚肉之容易，前往是沒有災咎的。象辭上說：「厥宗噬膚」，是說前往定有吉慶的。

【今釋】虞翻說：「往得位，悔亡也。動而之乾，乾為宗。二體噬嗑，故曰：噬。四變時，艮為膚，故曰厥宗噬膚也。變得正成乾。乾為慶，故往无咎，而有慶矣。」這是本爻的象學說明。按：六五變陽，則外卦成乾。睽卦二爻至上爻有噬嗑䷔之象。四變時，外卦成艮。

上九㊀，睽孤，見豕負塗㊁，載鬼一車，先張之弧，後說㊂之

弧，匪寇婚媾，往遇雨則吉。象曰：遇雨之吉，羣疑亡也。

【今註】㊀上九：是指本卦最上一爻䷥*而言。㊁豕（音ㄕˇ）：豬。負：背。塗：泥塗。㊂說：即脫的意思。

【今譯】上九當睽之時應於六三，但六三為九二、九四所困，上九孤立而無援，故有睽孤的現象。見六三「輿曳牛掣」，乃疑其為豕，在泥塗之中，見「其人天且劓」（六三）又以為是載鬼一車，正欲先張弓射箭，又疑其不是鬼，乃脫去弓箭而不射，如非九二九四的寇盜，則早已與六三相應合，而為婚媾了，前往如果遇雨的話，就會吉利。象辭上說：遇雨的吉利，是因為羣眾都沒疑心的關係。

【今釋】虞翻曰：「睽三顧五，故曰睽孤也。離、見、坎為豕，為雨。四變時坤為土，土得雨，為泥塗，四動艮為背，豕背有泥，故見豕負塗矣。坤為鬼，坎為車，變在坎上，故載鬼一車也。開、非、坎為寇，之三歷坎，故匪寇；陰陽相應，故婚媾；三在坎下，故遇雨。與上易位，坎象不見，各得其正，故則吉也。」這是從象學的立場去解說的。按：九四變陰，則外卦成艮，三至五互坤，上九應六三故陰陽相應。六三與上九易位，則二爻各得其正。睽卦三爻至五爻為坎，故有雨泥寇盜之象。

蹇 ䷦ 艮（山）下 坎（水）上 錯 ䷥ 睽 綜 ䷧ 解

蹇㊀，利西南，不利東北，利見大人，貞吉。

【今註】㊀蹇（音ㄐㄧㄢˇ）：卦名，險難的意思。坎為險在上，艮為止在下，受險止而不進，是蹇難的意思。睽乖必有災難，故本卦繼之。序卦曰：「睽者乖也，乖必有難，故受之以蹇。」

【今譯】蹇卦是利於西南，不利於東北的，它有利見大人，以解蹇難的象徵，能守正則吉利。

【今釋】虞翻曰：「觀上反三也，坤西南卦，五在坤中，坎為月，月生西南，故利西南；往得中，謂西南得朋也。艮東北之卦，月消於艮，喪乙。滅癸。故不利東北。其道窮也。離為見，大人得位，應五。故利見大人，往有功也。」這是卦辭的象學理論。按：觀卦䷓上九與六三失位，易位則成蹇。觀內卦坤。

彖曰：蹇，難也，險在前也。見險而能止，知矣哉。蹇，利西南，往得中也。不利東北，其道窮也。利見大人，往有功也。當位貞吉，以正邦也。蹇之時用大矣哉。

【今譯】彖辭上說：蹇是災難的意思，見坎險在前，而能艮止於後，這是很聰明呀。蹇利於西南，是因為前往能得中道而居。不利於東北，是因為其道困窮的關係。利見大人，是說前往則有成功之時。當位守正而吉利，是可以用以樹正邦國的，蹇難可以啟聖明，它的時用是很偉大的。

象曰：山上有水，蹇，君子以反身修德。

【今譯】象辭上說：山上有水，這是蹇卦的象徵，君子應以反省自身，修好品德。

初六㊀，往蹇，來譽。象曰：往蹇來譽，宜待也。

【今註】㊀初六：是指本卦第一爻䷦*的爻位而言。

【今譯】初六以陰柔居蹇難之初，故前往則受蹇難，歸來則有稱譽。象辭上說：「往蹇來譽」，是說應該再等待之故。

【今釋】虞翻曰：「譽謂二多譽也，失位應陰，往歷坎險，故往蹇，變而得位，以陽承二，故來而譽矣。艮為時，謂變之正以待四也。」這是從象學的觀點去解說的。按：繫辭傳云：「二多譽。」初六以陰居陽故失位，外卦坎險，故往蹇；之外曰往。變陽則得位，上承六二，故來譽，之內為來。

六二㊀，王臣蹇蹇，匪躬之故。象曰：王臣蹇蹇，終無尤也。

【今註】㊀六二：是指本卦第二爻䷦*的爻位而言。

【今譯】六二居中得正，應於九五之君，在蹇難之時，為王之大臣，能夠蹇蹇勤勉以為君上，並非為自己打算之故。象辭上說：「王臣蹇蹇」，是終於沒有災咎的。

【今釋】侯果曰：「處艮之二，上應於五，五在坎中，險而又險，志在匡弼，匪指其躬，故曰王臣蹇蹇；匪躬之故。輔君以此，終无尤也。」按：處內卦艮之第二爻，上應九五，五在外卦坎之中。二爻至四爻又互坎，坎為險，故曰險而又險。

九三㈠，往蹇，來反㈡。象曰：往蹇來反，內喜之也。

【今註】㈠九三：是指本卦第三爻☷*的爻位而言。㈡反：返也。

【今譯】九三當蹇難之時，居內卦艮止之上，在外卦坎險之下，故前往則必遇蹇難，惟有返回在艮止才無憂。象辭上說：「往蹇來反」，是因內卦之六二喜之的關係。

【今釋】虞翻說：「應正歷險，故往蹇。反身據二。故而反也。內謂二陰也。」可供參讀。按：九三上應上六，雖得正，然歷外卦坎險，故往蹇。乃返而處三，據六二之上，六二處內卦之中，得正，而承三，故內喜之也。

六四㈠，往蹇，來連。象曰：往蹇來連，當位實也。

【今註】㈠六四是指本卦第四爻☷*的爻位而言。

【今譯】六四以陰爻居陰位，以其陰爻，不足濟險，故往則受蹇難，惟有回來連于內卦的艮止，九三的陽剛，才可。象辭上說：「往蹇來連」，是因九三以陽居陽位，當位而又有陽德之故。（陽實，陰虛。）

九五㈠，大蹇，朋來。象曰：大蹇朋來，以中節也。

【今註】㈠九五：是指本卦第五爻☵☶*的爻位而言。

【今譯】九五居險難之時，以陽剛中正居君位，受此蹇難，所有羣臣庶民皆來救之，故有大蹇朋來的象徵。象辭上說：「大蹇朋來」，是因為能以中節度的關係。

【今釋】虞翻曰：「當位正邦，故大蹇。睽兌為朋，故朋來也。」按：九五當位處中，在蹇卦之時，處蹇之尊位，故大蹇，蹇與睽旁通（錯），睽內卦兌，兌，象曰：「君子以朋友講習。」故兌為朋。

上六㈠，往蹇來碩㈡，吉，利見大人。象曰：往蹇來碩，志在內也。利見大人，以從貴也。

【今註】㈠上六：是指本卦最後一爻☵☶*而言。㈡碩：大。

【今譯】上六居險難之極，前往則危險至極，回來則得大吉。利於見大人。象辭上說：「往蹇來碩」，是說其心志在內之故。「利見大人」，是說跟從大人以避難之故。

【今釋】侯果曰：「處蹇之極，體猶在坎，水无所之，故曰往蹇。來而復位，下應於三，三德碩大，故曰來碩。三為內主，五為大人，若志在內，心附於五，則利見大人也。」此言可供吾人參考。按：上六處蹇之最上，在外卦坎水之上，故欲往而無所往，故往則蹇難，來而與內卦九三相應，則大吉也。

解 ䷧ 坎（水）下 震（雷）上　錯 ䷤ 家人　綜 ䷦ 蹇

解㈠，利西南，无所往，其來復吉，有攸往，夙㈡吉。

【今註】㈠解（音ㄒㄧㄝˋ）：卦名，解除蹇難也。序卦曰：「物不可以終難，故受之以解。」㈡夙（音ㄙㄨˋ）：早的意思。

【今譯】解，是利於西南方的，所以當往西南，如不往，而來復於東北方，也是吉利的，不過往西南方，有所往，則早得吉利而已。

【今釋】為什麼解卦有此現象呢？我們須要研究它的象數，即知其理。虞翻說：「臨初之四，坤西南卦、初之四得坤眾。故利西南，往得眾也。四本從初之四，失位於外，而无所應，故無所往。宜來反初。復得正位，故其來復吉也。二往之五，四來之初，成屯，體復象，故稱來復吉矣。夙，早也。離為日、為甲，日出甲上，故早也。九二失正，早，往之五，則吉，故有攸往夙吉，往有功也。險、坎：動、震；解二月，雷以動之，雨以潤之，物咸孚甲，萬物生震，震出險上，故免乎險也。」這是從象學的觀點去解說的。按：臨䷒初九與六四易位，則成解卦。臨外卦為坤，坤為眾在西南，初九之六四成解，故利西南。然解九四失位，返初則各得其位，故其來復吉。解卦，二與五，四與初易位，則成屯卦䷂初至四體復。解卦三爻至五爻互離。內卦坎為險，外卦震為雷，說卦曰：「萬物出乎震。」又曰：「雷以動之，雨以潤之。」故有此象。本文的解說是根據明、來知德的說法，來氏是以文王圓圖解說的，因坎險在北，震在東，所以利往西南，此解說亦有理，虞氏之說，可供吾人參考。

彖曰：解，險以動㈠，動而免乎險，解。解，利西南，往得眾也㈡。其來復吉，乃得中也，有攸往夙吉，往有功也。天地解而雷雨作，雷雨作而百果草木皆甲坼㈢。解之時大矣哉！

【今註】㈠險以動：是因坎為險於下，震為動於上，故動而能免乎險。㈡解，利西南，往得眾也：因西南為坤，坤為眾。㈢甲坼：萌甲、拆開。

【今譯】解，是因在坎險之中，能動，動而能免除於險難之中，所以叫做「解」。解，利於西南，因西南是坤方，坤為眾，往則得眾人的扶助。若來復於東北之地，則得吉利，因坎在北，坎中滿，所以能得中道而漸漸獲吉，有所往則早得吉利，是因為前往則有功呀。天地孚解，則有雷動雨興，以蘇醒潤澤萬物的現象，雷雨交興，則百果、草、木都萌動而發芽、而開展繁盛了。解卦的時機，是多麼重大啊！

【今釋】參看前虞翻之說。

象曰：雷雨作，解，君子以赦過宥罪。

【今譯】象辭上說：雷雨交作，陰陽和暢，百物鬆解潤澤，這是解卦的象徵，君子見天地之鬆解，則效法它，以赦免有過之人，寬恕有罪之土。

初六㈠，无咎。象曰：剛柔之際㈡，義无咎也。

【今註】㈠初六：是指本卦第一爻䷧*的爻位而言。㈡剛柔之際：是說初六之柔，應於九四之剛，剛柔交相為用之故。

【今譯】初六居解卦之初，在萬物舒解之時，它是無咎的。象辭上說：在剛柔交際之時，於義是無咎的。

【今釋】虞翻說：「與四易位，體震得正，故无咎也。」按：初六與九四易位，則二至四在體震，而初四皆各得其正，故无咎。

九二㈠，田㈡獲三狐，得黃矢㈢，貞吉。象曰：九二貞吉，得中道也。

【今註】㈠九二：是指本卦第二爻䷧*的爻位而言。㈡田：打獵叫田。㈢黃矢：矢是箭的意思，箭是直的，黃在五色之中，是居中間之位，得黃矢是得中而直之道。

【今譯】九二以剛處解下卦之中，在萬物舒解之時，它有獵得三個狐狸的象徵，又因處中，故又有獲得中直之道，得君子扶佐的現象，它是正而且吉利的。象辭上說：「九二貞吉」，是因得中道的關係。

【今釋】 虞翻說：「二稱田，田獵也。變之正，艮為狐，坎為弓。離為黃矢，矢貫狐體，二之五，歷三爻，故田獲三狐。得黃矢。之正，得中。故貞吉。動得正，故得中道。」這是從象的立場去說明的。按：六爻之畫，初與二為地道，二在地上，故稱田。九二失正，變陰得正，則二至四互艮，解二至四互體離。

六三㈠，負且乘，致寇至，貞吝。象曰：負且乘，亦可醜也。自我致戎，又誰咎也？

【今註】 ㈠六三：是指本卦第三爻䷧*的爻位而言。

【今譯】 六三以陰處陽位，居舒解的時候，它有背負著東西，又乘在車子上面，像這樣不通時務的人，是會遭遇致盜寇的來擒劫的，雖正，也是很鄙吝的。象辭上說：既背著東西，又乘著車子，這是很醜惡的。自己使自己遭遇到兵戎的寇掠，又能歸咎於誰呢？

【今釋】 虞翻曰：「負背也，二變時，艮為背，謂三以四艮背五也，五來寇三時，坤為車，三在坤上，故負且乘。小人而乘君子之器，故象曰：亦可醜也。五之二成坎，坎為寇盜，上位慢五。下暴於二，慢藏誨盜，故致寇至，貞吝。象曰：自我致戎，又誰吝也。這是本爻的象學說明。按：九二變陰時，二至四互艮，解從臨來，臨外卦坤，臨五之二成屯，外卦為坎，坎為寇。

九四㊀，解而拇㊁，朋至斯孚。象曰：解而拇，未當位也。

【今註】㊀九四：是指本卦第四爻☳☵*的爻位而言。㊁拇：足大指叫拇。

【今譯】九四以陽居陰，在解之時，有解其足指之難的象徵，這是象徵著，朋友到來相助，才能孚信於舒解它的災難的意思。象辭上說：「解而拇」，是因以陽居於陰位，未當位的關係。

【今釋】王弼曰：「失位不正，而比於三，故三得附之為其拇也。三為之拇，則失初之應，故解其拇，然後朋至斯孚而信矣。」李鼎祚說：「九四體震，震為足，三在足下，拇之象。」此二說可供參考。

六五㊀，君子維㊁有解，吉，有孚于小人。象曰：君子有解，小人退也。

【今註】㊀六五：是指本卦第五爻☳☵*的爻位而言。㊁維有二解：1.繫縛。2.虞翻作惟，惟即思的意思。

【今譯】六五以柔居尊位，在萬物舒解時，有君子受縶的災難解除了，並且有孚信于小人的象徵。象辭上說：君子的災難有舒解而君子得志，則小人會退走的。

【今釋】虞翻說：「君子升位、則小人退：：：二陽上之五、五陰小人，退之二也。」他是從象學去說明的。

上六㊀，公用射隼㊁于高墉㊂之上，獲之无不利。象曰：公用射隼，以解悖也。

【今註】㊀上六：是指本卦最上一爻䷧*而言。㊁隼（音ㄓㄨㄣˇ）：鷙鳥中傷害萬物的鳥，即祝鳩。㊂墉：城牆之意。

【今譯】上六居解卦之上，它有王公射除隼鳥於高牆之上的象徵，射而捉獲凶鳥，是沒有不利的。象辭上說：「公用射隼」，是象徵著解除悖亂的事物之意。

【今釋】虞翻說：「上應三公，謂三伏陽也，離為隼，三失位，動出成乾，貫隼入大過死象。故公用射隼于高墉之上，獲之无不利也。坎為悖，三出成乾。而坎象壞。故解悖也。」按：上本與三相應，三為三公之位，故云上應三公，六三為陰，然失位，終變成陽，故伏陽。解二至四互離。六三變陽則成乾。而初至五體大過。坎為險。故為悖。

損 ䷨ 兌（澤）下 艮（山）上　錯 ䷞ 咸　綜 ䷩ 益

損㊀，有孚，元吉，无咎，可貞，利有攸往。曷之用㊁？二簋㊂可用享㊃。

【今註】㈠損：卦名，減省之意，澤深山高，損其深，以增其高，這是損卦的象徵。序卦曰：「解者緩也，緩必有所失，故受之以損。」㈡曷之用：曷即何之意，曷之用即何以用之。㈢簋（音ㄍㄨㄟˇ）：盛黍稷方形的器具。㈣享：祭祀天地鬼神，使之來食。

【今譯】在損之時，須有孚信，才能得大吉，沒有災咎，並且可以守著正道，始可以利於有所前往。在減損的時候，何以用之呢？在損之時，因財物減損，故只要裝二個簋的飯，就可以享祀鬼神了。

【今釋】鄭玄說：「艮為山，兌為澤，互體坤，坤為地，山在地上，澤在地下，澤以自損，增山之高也。猶諸侯損其國之富，以貢獻於天子，謂之損矣。」按：損三至五互坤，外卦艮在坤地之上，內卦兌澤在其下。虞翻曰：「泰初之上，損下益上，以據二陰，故有孚元吉，无咎，艮男居上兌女在下，男女位正，故可貞。利有攸往矣。」按：泰䷊初九至上六，上六至六五，六五至六四，六四至九三，九三至九二，九二至初九，則成損。崔憬曰：「曷，何也。言其道上行，將何所用，可用二簋而享也，以喻損下益上，惟在乎心，何必竭於不足，而補有餘者也。」此三說可供吾人參考。

彖曰：損，損下益上，其道上行，損而有孚，元吉，无咎，可貞，利有攸往，曷之用，二簋可用享，二簋應有時，損剛益柔有時，損益盈虛，與時偕行。

【今譯】彖辭上說：損卦，是說損下卦的兌澤，來增益上卦的艮山，使它看來更高，它的道理是上行的，損而有孚信，即能獲大吉无咎之利，可以合於正道，利有所往。居損之時何以用之呢？二個簋的稻飯可以享祀鬼神，二簋的節約，它的應用，是有時間限制的（只有損時可用，其他時不可用），因為在減損剛，以增益柔，也是有時間限制的，天地之道，在減省、增益、盈滿、空虛，都有一定的變化規則，和時間的限制，我們要順著這規則，與時俱行，不要違反它。

【今釋】 李鼎祚說：「坤之上六，下處乾三，乾之九三，上升坤六，損下益上者也。陽德上行，故曰其道上行矣。」按：泰卦內乾外坤䷊，上六與九三易位即成損。

象曰：山下有澤，損，君子以懲忿窒欲㈠。

【今註】 ㈠懲忿窒欲：懲是懲戒的意思。窒（音ㄓˋ）是窒塞的意思。

【今譯】 象辭上說：山下有澤，這是損卦的象徵，君子觀察此現象，即以懲戒自己的忿怒，窒塞自己的慾望。

【今釋】 虞翻曰：「君子泰乾，陽剛武為忿，坤陰吝嗇為欲，損乾之初，成兌說，故懲忿，初上據坤，艮為止故窒欲也。」這是從象學去立說的。

初九㈠，祀事遄往㈡，无咎，酌損之。象曰：祀事遄往，上合志也。

【今註】㊀初九：是指本卦第一爻䷨*的爻位而言。㊁祀事遄往：已，虞翻作祀，今從之。遄（音ㄔㄨㄢˊ），速之意。

【今譯】祭祀的事情，必須誠敬始能獲福，故速往，則無咎，初九在減損之時，所以須要酌量減省它。象辭上說：「祀事遄往」，是因合於上級的心志。

【今釋】虞翻曰：「祀坤為事，謂二也。遄，速。酌，取也。三失正，初利、二速往，合志於五，得正无咎，酌損之象。曰上合志也。祀舊作已也。終成既濟，謂二上合志於五也。」這是本爻的象學說明。按：九二六五失正，易位則各得其正，而能相應。三上易位，二五已正，則成既濟䷾。

九二㊀，利貞，征凶㊁，弗㊂損益之。象曰：九二利貞，中以為志也。

【今註】㊀九二：是指本卦第二爻䷨*的爻位而言。㊁征：行。㊂弗（音ㄈㄨˊ）：不。

【今譯】九二以陽剛居損之時，處下卦之中，所以有利於守著正道，如果前行的話，就會得凶。不可減損而增益它。象辭上說：「九二利貞」，是說守著中道，以為己志。

【今釋】虞翻曰：「失位當之正，故利貞。征，行也；震為征，失正、毀折，故不征。之五則凶，二之五成益，小損大益，故弗損益之矣。動體離中，故為大志也。」這是本爻的象學說明。按：震為行為足故為征。下卦兌為毀折，二至四互體震，二爻與五爻易位則成益。

六三㊀，三人行，則損一人，一人行，則得其友。象曰：一人行，三則疑也。

【今註】㊀六三：是指本卦第三爻䷨*的爻位而言。

【今譯】六三以柔居陽位，在減損之時，其上有二陰、三陰同在一起，所以有三人行的象徵，天地之道，都兩兩相對，所以三人前往，就會減省一人（此一人另得其偶，另求發展），一人行，則能獲致其友。象辭上說：所以「一人行」是因為三人行則不易同心，而易於起猜疑的心裏。

【今釋】虞翻曰：「一人謂泰初之上，損剛益柔，故一人行。兌為友，初之上據坤，應兌，故則得其友。言致一也。坎為疑，上益三成坎，故三則疑。」這是本爻的象學說明。

六四㊀，損其疾，使遄有喜，无咎。象曰：損其疾亦可喜也。

【今註】㊀六四：是指本卦第四爻䷨*的爻位而言。

【今譯】六四有減少它的疾病之象徵，使疾病很快減少，則有喜沒有災咎。象辭上說：減少其疾病，也是很可喜的事呀。

【今釋】來氏以為本爻變，互卦為坎，坎為心病。這是疾的象徵，兌為悅，這是有喜的象徵。所以本爻有此象。

六五㊀，或益之十朋之龜㊁，弗克違，元吉。象曰：六五元吉，自上祐也。

【今註】㊀六五：是指本卦第五爻*的爻位而言。㊁十朋之龜：古時龜甲可作錢幣使用，亦有作為卜卦用的。十朋之龜是重寶的意思。

【今譯】六五以柔居尊位，在損下益上時，實獲其利，故或有人以十朋之龜贈送他，他沒有辦法違背推辭，這是大吉的。象辭上說：六五的獲得大吉，是從上而獲得護祐的。

【今釋】崔憬曰：「或之者，疑之也。故用元龜，價值二十大貝。龜之最神貴者，以決之不能違。其益之義，故獲元吉。雙貝曰朋也。」這可作本爻的說明。按：損卦有離象，離為龜，互卦坤，坤為十，坤為眾，故曰十朋。這是本爻象學的根據。

上九㊀，弗損益之，无咎，貞吉，利有攸往，得臣无家。象曰：弗損益之，大得志也。

【今註】㊀上九：是指本卦最上一爻*而言。

【今譯】上九居損之極，物極則反，故有不滅損，反增益的現象。它是無咎，正而且吉的，此時可以利有所往，並且可以得到臣子的忠心擁護，臣子們都能因忠而忘家。象辭上說：「弗損益之」，是因大為得志之故。

【今釋】虞翻曰：「損上益三也，上失正，之三，得位，故弗損益之。无咎貞吉，動成既濟，故大得志。三往之上，故利有攸往。二五已動、成益，坤為臣，三變據坤成家人。動而應三，成既濟，則家人壞，故曰无家。」這是本爻的象學說明。按：泰上之三成損，故曰損上益三。二五易位，則成益䷩，二至五爻互坤，六三失位變正，則成家人䷤，上九變陰成既濟。

益䷩震(雷)下巽(風)上　錯䷟恆　綜䷨損

益㈠，利有攸往，利涉大川。

【今註】㈠益：卦名；增益：增加的意思。損上以益下，所以稱為益，序卦曰：「損而不已，必益。」故益卦繼損卦之後。

【今譯】益卦，在增益的時候，利有所往，並且利於渡過大川。

【今釋】利涉大川，意即可以行險犯難的意思。虞翻說：「否上之初也，損上益下，其道大光。二利往坎，應五，故利有攸往，中正有慶也。三失正，動成坎，體渙，坎為大川，故利涉大川。渙，舟楫象，木道乃行也。」按：否卦䷋上爻之初，初二三四五爻，依次上升為二三四五上，則成益卦䷩。損上以益下。二至五互體坎，故利往坎應五，六二失位變陰，則二至四亦互坎。從二至上互體渙䷺。繫辭傳謂舟楫之象，取自渙。

彖曰：益，損上益下，民說㊀无疆，自上下下，其道大光。利有攸往，中正有慶。利涉大川，木道乃行㊁。益動而巽㊂，日進无疆，天施地生，其益无方。凡益之道，與時偕行。

【今註】 ㊀說：即悅。㊁木道乃行：巽為木，震為足，故稱木道乃行。㊂益動而巽：震為動，巽震合成益卦，故稱：益動而巽。

【今譯】 益卦，它象徵著，君子為人民服務，減損了自己的享受，而增益他的下級——人民的幸福，所以人民喜悅無窮，並且以君上的尊嚴，還禮下於他的人民，使得他的道德，大為光明顯耀。利有所往，是因為九五、六二皆得陰陽之正位，且處於內外卦之中，所以既中且正，而有喜慶。利於跋涉大川，是因巽木可以做船，且巽風震動，可以行而渡過大川了。增益而動，又能巽遜，所以能夠天天進益，以至於無窮，就好像上天以雲雨、陽光空氣的施惠，使得大地萬物生生不息一樣。凡是增益之道，應該隨時以俱行。

【今釋】 蜀才曰：「此本否卦」。李鼎祚說：「乾之九四，下處坤初，坤之初六上升坤四損上益下者也。」按：否卦䷋外乾內坤，九四與初六易位成益䷩。虞翻曰：「四之初，坤為无疆，震為喜笑，以貴下賤。大得民，故說无疆矣。乾為大明，以乾照坤，故其道大光。或以上之三，離為大光矣。三動成渙，渙舟楫象，巽木得水，故木道乃行矣。震三動為離，離為日，巽為進，坤為疆，日與巽俱進，故曰進无疆也。乾下之坤，震為出生，萬物出震，故天施地生，陽在坤初，為无方；日進无疆，故其益無方也。上來益三，四時象正，艮為時，震為行；與損同義，故與時皆行也。」按：益上之三，則三至五互體離。六三變陽二至上互體渙䷺，上巽為木，下坎為水，坎為月為冬，離為日為夏，震為春，故與時偕行。

象曰：風雷益，君子以見善則遷，有過則改。

【今譯】 象辭上說：風雷互相增益，這是益卦的象徵，君子見此象徵，則以見到善處，可以增益我的，就立即遷移於善，有了過失，足以妨害我的，就立即改過。

【今釋】 虞翻曰：「君子謂乾也，上之三離為見。乾為善，坤為過，坤三進之乾四，故見善則遷。四之坤初，改坤之過，體復象，復以自知，故有過則改也。」此可助吾人瞭解象辭之意。按：益自否來，否外乾內坤。益上之三則三至五互離，乾為陽，坤為陰，陽為光明、為善，陰為黑暗、為惡。益初至四互體復。繫辭傳云：「復以自知。」

初九㊀，利用為大作㊁，元吉，无咎。象曰：元吉无咎，下不厚事也。

【今註】㈠初九：指本卦第一爻䷩*的爻位而言。㈡大作：大事，指耕稼之事。

【今譯】初九以陽剛居增益之始，它有可以利用於耕種，以增益農事的收入，它是大吉而沒有災咎的。象辭上說：「元吉无咎」，是因為處於下不可以作厚重的事業，只可從事於農耕的大作呀。

【今釋】本爻的解說，明朝來知德以為大作，是厚事，要大吉才沒有災咎。這解說也通。我的解說，是根據漢儒來的。且引兩家為據。

六二㈠，或益之十朋之龜㈡，弗克違，永貞吉。王用享于帝，吉。象曰：或益之，自外來也。

【今註】㈠六二：是指本卦第二爻䷩*的爻位而言。㈡十朋之龜：喻大財富。

【今譯】六二以柔處中得位，在增益的時候，它有「有人贈送他十朋的龜貝，不能推辭」的象徵，這是很好的，須永遠守正，則吉。王在此增益之時，也可以用來祭祀上帝，這是吉利的。象辭上說：有使他增益，這是從外得來的。

【今釋】虞翻曰：「震稱帝，王謂五。否乾為王，體觀象，艮為宗廟，變折坤牛，體噬嗑食，故王用享于帝，得位故吉。」這是王所以用享于帝的象學說明。按：五為王位，故王謂五，二至上有觀卦䷓的現象，故體觀。三至五互艮，二至四互坤，坤為牛。六三變陽，則變至五有噬嗑之象，噬嗑、為食而合之也，故有食象，故王用享于帝。

六三㊀，益之用凶事，无咎。有孚中行，告公用圭㊁。象曰：益用凶事，固有之也。

【今註】㊀六三：是指本卦第三爻☳☴*的爻位而言。㊁圭：桓圭，祭祀，或朝見上級須執之，以表誠信。

【今譯】六三以柔處陽位，在益之時，它有增益，它以凶害之事的象徵，但在益時，是无咎的。因為有孚信於中以行，所以無咎，這是可以執用桓圭，以告於公。象辭上說：增益他以凶害的事情，是因為在增益之時，不得其位，所以是固已有之（指凶事）。

【今釋】虞翻說：「坤為事，三多凶，上來益三得正，故益用凶事，無咎。公謂三伏陽也，三動體坎，故有孚，震為中行，為告，位在中，故曰中行，三、公位，乾為圭，乾之三，故告公用圭。圭，桓圭也。」按：繫辭傳曰：「三多凶。」益上九之三，則三成陽而得正。三為公位，九家易曰：「天子以尺二寸玄圭事天，以九寸事地，上公執桓圭，九寸，諸侯信圭七寸。諸伯執躬圭七寸，諸子執穀璧五寸，諸男執蒲璧五寸，五諸侯各執之以朝見天子也。」此可供參研。

六四㊀，中行，告公從，利用為依遷國。象曰：告公從，以益志也。

【今註】㊀六四：是指本卦第四爻䷩*的爻位而言。

【今譯】六四以柔居柔位，居益之時，可以用中道的行動，告訴王公，獲得他的尊從，可以利用有依山面水之地，遷移國都，以增益國家的安全。象辭上說：「告公從」，是說能增益他安國的心志。

【今釋】虞翻曰：「中行，謂震位在中，震為行、為從，故曰中行，公謂三，三上失位，四利三之正。已得以為實，故告公從矣。坎為志、三之上，有兩坎象，故以益志也。」按：三四處六爻之中，而六四得位；故曰中行。三之上則三變陽，四得據陽為實。益三上易位，則成既濟䷾，外卦坎，二至四又互坎，故有兩坎象。崔憬曰：「益其勤王之志也，居益之時，履當其位，與五近比，而四上公得藩屏之寄，為依從之國，若周平王之東遷，晉鄭是從也。五為天子，益其忠志，以勑之，故言中行告公從，利用為依遷國矣。」此二說，可供吾人參考。

九五㊀，有孚惠心，勿問元吉，有孚惠我德。象曰：有孚惠心，勿問之矣，惠我德，大得志也。

【今註】㊀九五：是指本卦第五爻䷩*而言。

【今譯】九五以陽剛中正處尊位，在益之時，有孚信於下，並且以惠澤存心，這是不必問，就知道是大吉的。因有孚信於民，即能惠施我的恩德於無窮。象辭上說：「有孚惠心」，不必問即知它是大吉的，惠施我德於下，這是大得志於天下呀。

【今釋】 吾人可以參考虞翻與崔憬之說，以瞭解其所以然。虞翻曰：「謂三上也，震為問，三上易位，三五體坎，已成既濟，坎為心，故有孚惠心，勿問元吉，故象曰勿問之矣。」

崔憬曰：「居中履尊，當位有應，而損上之時，自一以損己為念，雖有孚於國，惠心及下，終不言，以彰己功，故曰有孚惠心。勿問，問猶言也，如是則獲元吉，且為下所信而懷己德，故曰有孚惠我德，君雖不言人惠其德，則我大得志也。」

上九㊀，莫益之，或擊之，立心勿恆，凶。象曰：莫益之，偏辭也。或擊之，自外來也。

【今註】 ㊀上九：是指本卦最後一爻䷩*而言。

【今譯】 上九以陽剛處陰位，在益卦之極，故有沒有人助益他，或有人攻擊他的象徵。在此時如果立心無恆，就會遭遇到凶事。象辭上說：「莫益之」，是舉一例說明的偏辭。「或擊之」，是從外而來的。

【今釋】 虞翻曰：「莫，无也，自非上无益初者，唯上當无應，故莫益之矣。上不益初，則以剝滅乾，艮為手，故或擊之。上體巽，為進退，故勿恆，動成坎心，以陰成陽，故立心勿恆，凶矣。」此是本爻的象學說明。按：除上九之外，無益初者，然上九失位，故莫或益之。否卦外乾內坤，成益則乾剝滅不見。益三至五互艮。坎為心，上九與三易位，則變陰而據九五之上，故以陰乘陽，故勿恆凶。

夬䷪ 乾（天）下 兌（澤）上　錯䷖剝　綜䷫姤

夬㈠，揚于王庭，孚號有厲，告自邑，不利即戎，利有攸往。

【今註】㈠夬（音ㄍㄨㄞˋ）：卦名，決的意思，陽決去陰，三月之卦。澤水在天上，勢必及下，五陽盛長，一陰將消，這是夬卦的現象。序卦曰：「益而不已，必決。」故夬卦繼益卦之後。

【今譯】夬卦有得意揚越於王庭的象徵，因為五陽共決去一陰，而一陰高居上位，所以雖孚信於決，但難以決去，所以叫號而有危厲，這時須告訴同邑之人，不利於以兵戎剛暴取勝，須利有所往，共同協力決去小人，就可以有成了。

【今釋】吾人且參考鄭玄和虞翻之說：鄭玄曰：「夬，決也，陽氣浸長，至於五，五尊位也，而陰先之，是猶聖人積德說天下，以漸消去小人，至於受命為天子，故謂之決，揚，越也。五互體乾乾為君，又居尊位，王庭之象也。陰父越其上，小人乘君子，罪惡上聞於聖人之朝，故曰夬，揚于王庭也。」

虞翻曰：「陽決，陰息卦也。剛決柔，與剝旁通，乾為揚，為王，剝艮為庭，故揚于王庭矣。陽在二五稱孚，孚為五也，二失位，動體巽，巽為號，離為光，不變則危，故孚號有厲，其危乃光也。陽、息，動、復，則長成夬，震為告，坤為自邑，夬從復升，坤逆在上，民眾消滅，二變時，離為戎，故不利即戎，所尚乃窮也。陽息陰消，君子道長，故利有攸往，剛長乃終。」這是本卦卦辭的象學說明。按：夬卦為陽增陰減之卦，離卦云：「剛決柔也。」與剝旁通，剝外卦艮，夬九二失位，變陰則二至五互體巽，夬與復相錯。復內震外坤。夬九二變，則內卦為離。

彖曰：夬，決也，剛決柔也；健而說㊀，決而和。揚于王庭，柔乘五剛也。孚號有厲，其危乃光也。告自邑、不利即戎，所尚乃窮也。利有攸往，剛長乃終也。

【今註】㊀健而說：健指乾，乾為剛健。說指兌，兌為悅。

【今譯】 夬，是決去的意思，即剛決去柔的意思。剛健而喜悅，決去而平和，這是決時所應做到的。揚于王庭，是因上六陰柔，乘於五個陽剛（初九——九五）之上呀。孚號有厲，是說其在危險之中，能求出險之道，那麼它的危險也就除去而光明了。告自邑、不利即戎，是因決去應該平和，如崇尚剛暴，就會困窮呀。利有所往，是說剛長時，才善終呀。

【今釋】 虞翻曰：「健、乾；說、兌也。以乾陽獲陰之和，故決而和也。乾體大成，以決小人，終乾之剛，故乃以終也。」

荀爽曰：「信其號令於下，眾陽危去上六，陽乃光明也。不利即尚、兵戎，而與陽爭，必困窮。」

按：夬卦五陽一陰，陰為小人之象，五陽終能決去一陰，而成乾剛。

象曰：澤上于天，夬，君子以施祿及下，居德則忌。

【今譯】象辭上說：澤水蒸發而成水氣，在於天上，這是夬卦的象徵。君子觀察此現象，即以施其俸祿以與其下民，如居存他的恩德，不施於下，這是君子所深忌的。

【今釋】陸績曰：「水氣上天，決降成雨，故曰決。」

虞翻曰：「君子謂乾，乾為施祿，下謂剝坤，坤為眾臣，以乾應坤，故施祿及下；乾為德，艮為居，故居德則忌。陽極陰生，謂陽忌陰。」此二說可供吾人參研。

初九㈠，壯于前趾，往不勝為咎。象曰：不勝而往，咎也。

【今註】㈠初九：是指本卦第一爻䷪*的爻位而言。

【今譯】初九以陽剛居陽位，在決去小人之時，有「壯于前面趾頭」的象徵，壯于前趾，則是憑血氣之勇而往，如前往決去小人，不勝其位，則有咎。象辭上說：「不勝而往」，是有災咎的。

【今釋】虞翻說：「夬變大壯，大壯震為趾，位在前，故壯于前。剛以應剛，不能克之，往如失位，故往不勝為咎，往失位應陽，故咎矣。」這是本爻象學的說明。按：夬九五變陰，則成大壯䷡。外卦為震，初九與九四，剛以應剛，而九四失位，故往失位不勝為咎。

九二㊀，惕號，莫㊁夜有戎，勿恤。象曰：有戎勿恤，得中道也。

【今註】㊀九二：是指本卦第二爻☱☰*的爻位而言。㊁莫：暮古字。

【今譯】九二以陽剛處陰位，當決陰之時，有惕懼而叫號，暮夜都有兵戎的象徵，但在決去陰柔之時，這是不要憂恤的。象辭上說：「有戎勿恤」，是因在內卦之中得中道的關係。

【今釋】本爻何以有此象呢？且參考虞翻之說：

虞翻曰：「惕，懼也，二失位，故惕。變成巽，故號，剝坤為莫夜，二動成離，離為戎，變而得正，故有戎。四變成坎，坎為憂，坎又得正，故勿恤，謂成既濟定也。動得正應五故得中道。」按：九二以陽居陰故失位。變則二至四互巽，巽為號令。夬與剝相錯，剝內卦為坤，坤為暗，故莫夜。夬九二變陰則內卦成離。九四變陰，則二至四互坎，而成既濟。

九三㊀，壯于頄㊁，有凶，君子夬夬，獨行遇雨，若濡㊂有慍㊃，无咎。象曰：君子夬夬，終无咎也。

【今註】㊀九三：是指本卦第三爻☱☰*的爻位而言。㊁頄（音ㄎㄨㄟˊ）：王弼說：「面權也」。㊂濡：濡濕、沾濕。㊃慍：怒。

【今譯】九三以陽剛處陽位，在夬之時，故有壯于面目的象徵，這是有凶的，但君子處此，欲決去小人的心裏，決而又決，又獨與上六的陰爻相應，故又有「獨行遇雨」的象徵。如沾濡了雨，雖不免有憤怒的顏色，但是這是无咎的。象辭上說：「君子夬夬」，終於沒有災咎的。

【今釋】翟元曰：「頄，面也。謂上處乾首之前，稱頄。頄頰間骨，三往壯上，故有凶也。」荀爽曰：「九三體乾，乾為君子，三五同功，二爻俱欲決上，故曰君子夬夬也。獨行，謂一爻獨上與陰相應，為陰所施，故遇雨也。雖為陰所濡，能慍不說，得无咎也。」按：九三應於上六，處內卦乾之極。

九四㊀，臀㊁无膚，其行次且㊂，牽羊㊃悔亡，聞言不信。象曰：其行次且，位不當也。聞言不信，聰不明也。

【今註】㊀九四：是指本卦第四爻䷪*爻位的而言。㊁臀：臀部。㊂次且：即趦趄，行而不進的意思。㊃牽羊：指連下之三陽。

【今譯】九四以陽剛居陰位，當夬之時，有「臀部沒有皮膚，所以走路顛滯，不能前進」的象徵，如連絡眾陽像牽著羊，一樣的前進，則沒有後悔，但九四居多疑之地，所以聞此言，也不相信。象辭上說：「其行次且」，是由於其位不當（以陽處陰）的關係。「聞言不信」，是由於聽不明的關係。

【今釋】此爻吾人可參閱虞氏之說：

虞翻曰：「二四已變，坎為臀，剝、艮為膚，毀滅不見，故臀無膚，大壯，震為行，坎為破，為曳，故其行次且。兌為羊，二變巽為繩，剝艮手持繩，故牽羊。謂四之正，得位承五，故悔亡。震為言，坎為耳。震坎象不正，故聞言不信也。」按：夬二四變陰，則成䷾既濟，外坎內離，夬與剝相錯，剝外卦為艮，夬九五變則成大壯。上震下乾。夬外卦兌，二爻變則二至四互巽。巽九四爻變正，則成既濟，上承九五，皆得其正位。坎為耳，離為目，未變既濟，故坎離不成，故聞言不信，聽不明也。

九五㈠，莧陸㈡夬夬，中行无咎。象曰：中行无咎，中未光也。

【今註】㈠九五：指本卦第五爻䷪*爻位的而言。㈡莧（音ㄒㄧㄢˋ）陸：王弼以為「草之柔脆者也」。來氏以為莧菜。

【今譯】九五居以陽剛尊位，有決除莧陸，決而又決的象徵，行中道，定沒有災咎的。象辭上說：「中行无咎」，是因為未能光大於中的關係。

【今釋】荀爽說：「莧謂五，陸謂三。兩爻決上，故曰夬夬也。莧者，葉柔而根堅且赤，以言陰在上六也。陸亦取葉柔根堅也。去陰遠，故言陸。言差堅于莧，莧根小，陸根大。五體兌，柔居上、莧也。三體乾，剛在下根深，故謂之陸也。」此言可供吾人參研。按：夬外卦兌，五在其中故體兌。內卦乾，三在其上故體乾。

上六㈠，无號，終有凶。象曰：无號之凶，終不可長也。

【今註】㊀上六：是指本卦最上一爻䷪*而言。

【今譯】上六以陰處陰位應于九三，居夬之極，是眾人所欲決除者，上六若不叫號九三來助，則終於會有凶的。象辭上說：「无號之凶」，是說終不可以長久的。

【今釋】虞翻曰：「應在三，三動時，體巽，巽為號令，四已變坎，之應，歷險，巽象不見，故无號。位極乘陽。故終有凶矣。陰道消滅，故不可長也。」此是本爻象學的說明。按：上六應于九三，三變時，三至五互巽，四變，則外卦成坎，坎為險而在前，故往應則歷險，然三未變，故巽象不見，故無號，巽為號。上六居夬卦之極，位九五之上，故曰位極乘陽。故終有凶。夬卦五陽決去上六一陰，上六之一陰，勢必消滅，故不可長矣。

姤䷫ 巽（風）下 乾（天）上　錯䷗復　綜䷪夬

姤㊀，女壯，勿用取㊁女。

【今註】㊀姤（音ㄍㄡˋ）：卦名。遇的意思，一陰而遇五陽，一柔而遇五剛，以人事而言，則有一女而遇五男之象，所以名為姤。是五月之卦。序卦曰：「決必有所遇故受之以姤。」㊁取：即娶的意思。

【今譯】姤卦，有一女而遇五男的象徵，女子強悍如此，所以不可娶女也。

【今釋】虞翻說：「消卦也，與復旁通，巽長女，女壯傷也。陰傷陽，柔消剛，故女壯也。陰息剝陽，以柔變剛，故勿用娶女，不可與長也。」這是從卦象的觀點而立說的。按：姤卦為陽漸消之卦，陰有漸長之勢，故有女壯之象。明朝來知德氏言：「一陰而遇五陽，有女壯之象，故戒占者勿用取女，以其女德不貞，決不能長久，從一而終也。」這是從象數言義理的，可供吾人參研。

彖曰：姤，遇也，柔遇剛也。勿用取女，不可與長也。天地相遇，品物咸章也，剛遇中正，天下大行也。姤之時義大矣哉！

【今譯】彖辭上說：姤，是遇的意思，就是柔遇到剛的意思。不可娶女，是因為女壯、女德不貞，不可與之長久生活在一起的意思。這是從人事而言，我們再從姤之善美者觀察，天地相遇，使得天下所有庶物都章明美好，欣欣向榮，九五以陽剛適遇中正之位。可以行其志業於天下。姤卦的時義，原是非常宏大的呀！

【今釋】荀爽說：「乾成於巽，而舍於離；坤出於離，與乾相遇，南方夏位，萬物章明也。」這是解說「天地相遇，品物咸章」的現象，為什麼說：「剛遇中正、天下大行」呢？翟元說：「剛謂九五，遇中處正，教化大行於天下也。」按：姤上乾下巽，乾四月之卦，姤五月之卦，離南方之卦，夏日萬物皆相見之時。說卦云：「帝出乎震，齊乎巽，相見乎離，致役乎坤，悅言乎兌，戰乎乾。」皆就卦位而言。

象曰：天下有風，姤，后以施命誥四方。

【今譯】天下有風，這是姤卦之象，君王以施行政令，明告天下四方。

初六㈠，繫于金柅㈡，貞吉，有攸往見凶，羸豕孚蹢躅㈢。象曰：繫于金柅，柔道牽也。

【今註】㈠初六：指本卦第一爻☰☴*的爻位而言。㈡金柅：柅（音ㄋㄧˇ），是收絲的工具。金者，籆上孔用金。金柅：是用金製的收絲工具。㈢蹢躅（音ㄓˊ ㄓㄨˊ）：就是跳躑纏綿的意思。羸豕：就是母豕，即母豬的意思。

【今譯】初六居姤卦之初，它有連繫於金製的收絲器具的象徵，意思就是說：連於九二，如此就能正而且吉，如有所往以應於九四的話，就會有凶。就如母豬孚於牡豬，那樣的跳躑纏綿，這是可醜的行為，必見醜於人，所以是凶的。象辭上說：「繫于金柅」，是因牽於柔道的關係。

【今釋】虞翻說：「柅謂二也，巽為繩。故繫繩。乾為金，巽木入金，柅之象也。初四失正。易位乃吉，故貞吉矣。」又說：「以陰消陽，往謂成坤。遯子弒父，否臣弒君。夬時三動離為見，故有攸往見凶矣。三夬之四，在夬。動而體坎，坎為豕，為孚，巽繩操之，故稱羸也。巽為舞，為進退，操而舞，故羸豕孚蹢躅，以喻姤女，望於五陽，如豕蹢躅也。」這是本爻的象學說明。按：姤卦上乾下巽，初六在姤之始，故有此象，初六應於九四，皆失位不正，故易位乃吉。姤一陰消去五陽之卦。陰消至二成遯䷠，至三至否䷋。遯內卦艮為少男，否內卦坤為臣。外卦皆乾，乾為父為君，陰消陽，故有弒父弒君之象。夬卦與姤相綜，夬九三，即姤九四，夬九三變陰，則二至四互離為目為見。九四變則外卦成坎。

九二㈠，包有魚，无咎，不利賓。象曰：包有魚，義不及賓也。

【今註】 ㈠九二：是指本卦第二爻䷫*的爻位而言。

【今譯】 九二居陰遇陽之時，與初六相比鄰，所以有「包有魚」的象徵，它是無咎的，不夠，不利於外來的賓客（指九三等）。象辭上說：九二因為鄰近初六，所以九二有「包有魚」之象，其他諸爻，因不鄰近初六，所以其義不及於賓。

【今釋】 虞翻說：「巽為白茅，在中稱包。詩云：『白茅包之。』魚謂初陰，巽為魚，二雖失位，陰陽相承，故包有魚，无咎。乾尊稱賓，二據四應，故不利賓，或以包為庖廚也。」這是本爻象學的解說。按：九二處內卦之中故稱包，與初六相承，故包有魚。外卦乾為賓，九四本應初六，然九二據初六，故不利於上處外卦之九四。王弼以包為庖厨，謂「厨初自樂來，應已之厨，非為犯應，故无咎也。」似乎不如虞氏的解說好。

九三㊀，臀㊁无膚，其行次且㊂厲，无大咎。象曰：其行次且，行未牽也。

【今註】㊀九三：是指本卦第三爻☰☴*的爻位而言。㊁臀：臀部。㊂次且：即趦趄，行不進之意。

【今譯】九三居柔遇剛之時，位九二之上，已不能與初六相遇，所以有「後臀沒有皮膚，以致行走時不能前進」的現象。這雖是危厲的，但是沒有大的災咎。象辭上說：「其行次且」，是因為欲並於初而又不為初六所牽制的關係。

【今釋】虞翻說：「夬時動之坎，為臀，艮為膚，二折艮體，故臀無膚。復，震為行，其象不正，故其行次且。三得正位，雖則危厲，故无大咎矣。」這是本爻的象學說明。按：姤與夬相綜。姤九三，為夬九四，夬九四變陰則外卦成坎。與剝相錯，剝外卦為艮。然此為姤卦，為夬卦，故臀無膚。姤與復相錯，復內卦為震。夬九四失位，故其象不正，姤九三得位故无大咎。

九四㊀，包无魚，起凶。象曰：无魚之凶，遠民也。

【今註】㊀九四：指本卦第四爻☰☴*的爻位而言。

【今譯】九四在柔遇剛，陰遇陽的時候，本與初六相應，但初六與九二比鄰，已遇九二了，所以有「包無魚」的象徵，如果起而與九二力爭，則有凶。象辭上說：「无魚之凶」，是因為遠離初六的關係。

【今釋】崔憬說：「雖與初應，而失其位，二有其魚，而賓不及，若起於競，涉遠行難，終不遂心。故曰无魚之凶，遠民也。」此可作本爻的補充說明。

九五㊀，以杞包瓜㊁含章，有隕㊂自天。象曰：九五含章，中正也。有隕自天，志不舍命也。

【今註】㊀九五：是指本卦第五爻䷫*的爻位而言。㊁以杞（音ㄑㄧˇ）包瓜：用杞柳（枸杞）包瓜。㊂隕：降落之意。

【今譯】九二當姤遇之時，無應於下，但居九五的尊位，陽剛得正，又居外卦之中，合於中道之美，所以有「用杞包著可食的瓜」的象徵，意思就是說，含著它的章美，不表現於外。但九五是君位，所以又有發號施令，如從上天而降下的象徵。象辭上說：「九五含章」，是因中而且正的關係。「有隕自天」，是說他的心志不捨棄發號施令的意思。

【今釋】虞翻說：「杞，杞柳，木名也。巽為杞，為苞。乾圓稱瓜，故以杞包瓜矣。含章，謂五也。五欲使初四易位，以陰含陽，己得乘之，故曰含章。初之四，體兌口，故稱含也。隕，落也。乾為天，謂四隕之初，初上承五，故有隕自天矣。巽為命也，欲初之四承己，故不舍命矣。」按：本爻九五得位，初六九四失位，易位則成䷈小畜，九五得乘六四，二至四體兌，兌為口，九四降初，初六上至四，而得以陰柔，承順九五之陽。

上九㊀，姤其角，吝，无咎。象曰：姤其角，上窮吝也。

【今註】㊀上九：是指本卦最上一爻䷫*而言。

【今譯】上九當姤遇時，處最極的位置，遠離初六，不能遇柔。所以有「遇其角」前無所遇。只碰到自己的牆角的象徵，這急於求遇的心情，是鄙吝的。但，前無所遇，未感其害，所以是無咎的。象辭上說：「姤其角」，是說居上體之極而固窮鄙吝的關係。

【今釋】虞翻說：「乾為首，位在首上，故稱角。動而得正，故无咎。」這是本爻的象學說明。按：上九失位不正，變陰則得正。

萃 ䷬ 坤（地）下 兌（澤）上　錯 ䷙ 大畜　綜 ䷭ 升

萃㊀，亨，王假㊁有廟，利見大人，亨，利貞，用大牲吉，利有攸往。

【今註】㊀萃：卦名，聚的意思。兌澤潤地，萬物繁盛而萃聚，故名為萃。序卦曰：「物相遇而後聚，故受之以萃。」㊁假：至的意思，格的意思。

【今譯】在萃聚的時候，是亨通的，王可以至宗廟祭祀，以求獲福。利於參見大人，這是亨通的，不過要利於守正，用大的犧牲如牛羊之類來祭祀，來宴聚賓客，這是吉利的，並且可以利有所往。

【今釋】 鄭玄說：「萃，聚也。坤為順，兌為說，臣下以順道承事其君，說德居上待之，上下相應，有事而和通，故曰萃亨也。假，至也。互有艮巽，巽為木，艮為闕，木在闕上，宮室之象也。四本震爻，震為長子，五本坎爻，坎為隱伏，居尊而隱伏。鬼神之象，長子入闕升堂，祭祖禰之禮也。故曰王假有廟，二本離爻也，離為目，居正應五，故利見大人矣，大牲，牛也。言大人有嘉會時可幹事，必殺牛而盟，既盟則可以往，故曰利往。」他的解說，可謂詳盡。對象數義理，皆有所發揮。按：萃內卦坤，外卦兌，二爻至四爻互艮，三爻至五爻互巽。坎陽正位在五，離陰正位在二，故五本坎爻，二本離爻，震在外卦時，陽在四，故四亦震爻也，此以爻體而言。

彖曰：萃，聚也；順以說㊀，剛中而應㊁，故聚也。王假有廟，致孝享也。利見大人，亨，聚以正也。利貞。用大牲吉，利有攸往，順天命也。觀其所聚，而天地萬物之情可見矣。

【今註】 ㊀順以說：內卦坤為順，外卦兌為悅。㊁剛中而應：九五居外卦之中，下與六二相應。

【今譯】 彖辭上說：萃是聚的意思，和順而歡悅，剛健中正，而有應與之助，所以能集聚呀。王假有廟，是說能盡致其心，以孝享於鬼神，利見大人，亨通，是因正而聚呀，利於守正，用大的犧牲祭祀，利有所往，是順著天命之故，我們只要觀察它所聚的道理，則天地萬物的情態，皆可見而知道了。

象曰：澤上于地，萃，君子以除戎器㊀，戒不虞㊁。

【今註】㊀除戎器：謂修治兵器。㊁戒不虞：戒備預料不及之處。虞，即慮的意思。

【今譯】象辭上說：澤在地上，這是萃卦的象徵，君子體察此現象，即以脩治兵器，以防備預想不到的災害。

【今釋】虞翻說：「君子謂五。除，脩。戎，兵也。詩曰：『脩爾車馬。弓矢戎兵。』陽在三四為脩，坤為器，三四之正，離為戎兵，甲冑飛矢。坎為弓弧，巽為繩，艮為石。謂類甲冑，鍜厲矛矢，故除戎器也。坎為寇，坤為亂，故戒不虞也。」這是象辭的理論根據。按：五陽為君子。萃六三九四失位，易位則成䷦蹇，三至五互離，外卦為坎。萃三至五互巽。

初六㊀，有孚不終，乃亂乃萃，若號，一握為笑，勿恤，往无咎。象曰：乃亂乃萃，其志亂也。

【今註】㊀初六：是指本卦第一爻䷬*的爻位而言。

【今譯】初六在萃聚之時，應於九四，但九四比於六三，所以有孚不終，心裏迷惑至極，因為很紛亂，又很想前往，以與九四相萃聚，如果呼援，則必能達到萃聚的目的，而與握手言歡，這是不要憂恤的，前往是沒有災咎的。象辭上說：「乃亂乃萃」，是因他的心志迷亂之故。

【今釋】 虞翻曰：「巽為號，艮為手，初稱一，故一握，初動成震，震為笑；四動成坎，坎為恤，故若號一握為笑勿恤。初之四得正，故往无咎矣。」這是本爻的象學說明。按：初六失位，變陽則內卦成震，九四失位，變陰則外卦成坎。初六九四失位相應，易位則得正相應故無咎。

六二㊀，引吉，无咎，孚乃利用禴㊁。象曰：引吉无咎，中未變也。

【今註】 ㊀六二：是指本卦䷬*的第二爻。㊁禴（音ㄩㄝˋ）：夏天祭祀叫禴。

【今譯】 六二當萃聚的時候，柔順居中，所以有「導入吉利而沒有災咎」的象徵，有孚信時，即可利用夏日祭祀，以求獲福。象辭上說：「引吉无咎」，是說守著中道不變的關係。

【今釋】 虞翻說：「應巽為繩，艮為手，故引吉。得正應五，故无咎。利引四之初，使避己，己得之五。孚謂五。禴，夏祭也，體觀象，故利用禴。」這是本爻的象學根據。按：三至五互巽，巽為繩，六二應於九五，故應巽為繩，二至四互艮，艮為手，故引吉無咎。六二利於引導，初六九四易位，則已得應於九五。萃初至五有觀卦䷓的現象。

六三㊀，萃如嗟如㊁，无攸利，往无咎，小吝。象曰：往无咎，上巽也㊂。

【今註】㈠六三：是指本卦第三爻☱☷*的爻位而言。㈡嗟如：是指嗟嘆的樣子。㈢巽：謙孫的意思，因互卦三爻到五爻是巽。故說「上巽也」。

【今譯】六三以陰柔當萃聚之時，居於陽位上，故有一方面想前往萃聚眾人，一方面又不能前往，因而嗟嘆的樣子，這是無所利的，前往的話，雖沒有大的災咎，卻有小小的吝窮之災。象辭上說：前往而沒有災咎，是因其上能謙遜的接納的關係。

【今釋】虞翻說：「坤為聚，故萃如；巽為號，故嗟如；失正，故無攸利；動得位，故往无咎；小吝，謂往之四。」這是本爻的理論根據。按：六三失位，變陽則得正。

九四㈠，大吉无咎。象曰：大吉无咎，位不當也。

【今註】㈠九四：是指本卦第四爻☱☷*的爻位而言。

【今譯】九四當萃聚之時，雖不當位，但與九五的尊位比鄰而居，所以有大吉无咎的象徵。象辭上說：「大吉无咎」，是因其位不當（當為陰位，而以陽處之）。因位不當，所以只能獲大吉之利於一時，不能長久的。

【今釋】虞翻說：「以陽居陰，故位不當，動而得正，承五應初，故大吉而无咎矣。」這是本爻象學的根據。

九五㈠，萃有位，无咎，匪孚，元永貞，悔亡。象曰：萃有位，志未光也。

【今註】㈠九五：指本卦第五爻䷬*的爻位而言。

【今譯】九五當萃聚的時候，陽剛中正，為萃之主，所以說萃聚有位，這是沒有災咎的。但是不能孚信於人，因為九四居眾陰之上，已代其職權了。須要永久的宏大的守著正道，才不致於有悔吝的災害。象辭上說：「萃有位」，是因為他的心志未能光大的關係。

【今釋】虞翻說：「得正居中，故有位无咎。匪孚謂四也。四變之正，則五體皆正，故元永貞，與比象同義。四動之初，故悔亡。陽在坎中，故志未光。」這是本爻象學理論的說明。按：萃初四易位成䷂屯，初、二、四、五、上，五爻皆得正位。九五之陽在坎險之中，故未光。與屯五同義。

上六㈠，齎咨涕洟㈡无咎。象曰：齎咨涕洟，未安上也。

【今註】㈠上六：是指本卦最上一爻䷬*而言。㈡齎（音ㄐㄧ）咨：王弼說：「嗟嘆的樣子。」虞翻作「齎資」，這是另外一個說法。涕洟是淚流的樣子。

【今譯】上六居萃聚的終極，是不能萃聚的，所以有嗟嘆流淚的樣子，因只嗟嘆於己，未受到外面的災害，所以沒有災咎。象辭上說：「齎咨涕洟」，是說未安於萃聚的上位。

【今釋】　虞翻說：「三之四，體離坎，艮為鼻，涕淚流鼻目，故涕洟。得位應三，故无咎。乘剛遠應，故未安上也。」這是本爻的象學說明。按：萃三四易位成䷦蹇，外卦坎，內卦艮，三至五互離。而上六乘九五陽剛，適應九三，然二至四互坎險，進退不安，故未安上也。

升䷭巽（風）下 坤（地）上　錯䷘无妄　綜䷬萃

升㊀，元亨，用見大人，勿恤，南征吉㊁。

【今註】　㊀升：卦名；巽為木，坤為地，木生地中，長而益高，這是升的象徵。序卦說：「萃，聚也。聚而上者謂之升，故受之以升。」㊁南征吉：往南行是吉利的。

【今譯】　居上升的時候，是大通的，可以用見大人，不要憂恤，往南行是吉利的。

【今釋】　虞翻說：「二當之五為大人，離為見，坎為恤，二之五得正，故用見大人勿恤，有慶也。離，南方卦，二之五成離，故南征吉，志行也。」這是本卦象學的解說。按：升卦九二六五失位，易位則成䷦蹇，而二五皆得正。外卦為坎，三至五互離。離為目為南方之卦，坎為血為恤為志。

彖曰：柔以時升，巽而順㊀，剛中而應㊁，是以大亨。用見大人勿恤，有慶也。南征吉，志行也。

【今註】㊀巽而順：巽指下卦，順指上卦，坤為順。所以說巽而順。㊁剛中而應：指九二上升應六五。

【今譯】彖辭上說：以柔順之德，能隨時而升，巽遜而和順，又陽剛居中，有應於上，所以能夠大通。用見大人，不要憂恤，是說可以有慶悅的事。南征吉，是說他的心志可以完成。

【今釋】荀爽說：「二以剛居中，而來應五，故能大亨，上居尊位也。大人、天子，謂升居五、見為大人，羣陰有主，無所復憂，而有慶也。」這是從升降的象學理論去說明的。按：九二之陽當升居五，居尊位，六五之陰當降居二，得正位。如是則無憂而有慶也。

象曰：地中生木，升，君子以慎德，積小以高大。

【今譯】象辭上說：地中生木，是升卦的象徵，君子體察此現象，即以謹慎修德，積小，以至高大。（慎，王弼及宋易多作「順」，以柔順之德，義亦兼通。）

初六㊀，允㊁升，大吉。象曰：允升大吉，上合志也。

【今註】㊀初六：是指本卦第一爻䷭*的爻位而言。㊁允：即信的意思，王弼以為當的意思。

【今譯】初六居上升之初，它是可以上升而大吉的。象辭上說：「允升大吉」，是說能上升而合於心志的意思。

【今釋】九家易說：「謂初失正，乃與二陽，允然合志，俱升五位，上合志也。」這是本爻的象學說明。

九二㊀，孚乃利用禴，无咎。象曰：九二之孚，有喜也。

【今註】㊀九二：是指本卦第二爻䷭*的爻位而言。

【今譯】九二居上升之時，以陽剛據陰柔的位置，所以須有孚信；乃可以利用夏祭，以求福，這是无咎的。象辭上說：九二的孚信，是有喜慶的。

【今釋】虞翻說：「禴，夏祭也。孚謂二之五成坎。為孚。離為夏。故利用禴无咎矣。升五得位，故有喜。」這是本爻立象的根據。

九三㊀，升虛邑。象曰：升虛邑，无所疑也。

【今註】㊀九三：是指本卦第三爻䷭*的爻位而言。

【今譯】九三居升之時，面臨坤卦，所以有上升於「空虛的城邑」的象徵。象辭上說：「升虛邑」，是因無可懷疑，得以上升的關係呀。

【今釋】荀爽說：「坤稱邑也，五虛无君，利二上居之，故曰升虛邑，无所疑也。」這是本爻的象學說明。

六四㈠，王用享㈡于岐山㈢，吉，无咎。象曰：王用享于岐山，順事也。

【今註】㈠六四：是指本卦第四爻☷☴*的爻位而言。㈡享：王弼本作亨，今從荀爽。㈢岐山：地名，在今陝西，周朝的發源地。

【今譯】六四以陰柔當位，居上升之時，近於六五之君，所以有受君王宴享於岐山（王室）的象徵，它是吉利，而沒有災咎的。象辭上說：「王用享于岐山」，是說能順君王的事情，所以為君王宴享呀。

【今釋】荀爽說：「巽升坤上，據三成艮，巽為岐，艮為山，王謂五也。通有兩體位正眾服，故吉也。四能與眾陰退避當升者，故无咎也。」按：巽升坤上，成☴☷觀，三至五互艮，六四九五各得其吉，故吉無咎。

六五㈠，貞吉，升階。象曰：貞吉升階，大得志也。

【今註】㈠六五：是指本卦第五爻☷☴*的爻位而言。

【今譯】六五柔順居中，當上升的時候，它有守正獲吉、上升高階的象徵。象辭上說：「貞吉升階」，是說非常得志的意思。

【今釋】虞翻曰：「二之五故貞吉。巽為高、坤為土，震升高，故升階也。」這是本爻立象的根據。

按：升卦三至五互震。

上六㈠，冥升㈡，利于不息之貞。象曰：冥升在上，消不富也。

【今註】㈠上六：是指本卦最上一爻*而言。㈡冥升：是指一味上升，昏迷於升之意。

【今譯】上六居上升之極，所以有一味上升的現象，這是利於永不休止的守著正道。象辭上說：「冥升在上」，是說一味求進，將益反損，因而消滅，反成不富的意思。

【今釋】荀爽說：「坤性暗昧，今升在上，故曰冥升也。陰用事為消，陽用事為息。陰正在上，陽道不息，陰之所利，故曰利于不息之貞。陰升失實，故消不富也。」這是從本爻的象學而論說的。

困 坎（水）下 兌（澤）上　錯 賁　綜 井

困㈠，亨，貞，大人吉，无咎，有言不信。

【今註】㈠困：卦名，窮困的意思。坎水居於兌澤之下有受困之象，鄭玄說：「坎為月，互體離，離為日，兌為暗昧，日所入也。今上弇日月之明，猶君子處亂代，為小人所不容，故謂之困也。」序卦說：「升而不已，必困，故受之以困。」

【今譯】在困窮之時，能進而求得出困之道，則能亨通，但必須守正，大人雖困，但能守道不二所以吉而無咎。但在困窮之時，雖有言，人也不會相信的。

彖曰：困，剛弇㈠也，險以說㈡，困而不失其所亨，其唯君子乎！貞，大人吉，以剛中也。有言不信，尚口乃窮也。

【今註】㈠弇（音ㄧㄢˇ）：或作揜，掩藏阻礙的意思。㈡險以說：坎險兌悅。

【今譯】彖辭上說：困是因為陰柔掩蓋著陽剛，處險難的時候，而能以和悅處之，雖受困窮，但不失它亨通之道，這只有君子能夠呀！貞，大人吉，是因為陽剛在中的關係。有言不信，是因在困頓之時，雖崇尚利口，也是依然困窮，而毫無所補的。

【今釋】荀爽說：「二五為陰所揜也。此本否卦，陽降為險，陰升為說也。……陰從二升上六成兌、為有言，失中為不信，動而乘陽，故曰尚口乃窮也。」此以象而言，足供吾人參考。按，困卦上六六三皆陰，而掩蓋九五九二之陽，故曰剛掩也。否卦☷☰上九與六二易位則成困。上九降二，成坎險，六二升上為兌悅。上六乘九五之陽，居兌口之上，故曰尚口乃窮也。

象曰：澤无水，困，君子以致命遂志。

【今譯】水本在澤上，現坎水反在兌澤之下，澤中無水，這是困卦的象徵，君子處困窮之亂世，則以獻出己身，盡致己命，以達到他殺身成仁、舍生取義的心志。

【今釋】　虞翻說：「君子謂三、伏陽也。否坤為致，巽為命，坎為志。三入陰中，故致命遂志也。」這是虞氏從象學的觀點，去解說象辭的理論。按：否☰☷內卦為坤，三至五互巽。困內卦為坎，六與三為陰爻，故三入陰中。

初六㈠，臀困于株㈡木，入于幽谷，三歲不覿㈢。象曰：入于幽谷，幽不明也。

【今註】　㈠初六：是指本卦最初一爻☱☵*而言。㈡株：根的意思。㈢覿（音ㄉㄧˊ）：見的意思。

【今譯】　初六以柔居剛，應於九四，在困之時，有坐困於木根，進入於幽暗的山谷，三年不能見物（不能被發現、被救出）的現象。象辭上說：「入于幽谷」，是由於自己本身幽暗不明的關係。

【今釋】　九家易曰：「臀謂四，株木，三也。三體為木（互體巽為木）澤中无水，兌金傷木，故枯為株也。初者四應，欲進之四，四困于三，故曰臀困于株木。幽谷，二也。此本否卦，謂陽來入坎，與初同體，故曰入幽谷。三者陽數，謂陽陷險中，為陰所弇，終不得見，故曰三歲不覿也。」這是本爻的象學根據。按：困卦三至五互巽，巽為木，上兌為澤，下坎為水，故澤中無水。兌為金在巽上，在兌金傷木。否上九之陽入坤二，成困，內卦為坎，陽奇陰耦，故三為陽數。

九二㈠，困于酒食，朱紱㈡方來，利用亨祀，征凶，无咎。象

曰：困于酒食，中有慶也。

【今註】㊀九二：是指本卦第二爻䷮*的爻位而言。㊁朱紱（音ㄈㄨˊ）：有二解：一作「宗廟之祭服」。一作組綬用朱，朱，就是紅的意思，朱紱，就是指高官厚祿。

【今譯】九二當困苦之時，以陽處陰位，故有受困於酒食的象徵，但因居於內卦的當中，有剛中之德，所以終會有「朱紱」——富貴降臨的現象，這時可以利用於祭祀，以求其福，如有所前往，想再求進，就會有凶災的降臨，如不前往，謹守其德，就沒有災咎。象辭上說：「困于酒食」，是因中有喜慶的事情終會降臨之故。

【今釋】李鼎祚說：「二陰升上，則酒食入廟，故困于酒食也，上九降二，故朱紱方來。朱紱，宗廟之服，乾為大赤，朱紱之象也。」荀爽說：「二升在廟，五親奉之，故利用亨祀；陰動而上，失中乘陽，陽下而陷，為陰所弇，故曰征凶；陽降來二，雖位不正，得中有實，陰雖去中，上得居正，而皆免咎，故曰无咎也。」翟元曰：「陽從上來，居中得位，富有二陰，故中有慶也。」這是先儒對本爻現象的解說，足供吾人參考。按：困卦自否卦䷋來，否卦上九之陽，來至六二，六二之陰上升至上九，則成困卦䷮，故有此象。

六三㊀，困于石，據㊁于蒺蔾㊂。入于其宮，不見其妻，凶。象曰：據于蒺蔾，乘剛也。入于其宮，不見其妻，不祥也。

【今註】㊀六三：是指本卦第三爻☵☱*的爻位而言。㊁據：依的意思。㊂蒺蔾（音ㄐㄧˊ ㄌㄧˊ）：是一種有刺的植物。

【今譯】六三以陰處在陽的位置，在困之時，它有「受困在石堆裏面，又依靠在有刺的植物上」的象徵，在這種困難又無外援之下，回到自己家中，又看不到自己的妻子，又無內援之人，這是凶的。象辭上說：「據于蒺蔾」，是因為乘在剛強（指九二）的上面。「入于其宮，不見其妻」，是因為不能詳知自己妻子的存亡呀。

【今釋】虞翻說：「二變正時，三在艮山下，故困于石。蒺蔾，木名，坎為蒺蔾，二變艮手、據坎，故據蒺蔾者也。巽為入，二動艮為宮，兌為妻，謂上无應也，三在陰下，離象毀壞，隱在坤中，死其將至，故不見其妻凶也。」按：九二變陰，則二至四互艮，艮為山，六三在其下，艮為石，故困于石。困內卦坎，二變則不成坎，故艮手據坎。三至五互巽，兌少女，故為妻。困二至四互離，二變成艮，故離象毀壞。

九四㊀，來徐徐，困于金車，吝有終。象曰：來徐徐，志在下也。雖不當位㊁，有與也㊂。

【今註】㊀九四：是指本卦第四爻䷮*的爻位而言。㊁不當位：指以陽處陰。㊂有與：指與。九四應初六。

【今譯】九四在困之時，以陽處於陰位，而應於初六，所以有徐徐而來應於初，為金車所困的象徵，這是稍有吝窮之災，但能得善美之終。象辭上說：「來徐徐」，是因為志在應下面的初六。雖然不當位，但是有應與於下，可得援助以出困。

【今釋】虞翻說：「否，乾為金，坤為車，之應，歷險，故困于金車；易位得正，故吝有終矣。」這是他對本爻象學的說明。按：困內卦為坎險，九四與初六相應，故歷險。皆失位不正，易位乃正，故吝有終。

九五㊀，劓刖㊁，困于赤紱，乃徐有說，利用祭祀。象曰：劓刖，志未得也。乃徐有說，以中直也。利用祭祀，受福也。

【今註】㊀九五：是指本卦第五爻䷮*的爻位而言。㊁劓刖：割鼻叫劓（音一ˋ），斷足叫刖（音ㄩㄝˋ）。

【今譯】九五在困卦之時，以陽剛處尊位，有受傷害，困於赤紱權臣的象徵；因陽剛得中，雖困於一時，終會慢慢出困而有喜悅。可以利用祭祀以求福。象辭上說：劓刖，是因志未得之故。乃徐有悅，是因居中有剛直之德的關係。利用祭祀，可以獲得福祐。

【今釋】 虞翻說：「四動時，震為足、艮為鼻，離為兵、兌為刑，故劓刖也。赤紱謂二，否，乾為朱，故赤。坤為紱，二未變，應五，故困于赤紱也。兌為悅，坤為徐，二動應已，故乃徐有說也。」這是虞氏對本爻象學的看法，可供吾人參考。按：九四失位不正，變陰則得正，而二至四互震，三至五互艮，困二至四互離。

上六㊀，困于葛藟㊁，于臲卼㊂，曰動悔有悔，征吉。象曰：困于葛藟，未當也。動悔有悔，吉行也。

【今註】 ㊀上六：是指本卦最上一爻䷮*而言。㊁葛藟（音ㄌㄟˇ）：引蔓纏繞之草。㊂臲卼（音ㄋㄧㄝˋ ㄨˋ）：動搖不安的樣子。

【今譯】 上六處困的極點，所以有困於纏繞之物，動搖不安的象徵。在此時，如果不動就永不能離開困險的環境，所以寧願有所行動而獲悔吝，因為有悔吝之時，即前往想法解其悔吝，終有無悔而獲吉利的時候。象辭上說：「困于葛藟」，是因沒有應與，因為六三、不當其位之故。「動悔有悔」，是說終能獲吉而行的關係。

【今釋】 虞翻說：「巽為草莽，稱葛藟，謂三也。兌為刑人，故困于葛藟，于臲卼也。乘陽，故動悔，變而失正，故有悔。三已變正，己得應之，故征吉也。」這是虞氏對本爻的象學說明。按：困卦三至五互巽，上六據九五陽剛之上，故乘陽，變則失正，故有悔。六三變正，則上六得與相應，故征吉。

井 巽（風）下 坎（水）上　錯 噬嗑　綜 困

井㈠，改邑不改井，无喪无得，往來井井。汔至，亦未繘井㈡，羸其瓶㈢，凶。

【今註】㈠井：卦名。古時掘地為井，以瓶引汲其水。此卦明君子脩德養民，就像井水的養物無窮。鄭玄說：「坎，水也；巽，木，桔槔也。互體離兌，離外堅中虛，瓶也。兌為暗澤，泉口也。言桔槔引瓶，下入泉口，汲水而出井之象也。井以汲入水无空竭，猶人君以政教養天下，惠澤无窮也。」序卦曰：「困乎上者必反下，故受之以井。」㈡汔（音ㄑㄧˋ）：幾乎。繘（音ㄐㄩˊ）：綆。雖汲水以至井上，但綆繩出，尚未離井口。㈢羸：虞翻說：「鉤羅也。」瓶，汲水的器具。

【今譯】井養萬物，所以人們雖然改換了地方，也不會改變井水而不飲的。井卦，它象徵著沒有增加、也沒有減少，無喪無得，井水往來不窮。如果汲水，已至井上，在繩子還沒離開井口時，汲水的器具鉤羸阻擾而翻覆，就不能汲到井水，那就有「沒有水」的凶災了。

彖曰：巽乎水而上水㈠，井。井養而不窮也，改邑不改井，乃以剛中也。汔至亦未繘井，未有功也。羸其瓶、是以凶也。

【今註】㈠巽為木、為入，巽乎水而上水，是以器具入於水中而提水的意思。

【今譯】 彖辭上說：入於水，而提水於上，這是井卦的象徵。因為井水是養萬物，而沒有窮盡的，改邑不改井，是因為陽剛（九五、九二）在其當中的關係，「汔至亦未繘井」是說未成汲水之功。翻了他汲水的器具，所以得無水之凶呀。

【今釋】 荀爽說：「巽乎水，謂陰下為巽也，而上水，謂陽上為坎水也。木入水出，井之象也；剛得中，故為改邑；柔不得中，故為不改井也。陰來居初，有實為无喪，失中為无得也。此本泰卦，陽往居五，得坎為井，陰來在下，亦為井；故曰往來井井也。汔至者，陰來居初下，至汔竟也。繘者所以出水，通井道也；今乃在初下，得應五，故未繘也；繘者綆汲之具也。井謂二，瓶謂初，初欲應五，今為二所拘羸，故凶也。」按：泰卦䷊初九升五，六五降初，即成井卦。䷯，巽下坎上，巽為木而在下，以木剛皆得中，繘者繩也，所以提木筒汲水之器。

象曰：木上有水，井，君子以勞民勸相。

【今譯】 象辭上說：巽木有水，這是井卦的象徵，君子體此現象，即鼓勵其人民使他們勤勞，而能互相勸勉，以獲生養不息之功，並且輔助其民使有正當的生活。

【今釋】 虞翻曰：「君子，謂泰，乾也；坤為民初上成坎，為勸，故勞民勸相。相，助也。謂以陽助坤也。」此可供吾人參考。

初六㊀，井泥不食，舊井无禽㊁。象曰：井泥不食，下也。舊井无禽，時舍㊂也。

【今註】㊀初六：是指本卦第一爻䷯*的爻位而言。㊁禽：崔憬說：「禽，古擒字；禽猶獲也。」㊂舍：即舍棄之意。

【今譯】初六以陰處陽，在井卦之下，有井中泥巴不能吃，舊的井，不能獲得水的現象。象辭上說：「井泥不食」，是因在井下無水之故。舊井不能獲水，所以為當時之人所捨棄呀。

【今釋】虞翻說：「食，用也；初下稱泥，巽為木果，无噬嗑食象，下而多泥，故不食也；乾為舊，位在陰下，故舊井无禽，時舍也。謂時舍于初，非其位也，與乾二同義。」此可供吾人參考。按：初於三才為地道，下故稱泥。無噬嗑之象，故不食。初六失位，故非其位也。

九二㊀，井谷射鮒㊁，甕㊂敝漏。象曰：井谷射鮒，无與也。

【今註】㊀九二：指本卦第二爻䷯*而言。㊁鮒（音ㄈㄨˋ）：小魚。㊂甕：裝水的器具，如瓶之狀。

【今譯】九二以陽處陰，在井之時，有井谷之下，注入小魚，不能為人所用的象徵，就好像以壞的瓶子汲水而漏水於下的現象。象辭上說：「井谷射鮒」，是說沒有應與之故。

【今釋】虞翻曰：「巽為谷，為鮒。鮒，小鮮也。離為甕，甕瓶毀缺，羸其瓶，凶。故甕敝漏也。」

按：三至五互離，二至四互兌，兌為毀折，故甕敝漏。

九三㊀，井渫㊁不食，為我心惻㊂，可用汲，王明並受其福。象曰：井渫不食，行惻也。求王明，受福也。

【今註】㊀九三：是指本卦第三爻☵☴*的爻位而言。㊁渫：清潔之意。㊂惻：悲傷之意。

【今譯】九三以陽居陽位，在井卦之時，有井已清潔了，而不被人食用的象徵，這是使我們為之而傷惻的，既清潔，則吾人宜汲而食用。正如國家之內，王如賢明的話，則天下必同受其福。象辭上說：「井渫不食」，是說做法令人悲傷。「求王明」，是說能受到福澤。

【今釋】干寶曰：「此託殷之公侯，時有賢者，獨守成湯之法度，而不見任，謂微箕之倫也，故曰：井渫不食，為我心惻，惻，傷悼也。」此足與史實互相印證，可供吾人參考。微指微子，箕指箕子。

六四㊀，井甃㊁，无咎。象曰：井甃无咎，脩井也。

【今註】㊀六四：是指本卦第四爻☵☴*而言。㊁甃（音ㄓㄡˋ）：砌其井之竟。子夏云：甃亦治也。

【今譯】六四在井之時，以陰處陰，有井已修好的現象，這是無咎的。象辭上說：「井甃无咎」，是因修井之故。

【今釋】荀爽曰：「坎性下降，嫌于從三，能自修正，以甃輔五，故无咎也。」六四在坎下，乘九三之陽，則不吉，能承順九五之陽，則无咎。

九五㊀，井洌㊁寒泉食。象曰：寒泉之食，中正也。

【今註】㊀九五：指本卦第五爻䷯*的爻位而言。㊁洌：甘潔。

【今譯】九五陽剛中正，當井卦之時，有井水甘潔，其泉芳涼，可為眾人食用的象徵。象辭上說：「寒泉之食」，是因其得中而且正的關係。

【今釋】虞翻曰：「泉自下出稱井，周七月，夏之五月，陰氣在下，二已變坎，十一月為寒泉，初二已變，體噬嗑食，故洌，寒泉食矣。」按周代建子以今之十一月為正月，夏建寅以今之正月為正月，周之七月，即夏之五月。九二變陰則二至四互坎。初又變則成䷾既濟卦，初至五有噬嗑之象。故寒泉食。

上六㊀，井收勿幕㊁，有孚元吉。象曰：元吉在上，大成也。

【今註】㊀上六：是指本卦最上一爻䷯*而言。㊁幕：是指蓋的意思。

【今譯】上六當位，居井卦之上，它有井水可為眾人收而取用的象徵，井水既為人所收用，故不必覆上蓋子，井水自然有孚信，源源而來，這是大吉的。象辭上說：「元吉在上」，是因有大成之故。

【今釋】虞翻曰：「坎為車，應巽繩為繘，故井收勿幕。有孚謂五坎，坎為孚，故元吉也。初二已變，成既濟定，故大成也。」這是虞翻對本爻象學的解說。

革 ䷰ 離（火）下 兌（澤）上　錯 ䷃ 蒙　綜 ䷱ 鼎

革㈠，已日乃孚㈡，元、亨、利、貞，悔亡。

【今註】㈠革：卦名，改革的意思。鄭玄說：「革，改也，水火相息，而更用事，猶王者受命改正朔，易服色，故謂之革也。」序卦曰：「井道不可不革也，故受之以革。」故革卦居井卦之後。㈡已日乃孚：謂革命至已成功之日，乃孚信於人也。

【今譯】革卦，革新，要等天命已至之日，乃能孚信于萬民。大成而利於正，斯無後悔。

【今釋】虞翻說：「遯上之初，與蒙旁通，悔亡，謂四也。四失正，動得位，故悔亡。離為日，孚謂坎，四動體離，五在坎中，故已日乃孚。以成既濟，乾道變化，各正性命，保合太和，乃利貞，故元亨利貞，悔亡矣。」按：遯卦䷠上九與初六易位則成革卦䷰，九四失位，變陰則外卦成坎，三至五互體離，而成既濟。乾道變化以下見乾卦。歷代學者，對已日有爭論，有的以為是己日。

彖曰：革，水火相息㈠，二女同居㈡，其志不相得，曰革。已日乃孚，革而信之。文明以說㈢，大亨以正，革而當，其悔乃

亡。天地革而四時成，湯武革命，順乎天而應乎人，革之時義大矣哉。

【今註】㊀革由兌離二卦構成。兌為澤為水，離為火，水火是相克的。㊁兌為少女，離為中女，故稱二女同居。㊂離為文明，兌為悅，故稱文明以悅。

【今譯】革卦是因為兌澤之水和離火，相克相息，所以叫做革，又象徵著兌之少女，與離之中女，同居一處，而其心志不相同，所以叫做革，天命已至的日子，乃能孚信於天下，革命而天下的人皆能相信他的德性，又能佈文明於天下，使天下的人皆能喜悅，大通而利於正，這是革卦的孚信。革命而合於正當的法則，才沒有悔吝的事情。天地日月不斷的改變，而形成春夏秋冬四時的運行，商湯和周武王的革命，既順於天道，又適應於人們的要求。革卦順應天時，可以做成偉大的事蹟，它的時義是很深遠的呀。

【今釋】虞翻說：「息，長也，離為火，兌為水，繫曰：潤之以風雨。風，巽；雨，兌也。二女離兌，體同人象，蒙艮為居，故二女同居。四變，體兩坎象，二女有志，離火志上，兌水志下，故其志不相得；坎為志也。文明謂離，悅，兌也，大亨謂乾、四動，成既濟定，故大亨以正。革而當位，故其悔乃亡。五位成乾，為天，蒙地為坤，震春兌秋，四之正，坎冬離夏，則四時具，坤革而成乾，故天地革而四時成也。湯武謂乾，乾為聖人，天謂五，人謂三，四動，順五應三，故順天應人，巽為命也。」按：革卦初至五互體同人䷌，革與蒙相錯，蒙外卦艮。革九四變陰成既濟䷾，外坎，二至四亦互坎。下卦為離，蒙三至五互坤，五為天位，三四為人位。革二至四互巽，故順天應人。

象曰：澤中有火，革，君子以治歷明時。

【今譯】 象辭上說：兌澤水中，有離火，水火是相克的，這是革卦的象徵，君子體察此現象，即治定曆法，使一年四時，十二月，廿四節氣，七十二侯，一月三十日，及潤年之理，昭明於天下，使百姓皆知：春夏秋冬，四時有順次改變的運行。日夜，有交互變化的道理。

【今釋】 虞翻說：「君子遯乾也，歷象，謂日月星辰也，離為明，坎為月，離為日，蒙艮為星，四動成坎離，日月得正，天地革而四時成，故君子以治歷明時也。」按：革自遯來，遯上乾下艮，革與蒙相錯。四變則成既濟。有二坎離。

初九㈠，鞏㈡用黃牛之革。象曰：鞏用黃牛，不可以有為也。

【今註】 ㈠初九：是指本卦第一爻䷰*的爻位而言。㈡鞏：固，有以皮束物堅固之意。

【今譯】 初九居革之初始，不可以動，所以有用黃牛的皮革堅固的綑縛，不可以改變的象徵。象辭上說：「鞏用黃牛」，是說不可以有作為的意思。

【今釋】 干寶曰：「鞏，固也；離為牝牛，離爻本坤，黃牛之象也。在革之初而无應據，未可以動，故曰鞏用黃牛之革，比喻文王雖有聖德，天下歸周，三分有二，而服事殷，其義也。」按：坤為黃，為牛，離自坤來，故稱黃牛。

六二㊀，已日乃革之，征吉，无咎。象曰：已日革之，行有嘉也。

【今註】㊀六二：是指本卦第二爻䷰*的爻位而言。

【今譯】六二以陰居陰位，當位而中，又有應於九五，所以有「天命已至之日，即可改革它」的象徵，這是可以前往而獲吉，沒有災咎的。象辭上說：「已日革之」，是說天命已至之日，行必有嘉美之慶。

【今釋】崔憬曰：「得位以正居中有應，則是湯武行善，桀紂行惡，各終其日，然後革之，故曰已日乃革之，行此有嘉。」此說可供吾人參研。

九三㊀，征凶，貞厲，革言三就，有孚。象曰：革言三就，又何之矣。

【今註】㊀九三：是指本卦第三爻䷰*而言。

【今譯】九三居內卦之極，在改革之時，雖當位，但居三多凶之位，故前往有凶事，而守正不變，又有危厲。如能於改革之際，詳審再三，就能有孚信了。象辭上說：「革言三就」，既已詳審，又復何往？

【今釋】荀爽說：「三應于上，欲往應之，為陰所乘，故曰征凶，若正居三，而據二陰，則五來危之，故曰貞厲也。」翟元曰：「言三就上二陽，乾得共有信，據于二陰，故曰革言三就，有孚于二矣。」此二說皆從象而言，可供吾人參考。按：九三與上六相應，上六陰，故為陰所乘。

九四㈠，悔亡，有孚改命，吉。象曰：改命之吉，信志也。

【今註】㈠九四：是指本卦第四爻䷰*的爻位而言。

【今譯】九四當改革之時，近於九五之君，故沒有悔吝，而有孚信於改命之君，這是吉利的。象辭上說：「改命之吉」，是說上能相信其志。

【今釋】虞翻說：「革而當，其悔乃亡。孚謂五也，巽為命，四動，五坎改巽，故改命吉。四乾為君，進退无恆，在離焚棄，體大過死，傳以此桀紂，湯武革命，順天應人，故改命吉也。四動成坎，故信志也。」此為本爻象學之根據。按：九四變則外卦成坎，而巽象不見，故五坎改巽。

九五㈠，大人虎變㈡，未占有孚。象曰：大人虎變，其文炳也。

【今註】㈠九五：是指本卦第五爻䷰*而言。㈡虎變：如虎的變靜而動，威德折衝萬里。

【今譯】九五陽剛中正，當革之時，有大人如虎變可以君臨萬物的象徵，此不必占視，就知有孚信於民。象辭上說：「大人虎變」，是說大人光照四表的文明，是很有光耀的。

【今釋】 虞翻曰：「乾為大人，謂五也，蒙（錯卦）坤為虎變。乾為大明，四動成離，故其文炳也。」這是本爻的象學說明。

上六㈠，君子豹變㈡，小人革面，征凶，居貞吉。象曰：君子豹變，其文蔚也。小人革面，順以從君也。

【今註】 ㈠上六：是指本卦最上一爻*䷰而言。㈡豹變：如豹之變化。豹是花紋很明顯很美麗的動物。

【今譯】 上六得陰陽的正位，在改革之時，所以君子則如豹之變化，文彩爛然，小人則改革其昔日邪惡之面，而成善人，在改革之時，如行而不改則凶，如居而從正以改革則吉。象辭上說：「君子豹變」，他的文彩是很繁盛的。「小人革面」，是說順從他的君上。

【今釋】 虞翻曰：「蒙艮為君子，為豹，從乾而改，故君子豹變也。陰稱小人也。面謂四，革謂離，以順承五，故小人革面。乘陽失正，故往凶。得位故居貞吉。蒙艮為居也，乾君謂五也。四變順五，故順以從君也。」陸績曰：「兌之陽爻稱虎，陰爻稱豹，豹，虎類而小者也。君子小於大人，故曰豹變，其文蔚也。」此二說，可供吾人參考。按：艮陽故為君子，上六在九五之上，故乘陽。

鼎 ䷱ 巽（風）下 離（火）上　錯 ䷂ 屯　綜 ䷰ 革

鼎㊀，元吉，亨。

【今註】㊀鼎：卦名：烹飪煮食的器具，下陰爻為鼎之足，二三四陽為鼎腹，五陰為鼎之耳，上陽為鉉，這是鼎的形象。下卦為巽，巽為入、為木，上卦為離，離為火，巽木入離火，而致烹飪之功，這是鼎的卦象。序卦傳說：「革物者，莫若鼎。故受之以鼎。」故革卦後為鼎卦。

【今譯】鼎，能烹飪，所以是大吉而亨通的。

【今釋】鄭玄曰：「鼎，象也。卦有水火之用，互體乾兌，乾為金，兌為澤，澤鍾金而含水，爨以木火，鼎烹熟物之象，鼎烹熟以養人，猶聖君興仁義之道，以教天下也，故謂之鼎矣。」虞翻曰：「大壯上之初，與屯旁通，天地交，柔進上行，得中應乾，五剛，故元吉亨也。」這是從卦象義理去解說的，值得我們參考。按：鼎上離火下巽風。大壯䷡上六與初九易位成鼎，旁通（錯）屯。

彖曰：鼎，象也，以木巽火㊀，亨飪也。聖人亨以享上帝，而大亨以養聖賢，巽而耳目聰明，柔進而上行，得中而應乎剛㊁，是以元亨。

【今註】㊀巽為木為入，離為火，故曰以木巽（入）火。㊁指六五之柔，居外卦之中，而應九二之剛。

【今譯】鼎，是一種烹飪的形象，以巽木入離火，可以烹煮萬物，這是鼎卦的卦象。聖人烹飪祭品，以祭祀上帝，而以大的俸祿以養聖賢，因此能順而耳目聰明，使它的政事通達，庶民和悅。又六五的柔，進而上行，居外卦之中，而下應于九二之剛，所以能得大通之利。

【今釋】荀爽說：「震入離下，中有乾象，木火在外，金在其內，鼎鑊烹飪之象也。」虞翻曰：「聖人謂乾，初四易位，體大畜，震為帝，在乾天上，故曰上帝。體頤象，三動，噬嗑食，故以享上帝也。大亨謂天地養萬物，聖人養賢，以及萬民。三在巽上，動成坎離，有兩坎兩離象，乃稱聰明。」這是從卦象去說明彖辭立辭之意的。按：鼎自大壯䷡來，初至四體坎，上六、初九易位成鼎，鼎卦上離火下巽木，二至四互乾金，故有鼎象。二至上體大畜䷙，初四易位亦成大畜。三至上體頤，頤養也。

象曰：木上有火，鼎，君子以正位凝命。

【今譯】象辭上說：巽木之上有離火，這是鼎卦的象徵，君子體察此現象，則以端正其職，凝成天命之堅固以永保祿位。

【今釋】虞翻曰：「君子謂三也，鼎五爻失正，獨三得位，故以正位。凝，成也；體姤，謂陰始凝初，巽為命，故君子以正位凝命也。」此足供吾人參研之用。按：三陽得正故謂君子，初至四體姤。

初六(一)，鼎顛趾(二)；利出否(三)，得妾以其子，无咎。象曰：鼎顛

趾，未悖也。利出否，以從貴也。

【今註】㊀初六：是指本卦初爻䷱*而言。㊁趾：足。㊂否：壞棄之物。

【今譯】初六居鼎之初始，以陰居陽位，它有鼎腳顛倒、翻轉的象徵，在此時利於將壞濫之物傾出，如得妾而能獲子，這是无咎的。象辭上說：「鼎顛趾」，尚未至悖亂不可救的地步。「利出否」，是因為可以去舊佈新，加上新煮的貴物呀。

【今釋】虞翻曰：「應在四，大壯震為足，折入大過，大過顛也，故鼎顛趾也。初陰在下，故否。利出之四，故曰利出。兌為妻妾，四變得正，成震。震為長子，繼世守宗廟，而為祭主，故得妾以其子无咎矣。出初之四，承乾五，故以從貴也。」按：鼎自大壯來，鼎初至五體大過，大壯象不見，故折入大過，四變正，則三至五體震。

九二㊀，鼎有實，我仇有疾，不我能即，吉。象曰：鼎有實，慎所之也。我仇有疾，終无尤也。

【今註】㊀九二：是指本卦第二爻䷱*的爻位而言。

【今譯】九二以陽剛居內卦之中，在鼎之時，有鼎中有實物存在的象徵，以人事而言，人既充實於中，縱使有仇人之疾恨，亦不能加之於我。象辭上說：「鼎有實」，是因能謹慎於所行之故。我仇雖疾恨我，但終無災尤的。

【今釋】虞翻曰：「二為實，故鼎有實也，坤為我，謂四也。二據四婦，故相與為仇，謂三變時，四體坎，坎為疾，故我仇有疾，四之二，歷險，二動得正，故不我能即吉。」這是純從爻象去解說的。按：九二為陽，陽為實，錯屯卦䷂，二至四互坤。鼎三變則三至五互坎，九二失位，變震得位。

九三㊀，鼎耳革㊁，其行塞。雉膏㊂不食，方雨虧悔，終吉。象曰：鼎耳革，失其義也。

【今註】㊀九三：是指本卦第三爻䷱*的爻位而言。㊁革：傾倒至地。㊂雉膏：美味的食品，用雉肉，做的膏。

【今譯】九三居下卦之上，當鼎之時，有鼎耳傾倒的現象，其行事皆阻塞不通，而且因傾倒故，美味的雉膏亦不能食用，幸好恰有雨虧損其火之厲，故無悔而終吉。象辭上說：「鼎耳革」，是說失去其意義。

【今釋】虞翻曰：「動成兩坎，坎為耳，而革在乾，故鼎耳革。初四變時，震為行，鼎以耳行。伏坎震，折而入乾，故其行塞。離為雉，坎為膏，初四已變，三動體頤，頤中无物，離象不見，故雉膏不食。四已變，三動成坤，坤為方，坎為雨，故曰方雨。三動虧乾而失位悔也，終復之正，故方雨虧悔，終吉。」按：三至五互兌，九三變則內卦為坎，三至五亦互坎。初四皆失位，變正則三至五互震，而三又變，則二至上體頤䷚象。今三四未變，離為雉，頤象不成，故雉膏不食。三四皆變則三至五互坤。

九四㊀，鼎折足，覆公餗㊁，其形渥㊂，凶。象曰：覆公餗，信如何也？

【今註】㊀九四：指本卦鼎的第四爻䷱*的爻位而言。㊁餗（音ㄙㄨˋ）：美糝。㊂渥：厚。又形渥，漢儒作刑剭，重刑也。

【今譯】九四位外卦之初，又不合陰陽正位，而居鼎之時，故有鼎折斷其腳、覆倒公的美味之象徵，其形象既相當厚重而傾倒。這是凶的。漢儒解作有重刑亦通。象辭上說：「覆公餗」，則其為信如何呢？

【今釋】九家易曰：「鼎者三足一體，猶三公承天子也，三公調陰陽，謂調五味，足折餗覆，猶三公不勝其任，傾敗天子之美，故曰覆餗也。」此可供吾人參研。

六五㊀，鼎黃耳㊁金鉉㊂，利貞。象曰：鼎黃耳，中以為實也。

【今註】㊀六五：是指本卦第五爻䷱*的爻位而言。㊁黃：中色；耳：鼎耳。㊂鉉（音ㄒㄩㄢˋ）：貫鼎兩耳，用來拿起鼎的。

【今譯】六五以柔居外卦之中，當鼎之時，其鼎有黃色金銅器作的器具為黃色的鼎耳，金器作的鉉，如此貴重的象徵，這是利於正的。象辭上說：「鼎黃耳」，是說有實而貴重之物存於其中。

【今釋】虞翻曰：「離為黃，三變坎為耳，故鼎黃耳。鉉謂三貫鼎兩耳，乾為金，故金鉉。動而得正，故利貞。」干寶曰：「凡舉鼎者鉉也，尚三公者王也，金喻可貴中之美也，故曰金鉉。鉉鼎得其物，施令得其道，故曰利貞也。」此二說可供吾人參考。按：六五失位，終變之正，故利貞。並參上文。

上九㊀，鼎玉鉉㊁，大吉，无不利。象曰：玉鉉在上，剛柔節也。

【今註】㊀上九：是指本卦最上一爻䷱*而言。㊁用玉做的鉉。

【今譯】上九居鼎之上，烹飪之功至極，故有「鼎玉鉉」的現象，這是大吉沒有不利的。象辭上說：「玉鉉在上」，是因得剛柔的適宜。

【今釋】干寶曰：「玉又貴於金者，凡烹飪之事，自鑊升于鼎，載于俎，自俎入于口，馨香上達，動而彌貴，故鼎之義，上爻愈吉也。鼎主烹飪，不失其和，金玉鉉之不失其所，公卿仁賢，天王聖明之象也，君臣相臨，剛柔得節，故曰吉無不利也。」此以義理去解說，足供吾人參考。

震 ䷲ 震（雷）上 震（雷）下　錯 ䷸ 巽　綜 ䷳ 艮

震㈠，亨，震來虩虩㈡，笑言啞啞㈢，震驚百里，不喪匕鬯㈣。

【今註】㈠震：卦名，動的意思，一陽生于，二陰的下面，震而動出，它為雷的象徵，又為長子。序卦傳說：「主器莫若長子，故受之以震。」㈡虩（音ㄒㄧˋ）：其本意為壁虎，引申為恐懼之意。㈢啞啞：笑聲。㈣匕鬯（音ㄅㄧˇ ㄔㄤˋ）：匕，匙；鬯，以秬黍酒和鬱金草以灌地降神。

【今譯】震，能震而動，是亨通的，能於有所行動時，常持著戰戰兢兢、恐懼的樣子，則凡事必能有成，如此必能安心而心常喜悅、笑言啞啞的；萬一突然遇到大的變故，如雷的震懼百里一般，也不會慌張，不會喪失手中的匕鬯，而能持之泰然。

【今釋】鄭玄曰：「震為雷，雷，動物之氣也，雷之發聲，猶人君出政教，以動中國之人也，故謂之震。人君有善聲教，則嘉會之禮通矣。雷發聲，聞于百里，古者諸侯之象，諸侯出教令，能警戒其國內，則守其宗廟社稷，為之祭主，不亡匕與鬯也。人君于祭之禮，匕牲體薦鬯而已，其餘不親也。升牢於俎，君匕之，臣載之，鬯，秬酒芬芳條鬯，因名焉。」虞翻說：「臨二之四，天地交，故通。虩虩，謂四也……四失位多懼……二上之坤成震體坎，得其匕鬯，故不喪匕鬯也。」此二說或言義理，或言象數皆有參考之價值。按：臨卦䷒九二與六四易位六四降至二，九二升外卦坤初，即成震䷲。震三至五互坎，九四失位。

彖曰：震，亨，震來虩虩，恐致福也。笑言啞啞，後有則也。震驚百里，驚遠而懼邇也。出可以守宗廟社稷，以為祭主也。

【今譯】彖辭上說：能震動是亨通的；震來虩虩，是因恐而致福的；笑言啞啞，是因謹慎於先，故後能有法則可循。震驚百里，是說震驚遠處，而憂懼近處，處處都能戒惕的意思，如此就可以出而保守宗廟社稷，為祭祀之主，常為諸侯了。

【今釋】虞翻說：「懼變承五應初，故恐致福也。則，法也，坎為則也。遠謂四，近謂初，震為百，謂四出驚遠，應懼近也。五出之正，震為守，艮為宗廟社稷，長子主祭器，故以為祭主也。」此是從卦象而解的。按：九四失位，在震動之時，變陰而得位，上承五，下應初，故致福也。六五亦失位，變正，得位。震二至四互艮。

象曰：洊㊀雷，震，君子以恐懼修省。

【今註】㊀洊（音ㄐㄧㄢˋ）：再、重之意。

【今譯】象辭上說：重雷交洊相與而來，這是震卦的象徵，君子體察此現象，即以恐懼之心，修省其身。

【今釋】虞翻曰：「君子謂臨二，二出之坤四，體以脩身，坤為身，二之四，以陽照坤，故以恐懼修省。老子曰：『脩之身、德乃真。』」按：震從臨䷒來，臨二入坤，成震。故以陽照坤。

初九㊀，震來虩虩，後笑言啞啞，吉。象曰：震來虩虩，恐致福也。笑言啞啞，後有則也。

【今註】㊀初九：是指本卦第一爻䷲*的爻位而言。

【今譯】初九在震卦的初始，有動而恐懼謹慎的象徵，能如此，則後有喜悅之事，這是吉的。象辭上說：「震來虩虩」，是因恐懼而致福。「笑言啞啞」，是戒慎後能遵守法令。

六二㊀，震來厲，億喪貝㊁，躋于九陵，勿逐，七日得。象曰：震來厲，乘剛也。

【今註】㊀六二：是指本卦第二爻䷲*的爻位而言。㊁億喪貝：大喪其貨貝。

【今譯】六二居初九震虩之上，有震動危厲，大大的喪失他的貨貝的象徵，這是無妄之災，可登於九陵之山麓，不必去追逐，七日後即得原物。象辭上說：「震來厲」，是因為乘剛的關係。

【今釋】虞翻曰：「厲，危也，乘剛故厲。億，惜辭也。坤為喪，三動，離為蠃蚌，故稱貝。在艮山下，故稱陵。震為足，足乘初九，故躋於九陵。震為逐，謂四已體復象，故喪貝勿逐。三動時，離為日，震數七，故七日得也。」按：六二乘于初九陽剛之上，故危。六三失位，變而內卦為離，震九四變則成復䷗象。

六三㈠，震蘇蘇㈡，震行无眚㈢。象曰：震蘇蘇，位不當也。

【今註】㈠六三：是指本卦第三爻䷲*的爻位而言。㈡蘇：死而復生。㈢无眚：無災眚也。

【今譯】六三以陰居陽位，居震內卦之極，外卦未治之際，故有「震蘇蘇」的象徵，這時動而有所行，是沒有災眚的。象辭上說：「震蘇蘇」，是因為以陰居陽位，位不當的關係。

【今釋】虞翻說：「死而復生稱蘇。三死坤中，動出得正，震為生，故蘇蘇。坎為眚，三出得正，坎象不見，故无眚。」按：震從臨來，臨三至上互體坤，變震則坤象不見，故三死坤中，震三至五互坎，三失位，變正，則坎象不見。

九四㈠，震遂泥㈡。象曰：震遂泥，未光也。

【今註】㈠九四：是指本卦第四爻䷲*的爻位而言。㈡泥：止。

【今譯】九四以陽居陰，在外卦之初始，有「動而受阻」的象徵。象辭上說：「震遂泥」，是因未能光大的關係。

【今釋】虞翻說：「坤中得雨為泥，位在坎中，故遂泥也。」這是本爻爻辭立象的根據。按：臨外卦坤，變震則三至五互坎，坎為雨，故遂泥。

六五㈠，震往來厲，億㈡无喪，有事。象曰：震往來厲，危行也。其事在中，大无喪也。

【今註】㈠六五：是指本卦第五爻䷲*的爻位而言。㈡億：大。

【今譯】六五以陰居陽位，當震之時，有動作往來皆有危厲的象徵，不過大體上說，喪失不大，唯有事困擾而已。象辭上說：震往來厲，是說在危險中而亦行之。唯其事在合於中道（六五居外卦之中），所以沒有大的損失。

【今釋】虞翻說：「往謂乘陽，來謂應陰，失位乘剛，故往來厲也。」此乃以爻位的法則而立說。

上六㈠，震索索㈡，視矍矍㈢，征凶。震不于其躬㈣，于其鄰，无咎，婚媾有言。象曰：震索索，中未得也。雖凶无咎，畏鄰戒也。

【今註】㈠上六：是指本卦最上一爻䷲*而言。㈡索索：求取。㈢矍矍（音ㄐㄩㄝˊ）：視徬徨的樣子。㈣躬：身。

【今譯】上六居震之終，有「動而有所求取，左右徬徨以看」的樣子，如以此前往而有所行動的話，是有凶的。動不在自己本身而在鄰近的人，則沒有災咎，唯求婚媾，則有言語之擾罷了。象辭上說：

「震索索」，是因未得於中的關係。「雖凶无咎」，是因敬畏於鄰人的戒惕。

【今釋】虞翻曰：「上謂四也，欲之三隔坎，故震索索。三已動，應在離，故矍矍者也。上得位，震為征，故征凶。四變時，坤為躬，鄰謂五也，四上之五，震東兌西，故稱鄰。之五得正，故不于其躬，于其鄰，无咎。謂三已變，上應三，震為言，故婚媾有言。」這是本爻象學的解說。按：三至五互坎，三變內卦成離，三至五互兌，四五易位，則五得正位，三變正，而得與上六相應，故婚媾有言。

艮 ䷳ 艮（山）下 艮（山）上　錯 ䷹ 兌　綜 ䷲ 震

艮㊀其背，不獲其身，行其庭，不見其人，无咎。

【今註】㊀艮（音ㄍㄣˋ）：卦名，止的意思，一陽止於二陰之上，陽自下升，極上而止，這是艮的象徵，艮為山。序卦云：「物不可以終動，止之，故受之以艮。」鄭玄說：「艮為山，山立峙，各於其所，无相順之時，猶君在上，臣在下，恩敬不相與通，故謂之艮也。」這是艮所以命名之故。

【今譯】止於其背，則身在背後就看不到自己本身了，行其庭，則背在他人的前面，而我們也就看不到他人了，這是無咎的。人能止於其所當止，也就沒有災害了。

【今釋】虞翻說：「觀五之三也，艮為多節，故稱背。觀、坤為身，觀五之三折坤為背，故艮其背。坤象不見，故不獲其身。震為行人，艮為庭，坎為隱伏，故行其庭。不見其人，三得正，故無咎。」

這是卦辭的象數說明。按：艮從觀☶☷來，觀九五、六三易位，即成艮☶☶。觀內卦坤，坤為身，變艮，坤象不見。二至四互坎，三至五互震。

彖曰：艮，止也。時止則止，時行則行，動靜不失其時，其道光明。艮其止，止其所也，上下敵應，不相與也。是以不獲其身，行其庭，不見其人，无咎也。

【今譯】彖辭上說：艮，是止的意思，應該止的時候，就停止不進，應該行的時候，就行，動靜都不失去時宜，則其道必是光明的；艮其止，是說停止他自己的本來處所，因為從初至上，初與四，二與五，三與上，六爻兩兩相對，陽對陽，陰對陰，沒有互相應與援助的對象，所以不獲其身，行其庭，不見其人，無咎呀！

【今釋】虞翻說：「位窮于上，故止也。時止謂上陽窮止，故止。時行謂三體處震為行也；艮其背，背也，兩象相背，故不相與也。」這是從爻位義理，去發揮它的意思的。按：上九失位，居艮止之時，故止，三至五互震，震為足為行。

象曰：兼山，艮，君子以思不出其位。

【今譯】象辭上說：兩山兼備，就是艮的象徵，君子體察此現象，則其思慮、思想，不超出他的職位。

【今釋】虞翻說：「君子謂三也，三，君子位，震為出，坎為隱伏、為思，故以思不出其位。」按：陽為君子，九三以陽居陽得位居正，故為君子。二至四互坎，三至五互震。

初六㊀，艮其趾，无咎，利永貞。象曰：艮其趾，未失正也。

【今註】㊀初六：是指本卦最下一爻䷳*而言。

【今譯】初六以陰居陽位，當艮止的時候，有止於其足趾，停止不行的現象，這是無咎的，利於永遠守著正道。象辭上說：止於其足趾，停止不行，並未失去正道。

【今釋】虞翻曰：「震為趾，故艮其趾矣。失位變得正，故无咎，永貞也。動而得正，故未失正也。」此以象與爻位的原則而言。按：初六失位，變正得位，故利永貞。

六二㊀，艮其腓㊁，不拯其隨，其心不快。象曰：不拯其隨，未退聽也。

【今註】㊀六二：指本卦第二爻䷳*的爻位而言。㊁腓（音ㄈㄟˊ）：足肚。

【今譯】六二柔順中正，應該可以有為，但居艮止之時，所以有止於其足，不能拯救其隨（指初六、趾），因此而其心不快的象徵。象辭上說：「不拯其隨」，是說不違聽的意思。

【今釋】虞翻說：「坎為耳，故未違聽也。」此是說明未違之故。三止乎上，亦不肯退而聽于二也。

九三㊀，艮其限㊁，列其夤㊂，厲熏心。象曰：艮其限，危熏心也。

【今註】㊀九三：是指本卦第三爻䷳*而言。㊁限：界限，人身的界限在腰。㊂夤（音一ㄣˊ）：連。

【今譯】九三當艮止之時，居內卦之極，它有艮止於界限，止隔於他的連屬，不能動的現象，因此危厲薰染其心。象辭上說：「艮其限」，是說危厲之事，薰染其心之意。

【今釋】此爻的解說，部份參考來易，而未取虞氏之說。

六四㊀，艮其身，无咎。象曰：艮其身，止諸躬也。

【今註】㊀六四：是指本卦第四爻䷳*的爻位而言。

【今譯】六四以陰居陰，得陰陽之正位，在艮止的時候它有止於其身的象徵，這是无咎的。象辭上說：「艮其身」，是說止於其自身的意思。

【今釋】此爻自作解釋，不根據先儒之說。

六五㊀，艮其輔㊁，言有序，悔亡。象曰：艮其輔，以中正也。

【今註】㊀六五：指本卦第五爻䷳*的爻位而言。㊁輔：面頰骨上頰車。即口輔之意。

【今譯】六五以陰居尊位，當艮止之時，所以有止于其口，言語有秩序，治而不亂的象徵，這是沒有後悔的。象辭上說：「艮其輔」，是因為在艮止之時能如此，所以有中正之德之故。

【今釋】虞翻曰：「三至上，體頤象，艮為止，在坎車上，故艮其輔。」這是以象而言。按：艮卦三爻至上爻有頤卦䷚的現象。二至四互坎，坎為車，五在其上，故在坎車上。

上九㈠，敦艮，吉。象曰：敦艮之吉，以厚終也。

【今註】㈠上九：是指本卦最上一爻䷳*而言。

【今譯】上九居艮止之極，有敦厚於止的象徵，時止則止，這是吉利的。象辭上說：「敦艮之吉」，是說能以敦厚而獲得善終的意思。

【今釋】虞翻說：「无應靜止，下據二陰，故敦艮吉也。坤為厚，陽上據坤，故以厚終也。」按：艮自臨來，臨外卦坤，變艮則上九為陽，以據坤位，艮為山為厚，故以厚終也。

漸䷴艮（山）下 巽（風）上　錯䷵歸妹　綜䷵歸妹

漸㈠，女歸㈡吉，利貞。

【今註】㈠漸：卦名；有漸進的意思，艮山在下，巽風居上，有不遽進之意，又巽為木，木在山上，以漸而高，漸之象。序卦曰：「物不可以終止，故受之以漸。」㈢女子謂嫁曰歸。

【今譯】漸卦有漸進的意思，女子的嫁人，也是經納采、問名、納吉、納徵、請期、親迎而成的，所以在漸之時，嫁女是吉利的。不過，須利於守正，才可永久。

彖曰：漸之進也，女歸吉也；進得位，往有功也；進以正，可以正邦也；其位剛得中也，止而巽，動不窮也。

【今譯】彖辭上說：漸漸的前進，就如女子之嫁，有步驟，絲毫不亂，這是吉利的，前進而得據好的位置，前往就會有功。又前進而以正道行之，就可以端正邦國的不齊，他所居之位置，是剛健而得中道的。內而艮止，外而巽順，就能相時而動，而不會有窮吝的時候了。

【今釋】虞翻說：「三進四得位，陰陽體正，故吉也。功謂五，四進承五，故往有功，巽為進也。初已變為家人，四進已正而上不正，三動成坤，為邦，上來反三，故進以正，可以正邦，其位剛得中，與家人道正同義，三在外體之中，故稱得中。」這是本卦的象學說明。

象曰：山上有木，漸，君子以居賢德善俗。

【今譯】象辭上說：山上有木，木漸長於山，這是漸卦的象徵，君子體察此現象，即居於賢德善俗的地方。使漸漸習於善良的風俗而成為君子。

初六㊀，鴻㊁漸于干㊂，小子厲，有言，无咎。象曰：小子之厲，義无咎也。

【今註】㊀初六：是指本卦第一爻☶*的爻位而言。㊁鴻：大雁。㊂干：江邊。

【今譯】初六居漸之始，未得其位，有鴻鳥漸息於江邊的象徵，這時職位低微的小子，是有危厲的，他人是有言語之譏，加於你身上的，但沒有災咎。象辭上說：小子的危厲，於義而言，是无咎的。因危而後安，厲而後甘。

【今釋】虞翻曰：「艮為小子，初失位，故厲。變得正，三動受上成震，震為言，故小子厲，有言无咎也。」此是以象而解釋本爻的爻辭。按：漸內卦艮，初六失位，變陽，三變則內卦成震。

六二㊀，鴻漸于磐㊁，飲食衎衎㊂，吉。象曰：飲食衎衎，不素飽也。

【今註】㊀六二：是指本卦第二爻☶*的爻位而言。㊁磐：大石。㊂衎衎（音ㄎㄢˋ）：和樂的樣子。

【今譯】六二居中得位，有鴻鳥漸進而棲息於磐石的現象，這是非常穩固的，所以飲食及做諸事，都很和樂，這是吉利的。象辭上說：飲食很和樂，是說不是尸位素餐，而是有所為的。

【今釋】虞翻說：「艮為山石，坎為聚，聚石稱磐。初已之正，體噬嗑食，坎水陽物，並在頤中，故飲食衎衎。得正應五，故吉。素空也。承三應五，故不素飽。」按：漸卦二至四互坎，初六變震，則初至五互體噬嗑䷔，噬，食也。九三洽為頤中之物，故飲食衎衎上承九三，遙應九五，故吉而不素飽。

九三㊀，鴻漸于陸，夫征不復，婦孕不育，凶，利禦寇。象曰：夫征不復，離㊁羣醜也。婦孕不育，失其道也，利用禦寇，順相保也。

【今註】㊀九三：指本卦第三爻䷴*的爻位而言。㊁離：遭遇。

【今譯】九三有鴻鳥漸進而著陸的現象，鴻當高飛、而著陸，是不好的，以人事而言，就像丈夫出征不回來，婦人懷孕而不能養育子女，這是凶的，在此時只有利用大家團結，而抵禦外寇，寇退則夫回婦育了。象辭上說：「夫征不復」，是因出征而遭遇一羣寇醜。「婦孕不育」，是說失去夫婦之正道；利用禦寇，是說團結眾力，順以相保。

【今釋】虞翻曰：「高平稱陸，謂初已變，坎水為平，三動之坤，故鴻漸于陸。初已之正，三動成震，震為征為夫而體復，象坎陽死坤中，坎象不見，故夫征不復也。孕，妊娠也，育，生也。巽為婦，離為孕，三動成坤，離毀失位，故婦孕不育；凶。禦，當也，坤為用，巽為高，艮為山，離為戈兵甲冑，坎為寇，自上禦下，三動坤順，坎象不見，故利用禦寇，順相保，保，大也。」按：二至四互坎，三變則初至四互體坤，初又變而內卦為震，則初至四互體復☷☳，坎象不見，坎為中男，故夫征不復。漸外卦為巽，三至五互離，內卦為艮。

六四㊀，鴻漸于木，或得其桷㊁，无咎。象曰：或得其桷，順以巽也。

【今註】㊀六四：指本卦第四爻☴☶*的爻位而言。㊁桷（音ㄐㄩㄝˊ）：椽。

【今譯】六四得位，有鴻漸飛而入於木，或得止息於木椽的象徵，這是無咎的。象辭上說：「或得其桷」，是因順以進入的關係。

【今釋】李鼎祚說：「四居巽木爻，陰位正直，椽之象也。自二至五，體有離坎。離為飛鳥，而居坎水，鴻之象也。」此為本卦立象的根據。按：二至四體坎，三至五體離。

九五㊀，鴻漸于陵，婦三歲不孕，終莫之勝，吉。象曰：終莫之勝吉，得所願也。

【今註】㊀九五：是指本卦第五爻☴☶*的爻位而言。

【今譯】九五有鴻漸飛而入於山陵的象徵，這是先不好後終得所願的象徵，以人事而言，有婦人三年不懷孕的現象，但終能得所願，是沒有人能阻止它的，這是吉利的。象辭上說：「終莫之勝吉」，是說得所願也。

【今釋】　虞翻說：「莫，无。勝，陵也。得正居中，故莫之勝吉。巽為婦，離為孕，坎為歲；三動離壞，故婦三歲不孕。」這是本爻設辭的根據。

上九㈠，鴻漸于陸，其羽可用為儀，吉。象曰：其羽可用為儀吉，不可亂也。

【今註】　㈠上九：是指本卦最上一爻☴☶*而言。

【今譯】　上九有鴻鳥漸進而著陸，它的羽毛很整齊美麗，可以為人類用於禮儀的裝飾。象辭上說：「其羽可用為儀吉」，是說不可以擾亂的意思。

歸妹 ☳☱ 兌（澤）下 震（雷）上　錯 ☴☶ 漸　綜 ☴☶ 漸

歸妹㈠，征凶，无攸利。

【今註】　㈠歸妹：卦名。婦人謂嫁曰歸，女子少者曰妹，兌為少女，震為長男，兌悅震動，非禮之常，故曰歸妹。序卦曰：「進必有所歸，故受之以歸妹。」

【今譯】　歸妹前往有凶，無所利。

【今釋】虞翻曰：「震為征，三之四，不當位，故征凶也。四之三，失正，無應，以柔乘剛，故無攸利也。」按：歸妹自泰☷☰來，泰三之四，四之三（三四易位）即成歸妹，歸妹六三九四皆不得正，皆無應，而六三柔乘九二之剛，故征凶，無利。

彖曰：歸妹，天地之大義也。天地不交而萬物不興，歸妹，人之終始也。說以動，所歸妹也。征凶，位不當也。無攸利，柔乘剛也。

【今譯】彖辭上說：歸妹，是天地的大義，天地之氣如不互相交流，則萬物不興。歸妹，是人的終始；兌悅而震動，所嫁的原是少女呀！征凶，是因為位不當呀；無攸利，是因為柔弱乘于剛強之上呀。

【今釋】虞翻說：「乾三之坤四，震為興，天地以離坎交陰陽，故天地不交，則萬物不興矣。人始生乾，而終于坤，故人之終始。雜卦曰：『歸妹，女之終。』謂陰終坤癸，則乾始震庚也。」按：泰卦上坤下乾，九三之六四，而成歸妹，外卦為震，二至四互離，三至五互坎。月體配納甲，陰曆三日，一陽初生，月始有魄（一彎如鉤的明月）於八卦為震☳納庚。至十五日月體盈滿，於卦為乾☰納甲，至廿九日，月已蝕盡不見，於卦為坤☷，納癸，故曰乾始震庚，陰終坤癸。

象曰：澤上有雷，歸妹，君子以永終知敝。

【今譯】象辭上說：澤上有雷，這是歸妹的象徵，君子體察此現象，即以永久有善終，而知天下的敝害，能預防之，使無咎病。

初九㊀，歸妹以娣㊁，跛而履，征吉。象曰：歸妹以娣，以恆也。跛而履吉，相承也。

【今註】㊀初九：指本卦第一爻䷵*的爻位而言。㊁娣（音ㄉㄧˋ）：幼婦曰娣，從嫁為妾的女人。

【今譯】初九居歸妹之初，有嫁妹而以娣從嫁為妾的現象，娣之從嫁，如跛子的能走。前征也可獲吉的。象辭上說：「歸妹以娣」，是因為這是恆常之道。「跛而履吉」，是因為娣能承事妹，而相助以匡扶家務呀。（跛而履吉，而亦作能，通用。）

【今釋】虞翻說：「初在三下，動而應四，故稱娣。初九應變成坎，坎為曳，故跛而履。應在震為征，初為娣、變為陰，故征吉也。」按：初九變則應四，而內卦成坎，外卦震為行，為征。

九二㊀，眇㊁能視，利幽人之貞。象曰：利幽人之貞，未變常也。

【今註】㊀九二：指本卦第二爻䷵*的爻位而言。㊁眇（音ㄇㄧㄠˇ）：偏盲的人，一目明的人。

【今譯】九二有偏盲的人而能看物，抱道自守的隱士，利於守正。象辭上說：「利幽人之貞」，是因未變常道呀。

【今釋】　虞翻曰：「震上兌下，離目不正，故眇而視，初動二在坎中，故稱幽人。變得正，震喜兌說，故利幽人之貞，與履二同義也。」

六三㊀，歸妹以須，反歸以娣。象曰：歸妹以須，位未當也。

【今註】　㊀六三：指本卦第三爻☳☱*的爻位而言。

【今譯】　六三有歸妹而要等待，反歸而以娣嫁的現象。象辭上說：「歸妹以須」，是因為其位未當，以陰處陽之故。

【今釋】　虞氏說：「須，需也。初至五體需象。故歸妹以須。娣謂初也，震為反，反馬歸也，三失位，四反得正，兌進在四，見初進之，初在兌後，故反歸以娣。」此是本爻的象學說明。按：初至五有需卦☵☰的現象。本卦上震下兌，三四失位，易位則得正。

九四㊀，歸妹愆期，遲歸有時。象曰：愆期之志，有待而行也。

【今註】　㊀九四：是指本卦第四爻☳☱*的爻位而言。

【今譯】　九四有歸妹延誤時間、晚嫁有時的現象。象辭上說：延期之志，是因有所等待，然後再行的意思。

【今釋】　虞翻曰：「二變、三動之正，體大過象，坎月離日，為期三變，日月不見故衍期。坎為曳，震為行，行曳故遲也。歸謂反三，震春兌秋，坎冬離夏，四時體正，故歸有時也。」按：二三變正，則二爻至五爻互體大過䷛，歸妹二至四互離，三至五互坎。

六五㈠，帝乙㈡歸妹，其君之袂㈢，不如其娣之袂良，月幾望，吉。象曰：帝乙歸妹，不如其娣之袂良也。其位在中，以貴行也。

【今註】㈠六五：是指本卦第五爻䷵*的爻位而言。㈡帝乙：商朝國君之名。㈢袂（音ㄇㄟˋ）：袖。

【今譯】六五有帝乙嫁妹，其妹的衣袖，還不如其娣的好之象徵，到了月近于十五日時，行，是吉利的。十五月圓，取圓滿之意。象辭上說：「帝乙歸妹」，崇尚節儉，其裝飾還不如娣。其位又在於中，有中道之德，而以貴下嫁，這是頗為難得的。

【今釋】虞翻說：「泰、乾為良為君，乾在下為小君，則妹也。袂，口袂之飾也。兌為口，乾為衣，故稱袂。謂三失位，无應，娣袂謂二得中應五，三動成乾，為良，故其君之袂，不如其娣之袂良。坎月離日，兌西震東，日月象對，故曰幾望。」這是本爻的象學根據。按：歸妹自泰來，泰內卦為乾。歸妹上震下兌，二至四互離，三至五互坎，三變初至四互乾。

上六㈠，女承筐，无實，士刲㈡羊，无血，无攸利。象曰：上六无實，承虛筐也。

【今註】㊀上六：指本卦最上一爻䷵*而言。㊁刲（音ㄎㄨㄟ）：刺殺。

【今譯】上六居歸妹之終，有女人承筐以採蘋蘩之祭菜，而无實，沒有採到，男士殺羊而沒有血的象徵，這是無所利的。象辭上說：「上六无實」，是因帶著空虛的竹筐。

【今釋】虞翻說：「女謂應三兌也。自下受上稱承，震為筐，以陰應陰，三四復位，坤為虛，故无實。震為士，兌為羊，離為刀，故士刲羊，三四復位成泰，坎象不見，故无血，三柔承剛，故无攸利也。」按：上六應三，然三為陰，陽實陰虛故無實。三四復位，則成泰，而三至五不成坎象故無血。三柔承九四之剛，故無所利。

豐 ䷶ 離（火）下 震（雷）上　錯 ䷺ 渙　綜 ䷷ 旅

豐㊀，亨，王假㊁之，勿憂，宜日中。

【今註】㊀豐：卦名，盛大之意。雷電（火）交作，有盛大之勢，故為豐。序卦曰：「得其所歸者必大。故受之以豐。」㊁假：至。

【今譯】在豐盛之時，是亨通的，王者一統天下，至於此豐盛，不必憂慮，應該像日在當中，照遍天下一樣，使惠澤無窮。

【今釋】虞翻曰：「乾為王，假、至也；謂四宜上至五，動之正，成乾，故王假之，尚大也。五動之正，則四變成離，離日，中當五在坎中，坎為憂，故勿憂，宜日中，體兩離象，照天下也。日中則昃，月盈則食，天地盈虛與時消息。」這是本卦的卦象。按：豐自泰䷊來，泰內卦為乾，五陰失位，變正則三至五互乾，四變陰則三至五互離。而外卦成坎，內卦亦離，故有兩離象。本卦與噬嗑䷔上下卦相易，故亦有謂自噬嗑來者。

彖曰：豐，大也，明以動，故豐。王假之，尚大也；勿憂宜日中，宜照天下也。日中則昃，月盈則食，天地盈虛，與時消息，而況于人乎？況于鬼神乎？

【今譯】彖辭上說：豐，是大的意思。離為明，震為動，明而動，所以能至豐大；王者至此，是說崇尚豐大的關係；勿憂宜日中，是說應該照徹天下，澤被生民；日正當中，就會有偏斜之時，月亮盈滿，就會有漸漸消蝕的現象，天地的道理；盈滿或空虛，皆隨時而消滅盈息，何況於人呢？何況於鬼神呢？是天地人及鬼神之理，皆隨時而盈虛消息的，盈是消的開始，虛是息的開始。

象曰：雷電皆至，豐，君子以折獄致刑。

【今譯】象辭上說：雷電交相而至，這是豐卦的象徵，君子體察此現象，則以折斷獄情，決定刑罰。

【今釋】荀爽說：「豐者陰據不正，奪陽之位，而行以豐，故折獄致刑，以討除之也。」按：六五不正。居於尊位。

初九㈠，遇其配主㈡，雖旬㈢无咎，往有尚。象曰：雖旬无咎，過旬災也。

【今註】㈠初九：是指本卦第一爻䷶*的爻位而言。㈡配主：指四，初配四。㈢旬：十日為旬。

【今譯】初九居豐之時，有遇其配主，雖十日也沒有咎病，前往則有功的象徵。象辭上說：雖經旬而無咎，如過旬日就有災了。

【今釋】虞翻曰：「妃嬪，謂四也。四失位，在震為主，五動體姤遇，故遇其配主也。四失位，變成坤，應初。坤數十，四上之五成離，離為日。體大過，故過旬災，四上之五，坎為災也。」這是本爻的爻象。按：五變正則二至五互體姤，豐九四失位，變正則外卦成坤。而能與初應。四不變，與五易位則外卦坎，三至五互離。豐二至四體大過象。

六二㈠，豐其蔀㈡，日中見斗㈢，往得疑疾，有孚發若，吉。象曰：有孚發若，信以發志也。

【今註】㈠六二：是指本卦第二爻䷶*的爻位而言。㈡蔀（音ㄅㄨˋ）：虞翻曰：「日蔽雲中稱蔀。」㈢斗：北斗七星。

【今譯】六二居豐盛之時，有雲層豐積，遮蔽太陽，而白日正當中之時，可以見到北斗的象徵，這是很不可能、很令人懷疑的現象，故前往則有疑疾，惟有以孚信存於中、發於外，則能去疑而獲吉。象辭上說：「有孚發若」，是說以信發於外的意思。

【今釋】虞翻說：「二利四之五，故豐其蔀，噬嗑，離為見，象在上，為日中，艮為星為止，坎為北中，巽為高，舞星止於中，而舞者北斗之象也。離日之三，隱坎雲下，故日中見斗，四往之五，得正成坎，坎為疑疾。故往得疑疾也。」按：四之五，則二能應之，而初至五體噬嗑，且豐卦上下卦易位亦成噬嗑䷔，離在上，二至四互艮，三至五互坎，豐二至四互巽。

九三㈠，豐其沛㈡，日中見沬㈢，折其右肱，无咎。象曰：豐其沛，不可大事也。折其右肱，終不可用也。

【今註】㈠九三：指本卦第三爻䷶*的爻位而言。㈡沛：虞翻曰：「日在雲下稱沛。」㈢沬：小星。

【今譯】九三居內卦之極，在豐之時，有雲層豐積在太陽之上，在日中可以見到小星之象。雲在日上這是危險的，故有折斷其右肱的現象，但這還是無大咎的。象辭上說：「豐其沛」，是說在此時不可做大事；「折其右肱」，是說終久不可以用的意思。

【今釋】虞翻曰：「噬嗑離為日，艮為沬，故日中見沬也。兌為折，為右，噬嗑艮為肱，上來之三，折艮入兌，故折其右肱，之三得正，故无咎也。」此是以象學而立說的。按：豐三至五互兌，兌為毀折。艮為手，故為肱。上之三則成噬嗑，故折艮入兌。

九四㊀，豐其蔀，日中見斗，遇其夷主㊁，吉。象曰：豐其蔀，位不當也。日中見斗，幽不明也。遇其夷主，吉行也。

【今註】㊀九四：指本卦第四爻䷶*的爻位而言。㊁夷：等，夷主指初九。相類者。

【今譯】九四以陽居陰位，在豐盛之時，也有豐其蔀，日中見斗的象徵，如前往遇其相等相類的伙伴，則能得助而獲吉利。象辭上說：「豐其蔀」，是由於其位不當的關係。「日中見斗」，是由於幽暗而不明之故。「遇其夷主」，是因能選擇吉利而行之故。

六五㊀，來章，有慶譽吉。象曰：六五之吉，有慶也。

【今註】㊀六五：指本卦第五爻䷶*的爻位而言。

【今譯】六五爻展望未來是光明的、開發的，有好的名譽而吉利。象辭上說：六五爻的吉利，是有吉慶的。

【今釋】虞翻曰：「在內稱來。章，顯也。慶謂五，陽出稱慶也，譽謂二，二多譽，五發得正，則來應二，故來章有慶譽吉也。」這是本爻設辭的象學根據。按：五變陽，則能與二相應，凡由內卦至外卦稱往，由外卦至內卦稱來。五變陽而應二，故來章。

上六㈠，豐其屋，蔀其家，闚㈡其戶，闃㈢其無人，三歲不覿㈣，凶。象曰：豐其屋，天際翔也。闚其戶，闃其無人，自藏也。

【今註】㈠上六：是指本卦最上一爻䷶*而言。㈡闚（音ㄎㄨㄟ）：窺視。㈢闃（音ㄑㄩˋ）：寂靜。㈣覿（音ㄉㄧˊ）：見。

【今譯】上六有其屋豐大完美，但其家蒙著一片陰雲，窺看他的門戶，則寂靜而沒有人，一直到三年之久，都看不到，這是凶的。象辭上說：「豐其屋」，是說得意非凡，猶如翱翔於天際。「闚其戶，闃其無人」，是說自己掩藏起來不敢見人，漢儒多解作自殘也。

【今釋】李鼎祚說：「上應于三，三互離，巽為戶，離為目，目而近戶，闚之象也。既屋豐家蔀，若闚地戶闃，寂无人，震木數三，故二歲致凶于災。」此係本爻的象學說明。按：上六應于六三。內卦為離，二至四互巽，外卦為震。於五行，震巽為木。

旅 ䷷ 艮（山）下 離（火）上　錯 ䷻ 節　綜 ䷶ 豐

旅㈠，小亨，旅貞吉。

【今註】㈠旅：卦名，羈旅的意思，山內而火外，山止而不動，如旅館，火動而不止，如行人。故曰旅，序卦上說：「窮大者必失其居，故受之以旅。」

【今譯】旅，是稍有亨通的，惟羇旅於外，宜守正以獲吉。

彖曰：旅，小亨，柔得中乎外，而順乎剛，止而麗乎明，是以小亨，旅貞吉也。旅之時義大矣哉！

【今譯】彖辭上說：旅卦是小有亨通的，柔順（六五）而得中於外（指外卦），而能順於剛強，（指艮剛）艮止而附麗於離明，所以說是小有亨通，在旅之時能守正就能獲吉。旅的時義是很大的呀！

【今釋】姚信說：「此本否卦，三五交易，去其本體，故曰客旅。」按：否卦☰☷六三與九五易位，則成旅☲☶。

象曰：山上有火，旅，君子以明慎用刑，而不留獄。

【今譯】象辭上說：山上有火，這是旅卦的現象，君子法則它，即以明智謹慎的去用刑罰，而不滯留獄案。

初六㈠，旅瑣瑣㈡，斯其所取災。象曰：旅瑣瑣，志窮災也。

【今註】㈠初六：指本卦第一爻☲☶*的爻位而言。㈡瑣瑣：細屑猥鄙的樣子。

【今譯】初六以陰居陽位，當旅之初始，位居下，故有斤斤計較於細小猥鄙之事的象徵，以此而至旅之處所，必獲致災害。象辭上說：「旅瑣瑣」，是說志窮而受災害的意思。

【今釋】陸績曰：「艮為小石，故曰旅瑣瑣也。履非其正，應離之始，離為火，艮為山，以應火，災焚自取也。故曰斯其所取災。」這是以象立說的。按：初六失位不正，應外卦離，九四亦非正，故焚自取也。

六二㊀，旅即次㊁，懷其資，得童僕貞。象曰：得童僕貞，終无尤也。

【今註】㊀六二：是指本卦第二爻䷷*的爻位而言。㊁即：就、往。次：旅舍。

【今譯】六二當陰陽之正位，處內卦之中，以此處旅，有旅行而至旅舍，懷著很多資財，又得到忠貞之童僕的象徵。象辭上說：得到忠貞的童僕，是終於沒災尤的。

【今釋】九家易曰：「以陰居二，即就其舍，故旅即次，承陽有實，故懷其資。初者卑賤，二得履之，故得童僕貞。處和得位，故正居。是故曰得童僕貞矣。」此可供吾人參研。按：六二以陰居陰得位，故就其舍。上承九三，故有實，居中得正，故正居。

九三㊀，旅焚其次，喪其童僕，貞厲。象曰：旅焚其次，亦以

傷矣。以旅與下，其義喪也。

【今註】㊀九三：指本卦第三爻䷷*的爻位而言。

【今譯】九三以陽剛居陽剛之位，處內卦艮陽之極，以當旅之時，過於剛強，所以有「旅行時旅舍被焚燒，而喪失了忠貞的僮僕」的象徵，這是很危厲的。象辭上說：「旅焚其次」，也是很悲傷的了，在旅行之時，以過度的剛猛對待下人的話，此定遭喪失之災的。

【今釋】虞翻曰：「離為火，艮為僮僕，三動艮壞，故焚其次。坤為喪，三動，艮滅入坤，故喪其僮僕。動而失正，故貞厲矣。三動體剝，故傷也。三變成坤，坤為下，為喪，故其義喪也。」按：於上離火，下艮為少男，九三變則艮門闕壞，故焚其次。而內卦成坤，初至四互體剝䷖。

九四㊀，旅于處，得其資斧㊁，我心不快。象曰：旅於處，未得位也。得其資斧，心未快也。

【今註】㊀九四：指本卦第四爻䷷*的爻位而言。㊁資斧：資財，所以濟用；斧頭，所以防身。

【今譯】九四以陽剛居陰位，不得其正，而處艮剛之上，故有旅行而暫處於荒山之上的象徵，雖然得到資財之助，斧頭之防，但是心並不痛快。象辭上說：「旅于處」，是因未得正位之故。因此雖得資斧，心亦不快。

【今釋】李鼎祚曰：「九四失位，而居艮上，艮為山，山非平坦之地也，四體兌巽，巽為木，兌為金，木貫於金，即資斧斫除荊棘之象者也。」此是本爻設辭的根據。按：二至四互巽，三至五互兌。

六五㈠，射雉，一矢亡，終以譽命。象曰：終以譽命，上逮㈡也。

【今註】㈠六五：是指本卦第五爻䷷*的爻位而言。㈡逮：及。

【今譯】六五處旅之時，以陰柔處尊位，故有射雉鳥，而亡失了一支箭的象徵，因處中履尊，故終有佳譽之命降及其身。象辭上說：「終以譽命」，是說由上級施及的。

【今釋】虞翻曰：「三變，坎為弓，離為矢，故射雉。五變乾體。矢動雉飛，矢象不見，故一矢亡矣。譽謂二。巽為命，五終變成乾，則二來應己，故終以譽命。」此是本爻設辭的象學根據。按：三變則三至五互坎，外卦離為矢為雉，五變，外卦為乾。繫辭傳曰：「二多譽」故終以譽命。

上九㈠，鳥焚其巢，旅人先笑後號咷，喪牛于易㈡，凶。象曰：以旅在上，其義焚也。喪牛之凶，終莫之聞也。

【今註】㈠上九：是指本卦最上一爻䷷*而言。㈡易：郊域之地。

【今譯】上九以陽剛處陰位。處旅之極；有鳥焚燒其巢的象徵，因過於高傲剛猛，故旅人有先樂後悲，先笑而樂，後則受災而號咷大哭了，又有喪失了他的牛於郊外的象徵，這是凶的。象辭上說：

「以旅而自大自高」是定遭焚燒之災的，喪失了牛的凶害，是終沒有人知聞的。

【今釋】 虞翻說：「離為鳥，為火，巽為木，為高，四失位，變震為筐，巢之象也。今巢象不見，故鳥焚其巢。震為笑，震在前，故先笑。應在巽，巽為號咷，巽象在後，故後號咷。三動時坤為牛，五動成乾，乾為易，上失三，五動應二，故喪牛于易。失位无應，故凶也。離火焚巢，故其義焚也。坎耳入兌，故終莫之聞。」這是純以象數說明的，可供吾人參考。按：二至四互巽，三至五互兌，四變則三至五互震，二至四互坎，三變時內卦成坤，五變時外卦成乾。

巽 ☴☴ 巽（風）下 巽（風）上　錯 ☳☳ 震　綜 ☱☱ 兌

巽㊀，小亨，利有攸往，利見大人。

【今註】 ㊀巽（音ㄒㄩㄣˋ）：卦名。有入的意思，有巽順的意思，為木為風。序卦云：「旅而無所容，故受之以巽。」

【今譯】 巽能順遜而入，是小有亨通，利有所往，利見大人的。

彖曰：重巽，以申命，剛巽乎中正而志行，柔皆順乎剛，是以小亨，利有攸往，利見大人。

【今譯】象辭上說：上下都是巽，一再的巽，以三令五申的丁寧其命，陽剛以巽順而居於中正之位（指九五九二）而能行其志，陰柔又都能順於剛，所以小亨，利有所往，利見大人。

【今釋】陸績說：「巽為命令，重命令者，欲丁寧也。二得中，五得正，體兩巽，故曰剛巽乎中正也。陰為卦主，故小亨。」此以象學去說明，可供吾人參考。

象曰：隨風，巽，君子以申命行事。

【今譯】象辭上說：前巽風去，而後又有巽風隨之，這是巽卦的象徵，君子體察此現象，即以曉諭申命於行事之先，然後行事踐言於申命之後。

【今釋】荀爽說：「巽為號令，兩巽相隨，故申命也，法教百端，令行於上，貴其必從，故曰行事也。」此解頗精，可供吾人參研。

初六㊀，進退，利武人之貞。象曰：進退，志疑也，利武人之貞，志治也。

【今註】㊀初六：指本卦初爻䷸*而言。

【今譯】初六以陰居陽位，當巽順之時，有進退不決的樣子，利於如武人似的，有陽剛之德，而守著正道。象辭上說：進退，是由於心志有疑的關係，利武人之貞，是說如武人的心志剛勇，治而不亂。

【今釋】虞翻說：「巽為進退，乾為武人，初失位，利之正為乾，故利武人之貞矣，乾為大明，故志治。」這是本爻設辭的根據。按：初六失正，變正則內卦成乾。

九二㊀，巽在牀下，用史巫紛若㊁，吉，无咎。象曰：紛若之吉，得中也。

【今註】㊀九二：指本卦第二爻䷸*。㊁史巫：善卜吉凶的巫師。紛若：繽紛的樣子。

【今譯】九二以陽居陰，當巽順之時，與初相比，所以有巽在牀下過於卑弱的象徵，如能像史巫的勤敏繽紛的樣子，則吉而無咎。象辭上說：「紛若之吉」，是以居內卦之中的關係。

【今釋】荀爽說：「牀下以喻近也，二者軍帥，三者號令，故言牀下。以明將之所專，不過軍中事也。二以陽應陽，君所不臣，軍帥之象，征伐既畢，書勳告廟，當變而順五，則吉，故曰用史巫紛若，吉无咎矣。」這是本爻的另一解。按：二為大夫之位，故為軍帥，三為三公之位，又居巽時，巽為命，故為號令。九二為陽，故有將之象，戰事既畢，則宜變陰，以順應於九五之君，方吉。

九三㊀，頻巽，吝。象曰：頻巽之吝，志窮也。

【今註】㊀九三：指本卦第三爻䷸*的爻位而言。

【今譯】九三居巽之時，以陽剛處內卦之極，居外卦之下，內外皆巽，故有數次巽順，而常常有失的象徵，這是卑吝的。象辭上說：「頻巽之吝」，是因志窮之故。

【今釋】　荀爽說：「乘陽無據，為陰所乘，號令不行，故志窮也。」此可供吾人參研。按：九三乘於九二之上，無應又無陰柔之承，故乘陽無據，而志窮。

六四㊀，悔亡，田㊁獲三品。象曰：田獲三品，有功也。

【今註】　㊀六四：指本卦第四爻䷸*的爻位而言。㊁田：田獵。

【今譯】　六四當陰陽之正位，當巽順的時候，是沒有後悔的，且有田獲而得三品之物的象徵。象辭上說：「田獲三品」，是說往而有功的意思。

【今釋】　翟元曰：「田獲三品，下三爻也，謂初、巽為雞，二兌為羊，三離為雉也。」按：下卦為巽，二至四互兌，三至五互離。

九五㊀，貞吉，悔亡，无不利，无初有終，先庚三日後庚三日㊁，吉。象曰：九五之吉，位正中也。

【今註】　㊀九五：是指本卦第五爻䷸*的爻位而言。㊁先庚三日後庚三日：虞翻曰：「震，庚也。謂變初，至二成離，至三成震，震主庚，離為日，故先庚三日，謂益時也。動四至五成離，終上成震，震三爻在後。故後庚三日也。」

【今譯】 九五以陽處中得正，居巽順之時，是正而且吉，沒有後悔，沒有不利的，雖然有時在初始時不好，但最終一定良好得有善終的，如要申命行事，在先庚三日——丁日、戊日、己日，或後庚三日——辛日、壬日、癸日（古時以天干甲、乙、丙、丁、戊、己、庚、辛、壬、癸，與地支子、丑、寅、卯、辰、巳、午、未、申、酉、戌、亥，相配以紀日，先庚三日，後庚三日，是說凡是天干有丁、戊、己、辛、壬、癸的日子都是）則吉利。象辭上說：「九五之吉」，是因其位既正而且處外卦之中的關係。

【今釋】 虞翻曰：「得位處中，故貞吉，悔亡，无不利。震巽相薄，雷風无形，當變之震矣，巽究為躁卦，故无初有終也。」按：說卦傳曰：「雷風相薄。」震為雷，巽為風。五變則，三至五互震，說卦曰：「巽，其究為躁卦。」

上九㈠，巽在牀下，喪其資斧，貞凶。象曰：巽在牀下，上窮也。喪其資斧，正乎凶也。

【今註】 ㈠上九：是指本卦最上一爻䷸*而言。

【今譯】 上九以陽處陰位，當巽順之極，是巽順到極點了，所以也有「巽在牀下」的象徵，巽順至極，人易侵凌，所以必喪失它的資財，及斧斤的衛護，這是正當獲凶的。象辭上說：「巽在牀下」，是說上窮之故。「喪其資斧」，是說正是獲凶呀。

兌䷹ 兌（澤）下 兌（澤）上　錯䷳艮　綜䷸巽

兌㊀，亨，利貞。

【今註】㊀兌：卦名，喜悅的意思，一陰進于二陽之上，喜悅見于外，故為兌。序卦說：「入而後悅之，故受之以兌。」

【今譯】兌是亨通的，利於守正。

彖曰：兌，說也；剛中而柔外，說以利貞，是以順乎天而應乎人，說以先民，民忘其勞。說以犯難，民忘其死，說之大，民勸矣哉。

【今譯】彖辭上說：兌是喜悅的意思，剛居於中，而柔在於外，喜悅而又利於守著正道，所以能和順於天道，而應合於人心。做君王的人，如能以喜悅之政事，先施於人民之上，則人民忘其勞苦，以喜悅之事，如安邦定國之事，讓人民犯難，人民也會忘記死亡的危險，而致力於君國的事情，喜悅之理，推至極大，則人民就會互相勸勉了。

【今釋】虞翻曰：「剛中謂二五，柔外謂三上，二三四利之正，故說以利貞也。大壯，乾為天，謂五也。人謂三矣，二變，順五承三，故順乎天而應乎人，坤為順也。二四已變成屯，坎為勞，震喜兌說，坤為民，坎為心，民心喜說、有順比象，故忘其勞也。體屯故難也。三至上體大過死，變成屯，民悅無疆；故民忘其死。體比順象，故勞而不怨，震為喜笑，故人勸也。」這是本卦的象學說明。按：大壯䷡內卦為乾，五三易位即成兌。三為人位，乾為天，故順天應人。兌二四變則體屯䷂，下震上坎，說卦云：「勞乎坎。」故為勞。二至四互坤，二至上有比卦䷇之象。兌卦三至上互體大過䷛。震卦云：「後笑言啞啞」故為喜笑。

象曰：麗澤，兌，君子以朋友講習。

【今譯】 象辭上說：兩澤互相附麗，這是兌卦的象徵，君子體察此現象，則以朋友互相討論義理之精深，傳習體驗所授之道業。

初九㈠，和兌，吉。象曰：和兌之吉，行未疑也。

【今註】 ㈠初九：是指本卦第一爻䷹*的爻位而言。

【今譯】 初九得陰陽之正位，居悅之始，有和悅的現象，這是吉利的。象辭上說：和悅而得之吉，是說行未有疑。

【今釋】 虞翻說：「得位四變應己，故和兌吉矣。四變應初，震為行，坎為疑，故行未疑。」此是本爻設辭之根據。

九二㊀，孚兌，吉，悔亡。象曰：孚兌之吉，信志也。

【今註】㊀九二：是指本卦第二爻䷹*的爻位而言。

【今譯】九二居兌悅之時，居於內卦之中，故有孚信於和悅的象徵，這是吉利的，沒有後悔的。象辭上說：「孚兌之吉」，是說孚信於和兌、而不失其志。

【今釋】虞翻說：「孚謂五也，四已變，五在坎中稱孚。二動得位，應之，故孚兌吉，悔亡矣。二變應五，謂四已變，坎為志，故信志也。」按：四變則外卦為坎，九二變陰，則可以上應九五。

六三㊀，來兌，凶。象曰：來兌之凶，位不當也。

【今註】㊀六三：是指本卦第三爻䷹*的爻位而言。

【今譯】六三以陰居陽位，而下比於九二，故有來取悅於人的象徵，這是凶的。象辭上說：「來兌之凶」，是由於其位不當之故。

【今釋】虞翻曰：「從大壯來，失位，故來兌凶矣。」按：六三以陰居陽，故失位。大壯三五易位成兌，故從大壯來。

九四㊀，商兌未寧，介疾有喜。象曰：九四之喜，有慶也。

【今註】㊀九四：是指本卦第四爻䷹*的爻位而言。

【今譯】九四居外卦之初，比於六三，當兌悅之時，無所適從，故有「商寧度于和悅，而又未能寧于和悅」的現象，但以陽剛之故，雖介於陰柔之六三，亦介然不改其喜慶之事。象辭上說：「九四之喜」，是說有喜慶的事降臨之故。

【今釋】虞翻曰：「巽為近利市三倍，故稱商兌。變之坎，水性流，震為行，謂二已變，體比象，故未寧。坎為疾，故介疾。得位承五，故有喜。陽為慶，謂五也。」這是另一解說，可供吾人參研。按：三至五互巽，四失位變正，則外卦成坎。九二失正，又變，則二至上有比卦䷇的現象。

九五㊀，孚于剝，有厲。象曰：孚于剝，位正當也。

【今註】㊀九五：是指本卦第五爻䷹*的爻位而言。

【今譯】九五居尊位，而承于上六陰柔。故有孚信於剝落的現象，這是有危厲的。象辭上說：「孚于剝」，是說其位正當，因其比于柔邪的關係，但過分了就有問題。

【今釋】虞翻曰：「孚謂五也，二四變，體剝象，故孚于剝，在坎未光，有厲也。」按：二四變則二至五有剝卦䷖之象。而外卦為坎，坎為孚，五當其位，故孚謂五也。

上六㊀，引兌。象曰：上六引兌，未光也。

【今註】㊀上六：是指本卦最上一爻*䷹而言。

【今譯】上六居兌悅之極，有引導之而入於和悅的現象。象辭上說：「上六引兌」，是說未能光大的關係。

【今釋】虞翻說：「无應乘陽，動而之巽，為繩，艮為手，應在三，三未之正，故引兌也。二四已變，而體屯，上三未為離，故未光也。」此是本爻的象學解說。按：上六無應，而在九五之上，故乘陽。三至五體巽。上六變則可與六三相應，二四變則成屯。

渙 ䷺ 下坎（水）上巽（風）　錯 ䷶ 豐　綜 ䷻ 節

渙㊀，亨，王假㊁有廟，利涉大川，利貞。

【今註】㊀渙：卦名。離散的意思，風行水上，有披離解散之意。序卦曰：「說而後散之，故受之以渙。」㊁假：至。

【今譯】渙，是亨通的，當天下離散之時，王能以至誠之心，團結人心，如至於廟堂，聚至誠以獲神佑般的，就能聚合人心，而利於跋涉大川，行天下險難的事了。這是利於以正道行之的。

彖曰：渙，亨，剛來而不窮，柔得位乎外而上同。王假有廟，

王乃在中也。利涉大川，乘木有功也。

【今譯】彖辭上說：渙卦是亨通的，因為坎剛來居于內，源源而不窮，而巽柔得中正之位于外卦，而與君上同德同心，所以能亨通，王至於宗廟，是說王乃在于眾人之心目中，可以聚眾而有功。利涉大川，是說乘巽木，而得風順，可以有度濟之功的關係。

【今釋】虞翻說：「否四之二，成坎巽，天地交故亨也。乾為王。假，至也。否體觀，艮為宗廟，乾四之坤二，故王假有廟，王乃在中也。坎為大川，渙，舟楫象，故涉大川，乘木有功。二失正變應五，故利貞。」這是本爻象學的說明。按：否卦☰☷四爻與二爻相易，則成渙☴☵。上巽下坎。否上乾下坤，二之四，四之二，成渙，故天地交。否初至五互體觀☴☷。三至五互艮，巽為木，故涉川乘木舟有功。

象曰：風行水上，渙，先王以享于帝立廟。

【今譯】象辭上說：巽為風，坎為水，風行于水上，這是渙卦的象徵，先王見此現象，即以祭祀上帝，建立宗廟，聚己之精神，以合于天帝祖先。

【今釋】荀爽說：「謂受命之王，收集散民，上享天帝，下立宗廟也。陰上至四承五，為享帝。陽下至二，為立廟也。」此可供吾人參考。

初六㈠，用拯㈡馬壯，吉。象曰：初六之吉，順也。

【今註】㈠初六：是指本卦第一爻䷺*的爻位而言。㈡拯：拯救。

【今譯】初六在天下渙散之始，如得強大之支援，可救其危。故有拯救散離的局面，用強壯的馬救之的象徵，這是吉利的。象辭上說：初六的獲吉，是因能順的關係。

【今釋】虞翻曰：「坎為馬，初失正，動體大壯，得位，故拯馬壯吉，悔亡之矣。承二故順也。」

此是本爻設辭的根據。按：初六變正，則初至四體大壯䷡。

九二㈠，渙奔其机㈡，悔亡。象曰：渙奔其机，得願也。

【今註】㈠九二：是指本卦第二爻䷺*的爻位而言。㈡机（音ㄐㄧˇ）：案。

【今譯】九二當渙之時，處內卦之中，如以事神之至誠迅奔而救之，猶有可救，故有渙奔於廟中机案以祭祀的現象，這是沒有後悔的。象辭上說：渙奔其机，是說能得所願呀。

【今釋】虞翻曰：「震為奔，坎為棘，為矯輮，震為足，輮棘有足，艮肱據之，憑机之象也。渙宗廟中，故設机。二失位，變得正，故渙奔其机，悔亡也。動而得位，故得願也。」按：二至四互震，三至五互艮，艮為手故為肱。九二失位，變正則得位。

六三㈠，渙其躬㈡，无悔。象曰：渙其躬，志在外也。

【今註】㈠六三：是指本卦第三爻䷺*的爻位而言。㈡躬：身。

【今譯】六三有離其身的現象，這是無悔的。象辭上說：「渙其躬」，是因心志在外的關係。

【今釋】荀爽曰：「體中曰躬，謂渙三使承上為志在外，故无悔。」此可供吾人參考。按：三四二爻在六爻中，屬中，故體中，六三應上九，故使承應於上。

六四㈠，渙其羣，元吉，渙有丘，匪夷㈡所思。象曰：渙其羣元吉，光大也。

【今註】㈠六四：是指本卦第四爻䷺*的爻位而言。㈡匪：非；夷：常。

【今譯】六四當渙之時，得陰陽之正位，所以有散離小人之私羣的象徵，這是大吉的，又分散其丘陵土地，以分封有功之人。這不是平常人所能想的。象辭上說：「渙其羣元吉」，是為求光大正道之故。

【今釋】虞翻說：「謂二已變成坤，坤三爻稱羣，得位順五，故元吉也。位半艮山，故稱丘，夷謂震，四應在初；三變，坎為思，故匪夷所思也。」此可供吾人參考。按：二變則內卦為坤，六四得位上承於五，故大吉。三至五互艮，四在其中，二至四互震，故位半艮山。

九五㊀，渙汗其大號，渙王居，无咎。象曰：王居无咎，正位也。

【今註】㊀九五：是指本卦第五爻☴☵*的爻位而言。

【今譯】九五以陽剛處尊，得陰陽之正位，當渙之時，有大為發號施令，改變天下遷居王城，如病之出汗，而病即改變成為好的象徵。這是无咎的。象辭上說：「王居无咎」，這是居得天下的正位之故。

【今釋】九家易曰：「五建二為諸侯，使下君國，故宣布號令，百姓被澤。若汗之出身，不還反也。此本否卦，體乾為首，來下處二成坎水，汗之象也，陽稱大，故曰：渙汗其大號。」按：否上乾下坤，四之二成渙，內卦坎為水。

上九㊀，渙其血，去逖㊁出，无咎。象曰：渙其血，遠害也。

【今註】㊀上九：是指本卦最上一爻☴☵*而言。㊁逖（音ㄊㄧˋ）：憂，一解作遠，亦通。

【今譯】上九以陽剛居渙散之終，有散去其流血之災，而除去憂患，而遠離的象徵，這是沒有災咎的。象辭上說：「渙其血」，是說遠離災害之故。

【今釋】虞翻曰：「應在三，坎為血，為逖，逖，憂也。二變為觀，坎象不見。故其血去逖出，无咎。」此是本爻設辭的根據。按：上九應六三，三在坎上，坎為血，九二變則成觀䷓，坎象不見，故渙其血，去逖出。

節䷻ 兌（澤）下 坎（水）上　錯䷷旅　綜䷺渙

節㊀，亨，苦節，不可貞。

【今註】㊀節：卦名，節制、節約的意思。澤上有水，有一定之容量，這是節卦的象徵。序卦傳云：「物不可終離，故受之以節。」

【今譯】節約是亨通的，但過於苦的節約，則不可為正道。

彖曰：節亨，剛柔分而剛得中，苦節不可貞，其道窮也。說以行險，當位以節，中正以通。天地節而四時成，節以制度，不傷財，不害民。

【今譯】彖辭上說：節卦是亨通的。坎剛在上兌柔在下，判然有分別，而九五九二皆得中。所以亨通，苦守節制，不可引為正道，是因其道困窮的關係。兌悅而以行坎險，九五當天下之尊位，而行節儉之正，中正而暢通，所以有亨通之理。天地有一定的節度，而春夏秋冬的四時，即能以時而成。節是用制度，不傷費錢財，不違害人民。

【今釋】　虞翻曰：「泰三之五，天地交也，五當位以節，中正以通，故節亨也。三變成離，火炎上作，苦位在火上，故苦節。雖得位，乘陽故不可貞。泰，乾天坤地，震春兌秋，坎冬，三動離為夏，故天地節而四時成也。」這是本卦象學的解說。按：泰䷊下乾上坤，三之五，五之三，即成節卦，九五處中得正，三變則三至五互離火，外卦坎內卦兌，二至四互震。上六雖得位，然乘陽故不可貞。

象曰：澤上有水，節，君子以制數度，議德行。

【今譯】　象辭上說：澤上有水，水量有一定的限度，這是節卦的象徵，君子體察此現象，即以制作器用，宮室、衣服、出納、征役多寡之數，豐減之節，論議德行，使合乎節度，不踰矩。

初九㈠，不出戶庭，无咎。象曰：不出戶庭，知通塞也。

【今註】　㈠初九：是指本卦初爻䷻*而言。

【今譯】　初九以陽居陽位，當節制收斂之時，有不離開戶庭，以節制自己的象徵，這是无咎的。象辭上說：「不出戶庭」，是因知道時之通塞，時當節制，塞而不通之時，故不出戶庭。

【今釋】　虞翻曰：「泰，坤為戶，艮為庭，震為出，初得位應四，故不出戶庭，无咎矣。坎為通，二變坤土壅初為塞。」按：泰上卦坤，節三至五互艮，二失位，變正則二至四互坤。

九二㊀，不出門庭，凶。象曰：不出門庭，失時極也。

【今註】㊀九二：是指本卦第二爻☵☱*的爻位而言。

【今譯】九二以陽剛居內卦之中，當節之時可以有為而不為，所以有不出門庭，以守其節之道，這是有凶的。象辭上說：「不出門庭」，是說可以有為而不為，是極為失時的。

【今釋】虞翻曰：「變而之坤，艮為門庭，二失位不變，出門應五，則凶，故言不出門庭凶矣。極，中也、未變之正，失時極矣。」按：九二以陽居陰，故失位。

六三㊀，不節若㊁，則嗟若，无咎。象曰：不節之嗟，又誰咎也。

【今註】㊀六三：是指本卦第三爻☵☱*的爻位而言。㊁若：語助詞，猶言樣子。

【今譯】六三以陰居陽位，在節之時，如不節約於目前，勢必嗟嘆愁苦於未然。象辭上說：不節而嗟嘆，又能咎責誰呢？

【今釋】虞翻曰：「三，節家君子也。失位故節若，嗟，哀號聲，震為音聲，為出，三動得正，而體離，坎，涕流出目，故則嗟若。得位乘二，故无咎也。」此是本爻立象之根據。按：六三以陰居陽，故失位。三至四互震，三變正，則三至五互離。

六四㊀，安節，亨。象曰：安節之亨，承上道也。

【今註】㊀六四：指本卦第四爻䷻*的爻位而言。

【今譯】 六四當節之時，上承九五，又得陰陽之正位，故有安和的節約之象徵，這是亨通的。象辭上說：「安節之亨」，是說能承上而奉守大道之故。

【今釋】 虞翻曰：「二已變，艮止，坤安，得正承五，有應于初，故安節亨。」九家易曰：「言四得正奉五，上通于君，故曰承上道也。」此是本爻的象學說明。按：三至五互艮，艮為止，二變正則二至四互坤，坤為土為安，六四得正，而上承于五，下應于初，當節之時，故安節而亨。

九五㊀，甘節，吉，往有尚。象曰：甘節之吉，居位中也。

【今註】㊀九五：是指本卦第五爻䷻*的爻位而言。

【今譯】 九五陽剛中正，有甘美於節約的象徵，這是吉利的，前往則有尚。象辭上說：「甘節之吉」，是因居位得中之故。

【今釋】 虞翻曰：「得正居中，坎為美，故甘節吉。往，謂二。二失正，變往應五，故往有尚也。」按：九五以陽居陽，得正，處外卦之中，故得中。九二失位，應變，則與五相應，故往有尚。

上六㊀，苦節，貞凶，悔亡。象曰：苦節貞凶，其道窮也。

【今註】㊀上六：指本卦最上一爻䷻*而言。

【今譯】上六居節卦之時，有苦守節約的象徵，這是正當有凶的，不過沒有後悔之時。象辭上說：「苦節貞凶」，是說其道困節之故。

【今釋】虞翻曰：「二三變在兩離火，炎上作苦，故苦節。乘陽，故貞凶，得位，故悔亡。」這是本爻設辭的根據。按：九二六三失位，變正則成既濟，下離，二至四亦互離，故炎上作苦。上六以陰居陰故得位，乘九五陽剛之上，故貞凶。

中孚䷼ 兌（澤）下 巽（風）上　錯䷽小過　綜䷼中孚

中孚㊀，豚魚㊁吉，利涉大川，利貞。

【今註】㊀中孚：卦名。孚，是信的意思。二五之陽皆得其中，下兌悅以應上，上巽順以孚下，故曰中孚。序卦傳云：「節而信之，故受之以中孚。」㊁豚魚：生于大澤中，將生風，必先知而拜之。是孚信之自然的，故取之以為象。

【今譯】中孚，能孚信於中，而見之於外物，如信及於豚魚，這是吉利的，利於如跋涉大川等險難的事，利於守著正道。

彖曰：中孚，柔在內而剛得中，說而巽，孚，乃化邦也。豚魚吉，信及豚魚也。利涉大川，乘木舟虛也。中孚以利貞，乃應乎天也。

【今譯】中孚，三、四為柔而在內，而二五為陽剛得中於內外，和悅而巽順，這是中孚的象徵，孚信於中，乃能教化萬邦。豚魚吉，是說信及萬物，如豚魚之低下，也感受孚信的感召。利涉大川，是因為巽為木，兌為澤，而中孚之象，外實內虛，有乘舟渡川之象。中孚而利於守著正道，乃能應合於上天之道，而享長久之福。

【今釋】虞翻曰：「訟四之初也，坎孚象，在中，謂二也，故稱中孚，三至上體遯，故曰遯魚吉。坎為大川，謂二已化邦，三利出涉坎，得正，體渙，渙舟楫象，故利涉大川，乘木舟虛也，二利之正而應五，中孚以利貞，乃應于天也。二化應五成坤，坤為邦，故化邦也。」按：訟䷅四之初，初之四，初四易位則成中孚。訟內卦坎為孚，二五處中，故中孚。三至上互體遯䷠，九二失位不正，變正則與九五相應。而二至四互坤。

象曰：澤上有風，中孚，君子以議獄緩死。

【今譯】象辭上說：澤上有風，這是中孚的象徵，君子體察此現象，則以論議獄情之實像，設法寬緩死刑之刑。

【今釋】崔憬曰：「流風令於上，布澤惠於下，中孚之象也。」虞翻曰：「君子謂乾也，訟坎為獄，震為議、為緩，坤為死，乾四之初，則二出坎獄，兌說震喜，坎獄不見，故議獄緩死也。」按：訟䷅上乾下坎，四之初，則不成坎，而二至四互震。下卦為兌。故不成坎獄，坎為險陷，故為獄。

初九㊀，虞㊁吉，有它不燕㊂。象曰：初九虞吉，志未變也。

【今註】㊀初九：是指本卦第一爻䷼*的爻位而言。㊁虞：安。㊂燕：燕樂。

【今譯】初九以陽剛居於陽位，在孚信之始，這是安逸而吉利的，如不守信，而有它意，則不能燕樂了。象辭上說：「初九虞吉」，是因孚信之志，沒有改變的關係。

【今釋】荀爽說：「虞，安也。初應于四，宜自安虞，无意於四，則吉，故曰虞吉也。四者承五，有它意于四，則不安，故曰有它不燕也。初位潛，未得變，而應四也。」此是本爻設辭的根據。

九二㊀，鳴鶴在陰，其子和之。我有好爵，吾與爾㊁靡㊂之。象曰：其子和之，中心願也。

【今註】㊀九二：是指本卦第二爻䷼*的爻位而言。㊁爾：你。㊂靡：共。

【今譯】九二以陽居中實之位，在中孚之時，故有鶴鳴於陰蔽之處，雖不顯見，但它的孩子，也能循聲應合，互相孚信的象徵。施之於人事，則君臣互相孚信，故有我有好的爵位，我與你共治之的現象。象辭上說：「其子和之」，是因中心願意之故。

【今釋】虞翻曰：「震為鳴、訟，離為鶴，坎為陰夜，鶴知夜半，故鳴鶴在陰。二動成坤，體益，五、艮為子，震巽同聲者相應，故其子和之。坤為身，故稱我，吾，謂五也，離為爵，爵，位也。坤為邦國，五在艮，閽寺庭闕之象，故稱好爵。五利二變，之正應坎，故吾與爾靡之矣。坎為心，動得正，應五，故中心願也。」按：二至四互震，二變則成益卦，三至五互艮，艮為少男，故為子。訟䷅下坎，二至四互離。二變成坤。

六三㊀，得敵㊁，或鼓或罷，或泣或歌。象曰：或鼓或罷，位不當也。

【今註】㊀六三：是指本卦第三爻䷼*的爻位而言。㊁得敵：得對敵，指應于上九。

【今譯】六三以陰居陽位，位既不正，以當中孚之時，而應於上九，故有得對敵於上九的象徵，因位不正，而又陰柔，故有時想鳴鼓前進，有時又止而不前，有時悲泣。怕不能孚信。有時又高歌，想必能孚信於上九。象辭上說：「或鼓或罷」，是由於其位不當之故。

【今釋】荀爽曰：「三四俱陰，故稱得也，四得位，有位故鼓而歌，三失位無實，故罷而泣也。」

此可供吾人參考。

六四㊀，月幾望，馬匹㊁亡，无咎。象曰：馬匹亡，絕類上也。

【今註】㊀六四：是指本卦第四爻䷼*的爻位而言。㊁匹：配，指六四應初九。故稱匹配。

【今譯】六四得陰陽之正位，當孚信之時，不繫戀于初九，而上從于九五之尊位。故有月近於十五，月圓可望時，亡其馬的匹配之象。這是無咎的。象辭上說：「馬匹亡」，是說絕其類而應於上的意思。

【今釋】虞翻曰：「訟，坎為月、離為日。兌西震東，月在兌二，離在震三，日月象對。故月幾望。乾坎兩馬匹，初四易位，震為奔走，體遯山中，乾坎不見，故馬匹亡。初四易位，故无咎矣。訟初之四，體與上絕，故絕類上也。」按：訟䷅下坎，二至四互離。中孚則二至四互震，下兌。三至上體遯䷠。

九五㊀，有孚攣如㊁，无咎。象曰：有孚攣如，位正當也。

【今註】㊀九五：是指本卦第五爻䷼*的爻位而言。㊁攣如：相連在一起的樣子。

【今譯】九五以陽剛居陽位，得中且正，又居尊位，故有孚信于天下，人皆相連而來服，這是無咎的。象辭上說：「有孚攣如」，是說位正當之故。

【今釋】虞翻曰：「二在坎為孚，巽繩艮手，故攣。二使化為邦，得正應己，故无咎也。」按：三至五互艮，上為巽。二變應五，故得正无咎。

上九㈠，翰音㈡登于天，貞凶。象曰：翰音登于天，何可長也？

【今註】㈠上九：是指本卦最上一爻䷼*而言。㈡翰音：翰，羽，雞鳴則振拍其羽。故雞鳴曰翰音。

【今譯】上九以陽居陰位，位既不當，又位中孚之極，故有翰音——雞鳴之聲，高升於天上的象徵，這是堅節過分而有凶的。象辭上說：翰音高登於天上，如何可以長久呢？（其必迅即聲啞力竭也。）

【今釋】虞翻曰：「巽為雞，應在震，震為音，翰，高也。巽為高。乾為天。故翰音登于天。失位故貞凶，禮薦牲，雞稱翰音也。」侯果曰：「窮上失位，信不由中，以此申命，有聲無實，中實內喪，虛華外揚，是翰音登天也。巽為雞，雞曰翰音，虛音登天，何可久也。」此二說言象言理，皆可供吾人參研。按：中孚上卦巽，上九應六三，而二至四互震，三在震中。上九失位。訟上卦為乾。

小過䷽ 艮（山）下 震（雷）上 錯䷛中孚 綜䷽小過

小過㈠，亨，利貞，可小事，不可大事。飛鳥遺之音㈡，不宜上，宜下，大吉。

【今註】㈠小過：卦名，小有所過之意，陰為小，本卦四陰二陽，故謂之小過。序卦曰：「有其信者必行之，故受之以小過。」㈡飛鳥遺之音：鳥已飛過，遺有微音。

【今譯】小過是亨通的，而利於守正，可以做小事，不可以做大事。就像飛鳥飛過後，吾人只聞其微有音響一樣的小事。也像鳥飛不宜上至高空，而宜於低空一樣，吾人在小過之時做事，亦不宜大，而宜小，這樣就能享大吉之利。

【今釋】虞翻曰：「晉上之三，當從四陰二陽，臨觀之例，臨陽未至三，而觀四已消也。又有飛鳥之象，故知從晉來杵臼之利，蓋取諸此。柔得中而應乾剛，故亨。五失正，故利貞。過以利貞，與時行也。小謂五，晉坤為事，柔得中，故可小事也。大事、四、剛失位而不中，故不可大事也。離為飛鳥，震為音，艮為止，晉上之三，離去震在，鳥飛而音止，故飛鳥遺之音，上陰乘陽，故不宜上，下陰順陽，故宜下大吉。」按：小過自晉䷢來，晉上九之三，六三之上，則成小過䷽六五柔得中失位，晉上卦為離，二至四互艮，小過上卦震，故離去震在。上六六五皆承陽。

彖曰：小過，小者過而亨也。過以利貞，與時行也。柔得中，是以小事吉也。剛失位而不中，是以不可大事也。有飛鳥之象焉，飛鳥遺之音，不宜上，宜下，大吉，上逆而下順也。

【今譯】彖辭上說：小過，是說小的事情（陰為小）可以過之，而得亨通，但過必利於守正，才能隨時而行，柔得中內外之中（六五六二），所以做小事是吉利的。陽剛失位而不中，所以不可以做大事。又本卦有飛鳥的象徵，飛鳥遺之音，不宜上，宜下，大吉，是因上則逆、下則順之故。

象曰：山上有雷，小過，君子以行過乎恭，喪過乎哀，用過乎儉。

【今譯】山上有雷，這是小過的象徵，君子體察此現象，則知不可做驚天動地之大事，乃約束自己，使行為略過於恭敬，喪事略過於哀痛，用費略過於節儉。

【今釋】侯果曰：「山大而雷小，山上有雷，小過于大，故曰小過。」此可供吾人參研。

初六㊀，飛鳥以凶。象曰：飛鳥以凶，不可如何也。

【今註】㊀初六：是指本卦初爻䷽*而言。

【今譯】初六以陰居陽位，當小過之時，宜下不宜上，而初六應於九四，故有飛鳥高飛而有凶災之害的現象。象辭上說：「飛鳥以凶」，是說不可如何，沒有人能救之意。

【今釋】虞翻曰：「應四，離為飛鳥，上之三，則四折入大過死，故飛鳥以凶。四死大過，故不可如何也。」按：初六應九四，小過自晉䷢來，晉上卦為離，上之三成小過䷽，二至四體大過䷛，故飛鳥以凶。

六二㊀，過其祖㊁，遇其妣㊂；不及其君，遇其臣。無咎。象曰：不及其君，臣不可過也。

【今註】㊀六二：指本卦第二爻䷽*的爻位而言。㊁祖：虞翻以為祖母，指初。㊂妣（音ㄅㄧˇ）：虞翻曰：「母死稱妣。」指三。

【今譯】六二居小過之時，位於初之上，超而過之，以至於三，故有「過其祖，遇其妣」的象徵。以人事而言，君子之德雖超過其君，但須懷謙德，時有不及其君的樣子（以遠禍），惟可以接觸其臣，以相與論道，這是无咎的。象辭上說：「不超過其君」，是說臣子不可超過的意思。

【今釋】虞翻曰：「坤為喪為母，折入大過死，故稱祖也。妣二，過初故過其祖。五變三體姤遇，故遇妣也。五動為君，晉坎為臣，二之五隔三，艮為止，故不及其君止。如承三得正，體姤遇象，故遇其臣无咎也。」按：晉內卦為坤，上之三成小過，坤象不見，而二至四體大過，太過死象，五變則三至五互姤，雜卦曰：「姤，遇也。」二欲應五而隔於三，三在內卦艮，故不及于君，而遇其臣，五、君位，三、臣位。

九三㊀，弗過防之，從或戕㊁之，凶。象曰：從或戕之，凶如何也？

【今註】㊀九三：指本卦第三爻䷽*的爻位而言。㊁戕（音ㄑㄧㄤˊ）：殺害。

【今譯】九三處陰陽之正位，當小過之時，以陽爻位內卦之上，以防陰爻之超過，故有不能讓陰爻超過，而謹防之的現象，但居小過之時，不能不過，故或為人戕而害之，這是凶的。象辭上說：「從或戕之」，是說如何不凶呢？

【今釋】本爻的解說，係根據卦位、卦爻、卦時而立說，不與虞翻一樣。

九四㊀，无咎，弗過遇之，往厲必戒，勿用，永貞。象曰：弗過遇之，位不當也。往厲必戒，終不可長也。

【今註】㊀九四：是指本卦第四爻䷽*的爻位而言。

【今譯】九四以陽處陰，當小過之時是無咎的，只因居外卦之始，內卦之陰不能超過，所以有弗過的象徵，又與初爻相應，所以有「遇之」的象徵。因其位不當，如前往，必有危厲，故必有戒心，不要永遠守著自己以為的正位。當知變通之道。象辭上說：「弗過遇之」，是因以陽居陰，位是不當的關係。「往厲必戒」，是說不可能長久無咎的。

【今釋】九家易曰：「以陽居陰，行過乎恭。今雖失位，進則遇五，故无咎也。四體運動，位既不正，當動上居五，不復過五，故曰：弗過遇之矣。」此可供吾人參研。按：九四以陽居陰，不當其位，故宜行過乎恭，升居於五則得位，故弗過遇之。

六五㈠，密雲不雨，自我西郊㈡，公弋㈢取彼在穴。象曰：密雲不雨，已上也。

【今註】㈠六五：是指本卦第五爻䷽*的爻位而言。㈡自我西郊：中國居大陸性氣候，凡雲自西而來的，往往無雨。㈢弋（音ㄧˋ）：有繩子的箭，射中鳥，則拉繩，箭可收回。虞翻曰：「弋，矰，繳射也。」

【今譯】六五以陰居陽位，當小過「宜下不宜上」之時，居尊位，故有密雲畜積，從我西郊而來，而沒下雨的象徵。以射而言，如公以弋射鳥於穴中，不能得回鳥的箭，須前往穴中取，乃能得。象辭上說：「密雲不雨」，是居太高的關係。

【今釋】虞翻曰：「密，小也。晉，坎在天為雲，墜地成雨，上來之三，折坎入兌，小為密，坤為自我，兌為西，五動、乾為郊，故密雲不雨，自我西郊也。公謂三也，坎為弓彈，離為鳥矢，弋，無矢也，巽繩連鳥，弋人鳥之象，艮為手，二為穴，手入穴中，故公弋取彼在穴也。」按：小過自晉䷢來。下卦坤，上卦為離，三至五互坎。坎為雲為雨，晉上之三成小過䷽，坎象不見，而三至五互兌，二至四互巽，上震下艮，五變則三至五互乾。

上六㈠，弗遇過之，飛鳥離之凶，是謂災眚。象曰：弗遇過

之，已亢也。

【今註】㊀上六：是指本卦最上一爻䷽*而言。

【今譯】上六居小過之極，位最高之位，故有不能遇到，而超過的現象。飛鳥遇此，也將有凶，此即是說有大的災害的意思。象辭上說：「弗遇過之」，是因為太高昂的關係。

【今釋】虞翻曰：「謂四已變之坤，上得之三，故弗遇過之，離為飛鳥，公弋得之，鳥下入艮手而死，故飛鳥離之凶，眚坎為災眚，故是謂災眚矣。」這是本爻設辭的根據。按：小過九四失位，變則外卦成坤，上六得應九三，小過自晉來，晉䷢外卦離為雉，為飛鳥，三至五互坎，上之三成小過䷽，而離艮下象，下入艮，二至五體大過死，故飛鳥離之凶。

既濟 ䷾ 離（火）下 坎（水）上　錯 ䷿ 未濟　綜 ䷿ 未濟

既濟㊀，亨小，利貞，初吉終亂。

【今註】㊀既濟：卦名。事既已做成的意思。水火相交，各得其用，六爻各得其陰陽之正位，所以名為既濟。序卦傳說：「有過物者必濟，故受之以既濟。」

【今譯】既濟，是在事既已做成之後，故亨通小，因為天下事沒有不變的，所以宜守著正道，在事既已做成之後，最初是吉利的，最後安於事之已成，而不戒惕，則終於會成紛亂的狀態。

【今釋】虞翻說：「泰五之二，小謂二也，柔得中，故亨小，六爻得正，各正性命，保合大和，故利貞矣。」按：泰䷊五之二二之五，即成既濟䷾六二以柔居中得位，陽為大，陰為小，六二陰故亨小，三五為陽位，二四上為陰位，既濟六爻皆得正位，故利貞。

彖曰：既濟，亨。小者，亨也。利貞，剛柔正而位當也。初吉，柔得中也。終止則亂，其道窮也。

【今譯】彖辭上說：既濟的亨通，是說亨通，在事已成之後，不如事方成之時的吉利亨通。故稱亨小，利於守正，是因陽爻陰爻各得其正，而各居陰陽的正位。初吉，是因六二以柔得內卦之中，最後亨通終止之時，就會紛亂，因為其道必困窮的關係。

象曰：水在火上，既濟，君子以思患而豫㊀防之。

【今註】㊀豫：即預備的預。

【今譯】象辭上說：水在火上，是既濟的象徵，君子體察此現象，則以思及患難的事，而預先防備它。

【今釋】荀爽說：「六爻既正，必當復亂，故君子象之，思患而預防之，治不忘亂也。」此可供吾人參研。

初九㊀，曳㊁其輪，濡㊂其尾，无咎。象曰：曳其輪，義无咎也。

【今註】㊀初九：是指本卦第一爻䷾*的爻位而言。㊁曳：拖。㊂濡：沾濕。

【今譯】初九居於卦下，在既濟之初始，故有拖著它的車輪以過的現象，如動物過河時，沾濕了它的尾巴。這是無咎的。象辭上說：「曳其輪」，是說於義無咎。

【今釋】宋衷曰：「離者兩陽一陰，陰方陽圓，輿輪之象也。其一在坎中，以火入水，必敗。故曰曳其輪也。初在後稱尾，尾濡，曳咎也。得正有應，於義可以危而無咎矣。」此足供吾人參研。

六二㊀，婦喪其髴㊁，勿逐，七日得。象曰：七日得，以中道也。

【今註】㊀六二：是指本卦第二爻䷾*的爻位而言。㊁髴（音ㄈㄨˊ）：虞翻曰：「髴、髮，謂鬒髮也，一名婦人之首飾。」此當做婦人頭上的裝飾。

【今譯】六二：婦人喪失她頭上裝飾，不必去追逐，七日後即能再度得回。象辭上說：「七日得」，是因得中道之故，能得中道，就不會喪失。

【今釋】虞翻曰：「離為婦，泰、坤為喪，坎為玄雲，故稱髮。離為美，五取乾二之坤為坎，坎為盜，故婦喪其髴。泰、震為七，故勿逐七日得。與睽喪馬，勿逐同義。髴或作茀，俗說以髴為婦人蔽膝之茀，非也。」按：既濟䷾上坎下離，從泰䷊來，泰上坤下乾，泰九二之坤五，成既濟，而外卦泰三至五互震。

九三㈠，高宗㈡伐鬼方㈢，三年克之，小人勿用。象曰：三年克之，憊㈣也。

【今註】㈠九三：是指本卦第三爻䷾*的爻位而言。㈡高宗：殷（商代）高宗。㈢鬼方：古代的匈奴。㈣憊（音ㄅㄟˋ）：疲憊之意。

【今譯】九三，在內卦之上，在既濟之時，正如商朝時高宗討伐匈奴人，三年才克服是一樣的，雖成也勞累不堪，在既濟之時，小人是不可用的。象辭上說：「三年克之」，是說已至疲憊，然後才成的意思。

【今釋】虞翻曰：「高宗，殷王武丁。鬼方，國名。乾為高宗，坤為鬼方，乾二之坤五，故高宗伐鬼方。坤為年，位在三，故三年。坤為小人，二上克五，故三年克之，小人勿用，象曰憊也。」按：既濟自泰䷊來，泰上坤下乾，泰九二（乾二）升六五（坤五）成既濟，故有高宗伐鬼方之象。

六四㈠，繻㈡有衣袽㈢，終日戒。象曰：終日戒，有所疑也。

【今註】㈠六四：是指本卦第四爻䷾*的爻位而言。㈡繻（音ㄒㄩ）：細密的綿衣。㈢袽（音ㄖㄨˊ）：敗衣。

【今譯】六四居多懼之位。（繫辭傳曰：四多懼。）在既濟之時，有「雖有細密綿帛的衣服，但並不穿它，而穿著破敗的衣服」之象徵，這是說整日多在戒懼警惕之中的意思。象辭上說：「終日戒」，是說有所疑懼的意思。

【今釋】虞翻曰：「乾為衣，故稱繻；袽，敗衣也。乾二之五，衣象裂壞，故繻有衣袽。離為日，坎為盜，在兩坎間，故終日戒。」按：既濟自泰䷊來，泰下卦為乾，乾二之坤五，成既濟，不成乾象，故衣袽。既濟上卦為坎，二至四亦互坎。

九五㈠，東鄰殺牛，不如西鄰之禴㈡祭，實受其福。象曰：東鄰殺牛，不如西鄰之時也。實受其福，吉大來也。

【今註】㈠九五：是指本卦第五爻䷾*的爻位而言。㈡禴（音ㄩㄝˋ）：夏天的祭祀。

【今譯】九五居尊得位，在既濟之時，有東鄰的商紂殺牛享盡奢侈之態，還不如西鄰的文王，用薄薄的夏祭，以誠敬祭享鬼神而實得蒙受幸福。象辭上說：東鄰殺牛，不如西鄰的合於時宜。實受其福，是說吉大來之故。

【今釋】虞翻曰：「泰，震為東，兌為西，坤為牛，震動五殺坤，故東鄰殺牛。在坎多眚，為陰所乘，故不如西鄰之禴祭。禴，夏祭也。離為夏，兌動二，體離明得正，承五順三，故實受其福，吉大來也。」按：泰卦䷊，上卦為坤，三至五互震，二至四互兌，二之五成既濟䷾，震動毀壞，而坤象不見，故東鄰殺牛。

上六㊀，濡其首，厲。象曰：濡其首厲，何可久也？

【今註】㊀上六：是指本卦最上一爻䷾*而言。

【今譯】上六居既濟之終極，將反成不濟，故有渡河而沾濕他的頭的象徵，這是危厲的。象辭上說：沾濕了他的頭而危厲，這怎麼能長久下去呢？

【今釋】虞翻曰：「乾為首，五從二上在坎中，故濡其首厲，位極乘陽，故何可久。」按：既濟自泰來，泰䷊下卦乾，六五之二，成既濟，上卦成坎水，故濡首，上六乘陽，故何可久也。

未濟䷿ 坎（水）下 離（火）上　錯䷾既濟　綜䷾既濟

未濟㊀，亨，小狐汔濟㊁，濡其尾，无攸利。

【今註】㊀未濟：卦名，事未成的意思。水火不交，不相為用，且六爻皆失位，故為未濟。序卦曰：「物不可以窮，故受之以未濟終焉。」㊁汔濟：虞翻曰：「汔（音ㄑㄧˋ），幾也；濟，濟渡，狐濟幾渡而濡其尾，未出中也。」

【今譯】未濟，在事之未完，終會完成，終於必濟，故亨通，有小狐幾乎渡過了河，但沾濕了它的尾，得不償失，故無所利的。

彖曰：未濟，亨，柔得中也。小狐汔濟，未出中也。濡其尾，无攸利，不續終也。雖不當位，剛柔應也。

【今譯】未濟能得亨通，是因柔順（指六五）而得中道，小狐汔濟，是因未出於中，未能濟渡的意思，濡其尾無所利，是因不能繼續前進，以貫徹始終，雖然六爻皆是不當其正位，但剛柔能互相應援，所以終能亨通。

【今釋】虞翻曰：「否二之五也，柔得中，天地交，故亨。濟，成也。六爻皆錯，故稱未濟也。否、艮為小狐，艮為狐，獸之長尾者也，尾謂二在坎水中，故濡其尾。失位，故无攸利，不續終也。」

按：未濟自否卦䷋來，否上乾天下坤地，二之五，五之二，二爻五爻易位則成未濟䷿，故云天地交，六爻皆不當位，故錯，謂皆失位也。否二至四互艮。

象曰：火在水上，未濟，君子以慎辨物居方。

【今譯】離火在坎水的上面，這是未濟的象徵，君子體察此現象，即慎於辨別物類，使不紊亂，又居處以道（方即道的意思，方有方術、道術之意。繫辭傳：「方以類聚，物以羣分。」）使之必濟。

【今釋】侯果曰：「火性炎上，水性潤下，雖復同體，功不相成，所以未濟也。故君子慎辨物宜，居之以道，令其功用相得，則物咸濟矣。」此足供吾人參研。

初六㊀，濡其尾，吝。象曰：濡其尾，亦不知極也。

【今註】㊀初六：指本卦最下一爻䷿*而言。

【今譯】初六以陰居陽位，當未濟之時，所以有渡河而沾濕了它的尾巴的現象，這是羞吝的事情。象辭上說：「濡其尾」，是說不知事理之極，不能渡河而勉強渡河的了。

【今釋】虞翻曰：「應在四，故濡其尾，失位故吝。」按：初六以陰居陽，故失位，應于九四，然內卦坎為水，三至五互坎亦水，故濡其尾矣。

九二㊀，曳㊁其輪，貞吉。象曰：九二貞吉，中以行正也。

【今註】㊀九二：是指本卦第二爻䷿*的爻位而言。㊁曳：拖曳之意。

【今譯】九二當未濟之時，以陽剛居中，終能必濟，所以有拖著它的車輪以濟的象徵，這在未濟的時候，更應守正以獲吉。象辭上說：「九二貞吉」，是說守著中道，而行著正道的意思。

【今釋】姚信曰：「坎為曳，為輪，兩陰夾陽，輪之象也。二應于五，而隔於四，止而據初，故曳其輪。處中而行，故曰貞吉。」此是本爻設辭之根據。按：九二居內卦之中，上應于九五，而為四所隔，四陽近五，二不得應，故止而不前，以據初六。

六三㈠，未濟，征㈡凶，利涉大川。象曰：未濟征凶，位不當也。

【今註】㈠六三：指本卦第三爻䷿*的爻位而言。㈡征：行。

【今譯】六三以陰居陽位，當未濟之時，是未能濟渡，而前行有凶的。不過在患難之中，能勇於冒險以求出險，這是唯一進取之路，故有利於濟渡大的河川的象徵。象辭上說：「未濟征凶」，是說其位不當之故。

【今釋】荀爽曰：「未濟者，未成也。女在外，男在內，婚姻未成，征上從四，則凶。利下從坎，故利涉大川矣。」此足供吾人參研。按：未濟外卦離為中女，內卦坎為中男。女外男內，女上男下，故未成。

九四㈠，貞吉，悔亡，震㈡用伐鬼方㈢，三年，有賞于大邦㈣。

象曰：貞吉悔亡，志行也。

【今註】㈠九四：指本卦第四爻䷿*。㈡震：動。㈢鬼方：古代的匈奴，北方之國。㈣大邦：大國。

【今譯】九四居未濟之時，以陽剛濟之，終能必濟，故有以正獲吉，無悔的現象，如天子動而討伐北方的匈奴，三年一定有功，可以獎賞功勞的人於大國之內。象辭上說：「貞吉悔亡」，是說其志能行的關係。

【今釋】　虞翻說：「動正得位，故吉而悔亡矣。變之震，體師，坤為鬼方，故震用伐鬼方。坤為年，為大邦，陽稱賞，四在坤中，體既濟，離三，故三年有賞于大邦。」李鼎祚曰：「坎為志，震為行，四坎變震，故志行也。」按：九四失位，變陰則得位。而二至四互震，三至五互坤，初至五有師卦䷆的現象。未濟二至五體既濟。

六五㈠，貞吉，无悔，君子之光，有孚，吉。象曰：君子之光，其暉㈡吉也。

【今註】　㈠六五：是指本卦第五爻䷿*的爻位而言。㈡暉：光輝、光彩。

【今譯】　六五以柔處中，而居尊位，當未濟之時，乘承皆陽剛，（上下皆陽）得陽剛之助，終能必濟，故以正而獲吉，沒有後悔之事，這是君子的光輝，有孚信於人，是吉利的。象辭上說：「君子之光」，是說他的光輝照耀而吉利的意思。

【今釋】　虞翻曰：「之正則吉，故貞吉无悔。動之乾、離為光，故君子之光也。孚謂二，二變應已得有之，故有孚吉，坎稱孚也。動之正，乾為大明，故其暉吉也。」按：六五失位，變陽則得正，而外卦成乾。乾陽為君子之象。二亦失位，變陰則得應已。

上九㊀，有孚于飲酒，无咎，濡其首，有孚失是。象曰：飲酒濡首，亦不知節也。

【今註】㊀上九：指本卦最上一爻䷿*而言。

【今譯】上九以陽剛，居未濟之終，是終能濟渡的。故有孚信於飲酒，這是無咎的。但以陽處陰，位既不正，如不知節制，則樂極生悲，沉湎不已，必會喝得大醉，而有沾濕他的頭的象徵，這樣的話，就會失去了孚信，而不能達必濟之成了。象辭上說：飲酒而至沾濕其首，這是沉湎過度，不知節制的關係。

【今釋】虞翻曰：「坎為孚，謂四也，上之三，介四，故有孚。飲酒，流頤中，故有孚于飲酒。終變之正，故无咎。乾為首，五動，首在酒中，失位，故濡其首矣。孚信是正也，六位失正，故有孚失是。謂若殷紂沉湎於酒，以失天下也。節，止也，艮為節，飲酒濡首，故不知節矣。」按：未濟下卦坎，三至五亦互坎，上九應六三，然介於不正之九四，四體坎，坎為酒，四變則二至上體頤䷚，故飲酒流頤中。上九失位，終變陰而得正。六五變陽，則外卦成乾，而在坎酒之中，故濡首。未濟，六爻皆失位，故失位。

繫辭上傳

第一章

天尊地卑，乾坤定矣㈠。卑高以陳，貴賤位矣㈡。動靜有常，剛柔斷矣㈢。方以類聚㈣，物以羣分，吉凶生矣。在天成象，在地成形，變化見矣。

【今註】㈠乾為天為高，坤為地為低，易經法象於天地。故以乾象徵天，坤象徵地。㈡易經六爻貴賤之位有二說。㈠為君位，餘為臣位。㈡易及易緯乾鑿度以初為元士，二為大夫，三為三公，四為諸侯，五為天子，上為宗廟。㈢剛就是陽，柔就是陰，易經卦爻完全由一陰一陽所組成。㈣方猶道也。君子以仁義為道，故以類相聚，小人各以賭、盜、酒、淫、惡毒為道，皆各以其同道為類而相聚。

【今譯】天尊貴於上，地卑微於下，易經中乾為天為高為陽，坤為地為低為陰的象徵就定了。天地間萬事物莫不由卑下以至高大，雜然並陳，易經中六爻貴賤的位置，亦依序而排定了。天地間萬事萬物動極必靜，靜極必動，動靜有一定的常態，易經中陽剛陰柔，陽極生陰，陰極生陽的道理，也就由是斷定，斷然可知了。天下人各以其道而以類相聚，物各以其羣而以類相分。同於君子同於善的事物則吉，同於小人同於惡的事物，則凶就產生了。在天成就日月星辰晝夜晦冥的現象，在地成就山川河嶽動植高下諸般的形態，而人世間萬事萬物錯綜複雜的變化，由是可以明顯的看到了。

是故剛柔相摩㈠，八卦相盪㈡，鼓之以雷霆，潤之以風雨。日月運行，一寒一暑，乾道成男，坤道成女，乾知大始，坤作成物。

【今註】㈠剛就是陽，柔就是陰，陰陽互相的切摩變化，相刃相靡，由是有萬物的產生。㈡八卦乾為天，坤為地，震為雷，巽為風，坎為水為雨為月，離為日為電為火，艮為山為陵，兌為海為澤，此八種自然物象，相與鼓動推盪，而造成宇宙間的萬事萬物。

【今譯】所以宇宙間，陰陽二性不停的切摩變化，八卦所代表的八種天地間的八個基本物象，不停的相與鼓動變化，由是產生了宇宙萬有。比如說，以雷霆之氣，鼓動萬物的生機，以風雨疏散潤澤萬物的氣機，日月的運行，就構成了人間的晝夜寒暑，乾為天為父為陽，是構成男性的象徵，坤為地為母為陰，是構成女性的象徵。乾為天，代表時間，故知天地之大始；坤為地，代表空間，故能作成萬物。

乾以易知，坤以簡能，易則易知，簡則易從。易知則有親，易從則有功，有親則可久，有功則可大。可久則賢人之德，可大則賢人之業。易簡而天下之理得矣，天下之理得，而成位乎其中矣。

【今譯】乾為天昭然運行於上而晝夜攸分，是容易讓人瞭解的。坤為地渾然化成萬物，是以簡易為其功能的。容易則易於知解，簡易則容易遵從。容易使人了解則有人親附；容易遵從，則行之有功；有人親附則可以長久；有能成功則可以創造偉大的事業；可以長久的，是賢人的德澤；可以成為偉大的是賢人的事業。易經的道理即是如此簡易，而能包含天下的道理，能了知天下的道理，則能與天地同參，而成就不朽的名位了。

第二章

聖人設卦觀象，繫辭焉而明吉凶，剛柔相推而生變化。是故吉凶者失得之象也，悔吝者憂虞之象也，變化者進退之象也，剛柔者晝夜之象也㈠。六爻之動，三極之道也㈡。

【今註】㈠陽為剛為晝，陰為柔為夜。㈡三極即三才。即天地人。八卦各有三畫，下為地上為天中為人。六十四卦各有六畫，初與二為地之道，三與四為人之道，五與上為天之道。

【今譯】聖人觀察宇宙間萬事萬物的現象而設置六十四卦，三百八十四爻以規範之，復於六十四卦三百八十四爻下各繫以吉凶悔吝及有關卦爻象之文辭，而使人明白吉凶的趨向。易經中陽剛陰柔相與切摩推盪，而產生變化。所以易經中所言「吉凶」是成功或失敗的現象。「悔吝」是表示有憂慮顧慮的現象。「變化」是前進或後退的現象，「剛柔」即是晝夜，夜盡晝來、晝盡夜來的現象，「六爻的動態」，就是天地人三才的道理。

是故君子所居而安者，易之序也，所樂而玩者，爻之辭也。是故君子居則觀其象而玩其辭，動則觀其變而玩其占，是以自天祐之，吉无不利。

【今譯】 所以君子平居之時，能心安理得，這是因為能法象易經的條理次序呀，君子所快樂而研求玩味的，是易經的文辭呀。所以君子平居之時就觀察易象而探究玩味它的文辭；一有行動，則觀察易經的變化，而玩味占筮的吉凶。所以能如大有卦上九爻辭所說「從上天祐助之，完全的吉而沒有不利的」。

第三章

彖者言乎象者也，爻者言乎變者也，吉凶者言乎其失得也，悔吝者言乎其小疵也，无咎者善補過也。

【今譯】 「彖辭」是解釋全卦的道理現象的。「爻辭」是說明每一爻的變化的。「吉凶」是說明其成功或失敗的，「悔吝」是說明其小有弊病與過錯的。「无咎」是要人善於補救其過失的意思。

是故列貴賤者存乎位㊀，齊小大者㊁存乎卦，辯吉凶者存乎辭，憂悔吝者存乎介㊂，震无咎者存乎悔。是故卦有小大，辭有險易，辭也者各指其所之。

【今註】㊀參見第一章貴賤位矣注。㊁陽大陰小。㊂介，纖介之間，或解為耿介。

【今譯】所以分出六爻貴賤的，就在於它所居的位置而定。齊一各卦所包含事理的大小，則在於各卦的卦象而知，辨別吉凶的，就在各卦各爻的文辭可知，憂慮於悔吝之來臨者，則在於吉凶禍福義利善惡幾微之間，謹慎小心。（或解在乎耿介）能從「无咎」之中變動而吉者，則在於能悔改。所以卦有小有大。小象徵其陰，大象徵其陽。卦爻之辭也有極危險的如劓刖征凶，也有極平易的，如利見大人，利涉大川。各卦爻之辭皆各指各卦各爻之意旨趨向。

第四章

易與天地準，故能彌綸天地之道。仰以觀於天文，俯以察於地理，是故知幽明之故。原始反終，故知死生之說，精氣為物，

游魂為變，是故知鬼神之情狀。

【今譯】 易理準則於天地，所以能包括統貫天地間一切的道理，上則觀察天上日月星辰的文采，下則觀察大地山河動植的理則，所以知道晝夜光明幽晦的道理。追原萬事萬物的始終，故知死生終始循環的道理。精神氣質合而構成生物，靈魂是生命的泉源，它是隨著生老病死而變化的，由是我們可以探知鬼神的情態。

與天地相似，故不違。知周乎萬物，而道濟天下，故不過。旁行而不流，樂天知命，故不憂。安土敦乎仁，故能愛。範圍天地之化而不過，曲成萬物而不遺，通乎晝夜之道而知，故神无方而易无體。

【今譯】 易與天地之道相似，故不違背，能周知萬物的情態，而其道又足以匡濟天下，故能致用而不超過。能偏行天下而未有流弊。通易道者能樂行天道之所當然，知天命之造化，故無憂；安於所處之境，而敦行仁道，故能泛愛天下。能範圍包括天地一切的變化，而不會有過失。能微曲成全萬物，而不會有遺漏。能通明於晝夜、陰陽的道理，而盡知其道。所以神的奧妙難測，是無方所可推求的；易理的周知宇宙，也不可以一曲之體討論的。

第五章

一陰一陽之謂道㊀。繼之者善也，成之者性㊁也。仁者見之謂之仁，知者見之謂之知。百姓日用而不知，故君子之道鮮矣㊂。

【今註】㊀凡天地間兩相對待的：如日、夜；剛、柔；強、弱；成、敗；天、地；男、女。皆謂之陰陽。㊁道德仁義謂之性。㊂少也。

【今譯】一陰一陽的相反相生，運轉不息，為宇宙萬事萬物盛衰存亡的根本，這就是道。繼續陰陽之道而產生宇宙萬事萬物的就是善。成就萬事萬物的是天命之性，亦即道德仁義。有仁德的人見此性此道，即認為是仁，聰明的人體察此性此道，就認為是智。百姓日常受用，遵循此道此性而各遂其生，而不知曉，所以君子之道能含蓋萬有，為萬物之根，而知之者卻很少呀！

顯諸仁，藏諸用，鼓萬物而不與聖人同憂。盛德大業至矣哉！富有之謂大業，日新之謂盛德。生生之謂易，成象之謂乾，效法之謂坤，極數知來之謂占，通變之謂事，陰陽不測之謂神。

【今譯】君子之道（即易道）顯現之以仁道，是可以見之於實行的。蘊藏之以致用，是可以捨之則藏的，能鼓動萬物的生機，而不與得天子之位的聖人同其憂思，可以樹立盛明的德行，偉大的事業是多麼的完美呀！學問德行乃至天下萬事萬物的具足富有，就是偉大的事業了，日新又新，就具足了盛明的德行了。生生不息，變化前進不已，就是「易」，成就現象就是「乾」，效法而行就是「坤」，極盡數術的推演，知道將來的變化就是「占」，通達變化之道，就是「事」，能運用陰陽之道，至神奇奧妙，變化莫測的，就是「神」。

第六章

夫易廣矣大矣，以言乎遠則不禦。以言乎邇則靜而正，以言乎天地之間則備矣。

【今譯】易道真是廣大呀，以論說其遠，則無所止息。說到其近處，則很文靜而又端端正正的放置在我們前面。以談論於天地之間，就具足了一切萬事萬物的道理了。

夫乾其靜也專㈠，其動也直，是以大生焉。夫坤，其靜也翕㈡，其動也闢，是以廣生焉。廣大配天地，變通配四時，陰陽之義配日月，易簡之善配至德。

【今註】㊀乾為天，純陽剛健故靜專動直。㊁翕，音ㄒㄧˋ，合也。坤為地，純陰柔順故靜合動闢。

【今譯】乾六畫皆陽，純陽剛健，當它靜而不變之時，則專一而無他；當它動而變化之時，則直遂而不撓。所以廣大的宇宙持此產生。坤卦六畫都是陰，柔順敦厚，當它靜而不變之時，則收斂深藏；當它動而變化的時候，則廣開展佈。所以廣大的萬物皆由是產生。易理的廣大，配合天地；變化通達，配合四時；陰陽之理，配合日月；易簡的至善，配最高的德性。

第七章

子曰㊀易其至矣乎，夫易，聖人所以崇德而廣業也。知崇禮卑，崇效天，卑法地，天地設位，而易行乎其中矣。成性存存，道義之門。

【今註】㊀朱子、來知德皆以為子曰二字，後人所加。

【今譯】孔子說：易經的道理，是最偉大了呀，易經正是聖人用以崇高道德，廣大事業的呀！知慧要求到崇高而後止，禮節則自謙卑入手。崇高效法天道，謙卑效法地道。天地既設位，易經之道也就行於天地之間了。成就此崇高廣大的善性，當不停的蘊存之，存養之，這就是道義所由產生的門戶了。

第八章

聖人有以見天下之賾㊀，而擬諸其形容，象其物宜，是故謂之象。聖人有以見天下之動，而觀其會通，以行其典禮，繫辭焉以斷其吉凶，是故謂之爻。言天下之至賾而不可惡也，言天下之至動而不可亂也。

【今註】㊀賾（音ㄗㄜˊ）：繁雜。

【今譯】聖人見天下萬事萬物的繁雜，因而擬測萬事萬物的形態，而歸納為八個基本卦，以象徵萬事萬物所適宜的物象，所以叫做「象」。聖人見天下一切動作營為的千變萬化，而觀察其可以會而通之之道，製成六十四卦三百八十四爻，以顯現一切動作營為的常體，復各繫之以辭，而斷定它的吉凶，因此就稱為「爻」。有了八卦所代表萬事萬物的象徵，故天下最繁雜的萬事萬物，也不致感到厭惡了。有了三百八十四爻以擬象天下一切的動作營為，故天下最動盪不安的事情，觀察易爻，也不致繁亂了。

擬之而後言，議之而後動，擬議以成其變化。「鳴鶴在陰，其子和之，我有好爵，吾與爾靡之。」㈠子曰：「君子居其室，出其言善，則千里之外應之。況其邇㈡者乎？居其室，出其言不善，則千里之外違之。況其邇者乎？言出乎身，加乎民，行發乎邇，見乎遠。言行，君子之樞機，樞機之發，榮辱之主也。言行，君子之所以動天地也，可不慎乎？」

【今註】㈠中孚九二爻辭。爵是爵位，靡是治理。㈡邇是近的意思。

【今譯】八卦之象，三百八十四爻之辭既是從擬議而得，吾人於人世間處事應物亦當擬測揆度之後，才可發為言論，議論探討周詳後，方可有所動作，言行能如此擬測揆度、議論探討，斯能成就變化如神的事業。中孚九二的爻辭說：「鶴鳴於陰暗之處，其子即能和聲響應，我有好的爵位，我將與你共同治理。」孔子申論之云：「君子住在家裏，發出善美的言論，則千里之外的人也會聞風響應興起，何況是接近他的人呢？如發出不善的言論，則千里之外的人也會違背他，而不以為是，何況是接近他的人呢？言語是從本身發出，而能影響於百姓，行為是從近處著手，而顯現於遠處。言行是君子的關鍵要樞，關鍵的發起，是光榮或受辱的主宰。言行正是君子感動天地之由，可以不謹慎嗎？」

「同人，先號咷而後笑。」㈠。子曰：「君子之道，或出或處，或默或語，二人同心，其利斷金，同心之言，其臭㊁如蘭。」

【今註】㊀同人九五爻辭，咷音桃，大哭狀。㊁氣味。

【今譯】同人九五，在居尊得位，在天下和同之先，本有艱難，故號咷大哭，以至誠感人，終至天下和同，故後快樂而笑。孔子申論之，言：「君子之道，或出而服務天下，或隱處而獨善其身，或沈默，或言語，如二人同心，其鋒利足斷堅硬的金屬。同心的意思，是說二人精誠團結，心意齊同，其氣味的相投，猶如蘭蕙的芳薰。」

「初六，藉用白茅，无咎。」㊀子曰：「苟錯㊁諸地而可矣，藉之用茅，何咎之有？慎之至也。夫茅之為物薄，而用可重也。慎斯術也以往，其无所失矣。」

【今註】㊀大過初六的爻辭。㊁錯即措也，放置之意。

【今譯】大過初六謂：藉用白茅承墊祭祀品，這是无咎的。孔子申論之言：「祭祀品如放置於地上即可以了，而又承墊之以白茅，又何有災咎呢？是謹慎到極點了呀。茅草之為物本來就很纖薄不貴重的呀，而可用於承墊祭祀品，則其用處很重大的了，人如能以此謹慎之道以行，必能無所錯失了。

「勞謙，君子有終吉。」子曰：「勞而不伐，有功而不德，厚之至也。語以其功下人者也。德言盛，禮言恭，謙也者，致恭以存其位者也。」

【今譯】謙卦九三說「勞苦功高而又謙虛的君子，最終是吉利的。」孔子說：「有功勞而不誇耀，有功績而不自以為德，是敦厚到極點了。是說以其功勞猶謙下於人呀，德是稱其有盛明的德行，禮是說其恭敬，謙虛就是表現恭敬以保存他的職位的了。

「亢龍有悔」。子曰：「貴而无位，高而无民，賢人在下位而无輔，是以動而有悔也。」

【今註】此重錄乾卦，文言上九之辭，已釋於前。

「不出戶庭，无咎。」子曰：「亂之所生也，則言語以為階。君不密則失臣，臣不密則失身，幾事不密則害成，是以君子慎密而不出也。」

【今譯】節卦初九謂：「不出門庭，是沒有災咎的。」孔子說：「擾亂的生起，是言語以為階梯，國君不保密則失去臣子，臣子不保密則失去身命，機密的事情不保密，則造成災害。所以君子是謹慎守密而不洩漏機密呀。」

子曰：「作易者，其知盜乎。易曰：『負且乘，致寇至。』負也者，小人之事也。乘也者，君子之器也。小人而乘君子之器，盜思奪之矣；上慢下暴，盜思伐之矣。慢藏誨盜，冶容誨淫。易曰：『負且乘，致寇至，』盜之招也。」

【今譯】孔子說：「作易經的人，大概知道盜之所起吧！易經解卦六三說：『背負著東西，又且乘在車上，勢必招致盜寇的來臨呀。』負著東西，本是小人之事，乘的車子，本是君子治國平天下乘坐的器具，今小人而竊乘君子的器具，必無能匡濟，大盜必思強奪它了。君上傲慢臣下暴斂，大盜必思侵犯其國了。漫藏財富，就教誨盜寇的偷盜，女人妖冶其容貌，必招致壞人之淫辱。易經曰：『負且乘，致寇至』，原是說自己招致寇盜之意呀。」

第九章

大衍(一)之數五十，其用四十有九。分而為二，以象兩，掛一以

象三，揲㈡之以四，以象四時，歸奇以扐㈢。以象閏，五歲再閏，故再扐而後掛。

【今註】㈠衍，演。㈡揲音舌，說文：閱持也。㈢扐（音ㄌㄜˋ），又音力，筮時掛蓍於指間。此教人筮法。

【今譯】大演天地之數以卜筮，是用五十根蓍草。（無則用竹代之，一加至十減五行為五十。）其用唯四十九根而已，（留一不用放回袋中以象太極。）任意分為二堆以象兩儀。從右手堆中取一根掛於左手小指無名指間以象三才。以四根四根分之，以象四時的運行。先以右手取左邊的蓍草，以四根四根數之，將其餘數或一或二或三或四，掛於無名指與中指間，以象農曆的三年一潤，再以左手取右手堆的蓍草用四四分之，將其餘數或一或二或三或四，掛於中指與食指間，以象徵農曆的五年兩潤。如是將掛於左手的蓍草取出，非五即九。即成一變。是謂再扐而後掛。復將左右堆之蓍草（非四十即四十四）合之再順「分二象兩」至「再扐後掛」之序行之，將掛于左手指之數（非四即八）取出。是第二變再合左右堆之蓍草合之，再順前面的次序，復將掛於左手的蓍草取出（非四即八）是謂第三變。復將左右堆之蓍草合之，如卅六根則為老陽記以「▯」，卅二為少陰，記以「╍」，廿八為少陽，記以「▬」，廿四為老陰，記以「⁚⁚」的符號。由是三變成一爻，十八變即成一卦。占法則以老陰老陽為斷，無則以卦辭為斷。

天一地二。天三地四，天五地六，天七地八，天九地十。天數五，地數五，五位相得而各有合。天數二十有五，地數三十。凡天地之數五十有五。此所以成變化而行鬼神也。

【今譯】天即陽，地即陰，陽數奇，即一三五七九，陰數偶即二四六八十。陰陽之數各有五個，五個奇數五個偶數各相參合，陽數共有廿五，陰數共有三十。陰陽之數合之共有五十有五，如是陰陽十位之數，推而大之，可至百京兆億，推而小之，可至絲毫釐撮，這就是易道所以成就變化，而推算的神妙莫測如鬼神的了。

乾之策，二百一十有六，坤之策，百四十有四。凡三百有六十，當期之日。二篇之策，萬有一千五百二十，當萬物之數也。

【今譯】乾為陽，策即推算蓍草的根數，陽數九，以四時乘之為卅六，再以六爻乘之為二百一十六。坤為陰，陰數六，以四時乘之為廿四，再以六爻乘之為一百四十四。二策相加凡三百六十，相當於一年的日數。易經上下二篇六十四卦。共有三百八十四爻，陰陽各一百九十二。以陽數卅六，陰數廿四，各乘以一百九十二而加之，總計得一萬一千五百二十，相當於萬物的數字。

是故四營而成易，十有八變而成卦，八卦而小成。引而伸之，觸類而長之，天下之能事畢矣，顯道神德行，是故可與酬酢，可與祐神矣。子曰：知變化之道者，其知神之所為乎。

【今譯】所以以「揲之以四」去營求，而構成易筮數的變化，三變而成一爻，卦有六爻，十八變即筮成一卦，聖人作易畫八卦以括萬事萬物之象，僅為小成而已。引而伸之，順其類而推求之，增長之，即構成六十四卦，三百八十四爻，方作成一部易經，天下的能事皆盡在此易經之中了。故易經可使道術顯明於天下，使德行神妙莫測，所以可以應酬於人間之世，而如獲得神明的祐助了。

第十章

易有聖人之道四焉：以言者尚其辭，以動者尚其變，以制器者尚其象，以卜筮者尚其占。

【今譯】易經有聖人之道四，即辭、變、象、占。以易經來談論的人則崇尚易辭。以動作營為的人則崇尚易之變化，以制造器具的人則崇尚易象，以筮卦的人則崇尚易占。

是以君子將有為也，將有行也，問焉而以言，其受命也如嚮，无有遠近幽深，遂知來物，非天下之至精，其孰能與於此？

【今譯】所以君子將有作為，將有行動的時候，探問於易以筮卦，而易即以其六十四卦三百八十四爻當中的占辭應答。即筮得吉凶之辭，則受易道之指引，如響之應聲。無論遠近幽深，吾人藉易之占筮，終於知解將來事物的變化，非天下最精深者，誰能如此呢？

參伍以變，錯綜其數，通其變，遂成天地之文，極其數，遂定天下之象，非天下之至變，其孰能與於此？

【今譯】三才五行或陰陽之數參合五位的變化，錯綜其數字的推演，通達它的變化，終於成就陰陽之數的神妙，而易中陰陽卦爻的文辭也由此可以推知了。極盡數字的變化，遂能肇定天下的象物，非天下最神奇變化的，誰能如此呢？

易无思也，无為也，寂然不動，感而遂通天下之故。非天下之至神，其孰能與於此？

【今譯】易經本身是沒有思慮的，是沒有作為的，是很安祥寂靜不動的，人若能感發興起而運用之，終能通達天下一切的事故，如非天下最神奇美妙的，誰能如此呢？

夫易，聖人之所以極深而研幾也。唯深也，故能通天下之志。唯幾也，故能成天下之務，唯神也。故不疾而速，不行而至。子曰：易有聖人之道四焉者此之謂也。

【今譯】易經是聖人極盡幽深，研究神機莫測的一門大學問。正唯它的幽深，故能通達天下人的心志。正唯它的神機莫測，故能成就天下的一切事務。正唯它的神妙，所以似不見其急速，而自然快速，似不見其行，而能到達。孔子說：「易有聖人之道四焉」者，就是指此而言的。

第十一章

子曰：「夫易，何為也？夫易，開物成務。冒天下之道，如斯而已者也。是故聖人以通天下之志，以定天下之業，以斷天下之疑。」

【今譯】孔子說易經是作什麼的呀？易經即是開創萬物成就事務，包括天下一切道理，如此而已的一門學問呀，所以聖人以易通達天下一切人的心志，以易肇定天下的事業，並以之決斷天下一切的嫌疑。

是故蓍之德圓而神，卦之德方以知，六爻之義易以貢。聖人以此洗心，退藏於密。吉凶與民同患。神以知來，知以藏往，其孰能與於此哉？古之聰明睿知神武而不殺者夫。是以明于天之道，而察于民之故，是興神物以前民用，聖人以此齋戒，以神明其德夫。

【今譯】 所以蓍草占筮用四十九根，其德性是圓通而神妙，六十四卦的德性是方正而有睿智，每卦皆有六爻，其意是很簡易而貢獻在我們前面的。聖人以此洗滌修練其心，（或解先知天下之心）退藏於深密之處，吉凶與百姓同其憂患。易經之神妙足以知道將來變化之理，其智慧足以儲藏既往的知識經驗。誰能參贊於此呢？唯有古之聰明深智，神武而不嗜殺人者能如此而已。所以明白天的道理，而復能觀察百姓的事故，是以天地興起蓍草的神妙之物，以為民前用，使趨吉避凶於未做事之前。聖人以此齋戒其心，以神明他德業的幽深吧！

是故闔戶謂之坤㈠，闢戶謂之乾㈡，一闔一闢謂之變。往來不窮謂之通。見乃謂之象。形乃謂之器。制而用之，謂之法。利用出入，民咸用之，謂之神。

【今註】㊀闔，合也。坤陰也。㊁闢，開也。乾陽也。

【今譯】易之陰陽變通象器法神八者之理，隨處可見，以門戶比喻，關起門戶來則幽靜陰暗，此即謂之「坤」；打開門戶來則疏暢而光明，此即謂之「乾」；一闔一開，相續不窮，就叫做「變」；一開一闔使人們可以自由自在的出入往來，未有窮盡，就叫做「通」；顯現於外面，有物象可觀，就叫做「象」；表現於器用，有尺度的大小，合於規矩方圓的形狀，就叫做「器」；制定屋宇之時，即用門戶以出入，有法度可尋，就叫做「法」；利用它來出出入入，往來不窮，百姓常常利用它而不知，就叫做「神」。

是故易有太極㊀，是生兩儀㊁，兩儀生四象㊂，四象生八卦，八卦定吉凶，吉凶生大業。

【今註】㊀天地未生渾茫廣大為萬物之根曰太極。㊁兩儀即天地也，天為陽，地為陰。㊂四象：四時也。或解為太陰少陰太陽少陽。或解為金木水火。

【今譯】所以易經之原始有太極，太極即陰陽未生渾茫廣大之氣，太極變而產生天地，是謂兩儀，兩儀變而產生金木水火，是謂四象。四象變而生天地水火風雷山澤，是謂乾坤坎離巽震艮兌八卦。由此八卦相重而產生六十四卦三百八十四爻，以涵蓋宇宙萬象，而繫之以辭，用斷吉凶，因此有了易經。遵循易經之道即能趨吉避凶，而造成偉大的事業。

是故法象莫大乎天地，變通莫大乎四時，縣象㊀著明莫大乎日月，崇高莫大乎富貴，備物致用，立成器以為天下利，莫大乎聖人；探賾索隱㊁，鉤深致遠，以定天下之吉凶，成天下之亹亹者㊂，莫大乎蓍龜㊃。

【今註】㊀懸掛物象。㊁探求繁雜幽隱的物象。㊂音偉，勤勉的事業。㊃筮用蓍卜用龜。

【今譯】所以可以使人取法的現象，沒有比天地更偉大的了；窮則變，變則通的，沒有比四時更偉大的了；懸掛物象，顯著光明，照耀天下的，沒有比日月更偉大的了；崇高的事業，沒有比富而且貴更偉大的了；具備器物，以適人類的運用，設立完整的器具以利益天下的，沒有比聖人更偉大的了；探求繁雜的物象，索求幽隱的事理，鉤求深遠的道術，使人獲致遠大的前途，以決定天下的吉凶，成就天下勤勉的事業的，沒有比用的「蓍草」和「龜甲」所作的卜筮更偉大的了。

是故天生神物㊀，聖人則之。天地變化，聖人效之。天垂象，見吉凶。聖人象之。河出圖，洛出書，㊁聖人則之。易有四象，所以示也。繫辭焉，所以告也。定之以吉凶，所以斷也。

【今註】㊀蓍龜也。㊁河出圖，伏羲取以畫卦，洛出書，大禹由是有洪範。

【今譯】所以天生蓍草和龜這種神物，聖人就取用它以作卜筮以為人所取法。天地的變化，聖人就效法它；天垂示物象，現出吉凶的徵兆，聖人就取法它。黃河有龍馬負圖，洛水有神龜負書的祥瑞徵兆，聖人於是效法它，運用它。易有以上「神物、變化、天象、河圖洛書」的四象，所以啟示智慧的泉源而作成易經六十四卦三百八十四爻，又繫之以文辭，所以告訴我們智慧的哲理，復定之以吉凶的徵兆，所以斷定人事的禍福，而教人趨吉避凶，赴善就福，遠離災殃呀。

第十二章

易曰：「自天祐之，吉无不利。」子曰：「祐者助也，天之所助者順也。人之所助者信也。履信思乎順，又以尚賢也。是以自天祐之，吉无不利也。」

【今譯】易經大有上九爻辭言：「從上天獲得祐助，完全吉而無不利」。孔子說：「祐是扶助的意思，上天所扶助的是能順大道的規範的人。人們所扶助的是，篤守誠信的人。人能履守誠信，而思處處合順於大道的規範，又能崇尚賢能的人，這是從上天祐助他，完全吉利而沒有不吉利的了。

子曰：「書不盡言，言不盡意，然則聖人之意，其不可見乎。」

子曰：「聖人立象以盡意，設卦以盡情偽，繫辭焉以盡其言，變而通之以盡利，鼓之舞之以盡神。」

【今譯】孔子說：「書是不能完全表達作者所要講的話的，言語是不能完全表達我們的心意的，那麼，聖人的心意，難道就不能被了解了嗎？」孔子說：「聖人樹立象數的規範，以竭盡未能完全表達的心意，使人因象以悟其心意，設置六十四卦以竭盡宇宙間萬事萬物的情態。復繫之以文辭，以盡其所未能表達的言語，又變而通之，以盡其利。鼓動之，激揚之，以盡神奇奧妙的能事。」

乾坤其易之縕㊀邪，乾坤成列，而易立乎其中矣。乾坤毀，則无以見易，易不可見，則乾坤或幾乎息矣。

【今註】㊀乾坤即天地，乾為陽坤為陰。縕（音ㄩㄣˋ）即精蘊。

【今譯】乾坤也就是天地，它是易經的精蘊呀，乾坤既成列於上下，易經的道理也就肇定於其中了，如果乾坤毀滅的話，則沒有辦法見到易經的道理了，易經的道理如果不可被知解的話，則天地乾坤之道也幾乎要息滅了。

是故形而上者謂之道，形而下者謂之器，化而裁之謂之變，推而行之謂之通，舉而措之天下之民，謂之事業。

【今譯】所以在形器之上，無形體度量，抽象不可形，而為萬物，所共由者，就叫做「道」。（今人或謂之形上學 metaphysics）在形體之下，有形體可尋，是具體之物，就叫做「器」。將形上之道，形下之器，變化而裁制之以致用，就叫做「變」。推而發揮之，擴充之以實行於天下，謂之「通」。舉而設施安置於天下的百姓，就叫做「事業」。

是故夫象聖人有以見天下之賾，而擬諸其形容，象其物宜，是故謂之象。聖人有以見天下之動，而觀其會通。以行其典禮，繫辭焉以斷其吉凶。是故謂之爻㊀。極天下之賾者存乎卦。鼓天下之動者存乎辭，化而裁之存乎變，推而行之存乎通，神而明之，存乎其人，默而成之，不言而信，存乎德行。

【今註】㊀釋象釋爻已見第七章，此節重出以啟下文。

【今譯】所以易經所謂象，乃因聖人見天下萬事萬物的繁雜，而擬測其形態的種類，象徵其物象的適宜，因此謂之「象」。聖人見天下一切動作營為的眾多，而觀察它可以會而通之之道，以製定其經常的規範，訂成三百八十四種動態的指規，又繫以文辭，以斷定它的吉凶，所以謂之「爻」。極盡天下繁雜的物象的，在於「六十四卦」，鼓動天下的動作營為的，在乎「爻辭」，變化而裁制之，在乎「變」，發揮而推行之，在於「通」，明其神奇奧妙之道，在乎其人的運用。默默的而成就其事業，不形之以言，而天下皆能相信，則在於德行的深厚。

繫辭下傳

第一章

八卦成列，象在其中矣。因而重之，爻在其中矣。剛柔㈠相推，變在其中矣。繫辭焉而命㈡之，動在其中矣。吉凶悔吝者，生乎動者也。剛柔者立本者也。變通者趣時㈢者也。

【今註】㈠剛柔：陰陽之意。㈡命：指出。㈢趣時：趣字同趨。乃適合時宜之意。

【今譯】八卦之中，乾☰與坤☷相對，震☳與巽☴相對，離☲與坎☵相對，兌☱與艮☶相對，八卦對待成列，舉凡天地間所有的理象，都包含在八卦之中了。八卦雖包含宇宙萬象，但仍不足以盡繁雜人事的變化，因此，聖人將八卦兩兩相重，成為六位的卦，以應事實的需要，因而八八六十四卦、三百八十四爻，都在其中了。陰陽兩爻，遞相推移，宇宙間的千變萬化，都在其中了。各卦各爻，聖人都繫以文辭，分別指出吉凶的徵兆，於是人間所有的動作營為，和趨吉避凶的道理，都在其中了。人事之間，所以有吉凶悔吝的產生，是由於動作營為的結果。陰陽兩爻，是設立卦象以推演宇宙間萬事萬物的根本。推移變通，正是所以趨向於真理或時機的變化的。

吉凶者，貞㊀勝者也。天地之道，貞觀者也。日月之道，貞明者也。天下之動，貞夫一者也。

【今註】㊀貞：作「正」解。

【今譯】時機雖有吉有凶，但我們處在吉利或凶險時，必須安常守正，才可以穩操勝算，立於不敗之地。人事如此，宇宙自然亦復如此，皆以「守正」為前題，所以天地的道理，以正而觀照萬物，日月的道理，以正而光明，普照萬物，都公正無私，使萬物各遂其生，各得其所。天下一切的動作營為，都是歸於端正專一，精誠無欲，才能有成就。

夫乾，確㊀然示人易矣。夫坤，隤㊁然示人簡矣。爻也者，效此者也。象也者，像此者也。爻象動乎內，吉凶見乎外。功業見乎變。聖人之情見乎辭。

【今註】㊀確：剛健的樣子。㊁隤（音ㄊㄨㄟˊ）：柔順的樣子。

【今譯】乾道造化自然，很剛健的昭示眾人，是非常的平易而容易知道呀。坤道是順應乾道而開務成物，很柔順地昭示眾人的道理，是非常簡易的呀！聖人製作卦爻，便是效法乾坤簡易的理則而作的。卦象的設立，亦是仿乾坤簡易的形跡而設立的。卦爻卦象先有變化於內，遂依象釋理，吉凶之真象就表現於外了。進而裁制機宜，導致功業的成就，就表現於聰智的變化，聖人崇德廣業，仁民愛物的言行，在卦辭爻辭中記載得很清楚。

天地之大德曰生。聖人之大寶曰位。何以守位曰仁。何以聚人曰財。理財正辭，禁民為非曰義㊀。

【今註】㊀義：作合宜的意思。即道義。

【今譯】天地之大德，在於使萬物生生不息。聖人之大寶，在於有崇高地位，如何守著職位呢？那就要靠仁愛的道德了，如何招致人羣呢？那就要有財物，調理財務，端正言行，禁止老百姓為非作歹，就是道義所應做的。

【今釋】韓文公曾說：「博愛之謂仁」，所以聖人為了使天下所有的人，各守本位而不相侵害，則必須以身作則為眾人的楷模，同時，用博愛精神去感召所有的人。古人曾說：「人聚則財散，財聚則人散」，身為國主，若要國泰民安，使家家戶戶豐衣足食，必須撥發國有財產予以人民，以維持眾人的生計，過著安定的生活，自然容易治好。反之，橫征暴歛，欺壓善良，只顧自己的享受，財貨堆積如山，雖野有餓夫，也不賑濟，怎麼叫天下的人心服呢？以致眾叛親離，喪身敗家，甚至亡國滅種的禍害接踵而來。由上述可見，財務的治理，是非常重要，它可以充裕民生。管子說：「倉廩實而知禮節，衣食足而知榮辱」，民生充裕後，再教民從善，約之以禮，而宣揚正道，摒除邪說異端，又樹立法律規章，以齊一天下行為，這些都是便民之舉，可說是合理的法治，而民皆從善如流，都是政府能合乎事理的治理呀。

第二章

古者包犧氏之王㊀天下也，仰則觀象於天，俯則觀法於地，觀鳥獸之文㊁，與地之宜，近取諸身，遠取諸物，於是始作八卦，以通神明之德，以類㊂萬物之情。

【今註】㊀王：稱王，治理。㊁文：羽毛的文采。㊂類：比類、歸類。

【今譯】古時包犧氏的治理天下，上則觀察天上日月星辰的現象，下則觀察大地高下卑顯種種的法則，又觀察鳥獸羽毛的文采，和山川水土的地利。近的就取象於人的一身，遠的取象於宇宙萬物，於是創作出八卦，以融會貫通神明的德性，參贊天地的化育，以比類萬物的情狀。

作結繩而為網罟㊀，以佃㊁以漁，蓋取諸離㊂。

【今註】㊀罟（音ㄍㄨˇ）：捕魚工具。㊁佃：捕捉野獸，即田獵。㊂離：麗。附著的意思，易卦之名。

【今譯】編繩結網，做為捕捉魚、鳥的工具，以獵獸捕魚，是取象于離卦的。離☲中虛，像孔眼又離為目。有網罟的象徵。

【今釋】從太古時代，進步到漁獵社會。是大致取自與離卦的現象。

包犧氏沒，神農氏作㊀。斲木為耜㊁。揉㊂木為耒㊃，耒耨㊄之利，以教天下，蓋取諸益㊅。

【今註】㊀斲（音ㄓㄨㄛˊ）：砍削。㊁耜（音ㄙˋ）：犂頭。㊂揉：用火烘木，使能曲伸之。㊃耒（音ㄌㄟˇ）：犂柄。㊄耨（音ㄋㄡˋ）：除草器。㊅益䷩：增加的意思，易卦之名。

【今譯】包犧氏死後（數百年），神農氏興起，砍削樹木做成犂頭，曲轉木材為犂柄，以便耕種和除草，創作許多耕作器具，教導人民，使天下增加糧食，是取象于益卦。

【今釋】先則沒有農業，現在進步到農業社會，增加了生產，所以取益卦的現象。益卦上巽為木，下震為動，二至四互坤為土，木動於土中，是發明耒耜耕種的現象，故農業的興起，取益卦的現象。

日中為市，致天下之民，聚天下之貨，交易而退，各得其所，蓋取諸噬嗑㊀。

【今註】㊀噬嗑：䷔，噬（音ㄕˋ）：食也；嗑（音ㄏㄜˊ）：合也。上卦離為日，下卦震為動，日中而動，是古代交易的現象。

【今譯】規定中午為買賣時間，招致天下的人們，聚集天下的貨物，互相交換所需要的貨物，滿足各人的需要，是取象于噬嗑卦的。

【今釋】進步到商業社會，聚合天下之人與貨，解決食的問題，故取象於噬嗑。

神農氏沒，黃帝、堯、舜氏作，通其變，使民不倦，神而化之，使民宜之。易窮則變，變則通，通則久，是以自天佑之，吉无不利。黃帝，堯、舜垂㈠衣裳而天下治，蓋取諸乾坤㈡。

【今註】㈠垂：垂下，喻無為而治。㈡乾☰為天，坤☷為地。

【今譯】神農氏死後（數百年），黃帝、堯、舜氏興起，由於社會的演進，日趨繁榮，舊日的典章文物制度，已不敷使用，所以，黃帝、堯、舜諸古聖先王，為了使人民過安定生活，因此，隨著時代而不斷改變，通達其變化，使百姓生活不致於死板，而產生厭倦的心思。易學的道理是窮極則變化，變化則能通達，能通達，則能恆久。能循此變通的原則，何事不成？所以有如天助一般，當然吉无不利了。黃帝、堯、舜氏設立文物制度，百官分職，各盡其力，終致天下太平，以至於垂拱而治，無為而成。是取象於乾坤兩卦的現象。

【今釋】天地無為而不為，聖人效法它的精神，而致天下太平。

刳㊀木為舟，剡㊁木為楫，舟楫之利以濟不通。致遠以利天下，蓋取諸渙㊂。

【今註】㊀刳（音ㄎㄨ）：鑽鑿。㊁剡（音ㄧㄢˇ）：斬削。㊂渙☴☵上巽為木，可以作舟楫，下坎為水，可以航行。

【今譯】將木材鑿成舟船，削銳木頭做為楫，使兩岸的人，能互相來來往往，且可航行至更遠的地方，便利天下的人，是取象於渙卦的。

【今釋】這是水上交通工具的演進和發明。渙是離散的意思，是河流兩岸離散的人，能集在一起，解決這個難題，非坐船不可，所以舟楫的發明，取之於渙卦的現象。

服牛乘馬，引重致遠以利天下，蓋取諸隨㊀。

【今註】㊀隨☱☳隨從的意思，三變乾為馬，四變二三四互坤為牛。

【今譯】征服了牛，乘著了馬，用牛來拖載重物，用馬來奔馳遠地，以溝通有無，便利世人，是取象於隨卦。

【今釋】這是陸上交通工具的演進，自此有了牛車和馬車，人要有牛馬來載物曳車，牛馬就隨著人的意思去做，所以是取之於隨卦的現象。

重門擊柝㈠，以待暴客，蓋取諸豫㈡。

【今註】㈠柝（音ㄊㄨㄛˋ）：巡更時，所擊的器具。通常是以兩木相擊。㈡豫䷏：是預備預防的意思，二三四五三爻互坎，坎為盜，故須預防，二三四三爻互艮，艮為門。初至四互體艮䷳，故重門。

【今譯】設置重門，擊柝巡夜，以防禦盜賊的侵入，是取象於豫卦。

【今釋】這是警衛設施，及建築屋室的演進。並參前註。

斷木為杵㈠，掘地為臼㈡，臼杵之利，萬民以濟，蓋取諸小過㈢。

【今註】㈠杵（音ㄔㄨˇ）：舂米的木椎。㈡臼（音ㄐㄧㄡˋ）：舂米的容器。㈢小過䷽，稍有所過的意思，上卦震為動，下卦艮為山，為二三四三爻互巽為木，初二，坤象半見，故掘地為臼。

【今譯】發明杵臼，以利民食，是取象于小過卦。

【今釋】這是精米工具的演進。

弦㈠木為弧㈡，剡木為矢，弧矢之利，以威天下，蓋取諸睽㈢。

【今註】㈠弦：弓弦。㈡弧：弓。㈢睽䷥：違背之意。上卦坎為弧為弓，二三四三爻互離為矢，為干戈。

【今譯】將柔韌的小木條做成繩索弓，把木材削成箭，用弓箭的利益，來威服天下，是取象于睽卦。

【今釋】兵器的演進，正是用以威服叛離違背的份子，故取睽卦的現象。

上古穴居而野處，後世聖人，易之以宮室，上棟下宇，以待風雨，蓋取諸大壯㈠。

【今註】㈠大壯䷡：上卦震為雷，下卦乾為天，為宇，三四五三爻互兌為澤水。兌反巽為風。

【今譯】上古時候，冬天則藏身洞穴，夏天則在野外居住，後世聖人，為了防止洪水猛獸的侵襲，遂教民建築宮室，上有棟樑，下有檐宇，以防禦風雨，是取象于大壯卦。

【今釋】這是屋子的演進，天上有雷雨交加，其勢甚壯，解決之法，在發明屋子以避難，故取象于大壯。

古之葬者，厚衣之以薪㈠，葬之中野，不封㈡不樹，喪期無數。後世聖人，易之以棺槨㈢，蓋取諸大過㈣。

【今註】㈠薪：木材。㈡封：堆土為墳墓。㈢棺槨：槨是指外棺，古代士人的棺材有兩層，內棺而外槨。㈣大過䷛，乃有超過的意思。下卦巽為木，二爻至五爻互乾，乾為衣，為遠為野。

【今譯】古時候的喪葬，用木材厚厚的堆在屍體上面，埋在荒野中，不設立墳墓，也不植樹，非常簡單，居喪，又沒有一定期限。後世聖人，製定喪禮，換用棺槨以殯葬，是取象于大過卦。

【今釋】這是喪禮的演進，養生之具，已備於前，送死之禮，又備於此。古代中國文明於此可見。

上古結繩而治，後世聖人，易之以書契，百官以治，萬民以察，蓋取諸夬㊀。

【今註】㊀夬䷪，決去的意思。上兌為金，下乾亦為金，初至五互體乾䷀，乾為書契之狀。

【今譯】上古無文字，結繩以記事，以後結繩記事，在進步社會上，已經不敷使用了，聖人便發明文書契據，百官也利於治理，萬民也賴此書契，而有所稽察，不致于誤事，是取象於夬卦。

【今釋】這是說明文字的演進。

第三章

是故易者，象也。象也者，像也。彖者，材㊀也。爻也者，效天下之動者也。是故吉凶生而悔吝著也。

【今註】㊀材：作「才德」解。

【今譯】所以易經的內容，就是描述萬事萬物的形象，易經的卦象，就是用以擬效宇宙間萬事萬物的形象的。彖辭是解釋全卦的意義和結構，所以說，彖辭是代表一個卦的才德。每卦六個爻位的演變，都是仿效天下萬事萬物錯綜複雜的動態而產生的。具備了象彖爻，描述萬事萬物，因此事物的變動得失，吉凶就發生了，而細小疵病的悔恨，憂慮困擾的災吝，就由是而顯現出來了。

第四章

陽卦多陰，陰卦多陽，其故何也？陽卦奇，陰卦偶，其德行何也？陽一君而二民，君子之道也。陰二君而一民，小人之道也。

【今譯】本來陽卦適宜陽爻居多，陰卦適宜多陰爻，為何現在反而相反而陽卦多陰，陰卦多陽呢？就以奇偶來說，陽卦以奇為主，例如震☳坎☵艮☶三卦為陽卦，都是一陽二陰，所以說，陰爻多於陽爻。陰卦以偶數為主，如巽☴離☲兌☱三卦為陰卦，都是二陽一陰，所以說，陽爻多於陰爻。震、坎、艮雖多陰爻，一奇為主，即為陽卦。巽、離、兌雖多陽爻，一偶為主，即為陰卦。陰陽兩卦，它們的德性，有什麼不同呢？就以國家而論，一國不能有二君，這是天經地義的道理。陽卦象徵著眾多的臣民，擁護一位人君，團結一致，這是正人君子的大道。反之，陰卦象徵著君多而民少，這就要互相傾軋，以致天下大亂了。這是小人之道。

第五章

易曰：「憧憧㊀往來，朋從爾思。」子曰：「天下何思何慮？天下同歸而殊塗㊁，一致而百慮，天下何思何慮？」

【今註】㊀憧憧（音ㄔㄨㄥ）：往來不定，心意不寧的樣子。㊁塗：途徑。

【今譯】咸卦九四爻辭說：「思慮不能專一，因而有往來不定，憧憧萬端，存有各種思慮，他的朋黨也相率的，互相的，遵從他的思想。」孔子說：「天下的事物，有何足以困擾憂慮的呢？天下同歸於一個目標，所走的途徑有不同。同歸於一個好的理想，有百種不同的思慮。」

日往則月來，月往則日來，日月相推而明生焉。寒往則暑來，暑往則寒來，寒暑相推而歲成焉。往者屈也，來者信也㊀，屈信相感而利生焉。

【今註】㊀信：即伸的古字，伸張的意思。

【今譯】宇宙自然的運用，循環不息，日月往來交替，因而有光明的出現。寒暑往來的交替，遂有春夏秋冬四時遞相推移的歲序。已往的事情，已經屈縮，將來的事情，即將伸展，屈縮伸張，互相交感而用，而利益的產生，也就在其中了。

尺蠖㈠之屈，以求信也。龍蛇之蟄㈡，以存身也。精㈢義入神，以致用也。利用安身，以崇德也。

【今註】㈠尺蠖（音ㄏㄨㄛˋ）：一屈一伸而行走的蟲。㈡蟄（音ㄓˊ）：蟲類冬眠。㈢精：專精。

【今譯】屈行蟲把身子屈縮起來，正是養精蓄銳，等待時機的來臨，以求伸展行進的準備。龍蛇之類，在嚴冬酷寒的時候在土洞裏冬眠，以保全牠們的軀體。專精地研究精粹微妙的義理，到達神而化之的境界，則從心所欲，而不踰矩，也就可以學以致用了。利用易學所顯示的道理，而安適其身，則可以隨遇而安，怡然自得，心廣體胖，以崇高吾人的德業。

過此以往，未之或知也。窮神知化，德之盛也。

【今譯】如超過以上易理所顯示的事情，則雖聖人，也不會知道的。至於專研宇宙無窮的奧秘，瞭解萬事萬物變化的原理，而默然和以化之，這是聖人極崇高道德功夫了。

易曰：「困于石，據于蒺蔾㈠，入于其宮，不見其妻，凶。」

子曰：「非所困而困焉，名必辱。非所據而據焉，身必危。既辱且危，死期將至，妻其可得而見邪？」

【今註】㊀蒺藜：草名，莖平臥，有刺。

【今譯】易經困卦六三爻辭說：「前進則受困於堅硬的巨石，後退又依據於多刺的蒺藜上面，異常痛苦。如此的進退失據，沒有歸宿，即使返家，也見不到自己的妻子，是多麼不利！」孔子說：「不是自己所應經歷的困境，卻為了欲望而受困，必遭致聲名俱裂的惡果。不是自己所應後退的據點，卻後退以安身，必遭致身家危殆的惡果，名辱身危，已步入死亡之境地，那裏能見到妻子呢？」

易曰：「公用射隼㊀于高墉㊁之上，獲之，无不利。」子曰：「隼者，禽也。弓矢者，器也。射之者，人也。君子藏器于身，待時而動，何不利之有？動而不括㊂是以出而有獲，語成器而動者也。」

【今註】㊀隼：惡鳥，鷹類。㊁墉：城墻。㊂括：閉結。

【今譯】易經解卦上六的爻辭說：「王公出獵，登在高墻上瞄射鷹隼，一箭命中，象徵著無往不利。」孔子說：「隼是鷹鳥，弓矢是打獵的利器，能執弓矢而射中禽獸是人。君子蘊藏著弘大的才器在身上，等待時機的來臨，而有所動，還有什麼不利的呢？君子不鳴則已，一鳴驚人，同理，有所行動時，決無閉結與障礙，精準無比，出外必有收獲。這就是平常已經蘊蓄積成了弘大的才器，然後再有所行動，是以出而有獲，無事不成。」

子曰：「小人不恥不仁，不畏不義，不見利不勸，不威不懲㈠，小懲而大誡，此小人之福也。易曰：『屨校㈡滅趾，无咎』此之謂也。」

【今註】㈠懲：懲戒警惕。㈡屨：穿著踐履的意思。校：刑具。

【今譯】孔子說：「世上令人感到可恥可畏的是不仁不義，但小人卻不以不仁為可恥，不怕背棄信義，甘心去做傷天害理的事情，純粹以利為義，無利益可得，就不知道勤勉向上，不用刑罰來恫嚇，就不知道害怕。能在犯小過之初，受了懲罰而知道處事要謹慎，就不至於釀成滔天大禍，實在是小人的幸運了。易經噬嗑卦初九爻辭上說：『最初犯有輕微刑法的人，被加上腳鐐的刑具，將他的腳趾納入刑具裡，把足趾都滅沒了，雖受刑，但過失尚小，能從此改過自新，也就無咎了。』」

善不積不足以成名，惡不積不足以滅身，小人以小善為無益而弗為也，以小惡為無傷而弗去也，故惡積而不可掩，罪大而不可解。易曰：「何㈠校滅耳，凶。」

【今註】㊀何：負荷。

【今譯】善行不累積，就不足以成名於天下，罪惡不累積，也不足以自滅其身，小人做事，完全以利害關係為出發點，以為做出小小的善事，不會得到什麼好處，便索性不去做了，以為做些小的差錯，無傷大體，便不改過，因此日積月累，罪惡盈滿天下，以致無法掩蓋和不可解救的地步。易經噬嗑上九爻辭上說：「罪惡深重，刑具已負荷在頭部，兩耳都被滅沒了，這是凶害達到極點的。」

子曰：「危者，安其位者也。亡者，保其存者也。亂者，有其治者也。是故君子安而不忘危，存而不忘亡，治而不忘亂，是以身安而國家可保也。易曰：『其亡其亡？繫㊀於苞桑。』」

【今註】㊀繫：縛。

【今譯】孔子說：「凡是獲得危險的人，都是因為他先前安逸於他的職位上。滅亡的國家，是因為先前自以為國家可以長存的了，擾亂的國家，是因為先前自以為已經治好，而忽略荒殆，因此國家擾亂以致滅亡。所以君子必須居安思危，在安定的時候，不要忘記危險。倖存亡國的苦痛，治理的時候不忘禍亂的慘烈，以如此的謹慎小心，所以本身安定，而國家可以常保。」易經否卦九五爻辭上說：『它（指國家而言）將危亡吧？將危亡吧？天下國家的治安，要像維繫在叢生的桑木堅強的根本上一樣，常常戒慎警惕，才能不亡。』」

子曰：「德薄而位尊，知小而謀大，力小而任重，鮮不及矣。易曰：『鼎折足，覆公餗㈠，其形渥㈡，凶』，言不勝其任也。」

【今註】㈠公餗：美食，佳膳。㈡形渥：漢儒作「刑剭」，亦作「形渥」，厚重之刑。古時處決大臣，在室內行刑，叫做「屋誅」。一解作厚大的形器。並參鼎卦。

【今譯】孔子說：「德性淺薄而身居尊位，才知狹小而圖謀大事，力量很小，卻擔當天下的重任，很少有不及於災禍的。易經鼎卦九四爻辭上說：『鼎足折斷，傾覆了公爵的美食，象徵著傾覆家國，身遭刑辱，是非常凶害的。』這是說才力不足以勝任的危險啊！」

子曰：「知幾其神乎？君子上交不諂㈠，下交不瀆㈡，其知幾乎？幾者，動之微，吉之先見者也。君子見幾而作，不俟終日。易曰：『介于石，不終日，貞吉。』介如石焉，寧用終日，斷可識矣。君子知微知彰，知柔知剛，萬夫之望。」

【今註】㈠諂：媚上。㈡瀆：不敬。

【今譯】孔子說：「能預先曉得幾微的事理，則將達到神妙的境界了吧？可說是神妙的人物了吧？君子對上絕不諂媚阿諛，對下絕不傲慢，堅定立場，不致於受到危害的牽連，可說是位知道神機妙算的人了吧？幾是事情微妙的動機，能先見到吉利的徵兆的人吧，君子能見機於未然，所以能夠把握時機的來臨而興起，而有所行動，不必等待以後。易經豫卦六二爻辭上說：『被堅硬的石頭所阻隔，不必等到整天才離開，要想到當下脫離此境，這時貞固而吉利的』，像被硬石所阻隔，應當機立斷而離開，何待終日？君子曉得事理的微妙？也知道事理的彰顯，知道柔弱的一面，也曉得剛強的一面，能通達而應變自如，就是萬眾所景仰的人物了。」

子曰：「顏氏之子，其殆㊀庶幾乎？有不善，未嘗不知，知之，未嘗復行也。易曰：『不遠復，无祇㊁悔，元㊂吉。』」

【今註】㊀殆：將。庶：近。㊁祇：大。㊂元：大。

【今譯】孔子讚賞他的學生顏回說：「顏家的這位子弟，要算是位知幾通達的君子了吧！有了過失，沒有自己不知道的，一經反省發覺以後，立即改正，從此不再犯了。易經復卦初九爻辭上說：『迷途了，走到未遠的地方，即時回頭猛省，便不至于有太大的悔咎，經此警戒，則有大吉。』」

天地絪縕㊀，萬物化醇㊁。男女構精，萬物化生。易曰：「三人行，則損一人，一人行，則得其友。」言致一也。

【今註】㊀絪（音ㄧㄣ）：麻帛。縕（音ㄩㄣ）：綿絮。絪縕：纏綿交密著。㊁醇：構合。

【今譯】　天地二氣纏綿交密，互相會和，使萬物感應，精純完固。萬物之中，雌雄男女，形體交接，陰陽相感，遂得以生生不息。易經損卦六三爻辭上說：「三人同行，各有主張，行動難以一致，勢必減損一人的成見，一人獨行，反而容易得到志同道合的友伴，同心協力，共患難，共甘苦」是說理無二致，天下的事理都歸於一致的呀。

子曰：「君子安其身而後動，易其心而後語，定其交而後求，君子修此三者，故全也。危以動，則民不與也。懼以語，則民不應也。无交而求，則民不與也。莫之與，則傷之者至矣。」易曰：「莫益之，或擊之。立心勿恆，凶。」

【今譯】　孔子說：「君子必先安定其身，然後才可以有所作為，心平氣和，然後說話，先以誠信待人，建立信譽，然後才可以對人有所要求，君子有了三項基本修養，與人必能和睦相處，無所偏失。冒險的舉動，人們不會擁護你的。用言語去威懼人民，人民不會去響應的。誠信和恩惠，尚未施予人民，竟要對人民有所徵發和要求，則人民不會理會贊助的。若無人贊助理會，則隨時有人會傷害你的」。所以易經益卦上九爻辭上說：「沒有得人助益，有時也會遭人攻擊，立心不堅定恆久的人，有凶。」

第六章

子曰：「乾坤，其易之門邪？乾，陽物也；坤，陰物也，陰陽合德而剛柔有體，以體天地之撰，以通神明之德。」

【今譯】孔子說：易理的變化，是從乾坤兩卦開始，像人們啟門而出，乾坤相對，該是易理所從而出的兩扇門吧？乾為陽，坤為陰，陰陽的德性，相與配合，陽剛陰柔，剛柔有一定的體制，以體察天地間一切的撰作營為，以通達造化神明自然的德性。

其稱名也，雜而不越。於稽㈠其類，其衰世之意邪？

【今註】㈠稽（音ㄐㄧ）：考查。

【今譯】易經的稱述萬事萬物的名義，雖繁雜，但不越超事理，我們考察它創作的事類，大概是衰亂的時代所創的意象吧！

【今釋】一卦有一卦的名稱，一爻有一爻的名稱，或言物象，或言事變，可說非常複雜，但都包括在「體天地之撰」和「通神明之德」之內，不曾有超越情理之外。由於社會凌亂，政治暴亂，於是聖人考查事物種類，每卦每爻都繫上文辭，以推陳象理，昭示吉凶，它用意是拯救末俗的。

夫易，彰往而察來，而微顯闡幽。開而當名㈠辨物，正言斷辭，則備矣。

【今註】㈠當名：適當的名稱。

【今譯】易經是彰明以往的事跡，以體察未來事態的演變，而使細微的理則顯著，以闡發宇宙的奧祕。我們一打開易經來看，就可以看到每個卦爻有適當的名稱，明辨天下事物的形態，不至於混淆不清，如乾馬、坤牛，正確地指陳吉凶變化的道理，推斷文辭是吉，則明確地指出是吉象，反之，凶，則指出凶象，毫無偏差，可說是完備無缺的了。

其稱名也小，其取類也大，其旨遠，其辭文，其言曲而中，其事肆㈠而隱，因貳以濟民行，以明失得之報。

【今註】㈠肆：直接了當，放肆而不隱滿。

【今譯】易經文辭中所指物名，多似細小，但探取其中的旨意，卻很廣大，它的旨意非常深遠，它的文辭又非常文雅，它的言辭委曲婉轉，旁推側引，無不中理，它所敍述的事物，卻是非常的直接了當，放肆而毫無隱藏，但它的道理卻又深藏於其中，就因天地間相反相生，或行善而吉，或作惡而凶的道理，使以教導並濟助人民的行事，以明辨善惡是非吉凶得失的報應。

第七章

易之興也，其於中古乎？作易者，其有憂患乎？

【今譯】易經的興起，大概是在中古時代吧？易經的作者，大概有憂患、艱難吧。

是故履，德之基也。謙，德之柄也。復，德之本也。恆，德之固也。損，德之修也。益，德之裕㈠也。困，德之辨也。井，德之地也。巽，德之制也。

【今註】㈠裕：寬大。

【今譯】所以履卦是教人行禮，它是建立德業之初基，為其根本。謙卦教人卑己尊人，虛心忍受，是道德的把柄。復卦教人除去物慾，教人從善，是德性的根本。恆卦是教人始終如一，恆久不已，它是道德穩固之所由。損卦是教人懲忿窒慾的道理，為修德的工夫。益卦教人遷善改過，使德性日益寬大。困卦教人窮困不亂，守著正道，是道德的分辨，井卦教人德澤似井，取之不盡，用之不竭，以達到道德的地步。巽卦是教人因勢利導，是道德的制宜。

履和而至，謙尊而光，復小而辨於物，恆雜而不厭，損先難而後易，益長裕而不設，困窮而通，井居其所而遷，巽稱㈠而隱。

【今註】㈠稱：輕重適均。

【今譯】履與禮字相通，能和順人情，處世和睦，是吾人立身行事所因應到的準則。謙虛待人，則益得他人敬仰，德業自然更加尊貴而光明。復卦微小的一陽位于羣陰暗昧之下，但不為五陰所掩沒，能於迷途未遠旋即回復，而辨別萬事萬物的是非善惡，事物與環境過於複雜，必使人引起厭倦，惟有恆心，才能克服一切，不為外物的複雜而厭倦，方有成功之日。損卦懲忿窒慾和克己復禮的功夫是修身的起步，是很艱難的，所以說「先難」。以後日久習慣成自然，便容易了。益卦進德修業，長久的增裕自身的德行而無須設防，故弄虛玄，以蒙騙他人。在困境中，雖困窮然足以磨練身心，「困于心，衡于慮，然後作。」故能通，井雖是固定，但泉湧流通不息，日月遷徙而彌新。巽順入理，因勢利導，隱而不露。

履以和行，謙以制禮，復以自知，恆以一德，損以遠害，益以興利，困以寡㈠怨，井以辨義，巽以行權。

【今註】㈠寡：少。

【今譯】 履卦是教人以禮的實踐為基礎，而和順的去行事。謙卦是教人以禮自制，使性行巽順。復卦是教人反求諸己，回復自然本性。恆卦是教人始終不二，堅定德行。損卦是教人摒除私欲，以修德遠害。益卦是教人損上益下，增興福利。困卦是教人艱苦奮鬪到底，不怨天，不尤人而少忿怒。井卦是教人辨識義理的來源。巽卦是教人順合時宜，能行使權便，當機立斷。

第八章

易之為書也不可遠，為道也屢㊀遷，變動不居，周流六虛㊁，上下无常，剛柔相易，不可為典要㊂，唯變所適。

【今註】 ㊀屢：數。㊁六虛：六位。㊂典要：典常之道。

【今譯】 易經這部書，是一部經世致用的學問，人生不可須臾疏遠的，易經是以陰陽運行，互相推移變化的，故其道常常變遷，變動不拘於一爻一卦，如乾卦初九是潛龍，九二是見龍。還有陰陽六爻，外三爻為上，內三爻為下，更互變動，周流于六個爻位之間，從上位，降至下位，由下位升向上位，上下沒有經常不變的爻位，陽剛陰柔，互相變易，在另一卦爻時，解釋又不同，不可固執於一種典常，唯有觀其變化的所往，才能周明其道。

其出入以度，外內使知懼。又明於憂患與故，无有師保，如臨父母。初率㈠其辭而揆㈡其方㈢，既有典常。苟非其人，道不虛行。

【今註】㈠率：循。㈡揆：度。㈢方：義理、道。

【今譯】易經之理，啟示我們出入進退，內外往來都要合於法度，或在外以安邊定國，匡濟天下，或在內以正心誠意修身養性，皆使我們知道戒懼謹慎，以免除災禍。同時，明瞭憂患的原因，雖無師保在旁，卻似父母在自己面前，不致有過越顛損。最初遵循辭義以揆度爻象和道理所在，就有經常的法則，可讓我們恪遵不二了。易學是一門經世致用的學問，不是毫無根據的空談，若非篤信易道的人，則道也不能憑虛而行的。

第九章

易之為書也，原始要終以為質㈠也。六爻相雜，唯其時物㈡也。

【今註】㈠質：卦體。㈡物：事物。

【今譯】易經這部書，是追原萬事萬物的始終，以成其根本要素的一本書，有六十四卦三百八十四爻，以包括萬事萬物的要素。一卦分為六爻，雖六爻剛柔相雜不一，但只要觀察爻位，處在適當的時位，和象徵的事物，便可以決定吉凶了。

其初難知，其上易知，本末也。初辭擬之，卒㊀成之終。

【今註】㊀卒：指上爻的繫辭。

【今譯】初爻是很難了解它的涵義的，因初爻為根本，卦的形體，尚未形成。而上爻為卦末，全卦形體已經具備了，涵義自然畢露，容易領會了。聖人在擬測而繫初爻的文辭時較為困難。等到初爻的文辭已定，則順此以立二三四五及上爻的文辭，順爻位的次序，由下而上，全卦六爻的文辭就逐漸形成，到了上爻，不過是卦義的終結而已。

若夫雜物撰㊀德，辨是與非，則非其中爻不備。

【今註】㊀撰：述。

【今譯】至于陰陽雜陳，撰述陰陽的德性，辨別是非，不是初爻和上爻二者所能概括的，必須加上二、三、四、五中爻，互相審度觀察，它的涵義才能完備而無遺。

噫！亦要存亡吉凶，則居可知矣。知者觀其彖辭，則思過半矣。

【今譯】啊！探存亡吉凶的大要，只要從六爻中推求，雖平居在家，也可得知道了。聰明賢達的人，看看彖辭，則卦義多半可知了。

二與四，同功而異位，其善不同。二多譽，四多懼，近也。柔之為道，不利遠者，其要㊀无咎，其用柔中也。

【今註】㊀要：主旨。

【今譯】六爻中的第二爻與第四爻，同屬於陰柔的性質，它們的功用相同的，而位置不同，因此他們時位的善惡也有不同，二居下卦之中遠應九五之尊，不為君王所疑，做事易奏效，故得到讚賞較多。四居上卦之下，接近五的君位，雖旦夕侍在君側，但言行必須謹慎，動輒得咎，惶恐不安，故常處在危懼之中。柔順的人，自立不易，需親附於他人，所以不利於遠者，只要能夠求沒有咎害便可以了。用柔之道，要使柔順居中，不失中庸之道，方能有利。像六二以陰居陰位，處內卦之中，多能獲得吉利。

三與五，同功而異位，三多凶，五多功，貴賤之等也。其柔危，其剛勝邪？

【今譯】六爻中的第三爻與第五爻，同屬陽剛的部位，它們的功用是相同的，而位置是不同的。三居下卦之極，在臣下之位，故多凶害，五居上卦之中為君上之位，象徵高明中正，眾星拱照，故多功；這是爻位等次有尊卑貴賤之差異的關係。豈是屬於柔爻的，必定是危殆嗎？屬於陽剛的，一定優勝嗎？這是要看各爻的尊卑貴賤及時位呀！並不一定陽剛就吉，陰柔就凶的。

第十章

易之為書也，廣大悉㈠備，有天道焉，有人道焉，有地道焉。兼三才㈡而兩之㈢，故六，六者，非它也，三才之道也。

【今註】㈠悉：完全。㈡三才：天人地，三畫之卦，初爻為地，中爻為人，上爻為天。㈢兼三才而兩之：六畫之爻，初爻二爻為地，三爻四爻為人，五爻上爻為天。

【今譯】易經這部書，凡天道、人道、地道，無所不包，可謂廣大完備。易學以三劃，象徵天、人、地的三個位置，易理是相生相對，天有晝夜，地有水陸，人有男女，所以卦爻兩兩成列，合兩個三爻的卦而為一個六爻的卦，兼兩爻為一位，五為陽，上為陰，陰陽成象，故五與上為天位，三與四為人位，初與二為地位，為剛柔為形體。六爻而成一卦，皆是相當于三才之道而已。

道有變動，故曰爻。爻有等㈠，故曰物。物相雜，故曰文。文不當，故吉凶生焉。

【今註】㊀等：類。

【今譯】易經之道，變動不居，而周流於六位之間的奇偶兩畫，稱之為爻。爻有剛柔大小遠近貴賤的等次，好像物類的不齊，所以稱乾為陽物，稱坤為陰物，陰陽兩物交相錯雜，似青黃兩色的相兼，所以稱為文。各卦各爻，陰陽參雜，時有當與不當，於是吉凶之象，就產生了。

第十一章

易之興也，其當殷之末世，周之盛德邪？當文王與紂之事邪？是故其辭危。危者使平，易者使傾，其道甚大，百物不廢㊀。懼以終始。其要无咎，此之謂易之道也。

【今註】㊀不廢：不能背離。

【今譯】易學的興盛，大概在商代的末期，周文王德業方盛的時期吧？當文王和紂王時代的事情吧？所以他所繫的文辭皆含有警戒危懼的之意，常常居安思危，戒慎恐懼，必能化險為夷，操心危慮患深的使他平安。反之，得意忘形，驕傲自恃，雖安定局勢，必遭致傾覆。因之安易懈怠的，就使他傾覆，易學道理是如此廣大，所有事物，都不能違背此原則，時時戒懼，始終不懈，其主旨在無咎，這就是易學的道理。

夫乾，天下之至健也，德行恆易以知險㊀。夫坤，天下之至順也，德行恆簡以知阻㊁。

【今註】㊀險：大難。㊁阻：小難。

【今譯】乾象是天下最剛健的，表現剛健之處，是在于恆久而平易，且無私意，故可以明照出天下危險的事情。坤象是最為柔順，其表現柔順之處，在于恆久而簡靜，故可以明察天下煩壅阻隔的原因。

能說㊀諸心，能研㊁諸侯之慮，定天下之吉凶，成天下之亹亹㊂者。是故變化云為，吉事有祥，象事知器，占事知來。

【今註】㊀說：同悅。㊁研：精。㊂亹亹：音偉偉，勤勉的意思。

【今譯】易學的道理，能使身心和悅，能專精的研判所有的思慮，能斷定天下吉凶悔吝的事理，能成就天下勤勉不息的事業。所以無論天地陰陽變化，人類言行舉止，吉利的事情，必有吉祥的徵兆，觀察萬事萬物的現象，就知道各種事類的器宇或材具，尚未顯現的事機，也可以占卜而知吉凶。

天地設位，聖人成㊀能，人謀鬼謀，百姓與能。八卦以象告，爻彖以情言，剛柔雜居而吉凶可見矣。

【今註】㈠成：成就。

【今譯】天尊於上，地卑於下，天地間萬事萬物，皆有他一定的法則和位置，聖人仿效之。演成易經的理象，使萬物各遂其生，各得其所，以成就參贊造化的功能。聖人在做事之前，先謀於賢士，同時，又卜筮于鬼神，以謀求吉凶的道理，能如是，雖眾人也必能參與這幽明的能事了。八卦是以爻象告訴于人的，爻辭和彖辭，是陰陽變化的道理，和事物消長的情態而言的。剛柔兩爻，互相錯雜周流于六位之間，他的時位也因而有當與不當，因此吉凶之徵兆，便可以見到了。

變動以利言，吉凶以情遷㈠，是以愛惡相攻而吉凶生，遠近相取而悔吝生，情偽㈡相感而利害生。凡易之情，近而不相得則凶，或害之，悔且吝。

【今註】㈠遷：遷移。㈡情偽：實情與虛偽。

【今譯】窮則變，變則通，通則久。剛柔兩爻的變動，是為使事物趨於有利的：吉凶的推遷，是隨著情理而定的；處世合情合理，則得吉，反之，違背人情常理，則陷入凶害。所以貪愛和憎惡兩種不同的情感，互相交攻，必有得失，於是有吉凶的產生。爻位之間，有遠有近，互相感應，不得其道，而任意遠近相取的話，就會有悔恨困吝的事情，跟著產生了。事有真假虛偽，若以實情相感應，則利益源源而來，若以虛偽相感應，則禍害應運而生，今以實情和虛偽相感應，格格不入，利害的衝突，便發生了。易理的情況，是使兩相接近事物，能互相交感，以生利，若近而不相交感，不相協調，必有乖違的災害而產生凶險的事情，甚至有自外來的傷害，而蒙受了後悔和困吝。

將叛者其辭慙，中心疑者其辭枝㊀，吉人之辭寡，躁人之辭多，誣善之人其辭游㊁，失其守者其辭屈。

【今註】㊀枝：分枝。㊁游：虛浮。

【今譯】將要陰謀叛變的人，說話時神色間有慚愧的顏色。心中有疑惑的人，因心神不定，故說話毫無系統，多有分枝不清楚，像樹枝一樣的雜亂。有修養的吉利的人，言辭真善而正直，故很少說話。浮躁的人，較為輕浮，故喜歡多說話。誣害善良的人，心中不安，故言不由衷，他的說辭，便浮遊不定。虧待職守的人，他的言辭多屈折而不伸。

說卦傳

第一章

昔者聖人之作易也，幽贊於神明而生蓍㈠，參天㈡兩地㈢而倚數㈣，觀變於陰陽而立卦，發揮於剛柔而生爻，和順於道德而理於義，窮理盡性以至於命。

【今註】㈠蓍（音ㄕ）：古代的一種靈草。㈡參（音ㄙㄢ）天：指天一、天三、及天五，相加為九，故陽數用九，天為陽，陽數奇。㈢兩地：指地二及地四，相加為六，故陰數用六，地為陰，陰數偶。㈣倚數：就是計算數字。參天為九，所以易經陽爻都用九，兩地為六，所以易經陰爻都用六。

【今譯】從前聖人的創作易經，是窮極幽深，參贊於神明的境域，所以上天產生了很多的蓍草。天為陽，地為陰，將天一天三天五，合起來為九，用以代表易經陽的數目及符號，地二地四，合起來為六，用以代表陰的數目和符號，陽數陰數既立，又觀察陰陽的變化，而設立卦；發揮於陽剛陰柔的道理，而設置爻；和順於道德，調理於合誼的事理，創造了易經，以窮盡事物的道理，竭盡天地的善性，以至於探討天命的事理。

第二章

昔者聖人之作易也，將以順性命之理。是以立天之道曰陰與陽，立地之道曰柔與剛，立人之道曰仁與義。兼三才而兩之，故易六畫而成卦，分陰分陽，迭用柔剛，故易六位而成章。

【今譯】從前聖人的創作易經，是將用以和順于性命的道理的，所以立天的道理，分為陰與陽，在易經六爻的位置屬第五爻和最上一爻，五為陽位，最上一爻為陰位。分地的道理，為柔和剛，柔屬於陰，剛屬於陽，在六爻的位置，是在最初一爻，和第二爻，初爻為陽，為剛，第二爻為陰，為柔。又立人世間的道理，分為仁和義，仁屬於陰，義屬於陽，在六爻的位置，是屬於第三爻和第四爻，第三爻為陽為義，第四爻為陰為仁，六爻都是兼備天地人三才的道理，而兩兩相合的，所以易經以六個爻畫，而成卦，陰位在二四上的三個位置，陽位在初三五的三個位置，六十四卦三百八十四爻都是陽剛，和陰柔的爻畫，所以易經六十四個卦，皆是有六爻的位置，迭有柔剛，而有章法，一點都不亂的。

第三章

天地定位，山澤通氣，雷風相薄，水火不相射，八卦相錯。

數往者順，知來者逆，是故易，逆數也。

【今譯】 乾為天而在上，坤為地而在下，有一定的位置。艮為山，兌為澤，交互的通氣，山屬於大陸性氣候，澤即海洋性氣候，二種氣候交互的通氣，而產生了冬夏的季風。震為雷，巽為風，風雷是互相的迫擊而相應的。坎為水，離為火，是相滅相生，相反相成，而不互相厭惡的。乾（☰）坤（☷）震（☳）巽（☴）坎（☵）離（☲）艮（☶）兌（☱）等八卦，是兩兩相互的交錯的，要數已往的事理，須從順推，要預知將來的事理，要逆測，易經是用卜筮以決斷將來的吉凶的，所以易經是要用逆推的方法以測知天下的事理。

【今釋】 宋儒根據此章，而畫了伏羲先天八卦的圓圖。邵子曰：「乾南坤北，離東坎西，震東北，巽西南，兌東南，艮西北，自震至乾為順，自巽至坤為逆。」凡是對角線上的卦，都是陰爻和陽爻，完全相異，明儒來知德，即從此悟了相錯的道理，這在漢儒，則叫做旁通。

第四章

雷以動之，風以散之，雨以潤之，日以晅㈠之，艮以止之，兌以說㈡之，乾以君之，坤以藏之。

【今註】㈠晅（音ㄒㄩㄢˇ）：照明之意。㈡說，即悅字，喜悅的意思。

【今譯】震為雷，雷是用以鼓動振動萬物的，巽為風，風是用以吹散流通的，坎為水為雨，雨是用以潤濕萬物的，離為日，日即太陽，太陽是用以照明天下的，艮為山為止，山是用以停止天地萬象的行動的，兌為澤，為悅，澤水是用以使萬物和悅生長的，乾為君為天，天是君臨萬物，高高在上的，坤為地，地是用以儲藏萬事萬物的。

第五章

帝出乎震，齊乎巽，相見乎離，致役乎坤，說言乎兌，戰乎乾，勞乎坎，成言乎艮。

【今譯】宇宙造化的一切萬物，從震動產生的，整齊於巽（風），相見於離（日），役養於坤（地），和悅於兌（澤），戰懼於乾（天）。勞動於坎（水以洗濯，故勞。）完成於艮（山，山為萬物所歸藏之處）。

【今釋】 詳見下文。

萬物出乎震，震東方也。齊乎巽，巽東南也，齊也者，言萬物之潔齊也。離也者，明也，萬物皆相見，南方之卦也。聖人南面而聽天下，嚮明而治，蓋取諸此也。坤也者，地也，萬物皆致養焉。故曰致役乎坤。兌，正秋也，萬物之所說也，故曰說言乎兌。戰乎乾，乾，西北之卦也，言陰陽相薄也。坎者，水也，正北方之卦也。勞卦也，萬物之所歸也，故曰勞乎坎。艮，東北之卦也。萬物之所成終而所成始也，故曰成言乎艮。

【今譯】 萬物出現於震，震是東方的方位，故中國居北半球，看到太陽從東方開始照耀。整齊於巽卦，巽是東南的方位，齊的意思，是說萬物的整潔齊一呀，日照東南，在九點、十點之間，萬物欣欣齊整，普被陽光之澤。離卦的意思，是象徵光明的意思，這是正是日正當中，萬物都能相見，是南方的方位。古聖先王坐北朝南，而聽治天下，面向光明的陽光而治理天下，大致是取之於這裏的啟示。坤卦的意思，就是地，萬物都依靠著地，而獲致養育，所以說，致役於坤（於一天的時光，約下午三時）。兌卦是喜悅的意思，象徵著正秋八月，是萬物所喜悅的，所以說說言於兌（於一天的時間，約在黃昏，夕陽無限好，故悅。）戰懼於乾，是因為乾是西北的方位，這時正是將進入完全黑暗的時候，正是陰（暗），和陽（光明）交接戰競的時候。坎卦即是象徵著水，是正北方的卦，是勞累的卦，這是黑暗不見，正是萬物歸息的時候，所以說勞累於坎。艮，是東北的卦位，是萬物所成，終結的地方，也是萬物開始的地方，所以說成就是在艮卦，此時形將黎明之時，黑夜將終，白天將臨的時節。

【今釋】這就是宋儒所畫的文王後天八卦方位的根據。

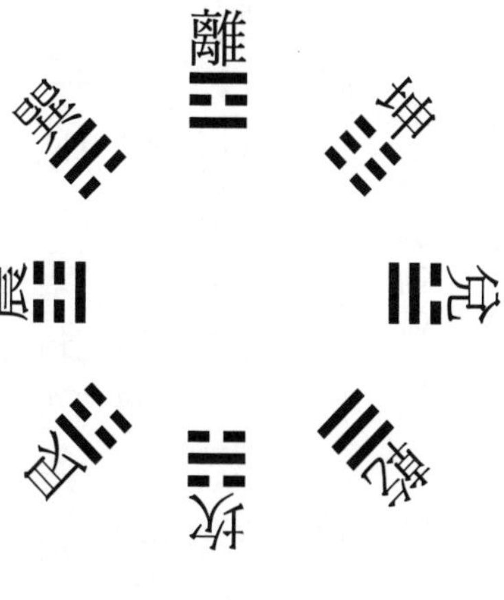

第六章

神也者，妙萬物而為言者也。動萬物者莫疾乎雷，橈萬物者莫疾乎風，燥萬物者莫熯乎火，說萬物者莫說乎澤，潤萬物者莫潤乎水，終萬物、始萬物者莫盛乎艮。故水火相逮，雷風不相悖；山澤通氣，然後能變化，既成萬物也。

【今譯】 神明的意思，是說很神妙的使萬物自然化成，而莫見其端倪，神妙莫測，所以叫做神。天地萬物中，能夠動盪萬物的，沒有比雷（震為雷）更厲害的了。能夠撓動萬物的，沒有比風（巽為風）更厲害的了。能夠使萬物乾燥的，沒有比火（離為日為火）更強烈的了。能夠和悅萬物的，沒有比澤（兌為澤為海）更令人喜悅的了。能夠潤濕萬物的，沒有比水（坎為水）更好的了，能夠終止萬物，始生萬物的，沒有比山（艮為山為止）更盛明的了。所以說水和火是相及相濟、相反相生的，雷和風是不互相悖亂的，山和澤是互相以氣相通的。然後天地間才能產生變化，而化成萬物呀。

第七章

乾、健也，坤、順也，震、動也，巽、入也，坎、陷也，離、麗也，艮、止也，兌、說也。

【今譯】 乾是剛健的，坤是和順的，震是動的，巽是入的，坎是險陷的，離是附麗美麗的，艮是停止的，兌是喜悅的。

【今釋】 這是說明八卦的卦德，彖辭的解釋卦辭，都用八卦的卦德去解說，亦或謂之卦情。學者宜熟記勿忘。

第八章

乾為馬，坤為牛，震為龍，巽為雞，坎為豕，離為雉，艮為狗，兌為羊。

【今譯】 乾剛健有馬的象徵，坤和順有牛的象徵，震為動有龍的象徵，巽為入，有雞的象徵，坎為水，有豕（豬）的象徵，離為明，有雉（山雞、美鳥）的象徵，艮為山，有狗的象徵，兌為悅，有羊的象徵。

【今釋】 這是八卦取於動物之象，亦可順此推演為其他動物。學者亦切記勿忘。

第九章

乾為首，坤為腹，震為足，巽為股，坎為耳，離為目，艮為手，兌為口。

【今譯】　乾有頭的象徵，坤有肚子（腹）的象徵，震陽在下，有腳的象徵，巽有股（大腿）的象徵，坎為耳的象徵，離為目（眼）的象徵，艮為手的象徵，兌為口的象徵。

【今釋】　這是八卦引伸為人身之象，繫辭傳所謂近取諸身，此即其一，學者亦當深記。易經卦爻之辭，多有本此取象，故學者欲明象數，此等皆不可忽。

第十章

乾、天也，故稱乎父。坤、地也，故稱乎母。震、一索而得男，故謂之長男。巽、一索而得女，故謂之長女。坎再索而得男，故謂之中男。離、再索而得女，故謂之中女。艮、三索而得男，故謂之少男。兌、三索而得女，故謂之少女。

【今譯】　乾是天的象徵，於人倫來講，則是父親的象徵，所以乾稱父，坤是地的象徵，所以稱為母，震卦初九為陽，是最初索取乾卦的陽，而成陽卦的，所以稱為長男，巽卦是最初索取坤卦的陰，而成陰卦的，所以稱為長女，坎卦再次索取乾卦而得第二爻的陽爻，成為陽卦，所以稱為中男，離卦是再次索取坤卦第二爻的陰爻，而成陰卦的，所以稱為中女，艮卦是第三次索取乾卦的第三爻的陽爻，而成陽卦的，所以稱為少男，兌卦是第三次索取坤卦的第三爻陰爻，而成陰卦的，所以稱為少女。

【今釋】 這是八卦取於人倫之象，乾為父，坤為母，震為長男，巽為長女，坎為中男，離為中女，艮為少男，兌為少女，這是務必要記得的。

第十一章

乾為天、為圜、為君、為父、為玉、為金、為寒、為冰、為大赤、為良馬、為老馬、為瘠馬、為駁馬、為木果。

【今譯】 乾卦☰有天、圜（圓）、君、父、玉、金、寒、冰、大赤、良馬、老馬、瘠馬、駁馬、木果等現象。

【今釋】 此以下說明八卦廣取萬物之象，學者所當知研。乾卦☰純陽剛健，故為天。天體圓，運動不息，故為圜。天之生萬物，如君之主萬民，如父之為家長，故為君、為父，純粹剛強堅固，故為金，為玉，為冰。盛陽色極紅，故為大赤，剛健故為良馬，馬健而時變則為老，身變則為瘠，色變則為駁，木果圓在上，故為木果。

坤為地、為母、為布、為釜、為吝嗇、為均、為子母牛、為大輿、為文、為眾、為柄，其於地也為黑。

【今譯】坤卦☷有地、母、布、釜、吝嗇、均、子母牛、大輿（車）、文、眾、柄、黑的象徵。

【今釋】坤卦純陰象地。萬物資生於地，人資生於母，故為母。陰柔故為布。陰虛能容，故為釜（鍋子）。陽大陰小，坤陰為小，故為吝嗇。萬物均資養於地，故為均。為牛，生生相繼，故為子母牛。能載物，故為大車，地生萬物，故為文，為眾，操縱萬物，故為柄。陰暗故為黑。

震，為雷、為龍、為玄黃、為旉、為大塗、為長子、為決躁、為蒼莨竹、為萑葦；其於馬也為善鳴，為馵足㈠，為作足，為的顙㈡，其於稼也，為反生；其究為健，為蕃鮮。

【今註】㈠馵，馬懸足。音注。㈡白額之馬。

【今譯】震卦☳有雷、龍、玄黃、旉、大塗、長子、決躁、蒼莨竹、萑葦的象徵。又於馬有善鳴、懸足、作足、白額的象徵。於稼穡，有反生的現象，它終究會變成健、蕃鮮的現象。

【今釋】震為動，故為雷。陽在下，有動盪不已的樣子，故為龍。天玄地黃，震為乾坤始交，故為玄黃。一陽在下，二陰在上，故有大塗之象。「旉」，解作大布。虞翻認為不對，當作專，意指：陽初動，專靜致一，故作專。明儒來知德作車，以為車乃動之物，亦恐非漢儒之元意。坤一索而得男，故為長子。一陽動于下，其進銳，故為決躁。震為東方，東方屬青，故為蒼莨竹。萑葦下莖實，而上幹虛，如荻、蘆之類，像震陽在下，陰在上之象。震為動，故於馬為善動，故為善鳴，為馵足。反巽為白，故為的顙。陽剛在下，故於稼為反生。震陽剛躁動，故究為健，為蕃盛新鮮。

巽，為木、為風、為長女、為繩直、為工、為白、為長、為高、為進退、為不果、為臭。其於人也為寡髮，為廣顙，為多白眼，為近利市三倍；其究為躁卦。

【今譯】巽☴有木、風、長女、繩直、工、白、長、高、進退、不果、臭的象徵。巽卦在人有寡髮、廣顙、多白眼、近利市三倍的現象。它終究會變為躁卦的。

【今釋】巽為入，木善入，風善入，乾一索而得女，故為長女。洪範曰：「木曰曲直」，從繩可取直，工制木，故為繩直。為工。風無色、無臭，長在高空中，進退不定，故為白為高，為進退，為不果，為臭。巽二陽一陰，陰少故寡髮，陽多故廣顙。為白，為進退不果，故多白眼。乾為金為玉，巽為入，巽從乾來，故近利市三倍。震陽決躁，巽旁通震，故為躁卦。

坎，為水、為溝瀆、為隱伏、為矯輮、為弓輪。其於人也，

為加憂、為心病、為耳痛、為血卦、為赤。其於馬也，為美脊、為亟心、為下首、為薄蹄、為曳。其於輿也，為多眚。為通、為月、為盜。其於木也，為堅多心。

【今譯】　坎卦☵有水、溝瀆、隱伏、矯輮、弓輪等象徵。在人則有中男、加憂、心病、耳痛、血卦、赤的現象。在馬則有美脊、亟心、下首、薄蹄、曳的現象。在車，則有多眚的現象。又有通、月、盜的現象。在樹木，有堅多心的現象。

【今釋】　坎為水，故有溝瀆、險陷、隱伏的現象，水流有曲直，可以任意矯輮，故為矯輮。弓輪為矯輮所成。險陷、隱伏，故為加憂、為心病。坎為耳，故為耳痛，為血卦。又從乾來，乾為大赤，故為赤。在馬，則因乾為馬，坎得乾之中爻，坎陽在中，陽為美，故為美脊。為險陷，陽剛又在中，故為亟心。陰柔在上，故為下首，陰柔在下，故為薄蹄，為曳。於車而言，則坎為溝瀆、為險陷，故多眚。水流通暢，故為通，坎中滿，又水寒，故為月之象，為險陷，故為盜，於木，則因剛陽在中，為亟心，故有堅多心之象。

離，為火、為日、為電、為中女、為甲冑、為戈兵。其於人也，為大腹。為乾卦、為鼈、為蟹、為蠃、為蚌、為龜。其於

木也，為科上槁。

【今譯】離☲有火、日、電、中女、甲胄、戈兵的現象，於人則有大腹和乾燥之卦的現象。又有鼈、蟹、蠃、蚌、龜等象徵，在木而言，則有科上枯槁的現象。

【今釋】離為日、為火，故為電。離再索而得女，故為中女，離上下皆陽，外堅銳，故為甲胄，為戈兵。於人為大腹，因離中虛，為火，故為乾燥之卦。外剛內柔，故為鼈、蟹龜等介類。火性炎上，故為科上槁。

艮，為山、為徑路、為小石、為門闕、為果蓏、為閽寺，為指、為狗、為鼠、為黔喙之屬。其於木也，為堅多節。

【今譯】艮☶有山、徑路、小石、門闕、果蓏、閽寺、手指、狗、鼠、黑嘴鳥的象徵，在木頭則有堅硬多節的現象。

【今釋】艮為山，一陽在坤土之上，故有小路、小石的象徵。上畫陽相連，下二陰雙峙而中虛，故有門闕的象徵。木實曰果，草實曰蓏，實皆在上，故為陽之象。閽寺皆掌王宮之守，禁止人不能入，艮止之象。手能止物，狗能止人，鼠剛在齒，鳥剛在喙，皆艮之象。艮為小石，故為木堅多節。

兌，為澤、為少女、為巫、為口舌、為毀折、為附決。其於地也，為剛鹵。為妾、為羊。

【今譯】兌卦☱有澤、少女、巫師、口舌、毀折、附決的象徵，於地為剛鹵之地，又有為妾、為羊的象徵。

【今釋】兌卦為澤，三索坤而得女，故為少女。兌陰見於外，有口舌的現象，兌為口、為悅，為少女，故為巫師。兌為秋天之卦，秋天萬物毀折，故為毀折，兌柔附於剛上，為剛決柔之卦，故為附決。兌為金，為西方之卦，西方多鹹地，故於地為剛鹵。為少女，故有為妾之象。為悅，故於動物有羊的現象。

序卦傳

有天地然後萬物生焉，盈天地之間者唯萬物，故受之以屯。屯者，盈也；屯者，物之始生也；物生必蒙，故受之以蒙。蒙者，蒙也，物之穉也；物穉不可不養也，故受之以需。需者，飲食之道也；飲食必有訟，故受之以訟。訟必有眾起，故受之以師。

【今譯】乾為天，坤為地，有天地，然後萬物才產生，盈滿天地之間的，唯有萬物，所以乾坤卦後，接著為屯卦。屯的意思是盈滿的意思，是萬物始生之意，萬物剛生下來，必定都是蒙昧的，故屯卦後，接著是蒙卦。蒙的意思，就是蒙昧，亦即是萬物在稚小的時候，萬物在稚小的時候，不可以不養育，所以接著是需卦。需的意思，就是需要飲食的道理，解決飲食的問題，必定有爭訟，故接著是訟卦。爭訟，必定要糾集眾力，引動眾力的興起，所以接著是師卦。

師者，眾也；眾必有所比，故受之以比。比者，比也；比必有所蓄，故受之以小蓄。物蓄然後有禮，故受之以履。履而泰然後安，故受之以泰。泰者，通也；物不可以終通，故受之以否。物不可以終否，故受之以同人。與人同者，物必歸焉，故受之以大有。有大者，不可以盈，故受之以謙。有大而能謙必豫，故受之以豫。豫必有隨，故受之以隨。以喜隨人者必有事，故受之以蠱。蠱者，事也。

【今譯】　師是眾多的意思，眾多必定有所比較，所以接著是比卦。比卦，就是比較的意思。比較以後必定使得人們有存蓄，所以接著是小蓄卦。物質蓄積以後，要有條理，以存備之，故需要禮以調理之，所以接著是履卦。履即禮的意思，行禮則安泰，所以接著是泰卦。泰是通泰的意思，萬物皆不可能長久的通泰，所以接著是否卦。萬物不能終久的否塞不通，所以接著是同人卦。與人相同的，萬物必歸服他，所以接著是大有卦。有很偉大的事業和成就的人，不可以盈滿自負，必須謙虛，所以接著是謙卦。有偉大的成就，而又能謙虛的人，必定能夠豫樂，所以接著是豫卦。安逸豫樂的人，必定有事隨著而來，所以接著是隨卦。以喜悅追隨人的人，必定會有事，所以接著是蠱卦。蠱的意思是事情多的意思。

有事而後可大，故受之以臨。臨者，大也；物大然後可觀，故受之以觀。可觀而後有所合，故受之以噬嗑。嗑者，合也；

物不可以苟合而已，故受之以賁。賁者，飾也；致飾然後亨，則盡矣，故受之以剝。剝者，剝也；物不可以終剝，剝窮上反下，故受之以復。復則不妄矣，故受之以无妄。

【今譯】有事然後可以創造大業，所以接著是臨卦。臨是大的意思，大了以後，才可以有觀光的價值，所以接著是觀卦。可以觀看以後，然後有所取合，所以接著是噬嗑卦。嗑是合的意思，萬物都不可以苟且求合，所以接著是賁卦。賁就是修飾的意思。修飾到極點以後，就亨通，而到了盡頭，所以接著是剝卦。剝，就是剝落的意思，萬物不可以終久的剝落，剝落至極上，則必定返下而生，所以接著是復卦。回復了以後就不會虛妄了，所以接著是无妄卦。

有无妄然後可蓄，故受之以大蓄。物蓄然後可養，故受之以頤。頤者，養也；不養則不可動，故受之以大過。物不可以終過，故受之以坎。坎者，陷也；陷必有所麗，故受之以離。離者，麗也。

【今譯】有了沒有虛妄的精神，然後可以存蓄很多，所以接著是大蓄卦，萬物既已蓄積以後，然後可以養，所以接著是頤卦。頤是養的意思，不養就不可以有所動，所以接著是大過卦。萬物不能終久的超過，所以接著是坎卦。坎就是陷落的意思，物陷落必定有所附麗，故受之以離，離的意思是附麗的意思。

有天地，然後有萬物，有萬物然後有男女，有男女然後有夫婦，有夫婦然後有父子，有父子然後有君臣，有君臣然後有上下，有上下然後禮義有所錯。夫婦之道不可以不久也，故受之以恆。恆者，久也；物不可以久居其所，故受之以遯。遯者，退也；物不可以終遯，故受之以大壯。物不可以終壯，故受之以晉。晉者，進也；進必有所傷，故受之以明夷。夷者，傷也；傷於外者必反於家，故受之以家人。家道窮必乖，故受之以睽。

【今譯】有了天地以後，然後就有萬物的產生，有了萬物，就有雌雄男女的分辨，而人類也就產生了，有男女，然後有夫婦，所以在易經有咸卦，有夫婦然後有父子，有父子以後，人類愈多，而遂有君臣的名分，有君臣以後，就有上下尊卑的職份，有上下尊卑的職份後，禮義就可以措置實行於其間。夫婦的道理，不可以不長久，所以咸卦後，接著是恆卦。恆就是長久的意思，萬物都不能長久的居於其外而不變化，所以接著是遯卦，遯是退的意思，萬物不可以終久的退藏，所以接著是大壯卦。物不可以長久的壯大，所以接著是晉卦。晉是前進的意思，前進必定有所傷，所以接著是明夷卦。夷就是傷的意思，受傷于外面的人，必定返回他家裏，所以接著是家人卦。家道困窮的話，必定會乖違，所以接著是睽卦。

睽者，乖也；乖必有難，故受之以蹇。蹇者，難也；物不可以終難，故受之以解。解者，緩也；緩必有所失，故受之以損。損而不已必益，故受之以益。益而不已必決，故受之以夬。夬，決也；決必有所遇，故受之以姤。姤者，遇也；物相遇而後聚，故受之以萃。萃者，聚也；聚而上者謂之升，故受之以升。升而不已必困，故受之以困。困乎上者必反下，故受之以井。

【今譯】 睽就是乖違的意思，乖違必定有災難，故接著是蹇卦。蹇就是災難的意思，萬物不可以終久的災難，所以接著是解卦。解，就是緩慢的意思，緩慢必定有所失敗，所以接著是損卦。損失而不停止，至不能損失時，必定會增益，所以接著是益卦。增益而不停止，必定有決去的一天，所以接著是夬卦。夬是決去的意思，決去必定有所遭遇，所以接著是姤卦。姤是遭遇的意思，萬物相遇了以後就聚合起來，所以接著是萃卦。萃就是聚合的意思，聚集而上的，叫升，所以接著是升卦。上升而不停止，必有困苦的一天，所以接著是困卦。受困於上的人，必定會返回下面來，所以接著是井卦。

井道不可不革，故受之以革。革物者莫若鼎，故受之以鼎。主器者莫若長子，故受之以震。震者，動也；物不可以終動，止之，故受之以艮。艮者，止也；物不可以終止，故受之以漸。漸者，進也；進必有所歸，故受之以歸妹。得其所歸者必大，故受之以豐。

【今譯】 井道不可以不革去汙垢，所以接著是革卦。革除物質的，沒有再比鼎更好的了，所以接著是鼎革。主持鼎器的人，沒有比長子更洽當了，所以接著是震卦。震是動的意思，萬物不可以長久的動，須要讓它止息，所以接著是艮卦。艮是停止的意思，物不可以終久的停止，故接著是漸卦。漸是漸漸前進之意，前進必定有所歸，所以接著是歸妹卦。得到它的歸宿的，必定強大，所以接著是豐卦。

豐者，大也，窮大者必失其居，故受之以旅。旅而无所容，故受之以巽。巽者，入也；入而後說之，故受之以兌。兌者，說也；說而後散之，故受之以渙。渙者，離也；物不可以終離，故受之以節。節而信之，故受之以中孚。有其信者必行之，故受之以小過。有過物者必濟，故受之以既濟。物不可窮也，故受之以未濟終焉。

【今譯】豐是盛大的意思，窮極盛大的人，必定失去它的住所，所以接著是旅卦。旅行於外，而沒有收容的地方，所以接著是巽卦。巽是進入的意思，進入了以後，就會慢慢喜悅，所以接著是兌卦。兌是喜悅的意思，喜悅而後會散去，所以接著是渙卦。渙是離散的意思，物不可以終久的離散，所以接著是節卦。節儉約制了以後，就能使人相信，所以接著是中孚卦。孚是信的意思，有信用的人，必定能實行它，所以接著是小過卦。有超過事物的人，必定能成事，所以接著是既濟卦。萬物是不可能窮盡的，所以接著是未濟卦，而易經六十四卦終止。象徵著人類的文明，是永遠在進步，永遠未完成的。

雜卦傳

（將繁雜的六十四卦卦名，加以精要的解釋，因不依序卦的次序，所以叫雜卦。）

乾剛坤柔。比樂師憂。臨觀之義，或與或求。屯見而不失其居。蒙雜而著。震，起也。艮，止也。損益盛衰之始也。大畜時也。无妄，災也。萃聚，而升、不來也。謙輕，而豫怠也。噬嗑食也。賁无色也。兌見，而巽伏也。隨，无故也。蠱，則飭也。剝，爛也。復，反也。晉，晝也。明夷，誅也。井通，而困相遇也。咸，速也。恆，久也。渙，離也。

【今譯】乾卦是剛健的，坤卦是柔順的。比卦與人相比，是快樂的；師卦出師動眾，是可憂的。臨卦觀卦的意義，是或給予，或追求。屯卦雖是初現艱難，但不會失去它的居處。蒙卦有關教育，故繁雜而顯著。震卦是震動而起的意思。艮卦是停止的意思。損卦益卦，是盛衰的開始。大畜卦是時時存畜。无妄卦是有无妄之災。萃卦是聚中，而升卦是不下來的意思。謙卦輕己尊人。豫卦由樂而懈怠。噬嗑是食的意思。賁卦是無色的意思。兌卦喜悅可以看見，巽卦進入而下伏。隨卦是不是另有其他原故所發的。蠱卦是整頓之意。剝卦是剝爛的意思。復卦是返回的意思。晉卦日出地上是白天的意思。明夷，明傷是誅殺的意思。井卦是暢達的意思。困卦是遭遇艱難的意思。咸是普遍快速。恆是永久。渙是離散的意思。

節，止也。解，緩也。蹇，難也。睽，外也。家人，內也。否泰，反其類也。大壯則止，遯則退也。大有，眾也。同人，親也。革，去故也。鼎，取新也。小過，過也。中孚，信也。豐，多故也。親寡，旅也。離上，而坎下也。小畜，寡也。履，不處也。需，不進也；訟，不親也。大過，顛也。姤，遇也。柔，遇剛也。漸，女歸待男行也。頤，養正也。既濟，定也，歸妹，女之終也。未濟，男之窮也。夬，決也，剛決柔也；君子道長，小人道憂也。

【今譯】 節卦是停止奢侈，而儉約的意思。解卦是災難慢慢解除之意。蹇卦是災難的意思。睽卦是乘違於外之意。家人卦是團聚於內之意。否卦否隔，泰卦通泰，其類相反。大壯是由於太壯盛而停止，遯卦則是退步的意思。大有，所有眾多。同人，人相親近。革卦，革除故舊之事物。鼎卦，不停的取新。小過是有所超過。中孚是誠信相感。豐卦，豐盛至極，故多事故。親朋寡少，是旅卦，客旅在外之故。離卦，火性炎上；坎卦，水往下流。小畜是畜積少。履卦是不處非禮。需卦是需待而不前進；訟卦是爭訟而不親近。大過是大有超過，故至於顛倒；姤卦是遭遇之意。柔遇剛之意。漸卦，女歸吉，女子謂嫁曰歸，是女子歸嫁，而需待男行之意。頤卦是養之以正的意思。既濟卦是既已成功而安定的意思。歸妹卦是說明女子的歸宿。未濟卦是事未做成，為男人困窮的時候。夬卦是決去的意思，就是說陽剛決去除滅陰柔的意思；象徵著君子之道的增長，小人之道的憂困消滅。

【今釋】 雜卦傳是解釋六十四卦的精義的，從「乾剛坤柔，至需不進也，訟不親也。」止，都是以相綜（反卦）或相錯（旁通卦）的卦兩兩並列，而解釋之。漢儒在最後一句「小人道憂」，都作「小人道消。」當從之。宋儒蔡氏以為從「大過顛也」以下，次序當改為：「大過顛也，頤養正也。既濟定也，未濟男之窮也，歸妹女之終也，漸、女歸待男行也。姤遇也，柔遇剛也，夬、決也，剛決柔也，君子道長，小人道憂也。」的次序，以合兩兩相綜或相錯的文句。可備為一說。惟漢石經之次序與今本同，似亦不用改。

周易今註今譯再校後記

商務印書館，在王岫老主持今註今譯經部第一集之時，「周易」一書，因劉百閔先生逝世，輾轉交由我來語譯，其間經過，已略於敍言。然我所從事者，僅上經二十卦（由乾卦至觀卦）而已。「周易今註今譯」出版發行以後，經諸學子發現有漏今譯今釋者，已悔付託匪人，狂簡從事，愧疚不已。近年以來，又經諸學子陸續發現誤譯及簡陋之處者，更加惶悚。乃轉請商務印書館負責諸公，再付校讐。俾稍能補闕以交卷，待他日真得息影專心時，當為易學盡本分之貢獻。今由蔡策、朱文光二人審核今譯部分，差已完整。至於今釋部分，後續者偏於虞（翻）易之處，及未能完全語譯詳明者，不及盡能更正，至以為憾。

一九四四年暑期，我過四川嘉定烏尤寺復性書院，晉訪馬一浮先生，談及先生之著述，承告「深悔昔年輕率著書，擬欲盡毀其版而不盡能」云云，言下頗為不快。而我意謂先生謙抑自牧，或未必然。後讀蔡元培先生自述傳略，有云：「孑民在青島不及三月，由日文譯德國科培氏哲學要領一冊，售稿商務印書館。其時無參考書，又心緒不寧，所譯人名多詰屈。而一時筆誤，竟以空間為宙，時間為宇。常欲於再版時修正之。」等語。方知人生非年事經歷不到處，決不能深悉悔恨前非之心情。今特誌於卷首，庶明向讀者發露懺悔之意，並待他日自能善於補過也。

南懷瑾記於臺北　一九八四年三月中旬

周易今註今譯四版序

余於一九六九年歲次己酉，以明來知德周易集注教授諸生，時值中華文化復興運動推行委員會有十三經今註今譯之舉，而周易由吾師南懷瑾先生負責，南先生忙於東西精華協會之事，復囑予幫忙，余時正值撰寫博士論文兩漢十六家易注闡微、虞氏易述解、及周易異文考（統名曰漢易闡微）三書之時，乃一鼓作氣，先完成噬嗑卦以後上下經及說卦、序卦、雜卦之譯註。乃以繫辭上傳囑付弟子黃君，繫辭下傳囑付弟子洪慶峯譯註，今見繫辭上傳之譯註多不洽我意，乃復為新註新譯於此。復重新校閱全書，改正多處，然後全書復可問世矣。所望讀此書者，能由今註今譯的啟發，而對周易全書，能由尋言觀象，而極深研精，務使默識神會，完全領會周易全書的奧旨，方不負王雲五先生印行本書的目的。吾國文字是世界上最優秀的文字，中國人認識中國字，讀中國書是世界上最簡單的事，只要我們稍用腦子，將所認識的上下文聯想起來，就能讀懂文言文所寫的書了。同胞們！我們要學習直接讀文言文古書的習慣，千萬不要將文言古書當做外國文，須經翻譯才能讀懂，這樣會使中國文化倒退的。今天我們要弘揚中國文化恢復民族智能，須從認識文言、能讀文言開始。因為吾國十三經廿五史及諸子百家學術與智慧之淵深，皆用文言書寫。英人李約瑟能作中國科學史者，因能讀懂文言文呀，可以中國人讀中國書而不如外國人嗎？同胞們！努力吧！希望由本書的引導，能使大家讀懂文言古書，而發揚中國文化，恢復民族智能，融會古今中外的學術智慧，創造最優秀的文化大國，是所焚香祈禱者也。

徐芹庭仁叔甫敬序　戊午孟冬

古籍今註今譯

周易今註今譯

主　　編－王雲五
註 譯 者－南懷瑾 徐芹庭
發 行 人－王春申
總 編 輯－張曉蕊
責任編輯－徐平
校　　對－楊天心 徐平
封面設計－吳郁婷

營業組長－王建棠
影音組長－謝宜華
行　　銷－蔣汶耕
出版發行－臺灣商務印書館股份有限公司
23141 新北市新店區民權路 108-3 號 5 樓（同門市地址）
電話：(02)8667-3712　傳真：(02)8667-3709
讀者服務專線：0800056196
郵撥：0000165-1
E-mail：ecptw@cptw.com.tw
網路書店網址：www.cptw.com.tw
Facebook：facebook.com.tw/ecptw

局版北市業字第 993 號
初版：1974 年 12 月
二版：2009 年 11 月
三版：2017 年 8 月
三版四刷：2023 年 11 月
印刷廠：沈氏藝術印刷股份有限公司
定價：新台幣 450 元
法律顧問：何一芃律師事務所

周易今註今譯／南懷瑾　徐芹庭註譯. --三版.
-- 新北市：臺灣商務，2017. 07
面；　公分.

ISBN 978-957-05-3087-2(平裝)

1. 易經　2.注釋

121.12　　106007906

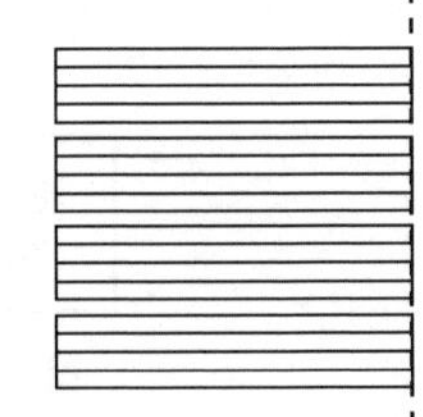

廣　告　回　信
板橋郵局登記證
板橋廣字第1011號

免　貼　郵　票

23141
新北市新店區民權路108-3號5樓
臺灣商務印書館股份有限公司　收

請對摺寄回，謝謝！

傳統現代　並翼而翔

Flying with the wings of tradtion and modernity.

讀者回函卡

感謝您對本館的支持，為加強對您的服務，請填妥此卡，免付郵資寄回，可隨時收到本館最新出版訊息，及享受各種優惠。

■ 姓名：＿＿＿＿＿＿＿＿＿＿ 性別：□ 男 □ 女

■ 出生日期：＿＿＿＿年＿＿＿＿月＿＿＿＿日

■ 職業：□學生 □公務(含軍警）□家管 □服務 □金融 □製造
□資訊 □大眾傳播 □自由業 □農漁牧 □退休 □其他

■ 學歷：□高中以下（含高中）□大專 □研究所（含以上）

■ 地址：＿＿＿＿＿＿＿＿＿＿

■ 電話：(H) ＿＿＿＿＿＿＿＿ (O) ＿＿＿＿＿＿＿＿

■ E-mail：＿＿＿＿＿＿＿＿＿＿

■ 購買書名：＿＿＿＿＿＿＿＿＿＿

■ 您從何處得知本書？

□網路 □DM廣告 □報紙廣告 □報紙專欄 □傳單
□書店 □親友介紹 □電視廣播 □雜誌廣告 □其他

■ 您喜歡閱讀哪一類別的書籍？

□哲學・宗教 □藝術・心靈 □人文・科普 □商業・投資
□社會・文化 □親子・學習 □生活・休閒 □醫學・養生
□文學・小說 □歷史・傳記

■ 您對本書的意見？（A/滿意 B/尚可 C/須改進）

內容＿＿＿＿ 編輯＿＿＿＿ 校對＿＿＿＿ 翻譯＿＿＿＿
封面設計＿＿＿＿ 價格＿＿＿＿ 其他＿＿＿＿

■ 您的建議：＿＿＿＿＿＿＿＿＿＿

※ 歡迎您隨時至本館網路書店發表書評及留下任何意見

臺灣商務印書館 The Commercial Press, Ltd.

23141新北市新店區民權路108-3號5樓 電話：(02)8667-3712
讀者服務專線：0800-056196 傳真：(02)8667-3709
郵撥：0000165-1號 E-mail：ecptw@cptw.com.tw
網路書店網址：www.cptw.com.tw
臉書：facebook.com.tw/ecptw